SV

Winfried Menninghaus

Das Versprechen der Schönheit

Suhrkamp

Bibliografische Information Der Deutschen Bibliothek
Die Deutsche Bibliothek verzeichnet diese Publikation in der
Deutschen Nationalbibliografie;
http://dnb.ddb.de

© Suhrkamp Verlag Frankfurt am Main 2003
Alle Rechte vorbehalten, insbesondere das der Übersetzung,
des öffentlichen Vortrags sowie der Übertragung
durch Rundfunk und Fernsehen, auch einzelner Teile.
Kein Teil des Werkes darf in irgendeiner Form
(durch Fotografie, Mikrofilm oder andere Verfahren)
ohne schriftliche Genehmigung des Verlages reproduziert
oder unter Verwendung elektronischer Systeme verarbeitet,
vervielfältigt oder verbreitet werden.
Satz und Druck: Memminger MedienCentrum AG
Printed in Germany
Erste Auflage 2003
ISBN 3-518-58380-8

1 2 3 4 5 6 – 08 07 06 05 04 03

Inhalt

Vorbemerkung

Das vorliegende Buch widme ich meiner Tochter Sarah Lu. Im Herbst 2000 boten zahlreiche gemeinsame Abendessen in der *dining hall* des Ezra Styles College der Yale University fortgesetzt Anlaß für sachkundige Bemerkungen der damals 14jährigen über das Aussehen der Studenten. Diese lehrreichen und unterhaltsamen *dinner*-Gespräche haben entschieden mein Interesse an der Thematik des vorliegenden Buches bestärkt.

Wichtige Anregungen zu Kapitel 1 sowie den Anhang habe ich von Glenn Most und Bernd Seidensticker erhalten; die Entstehung des gesamten Manuskripts wurde durch regelmäßige Gespräche mit Martin von Koppenfels, Jana Ziganke und den Studierenden meines Berliner Forschungskolloquiums begleitet und gefördert. Mein herzlicher Dank gilt diesen Kollegen und Studierenden sowie meinen Mitarbeitern Henning Dahl-Arnold und Claudia Fried, die von der bibliographischen Recherche über die Beschaffung der Literatur bis hin zur Endredaktion des Manuskripts eine große Hilfe für die Fertigstellung dieses Buchs waren.

Einleitung
Das Versprechen der Schönheit

Lust am Schönen ist stets mehr als eine ausschließliche Affektion der Sinne. Sie konfiguriert sinnliche Wahrnehmung mit kognitiven Leistungen, affektiven Besetzungen und praktischen Verhaltenskonsequenzen. Für Kant ist sie deshalb eine herausragende Weise des Zusammenwirkens aller unserer »Vermögen«. Ohne ein Moment des Urteilens, der Evaluation des Gesehenen oder Gehörten würden wir keinem wahrgenommenen Objekt das auszeichnende Prädikat »schön« zuerkennen. Und diese Verknüpfung von Wahrnehmung und Urteil steuert zugleich mögliche Anschlußhandlungen. Wie verschieden solche kognitiven, affektiven und praktischen Implikationen auch sein mögen, sie konstituieren einen der ästhetischen Wahrnehmung eigenen Resonanzraum. Dieser umschreibt den Horizont des Versprechens, das für den Betrachter von Schönheit ausgeht und ihre Anziehungskraft begründet. Die Macht der Schönheit ist wesentlich die Macht eines ihrer Wahrnehmung eingeschriebenen Versprechens. Dieses Versprechen hat eine Geschichte, ja sogar eine Natur- und Urgeschichte. Die vorliegende Studie untersucht elementare Bestimmungen dieses Versprechens und Eckdaten seiner Geschichte.

Sie tut dies, indem sie das Feld traditioneller Ästhetik in mehrere Richtungen überschreitet. Philosophische Ästhetik ist im 18. Jahrhundert als Teil der Anthropologie entstanden; diese umfaßte – unter anderem – die Lehre von den Affektionen der menschlichen Sinne und Seelenvermögen, die Theorie der Symbolisierungen (Semiotik) und der Funktionen ästhetischer Lust für menschliche Subjektivität und Kultur. Das Feld der Anthropologie hat sich seit Beginn des 19. Jahrhunderts radikal gewandelt. Es hat sich ausdifferenziert in eine Fülle spezialisierter Einzeldisziplinen, die teilweise das alte Feld der »Anthropologie« gesprengt haben: Biologie, Evolutionstheorie, Primatenforschung, Medizin, Psychologie, Psychoanalyse, Semiotik, Ethnologie, Gender-Theorie und weitere. Für die Desiderate der philosophischen Ästhetik ergibt sich daraus eine Konsequenz, die von Geisteswissenschaftlern habituell vermieden wird: Wer diese Desiderate auf dem Niveau moderner Wissenschaft diskutieren will, muß auch die Umwälzung des anthropologischen Wissens – als des Fundaments der theoretischen Ästhetik – mit- und nachvollziehen. Er stößt dabei auf die Entdeckung, daß die Nachfolgedisziplinen der Anthropologie die Fragen der Ästhetik keineswegs vergessen oder gar verdrängt haben. Im Gegenteil: Die modernen Wissenschaften bieten zahlreiche neue und faszinierende Perspektiven auf das Phänomen des Schönen und der ästhetischen Lust. Die vorliegende Arbeit versucht, im Durchqueren sehr verschiedener Wissensfelder den integrativen Blick der älteren Anthropologie unter den heutigen Bedingungen ausdifferenzierter Disziplinen wiederzugewinnen. Als Einstieg ins Thema und Exposition einiger leitender Motive wählt sie dabei eine alte Form des »Wissens«: den Mythos von Aphrodites Begehren nach dem schönen Adonis.

Die Evolutionstheorie hat für das überraschend weit verbreitete Phänomen »ästhetischer« Partnerwahl unter Tieren die folgende Erklärung gefunden: Individuen mit besonders attraktiven sexuellen »Ornamenten« werden bevorzugt, weil die Paarung mit ihnen dem jeweils wählenden Tier eine besonders reichliche Selbstfortsetzung in Nachkommen verspricht. Ästhetisches Urteilsvermögen wurde demnach als eine Zeichen-gestützte ›Bewertung‹ potentieller Sexualpartner ausgebildet. Seine Funktion ist es, die ›Schönheit‹ des anderen Geschlechts als Lösungshilfe für ein Problem – dasjenige der Maximierung des *eigenen* Reproduktionserfolgs – zu benutzen (und sogar erst durch fortgesetzte Wahlakte herzustellen). Die innere Logik dieses Versprechens und die Gründe für sein vielfach bestätigtes Funktionieren sind allerdings äußerst umstritten und ein Feld phantasievollen Hypothesen-Schmiedens, das erhebliches Potential für ein elementares Verständnis von »taste« und »sense of beauty« (Darwin) hat. Die vorliegende Arbeit versucht im kritischen Durchgang durch dieses Feld – das von der philosophischen und technisch-medienwissenschaftlichen Ästhetik gleichermaßen vollständig ignoriert wird – einen Kompaß für die Entstehung und Bedeutung ästhetischer Präferenzen beim Menschen und für den kulturellen Funktionswandel des Ästhetischen zu finden.

Stendhal hat das Versprechen der Schönheit bündig das Versprechen des Glücks genannt. Sein berühmtes Diktum »la beauté n'est que la promesse du bonheur«[1] läßt allerdings auch eine skeptische Lesart zu: Schönheit ist *nur* das Versprechen von Glück, keineswegs aber zugleich dessen Einlösung. Eben dies scheint Goethes Meinung gewesen zu sein: »das Schöne ist nicht sowohl leistend als versprechend«.[2] Heutige Zeitgenossen scheinen dem Versprechen der Schönheit enthusiastischer ergeben zu sein als je ein idealistischer Ästhetiker. Aufwendungen für Schönheitsvermehrung haben ungeahnte Höhen erreicht. Sie werden in dem Bewußtsein getätigt, daß sie sich lohnen, und zehren damit vom Versprechens-Charakter der Schönheit. Die kulturelle Entfesselung von Schönheitskonsum und Schönheitsarbeit ist eine bestimmende Signatur der Gegenwart. Sie verlangt nach einer theoretisch ausgreifenden und zugleich empirisch vergleichenden Erforschung ihrer treibenden Motive.

Die Faszination schöner Körper braucht niemandem erläutert zu werden. Gleichwohl ist höchst rätselhaft, nach welcher Logik bestimmte Attraktivitätsmerkmale evolutionär »gewählt« werden. Jedes eingehende Verständnis des »ästhetischen Urteils« muß sich dieser Frage stellen. Ihre Behandlung ist zugleich eine Voraussetzung, um eine sexuelle Genealogie künstlerischer Praktiken denken zu können. Auf allen Ebenen der im folgenden gegebenen Analyse kehrt dabei ein Phänomen wieder, das auf den ersten Blick mit dem Versprechen der Schönheit unvereinbar scheint: eine enge Verbindung von Schönheit und Tod bzw. Todesrisiko. Warum müssen die Protagonisten antiker Schönheitsmythen beinahe durchgängig eines frühen Todes sterben? Warum hat Adonis grundsätzlich keine Chance gegen den wilden Eber? Warum setzt sich der Pfau, das emblematische Tier der Darwinschen Ästhetik der Evolution, mit seinem spektakulären Federschmuck den Gefahren verminderter Beweglichkeit und erhöhter Sichtbarkeit für Beutetiere aus? Warum diagnostiziert Freud in der »Entwicklung der menschlichen Körperformen zur Schönheit« zugleich einen Motor kultureller Selbstzerstörung, ja buchstäblich »die Gefahr des Erlöschens des Menschengeschlechts«?[3]

Die vorliegende Studie kombiniert die Lektüre von Schönheits-Mythen mit einer umfassenden Sichtung evolutionstheoretischer und empirisch-psychologischer Studien zur Funktion ästhetischen Unterscheidens. Sie versucht mit Freud eine psychoanalytische Perspektive auf die Mechanismen und Effekte der Schönheit zu gewinnen und gleichzeitig elementare Bestimmungen der philosophischen Ästhetik auf eine neue Weise zur Geltung zu bringen. Sie rekonstruiert, im Ausgang von Darwin und Freud, eine sexuelle Genealogie des Schönen und untersucht mit den Leistungen zugleich die Risiken, welche die Praktiken ästhetischen Unterscheidens eingehen, um – vielleicht – vom Versprechen der Schönheit profitieren zu können.

Der Autor der vorliegenden Studie hatte erheblichen Spaß bei der ausgedehnten Lektüre evolutionstheoretischer und empirisch-psychologischer Studien zu »physischer Attraktivität«. Die durchgeführten Experimente sind nicht selten als höchst ›witzig‹, ja aberwitzig zu bezeichnen. Und der notorische Hang der Evolutionstheorie zu ›wilden‹ Hypothesen steht hinter den spekulativen Momenten philosophischer Ästhetik und dem »wilden Denken« (Lévi-Strauss) der Mythen keineswegs zurück. Manche der vorgebrachten Hypothesen und Schlußfolgerungen rechnen daher ebensosehr auf den Humor des Lesers, auf seine Bereitschaft zum Durchspielen und Ausprobieren ›unwahrscheinlicher‹ Theoreme wie auf eine uneingeschränkt ernsthafte und wörtliche Lektüre.

I. »Wegen der Schönheit«:
Glanz und Elend des Adonis

Der älteste überlieferte Adonis-Mythos wird Panyassis, einem griechischen Autor des 5. Jahrhunderts v. Chr., zugeschrieben; er ist allerdings nur in einer Wiedergabe durch Apollodorus (3. Jahrhundert v. Chr.) erhalten.[1] Die kurze Erzählung kennt nur ein Attribut, das von frühester Kindheit an die Geschicke des ›Helden‹ bestimmt: seine Schönheit. Wegen seiner Schönheit (διὰ κάλλος) wird er von Aphrodite begehrt und vor den Blicken anderer Götter verborgen; wegen seiner Schönheit verletzt Persephone Aphrodites Vertrauen und will den Knaben für sich behalten; wegen seiner Schönheit kämpfen beide Göttinnen um ihn vor dem obersten olympischen Richterstuhl; wegen seiner Schönheit endet er als Teilzeit-Geliebter beider. Von Sappho bis Ovid sind sich alle literarischen Referenzen auf Mythos und Ritus des Adonis in diesem Punkt einig. Selbst der Tod durch den Eber wird von Theokrit dem gleichen Merkmal zugeschrieben: heftig entflammt für den »schönen Mann« (τὸν ἄνδρα τὸν καλόν), so entschuldigt sich der Eber, hätten seine erotisierten Zähne (ἐρωτικοὺς ὀδόντας) ihn keineswegs verwunden, sondern nur liebkosen (φιλεῖν) wollen.[2] Ovid steigert das Moment der Schönheit bis in die rhetorische Unmöglichkeitsform der Selbst-Überbietung eines Superlativs. Der »schönste« Neugeborene (formosissimus infans) wird innerhalb zweier Zeilen zu einem Jüngling und Mann, der »schöner als er selbst ist« (formosior ipso, X 522-523).[3] Shakespeare hat die Konsequenz aus Ovids absolutem Komparativ gezogen: seine Venus nennt Adonis »sweet above compare« und stellt sich selbst weit hinter ihn zurück (»Thrice fairer than myself«, 7-8). Adonis' Tod wird zum Tod der Schönheit selbst: »he being dead, with him is beauty slain« (1019).

Die folgende Deutung nimmt dieses eindeutig dominante Merkmal des Adonis ernst: Der Adonis-Mythos ist nicht – oder nur in zweiter Linie – eine Erzählung vom Vegetationsgott oder vom Weizen, vom Sonnengott oder von einem Verführer, von einem die Mutter begehrenden Ödipus oder einem gescheiterten

Jäger,[4] sondern er gilt zuallererst der Schönheit selbst, ihrer Macht und Ohnmacht, ihrem Versprechen und dem Begehren, das sich auf sie richtet, ihrer Hitze und ihrer Kälte, ihren Versuchungen und ihrem Fluch. Die bestüberlieferten anderen Elemente der Adonis-Überlieferung werden unter dem Vorzeichen dieses Attributs gelesen: die inzestuöse Erzeugung und die Affinitäten zu seiner Mutter Myrrha, die Abstammungslinie Pygmalion – Kinyras – Adonis, die Geburt als Waisenkind, der Streit zwischen Aphrodite und Persephone um den schönen Jüngling mit dem Resultat seiner Doppelexistenz, die sexuelle Folgenlosigkeit des Verhältnisses von Aphrodite und Adonis, die Zuordnung des schönen Jünglings zur Sphäre der Jagd, der frühzeitige Tod durch den Eber, die rituelle Klage über Adonis' Tod als Kern der weiblichen Adonien, die damit verbundene Darstellung ebenso raschen wie fruchtlosen Blühens und Verblühens in der Praxis der Adonis-Gärten, die Irritation der Athener Männerwelt durch die weiblichen Adonis-Riten.[5] Diese Elemente umfassen den relativ stabilen Kern der ältesten Adonis-Überlieferung bei Sappho, Aristophanes, Plato und Panyassis; sie machen offenbar auch die Basis für die Bearbeitung in der Komödie des 4. Jahrhunderts sowie bei Theokrit und Bion (3. Jahrhundert v. Chr.) aus. Ovids Erzählung bündelt die große Mehrzahl der genannten Elemente und stellt daher eine zusätzliche Standardreferenz dar. Die Auslegung dieser Überlieferung unter dem Leitfaden von Adonis' einzigem und absolut stabilem Attribut präpariert als Mythos von der Schönheit einen Komplex von ›Aussagen‹ heraus, der grundsätzlich – und in der fortgesetzten Bearbeitung des Adonis-Mythos ist dies auch geschehen – in andere Zeiten und andere Kontexte übertragen werden kann. Die Analyse des Mythos verfolgt daher, obwohl sie sich fast ausschließlich an altgriechischen Quellen orientiert, nicht das Ziel einer rein altphilologischen Studie zur griechischen Religion und Kultur. Sie interessiert sich vielmehr für ein Muster, das auch in der Ablösung von seinem (vermeintlich) ursprünglichen Kontext von erheblicher Mächtigkeit geblieben ist.

Beschreibungen des Adonis fehlen in den Mythen ebenso wie theoretische Aussagen über das Wesen seiner Schönheit. Erschwerend kommt hinzu, daß keine einzige antike Adonis-Statue erhalten scheint.[6] Nicht einmal die einstmalige Existenz von

Adonis-Statuen ist bezeugt, und Abbildungen auf Münzen und Vasen sind vielfach nur unsicher identifizierbar. Was ist über die Schönheit des Adonis zu sagen außer daß sie von allen Varianten des Mythos behauptet wird? Die folgenden Ausführungen gewinnen Möglichkeiten analytischer Aussagen über die in Adonis verkörperte »Schönheit« durch die Kombination zweier Verfahren. Sie lesen die narrativen Elemente und die zahlreichen, oft verdeckten Nebenattribute des Mythos als ebenso viele Artikulationen obliquer ›Aussagen‹ über das zentrale Merkmal »Schönheit«. Und sie reichern die dabei gefundenen Bestimmungen jeweils durch vergleichende Blicke auf verwandte ›Aussagen‹ in anderen Mythen sowie in Märchen an. Der Vergleich mit der Rolle der Schönheit im Märchen ist rein typologischer Art. Er setzt nicht voraus, daß Märchen des Vergleichstyps in der Antike existierten – obwohl nicht nur die Apuleius-, sondern auch die Homer-Forschung die Existenz von Märchen in der griechischen Antike vielfach plausibel gemacht hat.[7] Einzelne Fragmente aus der Tradition des theoretischen Nachdenkens über das Schöne werden ebenfalls als Formulierungshilfen für die ›Aussagen‹ des Adonis-Mythos herangezogen.

Merkmallosigkeit als erstes Merkmal des reinen Schönen

Die Statuen von Apollo und Aphrodite gelten seit Winckelmann als Inbegriff des klassischen Schönheitsideals. Was unterscheidet Adonis von Apollo außer daß es von dem schönen menschlichen Jüngling keine überlieferte Statue gibt? Zuallererst dies: Apollo ist nicht nur ein idealschöner Gott, sondern ebenso und mehr noch Gott der Sehergabe, des Spiels auf der Lyra und anderer Potenzen – genauso wie Aphrodite einen reichen Zuständigkeitsbereich mit einer Vielzahl von Merkmalen hat. Diese anderen Fähigkeiten und Attribute individualisieren die schönen Gottheiten zu hochkomplexen Gestalten. Anders Adonis: ihm wird keine besondere Fähigkeit, keine ihn auszeichnende Tat, ja, nicht einmal ein besonderer Vorzug seines Aussehens nachgesagt. Er ist abstrakt schön – und sonst nichts. Die antiken Quellen stellen seine Erscheinung stets nur indirekt, durch ihre Wirkung auf andere dar. Schönen Frauen wurden bei Hesiod oder Homer zumindest standardisierte Merkmale beigelegt, besonders gern etwa das Beiwort »mit schönen Fesseln«. Adonis' Schönheit dagegen ist vollkommen merkmallos. »Wir kennen«, beklagt Atallah, »von dieser Gottheit kein besonderes Attribut, das unsere Suche [nach Bildwerken] orientieren könnte.«[8] Baudissin bemerkt analog: »Adonis gehört zu einer Klasse von Wesen sehr unbestimmter Art, die [...] weniger Individualität besitzen als die Götter.«[9] Die immer noch verbreitete, wiewohl höchst unsichere Ableitung seines Namens aus phönizisch *adon* bestärkt diesen Eindruck. »Adon« ist nämlich das Gegenteil eines Eigennamens. Der Ausdruck ist nur ein allgemeiner Vorsatz – der Anredeform »Herr« gleich – für alle phönizischen Götter und Höhergestellten und insofern ein ›leerer‹ Name, eine Nullstufe an Besonderung. Ein unspezifisches Epitheton, das den Eigennamen erst ankündigt, wird bei Adonis zum Ersatz des fehlenden Eigennamens.[10] Adonis ist insofern der Name für die Namen- und Merkmallosigkeit reiner Schönheit.

Dieser Mangel an Individualität – an distinktiven Merkmalen – kann als positives Kennzeichen einer ›reinen‹ Ausprägung von Schönheit verstanden werden. Nach Winckelmann *muß* eine rein ästhetische Betrachtung von Körpern deren Schönheit von allen weiteren individualisierenden Merkmalen und Ausdruckswerten möglichst freihalten. Winckelmann nennt dies »die Unbezeichnung« als Bedingung der Möglichkeit ›lauterer‹ Schönheit:

Wenn ich sage, daß eine Gestalt, um schön zu sein, *unbezeichnet* sein müsse: so will ich dadurch andeuten, daß die Form derselben weder dieser oder jener bestimmten Person eigen sei, noch irgendeinen Zustand des Gemüts oder eine Empfindung der Leidenschaft ausdrücke, als welche [...] die Schönheit vermindern und verdunkeln. Daher gilt von der Schönheit, was von dem Wasser, welches aus dem Schooße der Quelle geschöpft wird, das um desto gesunder geachtet wird, je weniger Geschmack es hat, und von allen fremden Teilen geläutert ist.[11]

Die empirische Schönheitsforschung hat dieses »Unbezeichnet«-Sein experimentell erhärtet: »attractiveness«, so wurde gefunden, korreliert negativ mit »distinctiveness«. Je weniger individualisierende Merkmale ein Gesicht aufweist, desto höher sind seine Chancen, in einer rein ästhetischen, von allen sonstigen Kenntnissen der Person freien Beurteilung als schön bewertet zu werden.[12] Auch Kant hat die Reinheit des ästhetischen Urteils von allen nicht-ästhetischen Begriffen und Ausdruckswerten propagiert: die »Normalidee« eines schönen menschlichen Körpers ist ihm ein reines Gestaltschema ohne jede besondere Note, eine »vage Schönheit«.[13] Sowohl Kant wie Winckelmann haben aber gleichzeitig für das höchste Ideal des Menschlich-Schönen die Bedingung seiner ›reinen‹ Unbestimmtheit aufgegeben und es an den Ausdruck sittlicher Werte oder gar der »Vernunftidee« vom »Zweck der Menschheit« zurückgebunden.[14] Die berühmte »hohe Einfalt und stille Größe«[15] wäre sonst nicht erreichbar. Adonis hat an solchen ›idealistischen‹ Zutaten keinen Anteil. Er ist wirklich reine Jugendschönheit ohne besondere individualisierende Nuance.

Der genuin idealistische Begriff schöner Männlichkeit (und Weiblichkeit) verlangt, daß »die Schönheit *Kraft, Bedeutung* in jedem Gliede wird«, durchscheinende Hülle eines individuellen »Charakters«.[16] Ein andersartiger Typ des schönen Mannes wird aus dem Kreis solchen ästhetisch-ethischen Lobes ausdrücklich ausgeschlossen: »Nireus, der schönste aller Griechen vor Troja, thut in der ganzen Iliade nichts und kommt nicht, als im Verzeichniß der Schiffe, zum Vorschein.«[17] Kraft des Mangels an ausgeprägtem Charakter, Sprache und aktivem Handeln ist Adonis aus idealistischer Warte weit mehr ein anderer Nireus als ein Verwandter des idealen Achill. Auch er ist, paradox formuliert, zu sehr nur schön, um schön zu sein, und verkörpert als der »schönste Mann« gerade ein Gesetz des Mangels. Die ›idealistische‹ Schönheit *spricht*; sie ist bedeutungsgeladen und lädt zur unendlichen Auslegung ihrer »inneren Seele und Geistigkeit«[18] ein. Die Schönheit des Adonis dagegen ist stumm.[19] Winckelmann hat die Grenze zwischen der emphatisch sprechenden, der ›vollen‹ idealischen und der ›leeren‹ Schönheit scharf gezogen:

Der höchste Begriff *idealischer* männlicher Jugend ist sonderlich im *Apollo* gebildet, in welchem sich die Stärke vollkommener Jahre mit den sanften Formen des schönsten Frühlings der Jugend vereiniget findet. Diese Formen sind in ihrer jugendlichen Einheit groß, und nicht wie an einem in kühlen Schatten gehenden Lieblinge, und welchen die Venus

[. . .] auf Rosen erzogen, sondern einem edlen, und zu großen Absichten geborenen Jünglinge gemäß [. . .] Auf [Apollos] Jugend blühet die Gesundheit, und die Stärke meldet sich, wie die Morgenröte zu einem schönen Tage.[20]

Adonis ist der prominenteste griechische Name für jene Art der Schönheit, gegen die Winckelmann hier die »edle«, »zu großen Absichten geborene«, mit »Stärke« und »Gesundheit« gepaarte »idealische« Schönheit abgrenzt. Adonis ist zu jung, um schon die »Stärke vollkommener Jahre« zu haben; er wird mal von Venus selbst, mal von Persephone, mal von den Nymphen ohne eigene Anstrengung erzogen, hat in all seiner Schönheit keine erkennbaren »großen Absichten«, entbehrt der »Stärke« bei seiner ersten Bewährungsprobe, vergeht wie eine kurzlebige Blume, statt sich robuster Gesundheit zu erfreuen, und wird gar selbst in eine Blume verwandelt – nach der Mehrzahl der Quellen in eine Anemone, nach einigen in eine Rose.

Trotz Winckelmanns durchaus affirmativer Theorie der »Unbezeichnung« hat die deutsche Klassik jugendliche antike Schönheiten vom Typ des Adonis, des Hyakinthos oder des Narcissus weitestgehend aus dem Begriff »griechischer« Schönheit ausgeschlossen. Selbst die Namen dieser paradigmatisch schönen Wesen sind in den Schriften Winckelmanns, Herders und Goethes kaum zu finden. ›Gereifte Männlichkeit‹, verbunden mit Tatkraft und ›idealen‹ sittlichen Werten, ist das Muster der klassischen ›Idee‹ männlicher griechischer Schönheit: Achill ist deren menschliches, Apollo und Dionysos das göttliche Muster. Die völlig unheroische und zugleich sirenenhaft-unwiderstehliche Schönheit des Adonis gehört nicht in dieses Register. Sie ist die von Aphrodite und den Frauen verehrte prä-adulte und zugleich rein sexuelle Jünglings-Schönheit. Die historisch gut bezeugten Riten des Adonis waren unzweideutig ein heterosexueller Kult und damit von der massiven homosexuellen Jünglingsverehrung durch ältere griechische Männer deutlich verschieden (wiewohl auch diese Adonis offenbar nicht ungern als Vasen-*pin-up* betrachteten).

Hyginus hat das adoleszente und das erwachsene männliche Schönheitsideal der Antike in den Listen der »formosissimi ephebi« und der »formosissimi viri« strikt getrennt.[21] Der Katalog der »formosissimi ephebi« wird von Adonis angeführt und nennt auch Endymion, Ganymedes, Hyakinthos, Narcissus und Hermaphroditus. Die Ästhetik der deutschen Klassik hat sich allein an den »formosissimi viri« orientiert.[22] Die antiken Jugendschönheiten dagegen sind – nach ihrer Karriere in Renaissance und Barock – in neueren Zeiten zuerst ein romantisches Phänomen. Schlegel sieht in der Adonis-Erzählung eine »Centralnovelle«[23] und bestimmt die Struktur der Dichtung überhaupt durch die Transformation der Narcissus-Erzählung in eine Theorie der »schönen Selbstbespiegelung«;[24] Novalis schreibt ein Märchen von »Hyacinth«, Keats seinen *Endymion* und Shelley den *Adonais*. Schlegel fasziniert am Adonis-Mythos vor allem »die weibliche Männlichkeit«[25] und die männliche »Weiblichkeit«;[26] kraft der Suspension der in menschlichen Kulturen dominanten Geschlechtsrollen figuriert der Mythos sowohl als Vorbild von Schlegels eigener *Lucinde*[27] wie als Parallelphänomen zu Novalis' Roman »Ofterdingen«.[28] Die verminderte (traditionelle) Virilität, die Schwäche des Adonis wird romantisch affirmativ besetzt. Herakles, Achill, Odysseus oder Apollo geben schlechthin keine romantischen Helden ab; Adonis und Endymion dagegen passen gut zu den gebrochenen, sich nicht zuletzt durch gewisse Schwächen definierenden und gerade darin empathisch besetzbaren romantischen Figuren. Als »schönes Symbol hoher Wehmut«[29] konfiguriert Adonis die genuin romantische Verbindung eines »sentimentalischen« Bewußtseins des unversöhnlichen Konflikts von »Idealität« und »Realität« mit einer zugleich schmerzlichen und lustvollen Anerkennung eben dieser Situation. Hinzu kommt, daß die romantische Poetik wesentlich eine Poetik der Kindheit und der Adoleszenz ist – was wiederum die »ephebi« über die »viri« erhebt. Etwa hundert Jahre später erlebt Adonis eine neuerliche Hochkonjunktur unter den Vorzeichen von Ästhetizismus und ›décadence‹, wieder hundert Jahre später als gern benutzte Ikone von Werbung und schönheits-orientierten Alltagskulten.

Die »formosissimi ephebi« sind keineswegs nur einfach jünger als die »formosissimi viri«. Sie sind von diesen vielmehr so grundverschieden, daß es geradezu als ihr Definiens erscheint, in der Regel nicht in die Kategorie der »formosissimi viri« hineinwachsen zu können. Die idealschönen Jünglinge sterben, bevor oder während sie den Schritt in die sexuelle und soziale Rolle des erwachsenen Mannes tun (können). Adonis' Versagen bei der Eberjagd ist weit mehr als nur ein negatives Beispiel, wie der Übergang ins Mannesalter möglichst nicht aussehen sollte.[30] Es liefert vielmehr eine durchaus positive Erläuterung des einzigen Attributs des Adonis: es etabliert die Merkmale »Nicht-Held« (Nicht-Mann, Nicht-Krieger) und »Tod an der Schwelle zum Erwachsenwerden« als die beiden wesentlichen Bestimmungen der ansonsten unbestimmten ›floralen‹ Jünglingsschönheit. Die Konfiguration dieser Merkmale prägt gleichermaßen die Erzählungen von Narcissus, Hyakinthos und anderen »formosissimi ephebi«; sie hat damit den Wert eines konstanten Merkmalbündels für eine ganze Gruppe von Mythen zu schönen Jünglingen. Herausragende jugendliche Schönheit ist in diesen Mythen, wie überhaupt in der griechischen Kultur, eine Auszeichnung, ein höchst positiver Wert – und doch birgt dieser Wert geradezu tödliche Gefahren. Er impliziert die Gefahr, den Schritt in die sexuelle und kriegerische Rolle des Mannes zu erschweren, ja – in extremer Konsequenz –, unmöglich zu machen. Dieser entscheidende Schritt wäre, wie jede Initiation, mit einem qualitativen Anderswerden, ja einer direkten Umkehrung von Merkmalen verbunden (schwach/stark, Nicht-Held/Held, Nicht-Begehren/ Begehren der Frau, Für-sich-Leben/Übernahme einer Rolle in der Gemeinschaft). Das Merkmal sonstiger Merkmallosigkeit, die fehlende bzw. unsichere Verbindung mit sozial gewünschten Tugenden erscheint damit als ein inhärenter Mangel, von dem die nur für sich stehende Jugendschönheit strukturell affiziert ist.

Die das Adonis-Fest begehenden Frauen bekräftigen provokativ das weibliche Begehren nach einer Lust, die nicht auf die Bahnen der Ehe und der Fortpflanzungsfunktion beschränkt ist, und nach einem Objekt des Begehrens, das zuallererst physisch attraktiv, »schön«, sein soll. Gerade als eigentümlich ›leere‹ Schönheit eignet Adonis sich besonders gut für diese Zirkulation eines entregelten weiblichen Begehrens im Imaginären. Als schöne, erotisch duftende Projektionsfläche stellt Adonis das wirkungsmächtigste männliche Gegenstück zum gleichermaßen leeren Wunschbild des abstrakt schönen Mädchens dar. Um *idealer Phallus* und ideales Wunschbild sein und bleiben zu können, muß Adonis als ›wirklicher‹ Phallus gerade scheitern; im anderen Fall wäre auch die evokative Merkmallosigkeit seiner Schönheit nicht zu halten.

Die »Unbezeichnung«, die sonstige Merkmallosigkeit reiner Schönheit ist zuallererst als gern benutztes Muster der Bewertung weiblicher Schönheit überliefert. Walter Benjamins Beschreibung des »schönen Kindes« Ottilie etwa benutzt diesen Topos: Ottilies »günstiger ›Eindruck geht nur aus der Erscheinung hervor; [...] ihr inneres Wesen bleibt verschlossen‹«.[31] »Hat sie Charakter? Ist ihre Natur [...] klar vor Augen? Das Gegenteil von alledem bezeichnet sie. [...] Pflanzenhaftes Stummsein [...] liegt über ihrem Dasein.«[32] Auch Adonis ist ebenso sprach- wie tatenlos, und die Pflanzenhaftigkeit seines Blühens wird durch sein Ende als Blume sogar ausdrücklich markiert. Shakespeare hat diesen Zug des Adonis-Mythos in der Form der komischen Überzeichnung aufgegriffen: »What! canst thou talk? [...] Hast thou a tongue?« (427), fragt seine hypereloquente Venus überrascht bis indigniert, als Adonis ihr zum ersten Mal den einzigen Satz entgegnet, auf den alle seine Sätze hinauslaufen: »›I know not love‹, quoth he, ›nor will not know it‹« (409).

Zur westlichen Tradition einer negativen Auslegung der Merkmal-, Sprach-, Charakter- und Tatenlosigkeit reiner oder ›bloßer‹ Schönheit gehört schließlich auch ihre Verbindung mit dem Dummheitsverdacht.[33] Das antike Sprichwort »einfältiger als der Adonis der Praxilla«[34] verweist darauf, daß selbst diese Semantik zu den Möglichkeiten der Adonis-Figur gehört.[35] Da er kaum spricht und handelt, ist über die Intelligenz des mythischen Adonis wenig zu sagen. Die Selbstverständlichkeit, mit der er sich über göttliche Warnungen und Ratschläge hinwegsetzt, ist zumindest kein Intelligenzbeweis. Seine Wahrnehmung aus liebender Perspektive würde durch einen Mangel an Klugheit indes kaum angefochten – ist es doch geradezu das Privileg glücklicher männlicher (Märchen-)Helden, ›naiv‹ bis dumm zu sein und trotzdem die Prinzessin zu erobern. Shakespeare läßt sich auch diese Nuance nicht entgehen: Sein Adonis erweist sich als ein »silly boy«, der eine vorgetäuschte Ohnmacht der Venus für wirklichen Tod hält (V. 467). Ein bißchen Dummheit macht den schönen Knaben nur noch liebenswerter.

Schönheit = Begehrtsein

Das objektive ›Sein‹ der Schönheit des Adonis ist schwer zu fassen; das Merkmal der Merkmallosigkeit des idealen Schönen reflektiert diese Schwierigkeit. Leichter kann die Wirkung dieser Schönheit auf andere bestimmt werden. Für Adonis gilt das gleiche wie für etliche andere schöne Jünglinge und Frauen: sie werden begehrt, weil sie herausragend schön sind. Der Adonis-Mythos prägt die Identifizierung des Schönen mit dem Begehrten hyperbolisch aus und gewinnt daraus ein Konfliktpotential: bereits als Knabe ist Adonis so schön, daß gleich zwei Göttinnen ihn unbedingt ›besitzen‹ wollen. Der Anblick des Schönen bereitet an sich selbst Lust und ist zugleich ein Antrieb, weitere Stufen des lustvollen ›Besitzes‹ des Schönen zu suchen.

In der Geschichte der menschlichen Sexualität gilt die ›Objektwahl‹ nach ästhetischen Kriterien weithin als ein männliches Privileg. Aphrodites Objektwahl stellt insofern die menschlichen Geschlechterverhältnisse auf den Kopf. Nicht einmal das Märchen kennt diesen Fall. Der Macht- und Altersabstand zu Adonis weist Aphrodite die klassische männliche Rolle und Adonis diejenige des abhängigen jungen Mädchens zu. Außer in der Komödie, in der seit der Antike geile alte Frauen regelmäßig jungen Männern nachstellen, gab es dieses Objektwahl-Muster in der westlichen Zivilisation zumeist nur in den höchst seltenen Fällen, in denen Frauen durch herausragende soziale oder finanzielle Macht es sich leisten konnten, das männliche Verhalten zu übernehmen. Andererseits lehrt die Evolutionstheorie, daß die Verbindung schöner Männlichkeit und weiblicher Wahl das mit Abstand verbreitetste Paarungsmuster sexueller Lebewesen ist und höchstwahrscheinlich auch in der Urgeschichte des Menschen eine Rolle gespielt hat. Der Skandal einer weiblichen Wahl schöner männlicher Objekte hat insofern zugleich einen genuin archaischen Charakter.

Schönheit macht Schweres leicht

Adonis kommt als ausgestoßenes Waisenkind zur Welt. Sein Vater wollte ihn samt seiner Mutter töten. Jede Rückkehr des doppelt illegitimen Kindes – erzeugt in Verletzung der Ehe und des Inzesttabus – zu seinem Vater ist auch da ausgeschlossen, wo dieser nicht, wie bei Antoninus Liberalis, Selbstmord angesichts des Akts begeht, dem Adonis sein Leben verdankt.[36] Adonis' Mutter wird schon vor der Geburt in einen Myrrhenbaum verwandelt. Ovid imaginiert die unheimliche Folge dieser Verwandlung: »Qual der Mutter die Last. Den Wehen fehlen die Worte,/ und der Gebärenden Stimme, sie kann Lucina [= die mythische Geburtshelferin] nicht rufen.«[37] Von einem stummen Baum freigegeben, elternlos und damit die Schuld seiner Zeugung büßend, hat der Säugling Adonis theoretisch noch schlechtere Überlebenschancen als die Helden anderer Verstoßungsmythen und -märchen. In diesen finden die ausgesetzten oder verstoßenen Kinder regelmäßig Mitleid bei guten, aber armen Pflegeeltern. Mythischen Zieh- und Findelkindern gelingt es im weiteren Verlauf dann zumeist, ihre hohe Abkunft zurückzuerobern und sich in die Geschichte ihrer Familie zu reintegrieren – mal in der Form der erfolgreichen Einsetzung in die ihnen zustehende Stellung, mal, wie bei Ödipus, in unwissender Erfüllung eines alten Fluchs. Ausgesetzte Märchenhelden dagegen lassen ihre ärmliche Abkunft gerade ›glücklich‹ vergessen und finden sich am Ende kraft des Wirkens von Helfern oder anderer günstiger Umstände in der Rolle von Königen wieder. Bei Adonis geht die Vermittlung dieser Extreme besonders leicht vonstatten, und der Mythos macht dafür von Beginn an seine Schönheit verantwortlich.

Adonis durchläuft keine Phase unmittelbarer Not; er hat auch keine schweren Aufgaben zu bestehen. Seine einzige nennenswerte Tat, die Jagd auf den Eber, begründet weder seine Verehrung, noch ist sie eine Voraussetzung seiner Rettung aus der Situation des ausgesetzten Säuglings. Im Gegenteil: Adonis' ›Fehler‹ ist, daß er glaubt sich erst noch bewähren zu müssen – und insofern im herkömmlichen Muster von Verstoßungsmythen steckenbleibt. Seine Schönheit hatte ihn dieses Beweises immer schon enthoben. Sie gewinnt ihm von Beginn an höchste

Protektion, ja Liebe. Mal übernehmen Nymphen die Pflege des reizenden kleinen Amor, mal kümmert sich Aphrodite gleich selbst darum. Das Schlimmste, was dem ausgesetzten Waisenkind passiert, ist, daß zwei Göttinnen sich um ihn streiten. Schönheit ersetzt also den intermediären Term anderer Verstoßungserzählungen. Sie sichert zuverlässig das Überleben des ausgesetzten Neugeborenen, erspart jegliche materielle Not und promoviert Adonis gar ohne jede eigene Anstrengung in den Rang eines von der Göttin der Schönheit geliebten Halbgotts. Sofern ihm alle Schwierigkeiten immer schon von Helferfiguren abgenommen sind und gleichzeitig eine Rückkehr in seine Rolle als Königssohn ausgeschlossen ist, ja, nicht einmal erstrebenswert erscheint, wäre ein Adonis, der Aphrodites Rat befolgt hätte, eher der Held eines Aussetzungsmärchens als eines Aussetzungsmythos.

Die Funktion von Schönheit als Helferin in der Not und Wegbereiterin von sozialem Aufstieg – im Fall des Adonis in die Gesellschaft von Göttinnen – gehört nicht nur zu den Standardrequisiten von Märchen-Handlungen, sie ist auch in der neueren empirischen Forschung zu den Wirkungen physischer Attraktivität gut bezeugt. Hilfsbereitschaft, so wurde experimentell erwiesen, nimmt mit der Attraktivität hilfsbedürftiger Personen signifikant zu.[38] Ebenso konnte die notorische Assoziation von physischer Attraktivität und sozialem Status auf eine statistische Grundlage gestellt werden.[39] Die Liebesgeschichten von Göttern bzw. Göttinnen und Menschen entsprechen diesem Muster: das auf das Schöne gerichtete Begehren kommt darin stets an Macht überlegenen Wesen zu, während die begehrten Schönen – ob junge Männer oder Frauen – sich in einer strukturell schwächeren Objektrolle befinden. Es wird sich zeigen, daß die Evolutionstheorie diese strukturelle Asymmetrie zuungunsten der schönen Wahlobjekte auf überraschende Weise bestätigt.

Schönheit als Verwindung des Schweren

Eine geringfügige Variation auf den Satz »das Schöne läßt Schweres leicht werden« führt auf eine andere Leistung des Schönen für Adonis: Das Schöne läßt Schweres leicht *scheinen*, auch wo die Verwindung dieses Schweren tatsächlich alles andere als leicht war. Odysseus erfährt, nach endlich gelungener Heimkehr, die Verklärung seiner Gestalt in einem Schönheitsbad:

> Schönheit in Fülle ließ dann am Kopf Athene erstrahlen,
> Ließ ihn beleibter und größer erscheinen, vom Haupte herunter
> Wollig die Haare ihm wallen wie blühende Hyazinthen.
> Wie ein Mann, der versteht, ein silbernes Stück zu vergolden –
> Lehrer war ihm Hephaistos und Pallas Athene in mancher
> Kunst, er vollendete reizende Werke – nicht anders als dieser
> Übergoß nun sie ihn an Haupt und an Schultern mit Anmut.
> So entstieg er der Wanne, Unsterblichen ähnlich an Aussehen.[40]

Die göttliche Gabe der Schönheit transfiguriert die langen gefährlichen Irrfahrten am Ende in einen imaginären ästhetischen Glanz. Der Held bleibt Held – und ist zugleich ein Hyakinthos. Ein anderer alter Mann, den Aphrodite gar vollends in einen schönen Jüngling verwandelt, schlägt den Bogen zurück vom Homerischen Helden zum sprach- und tatenlosen Jüngling Adonis. Phaon erhält strahlende Schönheit als den glänzenden Lohn lebenslanger Bescheidenheit, Hilfsbereitschaft und guter Werke im Kleinen – für das Gegenteil also der odysseischen Heldentaten:

Phaons Leben spielte sich ab in seinem Boot und auf dem Meer: ein Meeresarm war es, über den man übersetzt. Nachsagen konnte niemand ihm etwas Schlechtes, denn mäßig waren seine Forderungen und nur von den Besitzenden nahm er Geld. Bewundert hat man bei den Lesbiern sein Verhalten. Und es belohnt den sterblichen Menschen die Göttin: Aphrodite soll es gewesen sein. Menschengestalt nimmt sie an, die Gestalt eines alten Mütterchens, und verhandelt mit Phaon wegen der Überfahrt. Schnell bereit war er, sie überzusetzen, ohne etwas dafür zu verlangen. Was tut darauf die Göttin? Beschenkt soll sie den Mann dafür haben, den alten Mann beschenkte sie mit Jugend und Schönheit. Das ist der Phaon, zu dem Sappho ihre Liebe oft in Liedern bekannt hat.[41]

Aelianus und Servius berichten, Phaon habe von Aphrodite ein Alabastron voller aromatischen Myrrhen-Dufts erhalten, dessen Anwendung den Frauen heißes Begehren eingeflößt habe.[42] Diese ästhetische Belohnung für moralisches Verhalten bekommt dem in einen duftenden Adonis verwandelten alten Mann allerdings schlecht: er wird getötet, als er in flagranti mit einer seiner Verehrerinnen ertappt wird.[43] Adonis' Schönheit besiegelt zwar weder seine kriegerischen Heldentaten noch seine Großzügigkeit gegenüber Armen; ihre Imagination als rasches Blühen und Vergehen betont vielmehr ihr Naturhaftes. Und doch ist auch Adonis' Schönheit in eine Genealogie eingeschrieben, in der ihr eine übersinnliche Bedeutung zukommt: sie erscheint als Manifestation und mehr noch als Verwindung einer schweren Schuld. Auf ihr lasten die frevelhafte Entstehung aus einem Inzest und das Trauma einer elternlosen Geburt. Gegen den Horizont dieser Vorgeschichte erscheint Adonis' strahlende Jugendschönheit als Form imaginärer Tilgung, als eine Einladung zum Vergessen – so sehr, daß die inzestuöse Erzeugung und die unerhörte Geburt im allgemeinen kulturellen Gedächtnis gar nicht zum Topos von Adonis als exemplarischer jugendlicher Schönheit gehören.

Für die ihn liebende Aphrodite gilt das gleiche. Schon generell ist die lichte Schönheit der olympischen Götterwelt das Resultat eines Krieges. Nach der *Theogonie* des Hesiod wird sie errichtet auf dem dunklen Untergrund von Chaos, Titanomachie und Mord an den eigenen Kindern. Ein letzter Gewaltakt, der Vatermord durch Zeus, bringt die Möglichkeit und die Wirklichkeit mythischer Schönheit. Aphrodites Schönheit geht gar direkt aus der Kastration des Urvaters Kronos hervor. Seine abgeschlagenen, ins unfruchtbare Meer geworfenen Geschlechtsteile erweisen sich noch ein letztes Mal als fruchtbar.[44] Sie erzeugen mit ihrem Samen den Meeresschaum – nach der Lesart des Clemens von Alexandria vergewaltigen sie gar das Meer[45] –, und eben aus diesem Schaum geht die Göttin der Schönheit hervor. So sehr vollzieht Aphrodite an ihrer eigenen Entstehung die Sublimation von phallischer Gewalt und Vatermord in diejenige von *eros*, *charis* und *kallos*, daß der bekannte Topos von der »schaumgeborenen Aphrodite« weithin nur die Merkmale Sonne, Glanz und Gischt des Ägäischen Meeres konnotiert, aber kein Wissen um die Art dieses besonderen Schaums enthält. Das ›Reale‹ von Aphrodites Zeugung und Geburt gehört sowenig zu ihrem ins allgemeine kulturelle Gedächtnis eingegangenen ›Begriff‹ wie Adonis' Zeugung und Geburt zur topischen Vorstellung seiner Schönheit. Beider Schönheit impliziert die Verwindung einer transästhetischen Gewalt: eine radikale Entstellung, ja Negation ihrer Entstehung. Ihr Schein läßt – und nach Freud gilt dies a fortiori für das Feld der »ästhetischen Kultur« überhaupt – die Anstrengung und die Kosten ihrer Genese vergessen.[46] Nietzsches Tragödienschrift schließt auf eben diese Note: »Wie viel mußten [die Griechen] leiden, um so schön werden zu können!«[47]

Schönheit als Versuchung zu Hochmut und Kälte

Für den Leser des Mythos lebt ein diffuses Bewußtsein des Trügerischen im scheinbaren ›Glück‹ des schönen Findelkinds, im Ausbleiben aller offenbaren Not des Ausgesetztseins und der Elternlosigkeit weiter. Irgend etwas am Glanz dieser Schönheit ist buchstäblich nicht haltbar, untergräbt ihre Substanz und ihre Dauer. Spätestens bei Aphrodites Ermahnung wird klar, daß das Verhängnis noch nicht gebrochen ist – zumal Adonis' Schönheit nur diejenige seiner Mutter wiederholt. Nach Hyginus hat Myrrhas Mutter die Schönheit ihrer Tochter über diejenige Aphrodites gestellt.[48] Mit dieser Hybris beschwor die Mutter einen göttlichen Fluch herauf, der Myrrha jenes inzestuöse Begehren einflößte, das sowohl die Tochter selbst als auch die Ehe ihrer Mutter zerstörte.[49] Die ›Verurteilung‹ zur inzestuösen Liebe ist demnach eine direkte Strafe für eine von der Schönheit selbst induzierte Verfehlung. Auch ohne diese späte Version bei Hyginus steht die Erzählung von Adonis von vornherein im Zeichen eines Scheiterns des Schönen an sich selbst. Myrrha vererbt nicht nur den verlockenden Duft, sondern auch eine der Schönheit eingeschriebene Ambivalenz an Adonis.

Die Königstochter Myrrha zieht »kraft ihrer Schönheit« (διὰ τὸ κάλλος) – Antoninus Liberalis verwendet für sie die gleiche Formel wie für ihren Sohn Adonis[50] – zahlreiche Bewerber aus zahlreichen Städten an. Doch sie lehnt alle ab. Damit reiht sie sich in die lange Reihe schöner, aber unnahbarer Märchen-Prinzessinnen ein, die einen tiefen Zweifel am Wert der Schönheit begründen. Gewiß sind die meisten schönen Mädchen im Märchen zugleich auch ›gut‹. Dieser ästhetisch-ethische Parallelismus erfährt aber eine entscheidende Einschränkung. Er gilt nur, wenn diese Mädchen – zumindest vorübergehend – arm, verstoßen, verzaubert oder von irgendeinem anderen Mangel betroffen und daher nicht in der Lage sind, sich besonders anspruchsvoll oder abweisend zu geben. Aschenputtel, Schneewittchen usw. erfüllen diese Bedingung. Fehlt ein solcher äußerer Mangel, tritt an seine Stelle regelmäßig ein ethischer Defekt: wohlsituierte schöne Prinzessinnen sind dann z. B. stolz, grausam, faul, launisch oder ähnliches. Es scheint geradezu ihre Schönheit zu sein, welche diese Mängel ermöglicht. Von allen begehrte Prinzessinnen können es sich leisten, extrem wählerisch zu sein; es ist unvermeidlich, daß weit mehr Bewerber sie als ›grausame‹ Ablehnungsinstanz erfahren denn als entgegenkommende Geliebte. So figuriert Schönheit in vielen Märchen eher als Versuchung zur Hybris und als Lizenz für moralisch fragwürdige Handlungen denn als Garant für deren Untadeligkeit. Grimms »Meerhäschen«[51] z. B., eine grausame Schöne, stolze Königstochter und Analogon der orientalischen Turandot, stellt ihre Freier auf eine schwere Probe, läßt allen Versagern den Kopf abschlagen und die düsteren Trophäen, auf Pfähle gesteckt, öffentlich ausstellen. Im Märchen werden alle diese Schönen durch den einen ›richtigen‹ Bewerber am Ende gezähmt, ihre zuvor anti-soziale Schönheit damit erfolgreich aus der Verbindung mit den Untugenden Stolz, Grausamkeit, Unbescheidenheit und Kälte gelöst.

Die moderne Forschung hat diese Märchen-Vorstellungen über die Kehrseiten der Schönheit auf ein empirisches Fundament gestellt. Zwar wird anziehendes Aussehen habituell mit Vorstellungen von sozialer Kompetenz, beruflichem Erfolg und sexueller Offenheit verbunden, gerade an der Position der ausgesprochenen »beauties« kehrt aber das ganze Register der von Schönheit begünstigten Untugenden wieder. Die vergrößerte Abweisungserwartung auf der Seite der Begehrenden – die schon rein statistisch aus der Annahme folgt, daß die Schönen allseits begehrt seien – wird diesen als Kälte, Hochmut, Snobismus, Eitelkeit und materialistische Einstellung zugeschrieben.

Mitglieder des gleichen Geschlechts kommen aus anderen Gründen (Konkurrenz, Erfahrungen der Benachteiligung usw.) zu ähnlichen Annahmen über die sozialen Untugenden der Super-Attraktiven.[52]

Ovid hat die Mythen von der die Heirat vermeidenden Myrrha und dem lieber den Eber jagenden als Aphrodites Willen folgenden Adonis in der verwandten Erzählung von Atalanta gespiegelt. Diese erscheint als eine Einlage innerhalb des Adonis-Mythos: Venus erzählt sie ihrem Adonis ausdrücklich als eine Fabel, aus der er eine Lehre ziehen soll. Wie überdeterminiert das Erzählen dieses Mythos ist, erhellt bereits daraus, daß sie weit mehr Raum einnimmt und auch weit lebhafter geschildert wird als der eher lakonisch berichtete Adonis-Mythos, in die sie eingelegt ist. Nach einer alten, bis zu Hesiod bezeugten Überlieferung bat Atalanta ihren Vater Schoineus, die Heirat vermeiden zu dürfen.[53] Die Bitte wurde ihr unter der Bedingung gewährt, daß sie alle Bewerber im Wettlauf besiegen müsse. Atalanta selbst tötete die vorauslaufenden Bewerber von hinten, sobald sie sie einholte. Ovid motiviert Atalantas ablehnendes Verhalten gegenüber der Ehe mittels einer anderen Überlieferung: einem göttlichen Orakel zufolge droht Atalanta der Verlust ihrer selbst, sobald sie sich mit einem Mann verbindet. Sie *soll* deshalb jeden (sexuellen) Umgang mit einem Gatten fliehen: »fuge coniugis usum« (X 565).

Die von Ovid gewählte Konfiguration von Schönheit, Begehrtwerden und Heiratsverbot gleicht strukturell derjenigen von Schönheit, Begehrtwerden, Heiratsgebot und Widerstand gegen dieses Gebot. Denn die Wettlaufbedingung räumt durchaus die Möglichkeit ein, daß es im Fall einer Niederlage Atalantas – die sie leichter manipulieren kann als den Sieg im Wettlauf – zu der verbotenen Heirat kommen kann. Für beide Fälle scheint Darwins Beobachtung zuzutreffen, daß Wettläufe im Zusammenhang mit Heiratsgebräuchen durchweg dazu dienen, die »female choice« zur Geltung zu bringen. Die Bedingungen sind nämlich regelmäßig so gestaltet, daß nur derjenige Bewerber gewinnen kann »who has the good fortune to please his intended bride«.[54] Die doppelte Überlieferung zu Atalanta und ihren Lauffähigkeiten trifft sich denn auch darin, daß sie in beiden Versionen – gleichgültig ob im Raum eines Heiratsgebots oder

-verbots – nur von einem Bewerber besiegt und zur Frau genommen wird, der ihr gefällt. Der Wettlauf ist das Mittel, um sei's eine nicht gewollte Ehe, sei's ungeliebte Bewerber zu vermeiden. In der Ovidschen Version begünstigt er auf diskrete Weise zugleich das Ziel, den eigenen Willen sogar gegen ein göttliches Verbot durchzusetzen – sofern nämlich Atalantas Bereitschaft, vom Weg abzuweichen, als Einverständnis mit ihrem Besiegtwerden und mithin als Überlistung des Heiratsverbots ausgelegt werden kann. Damit verstärkt Ovid noch das von Darwin hervorgehobene Moment der »weiblichen Wahl«. Venus selbst und die Protagonistin der von ihr erzählten Geschichte nehmen im Verhältnis zu männlicher Schönheit genau die Rolle ein, welche Darwin als die Norm sexueller Lebewesen entdeckt hat, von der die menschlichen Gebräuche sich aber weit entfernt (zu) haben (scheinen): die Rolle der »weiblichen Wahl« und die Bevorzugung der ›schönen‹ männlichen Tiere.

So groß ist die Gewalt von Atalantas Schönheit (»tanta potentia formae est«, X 572), daß trotz der im voraus zu akzeptierenden Bedingung des möglichen, ja, wahrscheinlichen Getötetwerdens der Andrang der Bewerber nicht abreißt. Schließlich erscheint Hippomenes, der die leichenproduzierende Serie bricht. Sein Anblick läßt Atalanta gleich zweifeln, »ob sie sich Sieg oder Niederlage wünschen soll« (X 610); ja, sie gesteht sich eine spontane Liebe ein. Im Wettlauf scheint sie dann aber jede besondere Rücksicht auf Hippomenes' »Schönheit« zu überwinden. Es wird klar, daß sie die schnellere ist und Hippomenes verloren wäre, gäbe es nicht göttliche Hilfe und eine gewisse Komplizenschaft Atalantas mit ihrer Niederlage. Venus hatte Hippomenes mit drei goldenen Äpfeln versehen, die er nacheinander während des Laufs von sich wirft. Atalanta widersteht der Versuchung nicht: die Schönheit der glänzenden Äpfel bringt sie von der Bahn des Wettlaufs ab. Die Erkenntnis, daß dies ihren Siegchancen nachteilig ist, hindert sie nicht daran, auch dem zweiten und dritten Apfel zu folgen. Atalanta verliert das Rennen, indem sie Opfer einer Versuchung wird, die nicht allein von der Schönheit der goldenen Äpfel, sondern auch von derjenigen des Hippomenes ausgeht. Sie erleidet damit selbst das ›Schicksal‹ der zahlreichen Bewerber: nämlich Opfer von Schönheit zu werden. Anders als diese bekommt sie allerdings noch in ihrer Niederlage

30

ihren eigenen Willen, übt mithin gerade darin ihre »weibliche Wahl« aus.

In einem Märchen wäre Atalantas Schönheit damit erfolgreich gebändigt, und die Protagonisten könnten in die Schlußformel »und so lebten sie vergnügt bis an ihr Ende« entlassen werden. Das glückliche und auch allseits begrüßte Märchen-Ende verwandelt sich dann aber noch in eine Strafmythe. Hippomenes vergißt nicht nur, seiner Helferin Aphrodite das gebührende Weihrauchopfer zu bringen; er gibt auch dem »unzeitigen Drang« nach, ausgerechnet im heiligen Tempelbezirk sofortigen vorehelichen Sex zu vollziehen. Zur Strafe für diesen Tabubruch werden beide Liebenden in Löwen verwandelt – also in wandelnde Metaphern der mehrfach problematischen Beziehung von Schönheit, symbolischem Gesetz und ›wildem‹, unzähmbarem sexuellen Begehren. Der Selbstverlust der erotischen Ekstase wird buchstäblich als Verlust der eigenen schönen Gestalt fixiert. Spätantike Mythographen haben die Art dieser Strafverwandlung mit dem obskuren Theorem begründet, daß Löwen nicht miteinander, sondern nur mit Leoparden kopulieren – so daß Atalanta und Hippomenes als Löwenpaar nie wieder Geschlechtsverkehr haben könnten. Diese Lesart beruft sich auf Plinius, von dem ein solches Mythologem allerdings nicht überliefert ist.[55] Der Ovidsche Kontext macht – auch durch die Gleichsetzung der Löwen mit dem Eber auf dem Nenner wilder, unbeherrschbarer phallischer Kraft – eine andere Lesart wahrscheinlicher, eine, die ungleich besser mit der für Löwen typischen extrem hohen sexuellen Aktivität an den Tagen weiblicher Fruchtbarkeit übereinstimmt: Hippomenes und Atalanta werden *für immer* zu Tieren, die jene wilde, unzähmbare Physis verkörpern, der die Liebenden *einmal* gegen das göttliche Verbot nachgegeben haben. Zur Warnung für andere Liebende *verewigen* sie das Skandalon – und büßen dafür ihre menschliche Schönheit gänzlich ein.

Atalanta ist eine sportliche Schöne – wie überhaupt das antike Schönheitsbild Sportlichkeit aufs engste mit der schönen Form zusammendenkt. Sie ist, wie Adonis, eine Jägerin, sogar eine berühmte Jägerin – und auch über dieses Merkmal mit dem Keuschheitswunsch verbunden. Die arkadische Überlieferung läßt Atalanta an der Jagd auf den Kalydonischen Eber teilnehmen und spricht ihr einen Hauptanteil an dessen Tötung zu. So kampfstark ist Atalanta, daß sie gar zwei Kentauren, die ihr nachstellten, getötet hat. Sie verbindet also die Adonis-Merkmale Schönheit, Jäger(in) und Sprödigkeit mit den Nicht-Adonis-Merkmalen der Kampfstärke und des Siegs über den Eber. Gleichwohl dient sie nicht als Vorbild, sondern nur als Warnung für Adonis: denn auch sie wird das Opfer eines Ebers, der unbeherrschten sexuellen Annäherung von Hippomenes nämlich, gegen den sie ihre Abwehrkräfte gar nicht mobilisiert. Aphrodites an den präsexuellen Adonis gerichtete Erzählung läuft damit auf die Warnung hinaus, daß *jede* Begegnung mit einem männlichen Phallusträger gefährlich ist: wenn schon für die heldenhafte Atalanta, dann erst recht für den weniger kampfstarken Adonis. Allein das Hören auf Aphrodite, das Ihr-zu-Willen-Sein soll Adonis' Schönheit eine Chance des Überlebens gegen die destruktive Gewalt phallischer Männlichkeit bieten. Adonis flieht die Göttin aber gerade ihrerseits als phallische Frau; er ist ihr im entscheidenden Moment nicht ›hörig‹. Das Resultat ist, daß jede ›Sozialisierung‹ seiner Schönheit tödlich scheitert.

Myrrhas Verwandlung stellt eine andere Form des Scheiterns einer ›Sozialisierung‹ von Schönheit dar. Myrrha ist mehr eine ›Ödipa‹ als Ödipus ein Freudscher Ödipus: sie begehrt nur ihren Vater und ist durch keinen anderen Bewerber ›heilbar‹. Panyassis und Antoninus Liberalis machen dafür einen nicht näher bestimmten Groll der Aphrodite verantwortlich. Weil Myrrha – so ist diese Angabe allgemein verstanden worden – sich allzu standhaft der Liebe und damit dem Respekt vor Venus verweigert habe, werde sie von dieser mit einer obsessiven und verbrecherischen Liebe geschlagen, die sie ins Verderben führt. Myrrha teilt damit die Grundstruktur der Narcissus-Geschichte. Narcissus, nicht weniger schön als Myrrha oder Adonis, lehnt alle männlichen und weiblichen Bewerber mit großer Entschiedenheit ab. Niemand darf ihn berühren: »solch harter Hochmut war gesellt seiner zarten Schönheit« (sed fuit in tenera tam dura superbia forma, III 354). Die Nymphe Echo verliert darüber ihre zurückgewiesene Haut und alle Säfte ihres Körpers; sie schrumpft, unter Erhalt ihrer Stimme, zu bloßen Knochen, die ihrerseits zu Steinen werden (III 398-399). In Konons Variante bringt sich einer der männlichen Verehrer vor Narcissus' Schwelle um.[56] In

beiden Fällen wird die Kälte des Schönen durch einen verderbenbringenden »furor novus« (III 350) – in diesem Fall die Liebe
zum eigenen Bild – bestraft. Der sterbende Narcissus wird, wie
Adonis, in eine Blume verwandelt: jener in eine Narzisse, dieser
in eine Anemone. Die Narzisse entspricht ihrem mythischen
Namensgeber, weil sie als ebenso schön wie steril, ebenso attraktiv wie giftig und isoliert gilt; sie blüht nur kurz im Frühling,
trägt keine Früchte und vertrocknet schnell.[57] Sie entspricht damit genau den Merkmalen der Adonis-Gärten und jener Blume
des Adonis selbst, mit deren Beschreibung Ovid die ganze Episode beschließt:

locker haftend und allzu leicht zum Fallen geneigt, wird
bald vom Wind, der den Namen ihr gibt [= gr. *ánemos*, W. M.], verweht
                                                  ihre Blüte.

Die Fülle der Parallelen zwischen den Adonis-, Myrrha-, Ata-
lanta- und Narcissus-Metamorphosen – die mit den genannten
Zügen noch keineswegs erschöpft ist – bekräftigt den Verdacht,
daß auch Adonis das Opfer einer scheiternden Sozialisierung
seiner eigenen Schönheit ist. Shakespeare hat als erster diese
Konsequenz gezogen: sein Adonis verweigert sich ausdrücklich
den liebenden Avancen der Venus. In der barocken Literatur trat
Adonis danach wie selbstverständlich als ein spröder Schäfer auf,
der sich zur Verzweiflung seiner Verehrerinnen der Diana und
damit der Keuschheit verpflichtet hatte. Die antike Überlieferung liefert zwar durchaus Anhaltspunkte, Adonis der Kategorie
der vergeblich umworbenen Schönen zuzuordnen. Sie ist aber
keineswegs eindeutig in dieser Frage und bietet keine Modelle
für ihre dramatische Repräsentation an. Shakespeare hat daher
zum Mittel der Parallelmythen-Lektüre gegriffen und die Darstellung des Adonis nicht nur mehrfach mit derjenigen des Narcissus überkreuzt, sondern ebenso mit derjenigen von Salmacis
und Hermaphroditus.[58]
    Diese Überblendung ist um so mehr berechtigt, als Adonis
und Narcissus sich auch darin treffen, daß sie von Ovid mit
mannweiblichen Zügen geschildert werden. Hermaphroditus,
der Sohn von Hermes und Aphrodite, wird heftig von der
ebenso schönen wie eloquenten Nymphe Salmacis geliebt. Alle
ihre Überredungs- und Verführungsversuche gleiten aber an der

nicht-irritablen Elfenbeingestalt des schönen Jünglings ab. Als sie schließlich seine »nackte Schönheit« (forma nuda, IV 346) beim Baden beobachtet, versucht sie – des Vorteils in ihrem eigenen Element gewiß – »die erhofften Freuden« mit Gewalt zu gewinnen. Hermaphroditus wehrt sich standhaft, aber die Götter gewähren der Nymphe in ironischer Wörtlichkeit die Bitte, Hermaphroditus möge sich nicht mehr von ihr trennen können: beide wachsen buchstäblich zusammen. Auch Hermaphroditus gerät seine eigene Schönheit also zum Schaden, weil er sie nicht teilen will. Shakespeare schreibt, wenn auch in einiger Mäßigung, außer den Überredungs- und Verführungsversuchen der Salmacis sogar ihre Nötigungshandlungen in Venus' Beziehung zu Adonis ein. Die Shakespeare-Philologie hat darin lauter Abweichungen von der Ovidischen Vorlage gesehen. Als Ovid-Leser hat Shakespeare aber nur eine Grundstruktur zahlreicher verwandter Erzählungen, die allesamt eine Tendenz des Schönen zum Vorbehalt seiner selbst beinhalten, im Adonis-Mythos wiedererkannt und bis ins Groteske verstärkt.

Die altphilologische Forschung des 19. und früheren 20. Jahrhunderts war mehrheitlich überzeugt, daß Aphrodite zu Adonis keine sexuellen Beziehungen hatte, ja, daß gerade seine übergroße Jugendschönheit es verhinderte, Adonis mit Aphrodites anderen Liebhabern Ares, Hermes und Anchises gleichzustellen. Engel schreibt, darin Aphrodites Rolle wohl allzu sehr läuternd:

Schon das Alter des Adonis würde die Annahme eines ehelichen Verhältnisses zwischen ihm und Aphrodite verbieten; es ist aber auch durchweg und in allen Auffassungen des Mythos die Idee eines bräutlichen und keuschen Verhältnisses ausgesprochen [. . .] Selbst die Kirchenschriftsteller [müssen dies] anerkennen, welche doch sonst der Aphrodite Böses genug nachsagen, und wenn sie die übrigen Buhlereyen der Göttin durch μοιχεύειν, γαμεῖν bezeichnen, so den Umgang mit Adonis immer nur durch ein ἐϱᾶν.[59]

Baudissin sieht gar Züge einer »mütterlichen Liebe zum Kinde«; in jedem Fall übe Adonis »überhaupt keine zeugende Tätigkeit« aus und sei erotisch völlig passiv.[60] Selbst bei Ovid durchbrechen die Liebkosungen, die Aphrodite in das Erzählen der Atalanta-Geschichte einflicht, nirgendwo eindeutig das Paradigma einer hocherotisierten »mütterlichen Liebe zum Kinde«; ältere Zeugnisse des Mythos schweigen sich vollends über weitergehende sexuelle Handlungen aus.[61] Wenn, wie es bei Homer heißt, »Unsterbliche niemals vergeblich das Lager teilen«,[62] dann hat Aphrodite mit Adonis offenbar niemals vollen geschlechtlichen Umgang gehabt. Ihre anderen Ehebrüche entsprechen durchaus der Regel der unfehlbaren Fruchtbarkeit göttlicher Sexualität: aus den Affären mit Ares, Hermes und Anchises gehen Harmonia, Hermaphroditos und Aeneas hervor. Aphrodites Liebe zu Adonis ist dagegen unfruchtbar geblieben (sofern man nicht einigen extrem abweichenden Versionen Glauben schenken will, die durchweg erst aus der Zeit nach Christi Geburt überliefert sind[63]). Panyassis' Adonis-Erzählung – bei Unterstellung ihrer Authentizität die älteste erhaltene überhaupt – gebraucht für Aphrodites Begehren das Wort ἀγαπᾶν, das in das Register der ›hohen‹, unsinnlichen Liebe verweist.[64] Daß Adonis nicht nur nicht Aphrodites Rat befolgt, sondern eine völlige Intransigenz gegen ihre Überredungskraft beweist, kann im übrigen als metonymisch verschobene Darstellung auch des erotischen Begriffs des ›Nicht-zu-Willen-Seins‹ gelesen werden.[65]

Shakespeare hatte daher gute Gründe, seine Venus klagen zu lassen, Adonis sei ein »cold and senseless stone,/ Well-painted idol, image dull and dead,/ Statue contending but the eye alone« (211). Ein von Diogenianus aufgezeichnetes antikes Sprichwort hatte schon denselben Vergleich gezogen: die Schönheit des Adonis sei wie ein Steingarten, den sein Besitzer nicht genießen könne.[66] Schönheit – so ergibt sich aus dieser Warte – ist ein gewaltiger Auslöser und zugleich ein Feind des Begehrens und der Liebe. Sie ist ein Versprechen und zugleich eine Macht, die ihr eigenes Versprechen zu vereiteln neigt. Sie ist ein ἐκφανέστατον (Plato),[67] etwas, das am meisten aus sich herausgeht, weil es am meisten scheint und erscheint; und sie scheint zugleich von einer Tendenz geprägt, sich in ihrer eigenen Selbstreferenz zu verfangen.

Adonis und Narcissus

Übergroße Schönheit steht, in Ovids *Metamorphosen* wie in zahlreichen Mythen und Märchen, regelmäßig im Verdacht, ihren Verehrern die kalte Schulter zu zeigen. Göttliche Liebhaber scheinen dies geradezu vorauszusetzen: Jupiter etwa greift bei seinen Abenteuern mit schönen Erdentöchtern nach einer kurzen Phase der Werbung regelmäßig zum Mittel der Entführung und Vergewaltigung – sofern nicht eine von der eifersüchtigen Juno erwirkte Metamorphose die Begehrte noch rechtzeitig Jupiters Zugriff entzieht. Für Venus dagegen ist es selbstverständliche Ehrensache, bei ihren eigenen Liebschaften weder zu Gewalt noch zum Mittel des Einflößens der gewünschten Begierde mit Hilfe der Pfeile ihres Sohns Amor zu greifen. Schöne Männer haben daher insgesamt ein leichteres Los als schöne Frauen. Ovid läßt es Orpheus zukommen, nicht nur selbst das üble Ende heftigen Begehrens zu erfahren (X 80), sondern ein derartiges Ende auch in einer Reihe von Erzählungen zur Norm zu erklären: Wiederholungszwang und Bemeisterungsbemühung zugleich. Orpheus besingt Adonis ausdrücklich in einer Reihe mit Ganymedes und Hyakinthos (X 152-154); unbeschadet des schlechten Ausgangs für die Liebenden kündigt er alle drei männlichen Göttergeliebten – ebenso wie die verbotenen Leidenschaften der Propoetiden (Prostitution) und der Myrrha (Inzest) – als Beispiele einer »leichteren Leyer«, wenn man so will: als sexuellen Unterhaltungsstoff an (X 152).

Ganymedes wird von Jupiter ohne weitere Vorbereitung geraubt und, zu Junos Ärger, zu seinem dauerhaften Mundschenk im Olymp bestimmt (X 155-161). Hyakinthos wird von Apoll – wie Adonis von Venus (X 529-539) – unter erheblicher Erniedrigung seiner göttlichen Autorität umworben (X 170-173). Bevor Apollo jedoch den Lohn seiner Werbungsarbeit genießen kann, tötet ein von ihm geworfener Diskus – zwar gegen den Willen des Gottes, aber doch mit großer innerer Konsequenz – den geliebten Knaben. Dessen Schönheit entzieht sich damit ebenso jedem Besitz durch andere wie diejenige des Adonis oder des Narcissus. Ein junger Mann kann diese *noli me tangere*-Seite der Schönheit – nulli illum iuvenes, nullae tetigere puellae[68] – vielleicht noch deutlicher machen als eine junge Frau. Denn deren

Widerstand entspricht der zumeist erwarteten sozialen Rolle. Ein junger Mann dagegen, der die Avancen einer schönen Frau standhaft abwehrt, gilt tendenziell eher als Dummkopf und unbegreiflicher Abweichler, ja, als hochmütiger Verneiner dessen, was er Venus schuldig ist. Gerade im männlichen Feld normativer Aufgeschlossenheit für schöne Gelegenheiten beim anderen Geschlecht mußte das der Schönheit eingeschriebene Nein zum Verzehr – aus Tugend oder Schwäche – um so mehr ins Gewicht fallen. Gegenüber Adonis' indifferenter Schönheit sind alle Bemühungen der Venus vergeblich, »the warm effects which she in him finds missing«[69] am Ende doch noch hervorzulocken.

Freud hat der Verbindung von »Schönheit« und »Selbstgenügsamkeit« eine »Bedeutung für das Liebesleben der Menschen« zuerkannt, die »sehr hoch einzuschätzen« sei. Das »Weib«, das diese Merkmale verbinde, gilt ihm gar als der »wahrscheinlich reinste und echteste Typ des Weibes«:

Hier scheint mit der Pubertätsentwicklung durch die Ausbildung der bis dahin latenten weiblichen Sexualorgane eine Steigerung des ursprünglichen Narzißmus aufzutreten, welche der Gestaltung einer ordentlichen [. . .] Objektliebe ungünstig ist. Es stellt sich besonders im Falle der Entwicklung zur Schönheit eine Selbstgenügsamkeit des Weibes her [. . .]. Solche Frauen lieben, strenggenommen, nur sich selbst mit ähnlicher Intensität, wie der Mann sie liebt. [. . .] Solche Frauen üben den größten Reiz auf die Männer aus, nicht nur aus ästhetischen Gründen, weil sie gewöhnlich die schönsten sind, sondern auch infolge interessanter psychologischer Konstellationen. Es erscheint nämlich deutlich erkennbar, daß der Narzißmus einer Person eine große Anziehung auf diejenigen anderen entfaltet, welche sich des vollen Ausmaßes ihres eigenen Narzißmus begeben haben und sich in der Werbung um die Objektliebe befinden: der Reiz des Kindes beruht zum guten Teil auf dessen Narzißmus, seiner Selbstgenügsamkeit und Unzugänglichkeit, ebenso der Reiz gewisser Tiere, die sich um uns nicht zu kümmern scheinen, wie der Katzen und großen Raubtiere [. . .]. Es ist so, als beneideten wir sie um die Erhaltung eines seligen psychischen Zustands, einer unangreifbaren Libidoposition, die wir selbst seither aufgegeben haben. Dem großen Reiz des narzißtischen Weibes fehlt aber die Kehrseite nicht; ein guter Teil der Unbefriedigung des verliebten Mannes, der Zweifel an der Liebe des Weibes, der Klagen über die Rätsel im Wesen desselben hat [hier] ihre Wurzeln.[70]

Ob Freud damit dem Verhalten schöner junger Frauen gerecht wird, kann hier um so mehr dahingestellt bleiben, als der Adonis-Mythos genau das umgekehrte Rollenbild präsentiert. Die schöne Myrrha und die Göttin der Schönheit, Aphrodite, figurieren darin gerade als die heiß Begehrenden, während die Merkmale »Unzugänglichkeit«, Kälte und »Selbstgenügsamkeit« dem schönen Jüngling zukommen. Für Freud ist Narcissus eigentlich eine Narcissa; in der antiken Mythologie dagegen scheint ein fundamentaler Narzißmus gerade die perfekt schönen Jünglinge angesteckt zu haben. In unterschiedlichen Graden neigen sie alle dazu, Verwandte des Narcissus zu sein. Shakespeare hat seiner Venus diese Erkenntnis über Adonis als Frage in den Mund gelegt: »Is thine own heart to thine own face affected?/. . ./ Narcissus so himself himself forsook« (157-162) Und später: »So in thyself thyself art made away« (763).⁷¹ So sehr war Shakespeare von der Tendenz des Schönen zu Selbstbezüglichkeit und Fortpflanzungsverweigerung durchdrungen, daß seine ersten 20 Sonette wieder und wieder vor dieser Gefahr warnen.

Philosophie und ästhetische Theorie bieten allenfalls Bruchstücke einer Erklärung an, warum Schönheit von sich aus eine solche »Selbstgenügsamkeit« unterstützen mag. Nach Platos *Symposion* ist Eros stets Begehren von etwas – und zwar von etwas, das der Begehrende selbst (noch) nicht hat. Das Begehren des Schönen ist dann wesentlich Begehren nach dem Schönen, das dem ἐραστής selbst mangelt.⁷² Deshalb ist es für Diotima wichtig, Eros als selber nicht schön zu denken.⁷³ Diese Entkopplung von Eros und Schönheit legt negativ die Folgerung nahe: Was selbst vollkommen schön ist – und also den das Begehren antreibenden Mangel nicht kennt –, begehrt nicht notwendig etwas anderes als sich selbst. Die in Platos Dialogen regelmäßig eingeblendeten erotischen Verhältnisse zwischen älteren Männern und schönen Knaben bestätigen vielfach diese Asymmetrisierung: Begehren ist in diesem Modell an Nicht-Schönheit auf der Seite der Begehrenden, Schönheit dagegen tendenziell an Nicht-Begehren auf der Seite der Schönen gebunden.⁷⁴

In der Tradition der theoretischen Ästhetik gibt es vor allem ein anderes Erklärungsmodell für diesen Zusammenhang: die im 18. Jahrhundert verbreitete Beschreibung des Schönen als »Vollendung«. Per definitionem ist das Vollendete etwas, das nichts zuviel und nichts zuwenig hat. An ihm darf nichts geändert werden, da jede Änderung seine Perfektion nur zerstören könnte.

Kurz: das Vollendete ist in sich selbst und durch sich selbst, was und wie es sein muß. Es ist ein höherer Modus der Wirklichkeit, der aus sich heraus den Schein einer Notwendigkeit annimmt, während alle anderen Wirklichkeiten bei näherer Betrachtung sich als solche erweisen, die auch anders sein könnten. »Mit dem Begriff des Schönen«, so Karl Philipp Moritz, »ist der Begriff von einem *für sich bestehenden* Ganzen unzertrennlich verknüpft« – ein Triumph der inneren Strukturiertheit über jeden Gedanken an äußere Beziehungen, eine schöne Selbstreferenz, die ihren »Wert« zunächst und vor allem »in sich selber hat«.[75] Diese Semantik des Schönen als selbstreferentieller Vollkommenheit führt auf jenen Zug zurück, den Freud die »Selbstgenügsamkeit« nennt: »Le plus beau des mortels ne peut chérir que soi«.[76] Vollendete Selbstbezüglichkeit ist nach der Analyse der philosophischen Ästhetik keine bloße Folge oder etwa ein kontingenter Unfall des Schönen. Sie ist vielmehr sein notwendiges und geradezu bestimmendes Merkmal: das vollendet Schöne, so Hegel, erscheint »sinnlich selig in sich, seiner sich freuend und genießend«; seine »heitere Ruhe« ist diejenige des »Sichselbstgenügens in der eigenen Beschlossenheit und Befriedigung«.[77] Für Edmund Burke gilt daher auch für die Beziehung der Geschlechter, daß gerade »die vollkommenste Schönheit von Menschen« in Konflikt mit sexuellem »Begehren« stehen kann.[78]

Mythen und Theorien des Schönen statuieren damit eine fundamentale Ambivalenz in der Beziehung von Schönheit und Begehren. Einerseits führt, mit Kants Worten, »*Schönheit* den Begriff der Einladung zur innigsten Vereinigung mit dem Gegenstande, d. i. zum unmittelbaren Genuß, bei sich«.[79] Andererseits scheint Schönheit in ihren höchsten Ausprägungen gerade diese Logik zu zerstören und in das Gegenteil umzuschlagen: sie signalisiert dann ein selbstgenügsames *Noli me tangere* und unterstellt sich jenem Berührungs- und Konsumtionsverbot, das traditionell gegenüber der Schönheit der Statuen und künstlerischen Bildnisse in Kraft ist. Der verbreitete Vergleich von Adonis und Narcissus mit schönen Statuen hat auch diese Implikation: er ist Anlaß zum topischen Lob der schönen Form ebenso wie zur Klage über ihre Kälte und Unzugänglichkeit. Die rein ästhetische Einstellung gegenüber schönen Kunstwerken wird von Narcissus und Adonis für ›wirkliche‹ Körper eingefordert:

sie lassen tendenziell allein Betrachtungslust zu, entmutigen aber jede andere Lust.

Walter Benjamin spielt offenbar auf diese gespannten Beziehungen zwischen Schönheit und Begehren an, wenn er die ›gesicherte‹ Möglichkeit von Liebe geradezu an ästhetische Imperfektion bindet:

Geblendet flattert die Empfindung wie ein Schwarm von Vögeln in dem Glanz der Frau. Und wie Vögel Schutz in den laubigen Verstecken des Baumes suchen, so flüchten die Empfindungen in die schattigen Runzeln, die anmutlosen Gesten und unscheinbaren Makel des geliebten Leibes, wo sie gesichert im Versteck sich ducken. Und kein Vorübergehender errät, daß gerade hier, im Mangelhaften, Tadelnswerten die pfeilgeschwinde Liebesregung des Verehrers nistet.[80]

Das Schöne muß sich demnach, wie immer partiell, als unvollendet, als nicht nur schön erweisen, um ›anschließbar‹ zu sein. Sonst schlägt die Attraktion des Schönen in eine Überforderung angesichts seiner ›kalten‹ Perfektion um. Adonis ist vollendete Schönheit als Mangel seines Gegenteils, als Mangel an Mangel. Die ästhetische Theorie hat das Schöne regelmäßig an die notwendige Ergänzung durch etwas Nicht-Schönes gebunden;[81] sie hat damit einem Mangel an Mangel vorgebeugt, der letztlich auch für das Schöne selbst autodestruktiv ist: »le beau qui n'est que beau [. . .] n'est beau qu'à demi.«[82] Adonis ist die Gefahr des Schönen, diese Brechung seiner selbst zu verfehlen und kraft der Selbstgenügsamkeit ästhetischer Perfektion ein »lifeless picture, cold and senseless stone« zu werden.

Inzest und das Gesetz der Schönheit

Es ist ein kardinales Rätsel des Adonis-Mythos, daß die weitaus meisten Quellen den hervorragend schönen Jüngling aus einem Inzest hervorgehen lassen. Die im folgenden gegebene Lesart des Inzests konzentriert sich auf vier Merkmale, die alle eine innere Beziehung zum Hauptmerkmal des Adonis, seiner Schönheit, unterhalten. Das erste Merkmal ist dasjenige der (narzißtischen) Selbstgenügsamkeit, des reduzierten Interesses an einem ›Außen‹. Pierre Legendre hat den Inzest geradezu als »métaphore de l'image narcissique« gelesen.[83] Im Inzest ist die Familie, das ›eigene‹ Blut, das Subjekt eines Selbstverhältnisses, eines In-sich-Gefangenbleibens, wie in den Mythen von schönen Jünglingen und Mädchen eben diese Schönheit ein ›unnatürliches‹ Selbstverhältnis begründet. Der Inzest von Adonis' Genese unterstreicht insofern die negativen Konnotationen, von denen sein Verhalten so wenig frei ist wie dasjenige der schönen Atalanta oder des schönen Narcissus. Die Genealogie des Adonis ist eine einzige Hyperbel inzestuöser Selbstbeziehungen im Feld der Schönheit. Schon Adonis' Vater Kinyras galt als herausragend schön; auch er wurde von Aphrodite geliebt und spielte eine wesentliche Rolle in der Aphrodite-Verehrung. Kinyras soll den Aphrodite-Kult zu Paphos begründet haben;[84] sein Sohn Adonis ist geradezu ein Medium für die jährliche Bekräftigung von Aphrodites Begehren.[85] Kinyras' Vorfahr in der cyprischen Königsrolle, Pygmalion – nach Ovid der Großvater des Kinyras, nach einer älteren Variante sein Vater[86] – verlängert diese genealogische Reihe. Einer Erzählung des Philostephanos zufolge, die sowohl durch Arnobius als auch durch Clemens von Alexandria überliefert ist, hat Pygmalion sich so sehr in ein schönes Statuenbild der Aphrodite verliebt, daß er sie in sein Bett verbrachte, küßte, umarmte und im vollen Sinn als Frau zu behandeln versuchte.[87] Ovid gibt dieser in der Antike weithin bekannten Anekdote von Pygmalions abwegiger Leidenschaft eine glückliche Wendung.[88] Er macht Pygmalion selbst zum Schöpfer der Statue und läßt ihn von Aphrodite erfolgreich eine wirkliche Belebung des Bildes erbitten. Seine ›perversen‹ Hantierungen an der auf weichen Kissen gelagerten, regelmäßig beschenkten, geküßten und befühlten Statue gehen so in einen regulären sexuellen Akt über. Die Überwindung der zunächst fruchtlosen Statuenerotik wird allerdings damit bezahlt, daß Pygmalion sein eigenes Geschöpf, seine eigene Tochter heiratet. Schon daß Pygmalions Geliebte bei Ovid keinen eigenen Namen hat – sonst wird sie Metharme genannt –, unterstreicht dieses Selbstverhältnis. Pygmalion und Narcissus artikulieren zwei komplementäre Seiten der gleichen Struktur. Narcissus' mit einem Statuenbild verglichener Körper wechselt von lebendig zu tot, der von Pygmalion geschaffene Steinkörper dagegen von tot zu lebendig. Dort der Weg des schönen Bildes in die Körperlosigkeit (»nusquam corpus erat«, III 509), hier die triumphierende Entdeckung seiner pochenden Realität (»corpus erat«, X 289).

Buchstäblich gelesen handelt es sich in der Metamorphose des pygmalionischen ›Bildes‹ nicht um eine narzißtische Metapher des künstlerischen Belebungs-Akts, sondern um eine Mischung aus fetischistischer Statuenerotik und Inzest zwischen Vater und Tochter. (Ein Namensvetter des zyprischen Pygmalion, der König von Tyrus, stand offenbar direkt unter Inzestvorwurf; seine Schwester Dido, so heißt es, mußte vor ihm nach Libyen fliehen.[89]) Auch bei Pygmalion spielt die Göttin der Schönheit eine höchst zweifelhafte Rolle. Nach Ovid erlaubt sie den Inzest und krönt damit zugleich Pygmalions künstlerische Schönheitsliebe; nach der älteren Überlieferung ist sie selbst die – zumindest phantasmatische – Geliebte. Daß Adonis gelegentlich den Beinamen Πυγμαίων trägt, ist nicht allein als Hinweis auf die bei den Adonien üblichen Miniaturbilder gelesen worden, sondern ebenso als Index einer Überblendung von Adonis und Pygmalion.[90] Schon die antike Überlieferung läßt Aphrodite in jener zweideutigen Rolle erscheinen, die Shakespeare vollends offengelegt hat: zugleich sorgende (Ersatz-)Mutter und pädophile Liebhaberin zu sein.[91] Nimmt man die Überlieferungen zu Pygmalion und Kinyras hinzu, so ist sie gegenüber Adonis gleichzeitig (Ur-)Großmutter, Mutter und Liebhaberin. Ihr Bezug auf den Topos »schöner Mann« konstituiert einen geradezu seriellen und transgenerationellen Inzest.

Zieht man alle diese Daten zusammen, so ergibt sich ein einziger selbstrepetitiver Kreis und Sog. Adonis ist Sohn und Bruder seiner Schwester Myrrha, zugleich Sohn und Geliebter der Venus. Er teilt mit seinem Vater und seinem Großvater (nach Ovid: Urgroßvater) nicht nur die liebende bzw. geliebte Frau, sondern ist buchstäblich eine inzestuöse Fortsetzung sowohl von Pygmalion wie von Kinyras. Der vergleichsweise einfache Inzest von Myrrha und Kinyras multipliziert sich in ein dichtes und unüberschaubares Geflecht inzestuöser Verdopplungen und Selbstbeziehungen. An der Stelle von Adonis' merkmallosem schönem Körper laufen alle diese multiplen Linien zusammen. Er ist vielfach in sich selbst enthalten, ebenso »selbstgenügsam« als schöner Körper wie in einer inzestuös in sich selbst kreisenden Genealogie befangen. Inzestuöse Genealogie und das ab-

strakte ›Sein‹ seiner Schönheit erläutern sich insofern wechselseitig. Die Macht der Schönheit selbst erscheint als ein einziges
Gesetz imaginärer Identität, das aus seinem Feld alles Neue und
Fremde, alles ›Andere‹ fernhält. (Der spätere Ideologieverdacht
gegenüber der vom Schönen versprochenen ›Versöhnung‹ erscheint hier präfiguriert – und damit zugleich die Einsicht in die
Notwendigkeit einer Brechung der Schönheit, die ihrer Tendenz
zur Selbstverzehrung entgegenarbeitet.)

Zur Vorstellung des Inzests gehört vielfach der Gedanke einer
Schwächung, einer Herabsetzung der (Lebens-)Kraft. Sofern genetische Diversifizierung ein wesentliches Moment sexueller
Fortpflanzung ist, bringt Inzest die Gefahr einer »human inbreeding depression« mit sich. Einige Theoretiker vermuten gar eine
Begünstigung letaler Gene.[92] Obwohl die dabei wirkenden biologischen Mechanismen noch keineswegs geklärt scheinen, gilt
»human inbreeding depression« zumindest statistisch als ein
»well-established phenomenon«.[93] Die tendenzielle Schwächung der Überlebensfähigkeit ist damit das zweite Merkmal,
das der Inzest mit Adonis' Schönheit teilt. Je schöner, je ›reiner‹
schön ein Mann, desto unausweichlicher wird er von einer
Schwäche affiziert – dies ist ein (moralischer) Kernsatz westlicher Ästhetik. Adonis mangelt es nicht an Mut zur Eberjagd –
Ovid bescheinigt ihm, wiewohl nicht ohne gewisse Ironie, ausdrücklich »virtus« (X 709) –, wohl aber an der notwendigen
heroischen Kraft und dem notwendigen Geschick.[94] Adonis ist
offenbar auch nicht klug genug, seine Kraft ebenso realistisch
einzuschätzen, wie es Aphrodite tut, wenn sie ihm dringend –
und unter liebender Mißachtung von Beleidigungsgrenzen – an-
rät, nur solche Tiere zu jagen, die sich nicht wehren: »Sei tapfer
denen, die flüchten« (X 543). Keine der männlichen Jugendschönheiten der Antike, die Hyginus in seiner 271. »fabula« auf-
listet, ist ein Krieger; in ihrer Mehrheit sterben sie früh eines
unheroischen Todes. Aphrodites Rat an Adonis läuft bei Ovid
geradezu auf den Satz hinaus: »Sei kein Held! Sei kein (dummer)
Phallus!« Sie weiß im vorhinein, daß Adonis den wilden Tieren,
der Verkörperung phallischer Kraft, nicht gewachsen ist. Damit
ist Adonis aufs deutlichste als eine nicht-phallische Schönheit
bestimmt. Aphrodite hat auch nichts gegen proto-phallische
Liebhaber wie Ares einzuwenden; ihre Liebe zu Adonis ist aber

wesentlich die Liebe zu einer jugendlichen Schönheit, die um so berückender wirkt, je weniger phallisch sie ist.

In der Geschichte der westlichen Ästhetik begegnet Schwäche vielfach als ein integrales Moment im Denken des vollendet schönen Körpers. Das weibliche Geschlecht trägt nicht zuletzt darum regelmäßig den Preis der größeren Schönheit davon, weil es zugleich als ›das schwache‹ gilt. Edmund Burke hat diese Tendenz auf den Begriff gebracht: »Wo sie im höchsten Grade vorhanden ist, führt die Qualität der Schönheit fast immer eine Idee von Schwäche [...] mit sich.«[95] Balzacs Sarrasine macht eine analoge Beobachtung, als der von ihm geliebte Adonis – den er allerdings für eine perfekt schöne Frau hält, weil er »für einen Mann zu schön ist«[96] – einen Schwächeanfall hat: »›Erklären Sie mir‹, sagte [Sarrasine] zu [Zambinella-Adonis], ›wie dieses Übermaß an Schwäche [...] mir bei Ihnen gefällt und mich bezaubert?‹«[97] Der schöne junge Mann, der nichts als schöner junger Mann ist, steht regelmäßig unter dem Verdacht einer analogen Schwäche, in den Begriffen der Geschlechterrollen ausgedrückt: der ›Effeminierung‹ oder Kastration. Dies versteht sich um so weniger von selbst, als der klassische griechische Schönheitscode athletischer, sportlicher, ja gesundheitsorientierter ist als irgendein anderer vor der Emergenz des heutigen Syndroms von shaping, Fitness und gutem Aussehen. Winckelmann und Herder beschreiben den schönen griechischen Statuen-Körper zugleich als Inbegriff der »Gesundheit«, geboren aus »glücklicher Zeugung« und »durch Leibesübungen gebildet«.[98] Die Olympischen Spiele seien geradezu als »Wettspiele der Schönheit« entstanden;[99] daher die Regel normativer Nicht-Bekleidung für alle Teilnehmer. Auch Adonis scheint durchaus ein schnellfüßiger Jäger zu sein. Aber er verfehlt den Schritt vom Jäger zum »Helden« und Krieger, die Entwicklung zum »großen und männlichen Kontur«.[100] Adonis ist zu schwach, sich die phallische Kraft des wilden Tieres anzueignen. Sosehr griechische Schönheit mit den Werten körperlicher Tüchtigkeit und Gesundheit verbunden ist, gibt es offenbar andererseits einen Punkt, wo allzu große und allzu reine Schönheit diese Assoziation durchbricht und gerade umgekehrt einen Weg der Schwächung vorzeichnet. Shakespeare hat diese Tendenz direkt benannt: »to mingle beauty with infirmities,/ and pure perfection

44

with impure defeature« (735-736). Er macht dafür das Diana-Moment von Adonis' Schönheit verantwortlich, das er als narzißtischen Verstoß gegen den Imperativ ›natürlicher‹ Fortpflanzung geißelt. Die mythische Erzählung vom jugendlichen, der Diana verpflichteten Jäger Adonis unterstreicht diese der Schönheit inhärente Selbstschwächung genealogisch: durch das Hervorgehen einer Serie schöner Männer aus einer Serie inzestuöser Akte.

Eine dritte – und vielleicht die wichtigste – Bestimmung der Schönheit durch ihre mythisch-narrative Verbindung mit dem Inzest ist das Merkmal der ›unnatürlichen Entstehung‹. Die Abweichung von ›normalen‹ Formen der Zeugung, Empfängnis und Geburt markiert eine fundamentale Künstlichkeit der idealschönen Gestalten und schreibt ihrer Anziehungskraft eine dunkle, oft gewaltsame Genese ein. Aus dieser Perspektive ist der Inzest, dem Adonis sein Leben verdankt, nur eine von mehreren Formen, die Abweichung des Idealschönen von ›normaler‹ Entstehung zu markieren. Aphrodites Hervorgehen aus einer Kombination von Kastration und Vatermord entspricht diesem Merkmal genauso wie Narcissus' Empfängnis in einer Vergewaltigung (deren Trauma in Narcissus' Angst weiterlebt, selbst zum Opfer ungewollten sexuellen Gebrauchs durch andere zu werden). In einer von Hyginus überlieferten Variante des Adonis-Mythos tritt zur inzestuösen Erzeugung, die nach verbreiteter Auffassung zu den »crimina carnis contra naturam«[101] gehört, eine besonders unnatürliche Geburt. Danach soll Kinyras den Myrrhenbaum mit seinem Schwert geöffnet haben[102] – ein Akt, der die beabsichtigte Tötung der eigenen Tochter mit einer symbolischen Vergewaltigung und realer Geburtshilfe überblendet. Kinyras selbst erfährt in dem Moment, wo er seinem schönen Sohn den Eintritt in die Welt ermöglicht, eine Umwandlung seines Geschlechtszeichens: aus dem strafenden Vater wird eine Geburtshelferin – eine Rolle, die Männern in der Antike kaum je zugestanden wurde.

Der abstrakteste Nenner für alle diese Phänomene – ›unnatürliche Entstehung‹ – ist ein kardinales Moment im antiken Denken des Schönen. Nicht allein schöne Kunstwerke, auch und vor allem idealschöne Körper sind keineswegs bloße Launen einer ›glücklichen Natur‹, sondern Korrelat von Praktiken, welche die

45

natürlichen Gegebenheiten bis hin zu ihrer direkten Verletzung umschaffen. Theorie und Praxis der »Kallipädie«, der Lehre von der Erzeugung und Geburt schöner Kinder, sind ebenso Teil dieser Eingriffe in den ›normalen‹ Gang der Natur wie die Formung und routinemäßige Beobachtung der Körper im Sport-Gymnasium und die erklärte Zusammensetzung der schönen Statuenkörper aus einer *bricolage* einzelner Gliedmaßen, die von ganz verschiedenen Modellen genommen wurden. Bei der Darstellung ephebischer Schönheit hat das normative Merkmal unnatürlicher Entstehung zudem die Verwirrung des symbolischen Geschlechtszeichens zur Folge. Perfekt schöne Jünglinge sind strukturell hermaphroditisch. Adonis' Geschlechtlichkeit ist nach zwei Richtungen sublimiert: er ist kein phallischer Mann, und ihm fehlt zugleich eine genuine Erfahrung des Weiblichen in der Gestalt des mütterlichen Körpers. Wie der Inzest von Myrrha und Kinyras mit dem Endogamie-Tabu zugleich eine elementare symbolische Grenze von Natur und (menschlicher) Kultur verletzt, so kollabieren am Körper seines idealschönen Resultats sowohl die männliche wie die weibliche Rolle.

Ein vierter und letzter Punkt. Aus Inzest hervorgegangene Geschöpfe sind nach Ansicht mancher Autoren von so extremer Illegitimität, daß die Begriffe Sohn oder Tochter überhaupt nicht mehr Anwendung finden können: »Non appellantur filii, qui de incestuosis nascuntur.«[103] Adonis, der Inbegriff des Schönen, sprengt insofern elementare Kategorien der Genealogie und der Ordnung überhaupt. Er ist die Spur einer Transgression, sein Körper die leibgewordene Verwirrung jener Grenze von Natur und Kultur, als welche das Inzestverbot das negative Fundament des menschlichen Sozialen ist. Poetik und Ästhetik haben immer wieder betont, daß das Schöne eben diese Grenze brüchig werden läßt: sein Triumph ist es, als Natur wie Kunst zu erscheinen und umgekehrt als Kunstprodukt das eigene Gemachtsein so zu verbergen, daß es den Eindruck von ›Natur‹ hervorruft. Sofern die Schönheit wie der Inzest die Opposition von Natur und Kunst und die Gültigkeit elementarer Unterscheidungen verwirrt, transponiert die mythische Inzest-Genese des schönen Adonis ein Theorem der Ästhetik in das Feld der Genealogie. Da Inzest einen Verstoß gegen die (väterliche) Verbotsfunktion, gegen ein elementares kulturelles, oft auch religiöses Tabu und damit gegen die »Ordnung der Welt überhaupt« darstellt,[104] ist der Schönheit des Adonis auch eine diffuse Beziehung zur Kategorie der Schuld eingeschrieben.

»Thou art no man«[105]

Winckelmann hat »an einigen Figuren des *Apollo* und des *Bakchus*« eine grundlegende Entdeckung gemacht: »das Gemächte scheinet wie mit Fleiß ausgeschnitten, so daß man an dessen Statt eine Hohlung siehet, welche für keine freventliche Verstümmelung zu halten ist.«[106] Die völlige Entfernung des tendenziell grotesken Phallus ist nur eine der Weisen, den männlichen Körper dem Gesetz der Schönheit zu unterwerfen. Andere Formen der Mäßigung balancieren den Konflikt von Schönheit und Phallus weniger hart aus. Die einfachste und verbreitetste Form war eine geringe, ja winzige Größe, wie sie aus zahlreichen Darstellungen geradezu als das griechische Ideal eines sowohl möglichst dünnen wie möglichst kurzen Penis abstrahiert worden ist.[107] Dies ist ein Hauptunterschied altgriechischer und heutiger männlicher Schönheitsmuster: während Schulterbreite, Brustwölbung, Arm- und Beinmuskulatur der antiken Pin-ups heutigen männlichen Models sehr nahe kommen, gehen die Erwartungen an die Größe des männlichen Gliedes deutlich auseinander. So sehr das ›Präsentieren‹ des männlichen Geschlechts eine beliebte griechische Praxis war, so wenig mußte offenbar ein Athener Penis seine reale oder symbolische Macht durch Größe beweisen. Die verbreitete Praxis, die vollständig über die Eichel gezogene Vorhaut mit einem Lederbändchen zusammenzubinden, schloß jedes Längenwachstum geradezu aus.[108] Seit der zweiten Hälfte der klassischen Periode griff die optische Herabsetzung phallischer Männlichkeit – zunächst nur sehr vereinzelt, später regelmäßiger – von der Behandlung des Penis auch auf Muskulatur und sonstige Körpermerkmale der bis dahin zumeist vorbildlich athletischen und durchaus alle Eigenschaften von Kriegern verkörpernden männlichen Schönheiten über.[109] Eine spezielle Bezeichnung für die weichere Art der Jünglingsschönheit – das Wort ἁβρός – wurde dann auch für Adonis benutzt.[110]

Winckelmann bemerkte an Statuen des Apollo und Bacchus – antike Adonis-Plastiken sind, wie gesagt, nicht überliefert – wiederholt »das Gewächs der Verschnittenen, zu welchem man wohlgebildete Knaben wählete«.[111] Dieses »Gewächs« ist »eine mittlere Gestalt« zwischen männlichen und weiblichen Formen: Männer mit weiblichen Rücken, Hüften und Beinen.[112] In den Hermaphroditen schließlich »ging die Kunst noch weiter« und dehnte die Mischung bis auf die Geschlechtsmerkmale aus: »Alle Figuren dieser Art haben eine jungfräuliche Brust, nebst den Zeugungsgliedern unseres Geschlechts, und im Übrigen das Gewächs in weiblicher Gestalt«.[113] Die metonymische Einbettung in einen Körper mit Brüsten und weiblichen Hüften sowie feine Mäßigungsregeln für Größe und Enthüllung reduzieren den Phallus auf ein Maß, das einer rein ästhetischen Betrachtung eines schönen männlichen Körpers nicht mehr abträglich ist. Ein schönheitskonformer Phallus ist demnach generell einer, der seine Phallizität sei's deutlich herabsetzt, sei's imaginär oder wirklich ausstreicht. Dem idealschönen Bacchus sagt Winckelmann gar nach, daß man ihn »in bekleideten Figuren für eine verkleidete Jungfrau halten« könne.[114] Die vielfach bemerkte Androgynie auch des Adonis ist daher für sich allein kein distinktiver Zug. Sie entspricht nur einer generell beobachtbaren Tendenz zur Mäßigung männlicher Geschlechtsmerkmale im Feld der klassischen Idealisierungsregeln für schöne Körper. Wenn Balzacs Sarrasine nicht bemerkt, daß die von ihm verehrte idealschöne ›Frau‹ in Wahrheit ein männlicher Adonis ist, dann ist diese Transsexualität in der griechischen Imagination schöner Männlichkeit mehr als nur vorgeprägt.

Bei aller phallischen Mäßigung und verbreiteten Androgynie im Feld des Klassisch-Schönen bleiben Apollo und Dionysos durchaus markant männliche Götter mit sichtbaren Zeichen ihrer Kraft und ihrer besonderen Fähigkeiten. Anders die »formosissimi ephebi« und ihre meistverehrte Verkörperung, Adonis. Bei ihm schlägt das den Phallus mäßigende Gesetz der Schönheit ungebrochen auf sein ›Wesen‹ durch und hört damit auf, lediglich eine besondere technische Devise der verschönernden Darstellung zu sein. Adonis, Hyakinthos, Narcissus sind auch darin ›rein‹ schön. Der Adonis-Mythos externalisiert den Phallus – als das Tod-bringende Andere des Jünglings – in den Stoßzähnen des Ebers. Die Auslegung der antiken Adonis-Überlieferung hat den Eber auf eine Vielzahl von Kontexten bezogen: auf das Verbot von Schweinefleisch und damit verbundene Unreinheitsvorstellungen in den semitischen und anderen Religionen; auf die Feindlichkeit des Ebers gegen die Landwirtschaft; auf seine gelegentliche Verwendung als Opfertier für Aphrodite; auf die Unterscheidung von Sommer (= Adonis) und Winter (= der Eber).[115] Die von Theokrit und Ovid ins Spiel gebrachte Lesart ist dagegen in der Altphilologie bis vor wenigen Jahren nicht ernst genommen, ja, nicht einmal diskutiert worden. Theokrits Eber erklärt sein Verhalten ausdrücklich als allzu stürmische Verehrung des Adonis: er bedauert es selbst am meisten, daß seine »liebeskranken Stoßzähne« den »nackten Schenkel« des Adonis – bei Ovid heißt die betroffene Körperpartie »sub inguine«[116] – nicht rücksichtsvoll genug penetriert haben.[117] Ovid hat sich dieser Deutung des Ebers als phallischer Gewalt angeschlossen. Die Geschichte von Atalanta und Hippomenes, die wegen unzeitigem Sex an heiligem Ort in Löwen verwandelt wurden, mündet genau in diese Lehre der Venus: schöner (schwacher) Adonis, meide beim Jagen die Löwen und mit ihnen »das ganze Geschlecht der wilden Tiere«![118] Denn, so will es die Geschichte, diese Tiere sind Metamorphosen ungezähmter Leidenschaften, welche alle ins Verderben stürzen, die ihr Subjekt oder Objekt werden. Die Analogie könnte nicht klarer sein: Der Hippomenes' phallische Lust verkörpernde Löwe kehrt keine zehn Verse später als wild zustoßender Eber wieder.

Es gibt keinen Grund, Ovids Lesehilfe abzulehnen. Der Eber bündelt genau die phallischen Merkmale, die aus Adonis' Schönheit ausgeschlossen sind: Virilität, Fruchtbarkeit, Kampfkraft;[119] sein erigierter Phallus hat gewaltige Ausmaße und transportiert eine geradezu monströse Samenmenge. Der junge Odysseus eignet sich durch seinen erfolgreichen Kampf mit dem Eber eben diese Potenzen erwachsener Männlichkeit an.[120] Sofern der dunkle borstige Eber eher als häßlich gilt, ist er auch darin das direkte Gegenbild glatter, präphallischer Jugendschönheit – eine vorbildliche Opposition. Mit ihrer Hilfe ›analysiert‹ der Mythos geradezu, was dieser perfekten Schönheit fehlt. Die tödlich ausgehende Eberjagd hat damit den narrativen Wert der ›Aussage‹: perfekte Jugendschönheit ist nicht-männlich, nicht-phallisch, nicht-kriegerisch. Der Mythos vom wilden Stoß des Ebers in den Unterleib des schönen Adonis artikuliert die gespannten Beziehungen zwischen gewaltsamen archaischen Trieben und einer an der »Schönheit« der Gestalt orientierten »ästhetischen Kultur« (Freud).[121] Sie läßt geradezu an Batailles These denken, Schönheit sei für die phallische Lust nur das Substrat eines an ihr zu verübenden Sakrilegs: »Es scheint in der Tat, als habe das Begehren mit der idealen Schönheit nichts zu tun, oder, genauer, als sei es nur darauf aus, diese Schönheit zu beschmutzen und zu schänden.«[122] Wenn Adonis vor dem Eber in den als Impotenz-Pflanze geltenden, auch »Adonëis«[123] genannten Lattich flieht oder gar von Aphrodite als schöne Leiche im Lattich gebettet wird, so markiert dies eine Selbstverteidigung des Schönen vor dem Trauma einer Sexualität, die das Gesetz des Schönen notwendig verletzt. Sexualitätsverweigerung, Impotenz und Unfruchtbarkeit sind – aus dieser Perspektive – symbolische Strategien der Selbstbewahrung des »Schönen«. Perfekte Schönheit ist ein symbolischer Phallus und steht doch gleichzeitig unter einem Gesetz der Kastration. Aphrodites Entstehung bezeugt dies noch direkter als der ›Mangel‹ des Adonis.

Shakespeare hat die Opposition von perfekter Jugendschönheit und animalischer Phallizität verdoppelt. Auch seine Venus warnt ihren Adonis vor der phallischen Aggressivität des Ebers; andererseits wünscht sie sich sehnlichst, ihr »silly boy« möge ihr gegenüber eben diesen Part spielen. Die Episode von Adonis' Hengst, der sich unbändig losreißt, um eine Stute zu besteigen (259-324), gibt ihr die Gelegenheit, das, woran es ihrem Geliebten mangelt, nicht nur als Bedrohung, sondern ebenso als leuchtendes Vorbild für natürliches männliches Verhalten darzustellen (385-408). Sie wird dabei so ausführlich und überdeutlich, daß erneut der Verdacht aufkommen muß, sie habe nicht nur von der Männlichkeit, sondern auch von der Klugheit des schönen Jünglings nicht die höchste Meinung. Shakespeare inszeniert geradezu eine (Tragi-)Komödie des fehlenden Phallus: zwei monströse Phalli erscheinen auf der Szene (Hengst und Eber), doch keiner gehört dem Liebhaber, der buchstäblich der schmachtenden Venus den Hengst spielen soll.[124]

Nicht nur die Überlieferung vom Impotenz-Lattich namens

Adonëis, auch die wenigen Berichte von den Adonien bestätigen die Disjunktion von begehrter Jugendschönheit und phallischer Kraft. Plutarch berichtet, es sei als unglückliches Vorzeichen für Alkibiades' erfolglosen Kriegszug nach Sizilien aufgefaßt worden, daß die Abstimmung darüber, ja sogar die Ausfahrt der Flotte während der Tage der Adonien stattgefunden habe.[125] Zwei Hauptmerkmale der Adonien unterstreichen die Provokation der männlichen Ordnung. Das erste ist die Rolle der Totenklage überhaupt. Diese weiblich kodierte Rolle schreibt den Frauen – die bereits allein den Eintritt ins Leben freigeben – zugleich eine besondere Macht beim Eintritt in den Tod zu. Als affektive Bearbeitung der Passage vom Leben zum Tod stellt die Klage das weibliche Gegenstück zu den distanzierteren ›männlichen‹ Formen Grabrede und Tragödie dar und besetzt damit eine eminent wichtige Stelle in der symbolischen Ordnung des Sozialen. Die Klagegesten erinnern die Männer damit an eine weibliche Macht, die der sozialen Unterordnung und Ausgrenzung der Frauen inkommensurabel ist. Die offizielle Gesetzgebung zur Regulierung und Eindämmung der weiblichen Klage reagierte auf die mehr als latente männliche Angst gegenüber der Macht, die der Klageposition selbst innewohnt, weil sie die Frauen als Hüterinnen des Übergangs nicht nur ins Leben, sondern auch aus dem Leben bestimmt.[126] Es verstärkt die Provokation dieser Rolle, daß sie mit einer Durchkreuzung der Opposition von öffentlich und privat einhergeht. Die ›Erfindung‹ der Dachgärten und des »Adonisheulens auf den Dächern« sprengt die doppelte Segregation. Das Dach als der Ort der Adonisgärten und der Adonisklagen ist ein Zwitter von außen und innen: es ist Teil des Hauses und damit der normativen Privatheit des weiblichen Lebens; zugleich gehört alles, was auf ihm sich ereignet, zur Sphäre des öffentlich sichtbaren Sozialen. Die Ansiedlung der Riten auf dem Zwitterraum Dach erlaubt es ihnen daher, einerseits privat und inoffiziell zu bleiben, andererseits flagrant sichtbar, weithin hörbar und mithin öffentlicher Skandal zu sein. Dieser verwirrenden Durchkreuzung der sonst strikt synchronisierten Oppositionen (außen – innen, öffentlich – privat, männlich – weiblich) ausgesetzt zu sein, bedeutet für die Männer eine bedrohliche Schwächung ihrer sonst unangefochtenen Herrschaft über die symbolische Ordnung und löst daher

Kastrationsängste aus. Schon Aristophanes spielt auf die schwächende, ja fatale Auswirkung des Adonis-Fests auf die männlichen Kriegsdinge an:

Ratsherr: Nun kommt zutag der Weiber Übermut,
ihr Paukenwirbel, ihr Sabaziostaumel
und ihr Adonisheulen auf den Dächern,
wie's in der Volksversammlung war zu hören!
Da riet Demostratos, der Gottverfluchte,
zur Heerfahrt nach Sizilien! – Tanzend schrie
das Weib: »Adonis, weh!« – Demostratos
sprach: »In Zakynthos hebet Mannschaft aus!« –
Und auf dem Dache schrie das trunkne Weib:
»Wehklaget um Adonis!« – Doch er setzt'
es durch, der tolle, gottverfluchte Bube!
Dahin nun führt ihr zügelloses Treiben!
Chor der Männer: Nun hör erst, wes sich diese da erfrecht!
Zu anderm Unfug haben sie mit Krügen
uns überschüttet, daß, die Kleider schüttelnd,
wir tropfen, gleich als hätten wir uns bepißt.[127]

Die karnevaleske Freisetzung des weiblichen Begehrens im Zeichen des schönen Jünglings enthält also eine bedrohliche Auswirkung auf die phallische Funktion per se, den männlichen Krieg. Selbst wer nur vermittelt dem weiblichen Kult der Bilder vom schönen Adonis ausgesetzt ist, kann kein Krieger mehr sein. Die Berührung damit läßt die Männer so aussehen, als hätten sie sich selber »bepißt«: Inbegriff des Versagens der Kräfte. Reine Schönheit – und das enthemmte Begehren danach – kastriert die männlichen Phallusträger. Von hier aus ergibt sich ein Verdacht, der die offenbar enervierte Reaktion der Männer auf die weiblichen Adonien zusätzlich begründen mag. Der Ritus führt nämlich den Athener Männern auf eine solche Weise ihre eigene Schönheits- und Jünglingsobsession vor, daß diese als unvereinbar mit ihrer Männlichkeit erscheint. Er ist, auch, wiederholende Mimesis – und darin gleichzeitig Diagnose und Enteignung – einer männlichen Praxis, an der die Frauen wenig Gefallen finden konnten. Es ist durchaus wahrscheinlich, daß etliche Züge der Adonis-Überlieferung sich nur dem provozierten männlichen Blick darauf verdanken. Unbeteiligte Beobachter waren die Männer jedenfalls nicht; sie sahen sich zu Recht in ihrer Rolle als Hausherren und unumschränkte Herrscher über den öffentlichen Raum herausgefordert. Angesichts der fast ausschließlich männlichen Überlieferungslage muß daher zumindest als unsicher gelten, ob die Adonis verehrenden Frauen irgend an seine Geburt aus dem Inzest oder gar an seine Impotenz gedacht, ja, wie sie überhaupt ihr seltsames Treiben auf den Dächern aus der Binnenperspektive des Ritus empfunden oder gar sich selbst erklärt haben. Fest steht allein, daß sie den Jüngling als herausragend schön und begehrenswert imaginierten und seinen frühen Tod beklagten.

Die griechische Literatur und Mythologie kennt durchaus »schön« genannte Männer, die zugleich Helden, Kämpfer und Liebhaber sind. Hyginus' Katalog der erwachsenen Männer, die »formosissimi« gewesen sein sollen,[128] nennt neben Achill auch Figuren wie Paris oder Adonis' Vater Kinyras, Männer also, die teilweise nicht nur wenig heroisch sind, sondern deren Schönheit auch, wie diejenige der Epheben, mit gewissen Schwächen – hier zuallererst ›moralischen‹ – assoziiert wird. Ist Adonis der *primus inter pares* unter den schönen Epheben, so Achill derjenige unter den schönen Männern. Beide sind in Alter und Charakter die polaren antiken Ausprägungen sterblicher männlicher Schönheit – mit Apollo und teilweise Dionysos als dem dritten, dem göttlichen Pol gereifter und ewig heiterer Jugend. Die Schönheit der kämpfenden Helden ist in den Homerischen Epen stets zugleich ein Abglanz der Schönheit ihrer Waffen.[129] Die Schönheit des Schildes und des Schwertes, die mit anderen vergleichbaren Objekten um den Vorzug streiten, teilt sich metonymisch demjenigen mit, der sie trägt. Zumindest wird sehr viel genauer über die Schilde, die Schwerter und die Rösser gesungen als über die physische Schönheit der Helden, denen sie dienen. Die Verbindung von Phallizität und Schönheit scheint nur möglich, weil die äußeren Vorzüge dieser Helden nicht direkt, sondern im Medium der kriegerischen Dinge dargestellt werden – einem Medium, das von Adonis' Schönheit denkbar weit entfernt ist. Adonis' Vater Kinyras hatte Agamemnon einst den Brustpanzer geschenkt, dessen Beschreibung in der *Ilias* als Evokation der strahlenden Qualitäten seines Trägers dient.[130] Sappho – zugleich die älteste Quelle zu den weiblichen Adonis-Klagen überhaupt (ca. 600 v. Chr.)[131] – hat sich direkt von solcher im

Epos üblichen Überblendung männlicher Schönheit mit derjenigen funkelnder Waffen distanziert:

> Reiterheere mögen die einen, andre
> halten Fußvolk oder ein Heer von Schiffen
> für der Erde Schönstes, – ich aber
> das, was man lieb hat.[132]

Adonis heißt das jugendlich-männliche Korrelat eines solchen Eros nach dem Schönen. Die von Shakespeares Venus an Adonis gerichtete Frage »Art thou a man?« reagiert auf diese Dissoziation männlicher Schönheit und herkömmlicher männlicher Tugenden. Die Schönheit des Adonis selbst *ist* diese Frage, weil ihre Reinheit und Perfektion den Phallus nicht allein mäßigt, sondern tendenziell aus ihrem Feld verweist.

Die Ästhetik der deutschen Klassik hat die Schönheit von Form und Bewegung eines Körpers als »Sieg« über die »Fesseln des Stoffs« gedeutet. Die bloße »Masse«, die »Schwerkraft« und reine Materialität des Körpers ist für die ästhetische Betrachtung nur eine ›Schranke‹, ein »plumpes« Etwas, das »durch die Form bezwungen« werden muß. Deshalb »ist die Ente schwer und das Pferd leicht [. . .] Dort ist es der Stoff, der die Kraft beherrscht; hier ist die Kraft Herr über den Stoff. [. . .] Ein Vogel im Flug ist die glücklichste Darstellung des durch die Form bezwungenen Stoffs, der durch die Kraft überwundenen Schwere.«[133] Schöne Form und »leichte«, elegante Bewegung bewirken demnach ein Abheben, eine Ätherisierung, eine Sublimierung von Körperlichkeit. Deshalb auch der schlanke, sportlich-gymnastische Anstrich der griechischen Schönheit: in der Bewegung feiert sie den Sieg über die Niederungen bloßer, schwerer Körperlichkeit. Die schöne Form erzielt einen analogen Triumph der ›Idealität‹ über den Stoff; ja, sie ist geradezu – mit Hegels Worten – »das Wunder der Idealität«.[134] Ideale Schönheit hat damit buchstäblich etwas ›Idealistisches‹: sie sublimiert den Körper in seinem eigenen Medium, tilgt alle krude Materialität des »Erdenrests, zu tragen peinlich«. Der Schönheit selbst ist damit eine Tendenz zur Desexualisierung eingeschrieben. Auch von daher sind der Impotenz-Lattich und die reduzierte Phallus-Funktion kein bloßes Unglück, das den Jüngling Adonis befällt. Sie sind vielmehr Ingrediens seiner Schönheit selbst. (Wie sich zeigen wird, ist diese

Verbindung von männlicher Schönheit und Impotenz in der Perspektive der gesamten Evolutionstheorie ein maximaler Unfall, eine monströse Irregularität; sie fällt aus der evolutionsbiologischen ›Erzählung‹ von ästhetisch geleiteter Partnerwahl völlig heraus. Für antike Jünglings-Mythen wie auch für die hohe ästhetische Wertschätzung von Kastraten und Hermaphroditen hat sie aber durchaus musterbildenden Wert und verlangt daher einen integralen Platz in der ›Erzählung‹ spezifisch menschlicher Schönheitseffekte.)

Unter den isolierten und meist späteren Legenden, die Adonis und Aphrodite gelegentlich doch Nachkommen zusprechen,[135] ragt eine heraus, die durch einen Scholiasten zu Apollonius Rhodius sowie durch (Pseudo-)Eudocia Augusta überliefert ist.[136] Danach ging aus der Verbindung von Adonis und Aphrodite kein anderer als Priapos hervor, die monströse Verkörperung des Phallus selbst. Aphrodite reagiert auf dieses Kind, als dessen Vater gewöhnlich Dionysos gilt, genau entgegengesetzt wie auf Adonis: um diesen sorgt sie sich von Geburt an und begehrt ihn später heftig, jenen dagegen stößt sie entsetzt von sich und sagt sich von jeder Mutterpflicht für ihn los.[137] Das groteske Kind figuriert als Rache der Hera für die Verwirrung, die Aphrodite unter den der Keuschheit verschworenen Musen angerichtet hat, indem sie sie in die Arme von Männern trieb und Kinder bekommen ließ. Nach einer Variante, die der Grammatiker Tzetzes (12. Jahrhundert) überliefert, töteten die Musen selbst aus Rache den Liebling der Aphrodite.[138] Priapos ist, als alternative Form der Bestrafung, dem narrativen Wert nach also identisch mit dem Tod des Adonis. Auch diese skurrile Legende bezeugt, daß der Priap in der Beziehung von Adonis und Aphrodite nur als das Andere ihrer eigenen Tendenz vorkommen kann.[139] Er ist, wie die phallischen Zähne des borstigen Ebers, das monströse Gegenbild der nicht-phallischen Schönheit des Adonis. Er ist ἄμορφος,[140] δυσειδής und βαθυαίδοιος,[141] unförmig, häßlich, ebenso niedrig an Ansehen wie hoch aufgerichtet als Geschlechtsteil, und bezeugt so erneut das Gesetz einer Inversion des Schönen aus sich selbst: das Resultat der Verbindung der Göttin der Schönheit mit dem schönsten der Männer ist das Häßliche, Groteske und Phallische per se. Die Fabel scheint fast erfunden, um die Selbstvereitelung des Schönen in seiner ›Reinheit‹ zu demonstriern: ›inzestuös‹ sich nur noch aus sich selbst vermehrend, legt Schönheit unversehens dasjenige offen, was sie sonst schein-haft sublimiert.

Eine völlig andere Perspektive auf Adonis' Männlichkeit ergibt sich, wenn nicht nach seiner ›wirklichen‹ Kraft als Krieger, Liebhaber und zeugender Vater gefragt wird, sondern nach seiner Funktion als eines ›idealen‹ Phallus für das Imaginäre des weiblichen Begehrens. Wie die Jungfrau Maria als religiöses Vorbild aller wirklichen Mütter und Frauen figuriert, wie Goethes Ottilie gerade als jungfräuliches Mädchen und symbolische Madonna die Rolle der idealen Geliebten und zugleich der besseren Mutter spielen darf,[142] so kommt auch Adonis – seiner phallischen Schwäche und seines präsexuellen Verhaltens unbeschadet – die Funktion eines idealen Objekts des Begehrens zu. Adonis braucht keinen Phallus zu haben oder sich als phallisch Handelnder zu bewähren; er *ist* vielmehr selbst *der* symbolische Phallus. Gerade in seiner zweideutigen Schwäche, sexuellen ›Reinheit‹ und Unschuld ist er »der Begierde das Willkommenste«.[143] Kraft dieser Rolle konnte er sogar mit Priapos direkt identifiziert werden: »Einige sagen, Priapos sei Adonis« – sofern nämlich beide »von den Frauen verehrt« werden.[144] Anders als bei Priapos trennt sich bei Adonis das idealisierte Bild des Begehrens allerdings von jeder wirklichen Phallizität. Um so mehr ist er, was er ist: ein Wunschbild, dessen Kult gerade auf seinem Entzug und seinem ›jungfräulichen‹ Tod beruht. Vielleicht ist von hier aus zu verstehen, daß nach Kallimachos Aphrodite selbst den schönen Jüngling im Impotenz-Lattich verborgen haben soll[145] und daß Ovids Venus ihn mittels der Geschichte des Hippomenes ausdrücklich vor heftigem sexuellem Begehren und vorehelichem Sex warnt. Diese Züge deuten an, daß die Göttin selbst von Adonis nicht die gleiche Liebhaberrolle wie von Ares oder Anchises erwartet;[146] die genannten Handlungen stellen geradezu Vorkehrungen *gegen* ein solches libidinöses Ziel dar. Als gute Regisseurin ihrer eigenen Leidenschaften sorgt Aphrodite dafür, daß sie unterschiedliche Liebesverhältnisse zu unterschiedlichen Liebhabertypen unterhält. Adonis ist die ›ästhetisch-imaginäre‹ Form, Männlichkeit zu verehren, Priapos die in ihrer grotesken Ungestalt ›reale‹. Die eine klammert den Phallus ein, die andere exponiert ihn im Übermaß. Das Gesetz des Schönen ist nur mit einer deutlichen Reduktion ›wirklicher‹ Männlichkeit vereinbar. Die doppelte Semantik des Ebers – einerseits Inbegriff der von Aphrodite durchaus geschätzten phallischen Männlichkeit, andererseits Feind und Widersacher ihrer Liebe zu Adonis zu sein – bezeugt ebenfalls diesen Konflikt zwischen sexuellem Begehren und dem Begehren des Schönen.

Adonis ist nicht nur Nicht-Ehemann und Nicht-Vater, er ist auch Nicht-Sohn in dem Sinne, daß er in eine vollständig vaterlose Umgebung geboren wird. Er lebt jenseits der paternalen Ordnung und ist von Beginn an – unter Vermeidung der Position der leiblichen Mutter – einer rein weiblichen Ordnung des Begehrens zugeordnet. Dieses Fehlen jeder Stütze in der väterlich-symbolischen Ordnung begünstigt das eigentümlich Weiche und Flüchtige seines raschen Blühens und Vergehens.[147] Anders als die gleichfalls vaterlos geborene Aphrodite, die etliche Kämpfe mit den anderen olympischen Göttern austrägt, durchlebt der schöne Jüngling keinerlei Drama mit einem Vater. Vielleicht bleibt eben deshalb sein Sprachvermögen so unentwickelt – sofern dies aus seiner Stummheit geschlossen werden darf und sofern des weiteren Lacans und Kristevas Theorem zutrifft, daß der Eintritt in die symbolische Ordnung wesentlich eine Erfahrung der Vaterposition, des Phallus als seiner Repräsentanz und des väterlichen Nein zur inzestuösen Mutterbeziehung ist. Transponiert ins Feld der Mythen und Märchen, ist die Lösung aus der Symbiose mit dem mütterlichen Körper eine ›schwere Aufgabe‹. Adonis wird diese schwere Aufgabe erspart. Damit fehlt ihm zugleich die Chance, die mit dieser schweren Aufgabe verbunden ist: die Eroberung des Symbolischen. Statt im Konflikt mit dem Vater einer symbolischen Kastrations*drohung* ausgesetzt zu sein, ist Adonis – auch und gerade ohne Vater – immer schon ›wirklich‹ schwach und kastriert, und er bleibt es auch. Er hat dem (Eber-)Phallus nichts entgegenzusetzen, da er das Urmodell kämpfender Selbstpositionierung – den Konflikt mit dem Vater – nicht erfahren hat. Das Beet oder Bett aus Impotenz-Lattich ist tatsächlich seine angestammte symbolische Heimat.

Die Mutterlosigkeit des Schönen

Adonis hat und erfährt keinen Vater, und er wird selbst weder (Ehe-)Mann noch Vater. Die weibliche Geschlechtsrolle unterliegt im Feld des idealschönen Körpers einer mindestens ebenso starken Reduktion. Zwar ist Adonis Objekt des weiblichen Begehrens, aber er wird – wie Aphrodite – weder von einer Mutter geboren noch erfährt er eine Phase der Symbiose mit ihr. Mit Kristeva zu reden, sind beide Schönheitsidole von der »jouissance« der »chora«, dem prä-gestalthaften Austausch von Flüssigkeiten und libidinösen Strömen mit dem mütterlichen Körper, von Beginn an getrennt. Sie brauchen keine »ursprüngliche Verdrängung«, keine »Abjektion« der Mutter zu durchlaufen, um erst aus dieser Verdrängung ein narzißtisches Bild ihres »corps propre« zu gewinnen.[148] Die vollständige Tilgung einer postnatalen Erfahrung des Körpers der Mutter unterstützt insofern die eigentümliche Sublimität und Ätherisierung des Körpers überhaupt im Feld perfekter menschlicher Schönheit.[149]

Auch die Erzählung von Narcissus bezeugt die enge Verbindung zwischen der reduzierten Körperlichkeit des Schönen und der Verdrängung der Mutter. Narcissus stammt von einer Nymphe ab. Wo sie nicht direkt der Keuschheit der Diana verpflichtet sind, gelten (Wasser-)Nymphen zwar oft als sexuell besonders aktiv und attraktiv, zugleich aber ist die materielle Schwere ihrer Körper durch ihr Medium, das Wasser, in Richtung der Schwerelosigkeit sublimiert. Überhaupt gehört alle ›niedere‹ Materialität des Körperlichen, insbesondere die Exkretion, nicht zur Vorstellung vom tanzenden Dasein dieser schönen feenartigen Wesen, die – mit Shakespeares Worten – »dance on the sands, and yet no footing seen« (148). Nymphen sind leicht (und leichtsinnig), Mütter sind schwer. Ist nach Kristeva ein narzißtisches Ich und sein Korrelat – der »corps propre« – nicht zuletzt ein Resultat der Ablösung vom Körper der Mutter, so scheinen die antiken »Urbilder« des Schönen diese Theorie zu bestätigen: sie sind zugleich mutterfern, ja mutterlos und proto-narzißtisch.[150] Nicht nur wird am Leib der schönen Jünglinge jede Erinnerung an das ›Reale‹ der Geburt – »inter urinas et faeces nascimur«, wie Freud gern zitierte[151] – vollständig zugunsten eines imaginären Körperbildes getilgt. Die Position der Mutter wird auch explizit aus dem Feld des Schönen ausgeschlossen. Wer »Kinder gestillet«, so Winckelmann,[152] komme nicht mehr für eine Darstellung als schöner Körper in Betracht; die einzig ideale Verkörperung des Schönen sei vielmehr die prä-mütterliche »Jungfrau«.[153] So arbeitet das ideale Schöne gleich auf mehrfache Weise der Sexualität und der Fortpflanzung entgegen: es schließt den Phallus ebenso aus wie den Körper der Mutter. Der Hermaphroditismus vieler Schönheitsbilder ist insofern weniger ein Phänomen des ›gender-crossing‹ als der sexuellen Neutralisierung, der Erzeugung eines Imaginären, das sich gerade in seiner gestalthaften Totalität und Perfektion gegen die sexuelle Lust und das Ziel der Fortpflanzung wendet. Darwins Theorem, die Orientierung an Schönheit diene der reproduktiven Selektion und damit der Vervollkommnung der Gattung, stößt darin auf eine direkte Antithese – es sei denn, das Ziel der Reproduktion schließt auch Mittel ein, die sich in ihren extremen Ausprägungen als verhängnisvoll für dieses Ziel erweisen können.

Schönheit, Schuld und Fluch

Eine ›heroischere‹ Perspektive auf Adonis ergibt sich, wenn seine Vorgeschichte, sein Leben und sein Tod nach dem Muster eines tragischen Mythos gelesen werden. Engel ist der einzige Leser des schönen todgeweihten Jünglings, der eine solche Möglichkeit angedeutet hat. Angesichts des Inzests seiner Erzeugung spricht er von der »Idee des Verhängnisses, welches auf dem Adonis ruht«.[154] Die Einbeziehung des Pygmalion verstärkt diesen Eindruck. Was von Pygmalion über Kinyras und Myrrha auf Adonis übergeht, ist nicht zuletzt ein Fluch, der mit dem Schönen selbst – und der Liebe zu ihm – verbunden scheint. Es entspricht dem Schicksalsmodell eines tragischen Mythos, daß die Nachfahren des Pygmalion für das Schuldhafte seiner narzißtisch-inzestuösen Ehe mit seiner eigenen ›Tochter‹ bezahlen müssen, indem sie selbst wiederum schuldig werden. Dem Sohn (bzw. Enkel) des Pygmalion, Kinyras, widerfährt als Fluch die gleiche Transgression, die Pygmalion sich im Zeichen selbstgeschaffener Schönheit gewünscht hatte. Dieses Mal geht das inzestuöse Begehren von der Tochter aus. Der Sohn, den Myrrha von ihrem eigenen Vater empfängt, trägt in seiner Verstoßenheit die Schuld eines doppelten Inzests ab. Er ist das prädestinierte ›unschuldige‹ Opfer des Schuldzusammenhangs. Seine Handlungs- und Sprachlosigkeit kann insofern auch als Traumatisierung durch seine Vorgeschichte gelesen werden. Sein einziges Merkmal, Schönheit, setzt sowohl Pygmalions perversen Schönheitskult wie die Schönheit der inzestuösen Mutter fort. Aphrodites Liebe ist für Adonis dann die Falle der Wiederholung, die Einladung zu neuerlichem Inzest; denn die Göttin der Schönheit war ja schon die bildliche Geliebte seines (Ur-)Großvaters und die wirkliche Geliebte seines Vaters. Adonis aber durchbricht – wie es einem tragischen Helden gebührt – die Fortsetzung des schuldgetriebenen Wiederholungszwangs, indem er den Tod im Kampf mit wilden Tieren und/oder die Zuflucht im Impotenz-Lattich sucht. Beides stellt sicher, daß er die Zirkulation des Inzests beendet.

Diese Lesart strapaziert allerdings sowohl die antike Auffassung der Mythen wie das Modell einer tragischen Handlung. Der durchweg stumm vorgestellte Adonis läßt weder eine Erkenntnis von Schuld noch eine Intention ihrer Unterbrechung im Opfer seiner selbst ahnen. Pygmalions Verhalten gegenüber seiner Statue wurde im antiken Kontext durchweg weder als inzestuös noch als schuldhaft in irgendeinem anderen Sinn verstanden. Ovid präsentiert die Sequenz aller dieser Mythen gerade als Beispiele einer »leichteren Leyer«, die dem erhabenen Register des Gigantischen, Tragischen und Heroischen entgegengesetzt ist. Dem entspricht, daß die literarische Bearbeitung des Adonis-Mythos im griechischen Drama beinahe ausschließlich der Komödie zufiel.[155]

Dennoch behält Engels vage Rede von einer »Idee des Verhängnisses, welches auf dem Adonis ruht«, eine gewisse Evidenz. Wenn es schon kein genuin tragisches Schicksal ist, an dem Adonis zugleich wächst und zerbricht, scheint gleichwohl ein Unstern über seiner Schönheit zu stehen. Erzählungen von herausragender Schönheit kennen vielfach eine Art Fluch, der die ästhetische Auszeichnung in ein trauriges und frühes Ende übergehen läßt.[156] Stendhals berühmtes Diktum »la beauté n'est que la promesse du bonheur«[157] meint unter diesem Vorzeichen eher eine Warnung vor der Schönheit als ihr emphatisches Lob: sie ist eben »nur das Versprechen von Glück«, aber keineswegs dessen sichere Einlösung. Das Geschlecht der Kinyraden – der zu den »schönsten Männern« gerechnete Kinyras selbst, seine schöne Tochter Myrrha und deren paradigmatisch schöner Sohn Adonis – bezeugt in jedem Fall eine solche fluchähnliche Vereitelung des Glücksversprechens, das an Schönheit gebunden scheint.

Der schöne Leichnam

Adonis ist moribund von Beginn. Wenn es neben seiner Schönheit ein zweites Hauptmerkmal gibt, so eben dies: »frühzeitiger Tod«. Die im folgenden gegebene Deutung sieht darin nicht ein eigenes zweites Merkmal, sondern nur ein weiteres Moment in der narrativen Entfaltung des Merkmals »schön«. Weil Adonis die Schönheit selbst – und nichts als sie – verkörpert, muß er so jung sterben.

Die »ewige Jugend«[158] der Götter ist das alterslose Alter des idealschönen klassischen (Statuen-)Körpers. Ästhetisch »selig«[159] ist diese Jugend aber nicht, weil ihr eine zeitlose Stabilität zukommt. Die »Vollkommenheit« der »blühenden Alter«[160] beruht nach der Überzeugung der klassischen Ästhetik gerade auf ihrer positiven Unfertigkeit, auf ihrer Nicht-Identität mit sich selbst. Jugend ist nicht einfach ein Sein oder auch nur ein Telos aus und an sich selbst, sondern stets zugleich ein Versprechen, eine »Aussicht« auf etwas, das noch aussteht. Herder spricht von der »Aussicht auf eine lachende Welt« und von dem »schönen Begriff der Hoffnung« als performativem Korrelat des jugendlichen Körpers;[161] die Evolutionsbiologie konstatiert eher trocken, daß jugendliche Körperformen ein Maximum an unausgeschöpftem Fortpflanzungspotential anzeigen. Die normative Jugendlichkeit des schönen Körpers ist Fertigkeit *als* Unfertigkeit, Vollendung *als* Unvollendung, Sein *als* Versprechen. Seine Formen sind noch *nicht* zu Ende artikuliert, und gerade diese scheinbar geringe, aber unerhört dynamische Differenz zwischen dem Fast-Fertigen und der – mit Lessing zu reden – »höchsten Staffel« der Artikulation bringt das Schöne zum Vibrieren. Sie läßt Spielraum für weitere Entwicklungen und damit zugleich für imaginative Besetzungen.[162]

Die Schönheit der »formosissimi ephebi« unterscheidet sich von der »ewigen Jugend« der olympischen Götter durch zwei Züge. Erstens sind Adonis wie Narcissus um mindestens fünf Jahre jünger gedacht als die ›gereiftere‹ Jugend des Dionysos oder Apollo. Das geringere Alter erweitert den Spielraum zwischen dem jugendlichen ›Sein‹ ihrer Körper und jener vollen männlichen Ausartikuliertheit, bei deren Erreichen die aufsteigende jugendliche Linie in die absteigende Linie kontinuierlichen Schönheitsverlusts umschlägt. Das relativ größere Maß an Unfertigkeit macht diese Jugendschönheiten unbestimmter (tendenziell auch ›hermaphroditischer‹) und eben darum noch ›versprechender‹. Zweitens und vor allem genießen diese Jünglinge nicht das göttliche Privileg *ewiger* Jugend. Sie sind sterblich, und diese Sterblichkeit prägt integral die Wahrnehmung ihrer eigentümlichen Schönheit. Ihre Blumennamen konnotieren von Beginn an das Blühen *und* das Vergehen. Diese Verzeitlichung, diese Bindung an Vergänglichkeit macht ihre Schönheit noch kostbarer; sie erhöht ihren Seltenheitswert, ihre Exorbitanz. Je mehr diese Jugendschönheiten ›versprechende‹ und zugleich immer schon todgeweiht sind, desto mehr evozieren sie ein Pathos, in dem Schönheit und die Idee ihres Untergangs untrennbar verbunden sind. Ein jugendlicher Körper kann nur um den Preis seines (Weiter-)Lebens zum idealen Bild der Schönheit selbst werden.

Es ist daher nur konsequent, wenn idealschöne Gestalten ihre Jugend und ihre Schönheit nicht überleben. Nicht nur durch den Mythos von der zeitweisen Verbringung in die Unterwelt, auch popular-etymologisch wurde (H)adonis mit Hades in Verbindung gebracht.[163] Zudem enthält der Myrrhengeruch eine Assoziation zum Tod; denn Myrrhe wurde nicht nur als Aphrodisiacum und Opferaroma, sondern ebenso zur Einbalsamierung von Leichen verwendet.[164] Der Sohn der Myrrhe, der selber nach ihr duftet, ist in all seiner strahlenden Schönheit insofern immer schon ein duftender Leichnam. Das Phantasma der schönen Leiche ist keineswegs, wie Elisabeth Bronfen nahelegt, zuallererst eine Implikation des ästhetisierenden männlichen Blicks auf die Frau.[165] Es betrifft in der antiken Überlieferung auch und sogar vor allem die männlichen Jugendschönheiten. Denn es ist eine innere Konsequenz der ›reinen‹ Ausprägung körperlicher

Schönheit überhaupt. »Forma bonum fragile est«, heißt es bei Ovid lakonisch.[166] Auf Benjamins Frage, »ob Schönheit, welche dauern wolle, so noch heißen dürfe«,[167] gibt der Adonis-Mythos eine klare Antwort. Burke hat diese innere Verbindung von »Schönheit«, »Schwäche« und »kurzer Lebensdauer« radikal zu Ende gedacht. Einige Blumen und Insekten, die nur einen Tag lang leben, gelten ihm eben deshalb als der höchsten Schönheit fähig.[168] Zu den kurzlebigen und darum um so schöneren Pflanzen zählt Burke ausdrücklich die Myrte: »Die zarte Myrte, der Orangen- und der Mandelbaum, der Jasmin [...]: – sie sind es, die wir als pflanzliche Schönheiten ansehen.« Adonis' Tod hat teil an dieser Logik. Es ist nicht nur die Verzweiflung, es ist zugleich der metaphysische Trost der rituellen Adonis-Klage, daß seine Leiche so schön ist wie sein lebender Körper. In der weichen melancholischen Schönheit dieser Klage kehrt ihr verlorenes Objekt als Effekt ihres eigenen Mediums wieder. Ältere Deuter haben in den Adonien daher mehr als einmal ein geheimes Einverständnis mit dem beklagten Tod der Schönheit gehört. Schlegel nennt Adonis »ein schönes Symbol« der »Wehmut«;[169] Creuzer beschreibt die Adonien als ein üppiges Schwelgen in Moll in Phänomenen und Tönen ›hängender‹ Schönheit:

der gewürzige Blumenduft, die weichere Baumfrucht, das hangende Blatt der Pflanzen, das aufgelöste Haar der Frauen und das gesenkte Haupt des verblichenen Lieblings, das gewählte Bild der vollen Höhe der Sonne, aber auch ihres Hinabsteigens vom Gipfel, ihres Dahinsterbens und Verschwindens. Dies ist ohngefähr der Eindruck, den einige Adonische Festgesänge griechischer Dichter auf uns machen.[170]

Ernest Renan hat im Kult des schönen Jünglings gar die Manifestation einer Todeslust gesehen, die Zelebrierung eines Todes, »conçue non comme cruelle, mais comme une sorte d'attrait dangereux où l'on se laisse aller et où l'on s'endort. Les émotions [...] y flottent entre la volupté, le sommeil et les larmes.«[171] Wilamowitz hat Bions Epitaph auf Adonis entsprechend eine »morbose« Schönheit attestiert und die unklassische »Freude« daran eine »Freude an sehr romantischer Kunst« genannt.[172] Der »dekadent« genannte Adonis des späteren 19. und frühen 20. Jahrhunderts – von Nerval über Flaubert bis d'Annunzio –

beutet vor allem dieses Register der Adonis-Überlieferung aus.[173] Sein mythisches Fundament ist die innere Bindung der Schönheit des Adonis an einen frühen Tod, an einen harten und zugleich libidinös besetzten Tod. Perfekte Schönheit ist – auch – ein Elixier des Todestriebs. Oder mit den Worten Thomas Manns: »Das Prinzip der Schönheit und Form entstammt nicht der Sphäre des Lebens [...] Es steht dem Leben in stolzer Melancholie entgegen und ist im tiefsten mit der Idee des Todes und der Unfruchtbarkeit verbunden.«[174] Hofmannsthal hat den »Tod« gar einen »Verwandten des Adonis« genannt, nicht zwar den »grauenhaften Junker Tod des Mittelalters«, wohl aber jenen »griechischen« Tod, der »süßer, heißer, schwerer Lyrik reife Trauben [...] mit wohlerzognem Messer [...] lächelnd schneidet, ja, mit tragisch süßem Lächeln, schwermutsvoll wie traurigschöne dunkelglühende Musik.«[175]

Es ist daher aus einer Vielzahl von Gründen nur konsequent, daß das Geschlecht des Schönheit liebenden Pygmalion und des schönen Kinyras im unübertrefflich schönen Adonis erlischt. Die doppelte Rolle der Schönheit – Medium und Bahn des sexuellen Begehrens ebenso wie dessen unfruchtbare Blockierung zu sein – neigt sich an Adonis, anders als bei Aphrodite, von Beginn an zur Seite des Todes. Nicht nur teilt er den Myrrhenduft mit einbalsamierten Leichen, Aphrodite selbst übergibt ihn auch gleich nach seiner Geburt auf doppelte Weise dem Tod. Sie birgt ihn in einer Kiste, die den soeben verlassenen Uterus der leiblichen Mutter durch eine neue, von der Ersatzmutter Aphrodite bereitgestellte Schutzhülle ersetzt. Der Bestimmungsort dieser Kiste ist der Hades; sie ist damit unmißverständlich als Sarg konnotiert. Der schöne Adonis hat den denkbar kürzesten Weg vom Uterus zum Sarg; sein vorzeitiger Tod als jagender Jüngling wiederholt nur diese sofortige Übereignung an Sarg und Hades. Persephone, die Göttin des Schattenreiches, kontrolliert als zweite Ersatzmutter und Liebhaberin des Adonis recht eigentlich sein Heranwachsen vom soeben geborenen Findelkind zum Jüngling. Zeus – der Vater und Übervater, Begründer der ›schönen‹ olympischen ›Kultur‹ – sanktioniert Persephones Anspruch, daß die Schönheit des Adonis nie wieder definitiv aus dem Reich des Todes an das Leben zurückgegeben werden muß. Aufgeteilt zwischen der Gattin des Todes und der Göttin der

Liebe, scheint Adonis geradezu einen analogen, der Schönheit selbst eingeschriebenen Antagonismus austragen zu sollen. Seiner (phallischen) Schwäche, ihrerseits ein integrales Moment der Semantik des Schönen, mag es zuzuschreiben sein, daß daraus kein Tragödienplot geworden ist, sondern eine Art Melodram, das zwischen karnevalesker Entregelung des weiblichen Begehrens, komischem Scheitern des männlichen Phallus und sentimentalischer Trauer über die Todeszugehörigkeit des idealen Schönen oszilliert.

II. Evolution nach der Mode:
Darwins Theorie ästhetischer Selektion

Darwins zweites Hauptwerk *The Descent of Man, and Selection in Relation to Sex* (1871) geht weit darüber hinaus, die physiologische Linie vom Affen zum Menschen zu skizzieren. Es bezieht alle ›höheren‹ Fähigkeiten des Menschen in die evolutionäre Genealogie ein. Verstand, Moral (Religion) und ästhetischer Sinn – die drei Säulen der klassischen Philosophie – erfahren eine kühne Neubetrachtung. Etwa 500 Seiten des Werkes gelten beinahe ausschließlich ästhetischen Körper-»Ornamenten« und der Selektionsfunktion von »taste« bzw. »sense of beauty« für die Evolution sexueller Körper. Das Buch kann ohne Übertreibung Darwins »Ästhetik« genannt werden. »Beauty [...] cuts the Knot«, hatte Darwin schon 1838 notiert.[1] Sein 33 Jahre später veröffentlichtes Buch verschafft den frühen Notizen über Schönheit und »taste« eine kohärente evolutionstheoretische Formulierung. Es bietet eine Urgeschichte ästhetischen ›Urteilens‹ als eines elementaren Orientierungsmediums natürlicher Lebewesen. Ästhetische Präferenzen, so zeigt Darwin, haben quer durch das gesamte Reich sexueller Lebewesen die Entwicklung der Körperformen entscheidend mitbestimmt. Die Erscheinungen der Natur werden unversehens als ein buntes Kaleidoskop »modischer« Obsessionen lesbar: die Körperformen des einen Geschlechts, insbesondere die sekundären Sexual-»Ornamente«, sind nichts als der evolutionäre Niederschlag der über viele Generationen ausgeübten ästhetischen »Wahl« des anderen Geschlechts.

Die letzten Kapitel von Darwins Buch führen darüber hinaus an die Grenzen und Brüche, kraft deren die ästhetische Wahrnehmung im Feld der menschlichen Kultur einer wesentlichen Transformation unterliegt. Wie Schelling und Hegel eine Naturgeschichte des menschlichen Geistes versucht haben, so liefert Darwins Theorie Bausteine zu einer Evolutionsgeschichte des »Schönen« und seiner Bewertung. Darstellungen der Ästhetik oder gar ästhetische Debatten haben dies bis heute weitgehend ignoriert. (Zitate aus Darwins Schrift werden im folgenden nach dem englischen Original wiedergegeben. Die betagte deutsche Übersetzung ist nicht allein terminologisch unglücklich – so gibt sie etwa den Leitbegriff »sexual selection« durch »Zuchtwahl« wieder –, sie läßt auch den hohen schriftstellerischen Reiz von Darwins Prosa kaum mehr ahnen.)

Natürliche und sexuelle Selektion

»In the earlier editions of *Origin of Species*«, so kritisiert Darwin sich selbst in *The Descent of Man*, »I probably attributed too much to the action of natural selection and the survival of the fittest. [...] That all organic beings, including man, present many modifications of structure which are of no service to them at present, nor have been formerly, is, as I can now see, probable« (I 152-153). Zu zahlreich waren die Fälle, in denen Darwin körperliche Mutationen nicht – oder zumindest nicht direkt – als Vermehrung umweltangepaßter »fitness« erklären konnte. Auf diese Problemlage, die der erste Teil von *The Descent of Man, and Selection in Relation to Sex* lediglich selbstkritisch benennt, versucht der zweite eine Antwort zu geben: eben in der Theorie sexueller Selektion kraft ästhetischer Präferenzen. Natürliche Selektion entscheidet direkt über Tod oder Überleben eines Individuums, sexuelle Selektion über sein Fortleben in Nachkommen (I 278): »Sexual selection depends on the success of certain individuals over others of the same sex in relation to the propagation of species; whilst natural selection depends on the success of both sexes, at all ages, in relation to the general conditions of life« (II 398).

Nach der Theorie sexueller Selektion können viele Mutationen, die im Sinne natürlicher Selektion neutral oder sogar schädlich sind, gleichwohl als Effekte einer durchaus gerichteten und transgenerational befestigten »choice« verstanden werden. Hörner und Geweihe etwa sind bei etlichen Tierarten »carried to a wonderful extreme«: sie haben eine solche Größe bzw. eine solche Form angenommen, daß sie in den »general conditions of life« eher hinderlich und als Waffen nur noch wenig tauglich sind (I 279). Diese Einbuße im Register der natürlichen Selektion wird aber durch Vorteile in demjenigen der sexuellen Selektion ausgeglichen. Denn die bestornamentierten männlichen Tiere haben, so Darwins inzwischen vielfach bewiesene Vermutung, regelmäßig die größten Paarungschancen. Kardinale Beispiele für den potentiellen Konflikt natürlich und sexuell gewählter Merkmale sind Pfau, Fasan und Paradiesvogel (II 91, 97, 141-144). Ihre prachtvollen Schwanzfedern machen sie zu schwerfälligen Flugobjekten und erhöhen gleichzeitig die Sichtbarkeit für Feinde. Die evolutionäre Durchsetzung und Fixierung solcher Merkmale kann nur um einen hohen Blutzoll an jene Raubtiere erfolgt sein, die von der erhöhten visuellen Auffälligkeit und den verringerten Lauf-, Flug- und Fluchtfähigkeiten profitierten (II 97). Der Triumph der attraktiven Form impliziert buchstäblich einen Berg von Leichen, von Opfern der natürlichen und sexuellen Selektion, einen »wonderfully great [. . .] amount of suffering« (II 342). Zugleich hat das Resultat die Kraft, für den Betrachter seine leidvolle Genese vergessen zu machen. Darwins evolutionsbiologische Analyse verschränkt damit von Beginn an Schönheit und gesteigertes Todesrisiko. Die Kompromittierung des Überlebensinteresses hat sein Nachdenken über »Schönheit«, »taste« und sexuelle »Ornamente« allererst in Gang gesetzt. Sein Blick auf das Ornament des Pfauen – das auch vielfach in der menschlichen Mode als ein Accessoire benutzt wurde – läßt einen rätselhaften Satz Walter Benjamins beinahe wie eine nüchterne Einsicht in die Kosten ästhetischer Distinktion erscheinen: »Die Mode hat den dialektischen Umschlageplatz [. . .] zwischen Lust und Leiche eröffnet. [. . .] nie war Mode anderes als die Parodie der bunten Leiche, Provokation des Todes [. . . und] Zwiesprach mit der Verwesung. Das ist Mode.«[2]

Andererseits sind die hohen evolutionären Kosten für Darwin nur die Rückseite mindestens ebenso großer Vorteile, die Schönheit selektiv für die sexuellen Werbungsbemühungen begünstigter Individuen mit sich bringt. Je gefährlicher und kostspieliger die sexuellen Ornamente, desto wichtiger mußten sie für diesen Zweck ihrer Träger gewesen sein: »The case of the male Argus pheasant is eminently interesting, because it affords good evidence that the most refined beauty may serve as a charm for the female, and for no other purpose« (II 92). Darwins Schüler haben sich bemüht, das anthropomorphe Vokabular des Meisters möglichst einzuschränken; statt von einnehmendem Charme sprechen sie lieber von hormoneller Synchronisierung der weiblichen Tiere, ja von einer Stimulation der Ovarien durch den Anblick der männlichen Ornamente.[3] Das Resultat ist in beiden Fällen das gleiche: Die Wahrscheinlichkeit der Paarung wächst mit dem Grad der Ornamente. Darwins ausführliche Behandlung des Federschmucks männlicher Vögel endet daher mit der Feststellung: »From the foregoing facts we clearly see that the plumes and other ornaments of the male must be of the highest importance to him; and we further see that beauty in some cases is even more important than success in battle« (II 98).

Die mit so viel ästhetischem Aufwand umworbenen weiblichen Tiere müssen notwendig einen ausgeprägten »sense of beauty« haben: »If female birds had been incapable of appreciating the beautiful colours, the ornaments, and voices of their male partners, all the labour and anxiety exhibited by them in displaying their charms before the females would have been thrown away; and this it is impossible to admit« (I 64-65 ; vgl. II 121-122, 333). Eine Notizbuch-Eintragung von 1838 zeigt, daß der ästhetische Eklat des Pfauenrades von früh an Darwins Nachdenken herausgefordert hat: »we must suppose Pea-hen admires peacock's tail, as much as we do«.[4] Darwin dehnt das gleiche Argument auf Fische, Reptilien und Insekten aus (II 400). »Taste for the beautiful« sei – wie auch die Geschichte des Menschen zeige – durchaus mit »low powers of reasoning« vereinbar (II 108). Den Vögeln als den »most aesthetic of all animals« (II 39) spricht Darwin »einen almost human degree of taste« zu (II 93). Spätere Forschungen haben Darwins Annahme eines hochentwickelten ästhetischen Unterscheidungsvermögens der Vögel unterstützt;[5] bewiesen wurde auch, daß weibliche Tiere bestimmter polygamer Vogelarten einen erstaunlich uniformen Männer-Geschmack haben und sich daraus in der Tat gewaltige Unterschiede im »reproductive success« der männlichen Tiere ergeben.[6] Bei Experimenten mit Fliegen ergab sich gar, daß allein die künstliche Verknappung männlicher Fliegen mit bestimmten Aussehensmutationen oder Duftstoffen ausreichte, um diesen Fliegen umgehend zu einem stark erhöhten Paarungserfolg zu verhelfen; nicht Farbe und Form per se, sondern der reine Seltenheitswert eines Ornaments kann demnach die weibliche Wahl steuern.[7] Ein ästhetischer Geschmack, der solche erstaunlichen Effekte hervorbringt, verlangt genauso eine evolutionstheoretische Betrachtung wie alle anderen Vermögen lebender Wesen: »The tastes of organisms, like their organs and faculties, must be regarded as the products of evolutionary change, governed by the relative advantage which such tastes may confer.«[8]

Zwei kardinale Elemente jeder Reflexion auf »beauty« und »taste« erhalten durch Darwins Modell eine evolutionstheoretische Fundierung. Erstens: als Movens von »choice« und »selection« ist der Wahrnehmung des Schönen stets zugleich ein wertendes Moment eingeschrieben. Das Sehen des Ornaments beschränkt sich nicht auf reines Sehen, sondern springt über in ein Werturteil und steuert das Verhalten gegenüber dem Träger des Ornaments. Und zweitens: Wenn die sexuellen Ornamente sowohl für ihre Träger als auch für ihre ›Bewerter‹ einen »relative advantage« verschaffen, dann ist der evolutionstheoretischen Reflexion von Beginn an ein kardinales ästhetisches Ideologem eingeschrieben – daß nämlich das Schöne in irgendeiner Weise zugleich »gut« sei. Von Xenophons Gleichsetzung des Schönen mit dem Funktionalen[9] bis zu Kants komplexer Lehre einer formalen Analogie zwischen ästhetischem und sittlichem Urteil[10] sind dafür die unterschiedlichsten Formulierungen gegeben worden. Darwin verankert den Satz, das Schöne sei zugleich ein Gutes, in dem elementaren Vorteil, den sexuelle Ornamente quer durch das gesamte Tierreich für Partnerwahl und Reproduktionserfolg verschaffen. Dieser Vorteil mag zugleich das Muster aller Assoziation von Schönheit und dauerhaftem Leben sein: wie die Schönheit des Körpers erhöhte Chancen des Überlebens in nachfolgenden Generationen zur Folge hat, so kann auch das Kunstwerk kraft seiner Schönheit seinem ›Erzeuger‹ symbolisches Fortleben über viele Generationen verschaffen, im idealtypischen Fall ›ewigen Ruhm‹. Es macht die tiefe Ambivalenz schon des evolutionsbiologischen Modells aus, daß erhöhte Überlebenschancen direkt mit erhöhten Todesrisiken korreliert sein können.

Darwins Rede von sexuellen Körper-»Ornamenten« schließt den evolutionsbiologischen Diskurs treffsicher an eine zentrale Kategorie der philosophischen Ästhetik an. Ornamente galten spätestens seit Karl Philipp Moritz und Kant als Inbegriff des zweck- und begriffslosen Schönen. Arabesken, ornamentale

Ranken und Säume aller Art figurieren darin als Zutaten, als »Parerga«, die traditionell stärker von kultischen Zwecken entlastet sind als die ›eigentlichen‹ Kunstwerke.[11] Die Differenz von Ornament und Ornamentiertem erzielt in der Anwendung auf natürliche Körper eine gezielte Veräußerlichung, eine Brechung ihrer integralen Ganzheit. Darwin macht in der Tat und ohne Abstriche die Zumutung, bestimmte Körperteile in voller Analogie zur Applikation von Ornamenten zu denken. Der Agent dieser Ornamentierung ist nicht länger ein Schöpfergott, der die Natur nicht nur weise, sondern auch schön eingerichtet hat. Es sind vielmehr sexuelle Wahlakte von seiten des anderen Geschlechts, die über sehr lange Zeiträume bestimmte »Ornamente« erblich gemacht und verstärkt haben. Die Unterscheidung natürlicher und sexueller Selektion erlaubt Darwin, die konfligierenden Merkmale ästhetischer Zwecklosigkeit und ästhetischer Zweckmäßigkeit durch Aufteilung auf zwei verschiedene Rücksichten zu entparadoxieren. Die nicht-adaptiven Effekte im Register der allgemeinen Lebensbedingungen begründen die ›Autonomie‹ des Ornaments, der adaptive Bezug auf die arteigenen Geschlechtsrollen dagegen die Zweckmäßigkeit des zwecklosen Ornaments.

Gleichviel wie schädlich oder nützlich die Ornamente ansonsten sind, sie bringen zumindest transgenerationell einen Überlebensvorteil mit sich. Die »agency« bzw. »action« der sexuellen Selektion mündet damit in die gleichen Effekte wie die »agency« der natürlichen Selektion. Die scheinbar adaptativ neutralen oder gar disfunktionalen Mutationen erweisen sich letztlich doch als funktional. Darwin stellt dann auch fest: »In most cases it is scarcely possible to distinguish between the effects of natural and sexual selection« (I 256). Dies gilt um so mehr, als sexuelle Selektion ein Merkmal als ästhetisches Gütezeichen auswählen und verstärken kann, das an sich selbst durchaus eine adaptive ›natürliche‹ Funktion hat; umgekehrt kann eine Mutation, die prioritär aus sexueller Selektion hervorgegangen ist, wiederum andere als rein ästhetische Funktionen im Organismus übernehmen.[12] Die schon von Darwin geäußerte Ansicht, daß an allen Stellen der Evolution Überlagerungen von natürlicher und sexueller Selektion möglich, ja, wahrscheinlich sind, hat sich weithin durchgesetzt.[13]

Wenn Darwin selbst den Unterschied von natürlicher und sexueller Selektion nicht in deren jeweiligen »effects« gründet, müssen zumindest die Mechanismen verschieden sein, welche diese »effects« bewirken. Zeichentheoretisch kann dieser Unterschied so formuliert werden: Im Feld der natürlichen Selektion besteht zwischen einer adaptativen Mutation und ihrer vorteilhaften Wirkung tendenziell ein ›natürlicher‹ bzw. hochgradig motivierter Zusammenhang, im Feld der sexuellen Selektion dagegen ein eher arbiträrer. Auf eine Abkühlung des Klimas können Tiere kaum anders als durch Ausbildung wärmeren Fells bzw. Gefieders antworten. Für das Problem, weibliche Tiere paarungsbereit zu stimmen, können dagegen höchst verschiedene Merkmale und Verhaltensmuster mit gleichen Erfolgschancen entwickelt werden: Kopfornamente aller Art, prachtvolle Schwanzfedern, imposante Größe und Stärke, sängerische oder tänzerische Vorführungen mit unterschiedlichsten Ton- und Schrittfolgen, das Verströmen von Gerüchen usw. Gewiß setzen die besonderen Prädispositionen, die den Wahrnehmungsorganen der einzelnen Spezies eingeschrieben sind (»sensory biases«), der Arbitrarität der ornamentalen Körperformen und Werbungspraktiken gewisse Grenzen; aber andererseits scheint auch sicher, daß sekundäre Sexualornamente in ihrer enormen Vielfalt und unvorhersehbaren Dynamik nicht einfach aus solchen »sensory biases« abgeleitet werden können.[14]

Bei einigen Vogelarten werden die sexuellen Ornamente ganz oder teilweise auf Artefakte verschoben: nicht Körper oder Gesangsverhalten der männlichen Vögel, sondern die von ihnen für den Paarungszweck gebaute Laube weist dann die Verzierungen auf, und weibliche Vögel bewerten sehr genau die individuelle Kunstfertigkeit der Bewerber und ihre Fähigkeit, in großem Stil ›unnützen‹ Aufwand für Bau und Erhalt von Lauben zu treiben. Die Logik des Substituts herrscht in einem genauen Sinn: je weniger ornamentiert der Körper der Tiere, die ›schöne Baukunst‹ oder ›schöne Musik‹ produzieren, desto aufwendiger die Artefakte, die supplementär als Schlüsselreiz den Paarungserfolg steuern.[15] Hier findet bereits im Feld tierischer Ästhetik der Übergang zur Produktion schöner Kunstwerke statt. Der Ursprung menschlicher Kunst liegt für Darwin in einer analogen Ausdehnung sexuell werbender Ornament-Produktion vom ei-

genen Körper auf ›dritte‹ Objekte und in der Ablösung ›balzender‹ Handlungen (Tanzen, Singen, Vorführungen aller Art) von
der Begrenzung auf reine Paarungssituationen (II 330-337).[16]

Das breite Spektrum prinzipiell gleich guter und insofern arbiträrer Möglichkeiten, das andere Geschlecht durch ästhetische
Schlüsselreize für sich zu gewinnen, macht die sexuellen Körper-
und Verhaltensdimorphismen zum Schauplatz für die kapriziö-
sesten Problemlösungen, für Schönheit in extremen Ausprägungen, ja für »fashions« im evolutionsgeschichtlichen Maßstab.
Pfauen und Paradiesvögel sind letztlich nur Extremphänomene
einer allgemeinen Regel: Alle getrenntgeschlechtlichen Lebewesen neigen dazu, sexuelle Gestaltdivergenzen (*sexual dimorphism*) erblich werden zu lassen, die über lange Zeit vom anderen Geschlecht als ästhetisch attraktiv gewählt worden sind, also
Paarungschancen erhöht haben. Im Regelfall sind diese Gestaltdivergenzen in der Zeit der beginnenden Geschlechtsreife am
größten (I 336, II 183-185); bei einigen Arten werden sie sogar
nur in dieser Zeit ausgebildet. Im embryonalen Stadium sind
diese Unterschiede am kleinsten; mit zunehmendem Alter verlieren sie sich wiederum – oft so vollständig, daß weibliche und
männliche Individuen einer Gattung kaum noch zu unterscheiden sind (II 180). Die Verbindung von Schönheit und Jugend
bzw. Geschlechtsreife ist für Darwin daher zuallererst ein Resultat der Evolutionsgeschichte selbst. Die jüngste, präsexuelle und
die älteste, postsexuelle Form der Körper versteht Darwin als
besonders archaisch, als Hinweis auf den gemeinsamen Ursprung aller Lebewesen. Die jugendliche und geschlechtsreife
Körperform ist dagegen der Schauplatz, auf dem die sexuelle Selektion ihre ›modischen‹ Mutationen zur Geltung bringt. Fische,
Vögel, Säugetiere und Menschen sind sich darin gleich, daß sie
mit beginnender Fortpflanzungsfähigkeit zu Wesen nach der
(sexuellen) Mode werden. Die heutige Schönheitsindustrie beutet insofern – in einer historisch, ideologisch und medientech-
nisch spezifischen Form – eine tiefverankerte ›Natureigenschaft‹
sexueller Lebewesen aus.[17]

Universalität und Relativität der Moden

Unter der Überschrift »On the influence of beauty in determining the marriages of mankind« versammelt Darwin zunächst eine Fülle ethnologischer Berichte über allerlei Praktiken des »shaping« und Ornamentierens:

It will be well first to show in some detail that savages pay the greatest attention to their personal appearance. [. . .] As Professor Waitz remarks, »however poor and miserable man is, he finds a pleasure in adorning himself.« [. . .] Savages at the present day everywhere deck themselves with plumes, necklaces, armlets, earrings, &c. They paint themselves in the most diversified manner. [. . .]

In one part of Africa the eyelids are coloured black, in another the nails are coloured yellow or purple. In many places the hair is dyed of various tints. In different countries the teeth are stained black, red, blue, &c., and in the Malay Archipelago it is thought shameful to have white teeth like those of a dog. Not one great country can be named, from the Polar regions in the north to New Zealand in the south, in which the aborigines do not tattoo themselves. [. . .] In South America, as Humboldt remarks, »a mother would be accused of culpable indifference towards her children, if she did not employ artificial means to shape the calf of the leg after the fashion of the country.« In the Old and New World the shape of the skull was formerly modified during infancy in the most extraordinary manner, as is still the case in many places, and such deformities are considered ornamental. For instance, the savages of Colombia deem a much flattened head »an essential point of beauty.«

The hair is treated with especial care in various countries; it is allowed to grow to full length, so as to reach to the ground, or is combed into »a compact frizzled mop, which is the Papuan's pride and glory.« In Northern Africa »a man requires a period of from eight to ten years to perfect his coiffure.« With other nations the head is shaved, and in parts of South America and Africa even the eyebrows are eradicated. [. . .]

In all quarters of the world the septum, and more rarely the wings of the nose are pierced, with rings, sticks, feathers, and other ornaments inserted into the holes. The ears are everywhere pierced and similarly ornamented, and with the Botucudos and Lenguas of South America the hole is gradually so much enlarged that the lower edge touches the shoulder. In North and South America and in Africa either the upper or lower lip is pierced; and with the Botucudos the hole in the lower lip is so large that a disc of wood four inches in diameter is placed in it. [. . .] With the Makalolo, the upper lip is perforated, and a large metal and bamboo ring, called a pelelé, is worn in the hole. »This caused the lip in one case to pro-

ject two inches beyond the tip of the nose; and when the lady smiled the contraction of the muscles elevated it over the eyes. ›Why do the women wear these things?‹ the venerable chief, Chinsurdi, was asked. Evidently surprised at such a stupid question, he replied, ›For beauty.‹ [. . .]«
Hardly any part of the body, which can be unnaturally modified, has escaped. The amount of suffering thus caused must have been wonderfully great, for many of the operations require several years for their completion, so that the idea of their necessity must be imperative. (II 338-342)

Soziologische oder kulturwissenschaftliche Theorien haben aus dieser bunten Datenlage oft nur einen Schluß gezogen, den auch Darwin keineswegs zu vermeiden sucht: es gibt keine universellen, sondern je nach Population und Kultur höchst unterschiedliche Ideale der Schönheit (II 350, 354). Darwin jedoch hält zwei weitere Schlüsse für legitim. Erstens: Aufwendige Praktiken der Selbstverschönerung, gleichviel wie unterschiedlich, sind offenbar universell anzutreffen. Ihr Wert muß groß sein, sonst würden die ›nutzlosen‹ Praktiken nicht um beinahe jeden Preis an Zeit, Geld und Schmerz aufrechterhalten und weiterentwickelt. Das mentale Korrelat dieser Praktiken, der »ästhetische Sinn«, ist daher grundsätzlich einer evolutionsbiologischen Reflexion zugänglich. Zweitens: Abgesehen davon, daß lokale und temporale Diversifizierung ein integrales Konzept der Evolutionstheorie selbst ist, erlauben die vielfältigen Phänomene des Sich-selbst-Schmückens durchaus das Herauspräparieren einiger allgemeiner Muster.

Die erste dieser Konsequenzen gilt inzwischen weithin als erwiesen. Mehr noch: Außer einer generellen Disposition und Fähigkeit zu ästhetischen Unterscheidungen scheinen sogar höchst spezifische Präferenzen genetisch fixierte Adaptionen zu sein. Testpersonen gelangen quer zu Alters-, Geschlechts-, Rassen- und sozialer Schichtzugehörigkeit regelmäßig zu weitgehend übereinstimmenden Bewertungen selbst verschiedenster Attraktivitätstypen: »Although there are wide differences between individuals and across cultures as to what is considered attractive, there is also a surprising core of agreement.«[18] Eine vergleichende historische Studie zu wirklichen, unzweideutig für schön gehaltenen Frauen und Männern hat von der griechischen Antike bis heute weitgehende Übereinstimmungen bei grundlegenden Parametern wie Gesichts- und Körperproportionen, besonders geschätzter Hautkomplexion, Haartypen usw. herausgearbeitet.[19] Spektakuläre Ergebnisse der neueren Säuglingsforschung weisen in die gleiche Richtung. Nicht nur wenden Erwachsene ihre Blicke und ihr Lächeln signifikant länger ›hübschen‹ als weniger gutaussehenden bzw. stärker geburtsdeformierten Neugeborenen zu.[20] Ihrerseits blicken Säuglinge bereits im Alter von 3 bis 4 Monaten nachweislich länger, interessierter und angeregter in ein von erwachsenen Versuchspersonen als attraktiv bewertetes Gesicht als in ein weniger attraktives Vergleichsgesicht.[21] Studien mit sechs- und zwölfmonatigen Kindern erwiesen an mehreren Verhaltensparametern eine Kontinuität dieser Präferenz für attraktive Gesichter, sei es von Menschen oder Puppen.[22] Nicht allein diese Praxis frühkindlicher ästhetischer Diskriminierung, auch ihre Konformität zu den ästhetischen Präferenzen Erwachsener ist ein frappierendes Datum. Schließlich unterstützt noch ein weiterer Umstand Darwins Annahme einer evolutionären Fundierung des »sense of beauty«: Im Umgang mit Personen werden ästhetische Unterscheidungen spontan, subtil, in Bruchteilen von Sekunden und mit hoher intersubjektiver Zuverlässigkeit getroffen; ihre Konsequenzen für Verhaltensselektionen und außerästhetische Bewertungen entgehen zugleich regelmäßig dem Bewußtsein. Dieser Operationsmodus kommt eher genetisch verankerten Fähigkeiten zu als solchen, die ausschließlich durch Lernen und Erziehung erworben werden.[23] Kants These einer prinzipiellen Allgemeinheit des ästhetischen Urteils scheint insofern eines evolutionstheoretischen Beweises fähig.

Das Prinzip der Verstärkung von Unterschieden

Die Hauptregel für alle evolutionären Dimorphismen und modischen Ornamentierungen der Geschlechter hat Darwin, wie bereits etliche seiner Beispiele, aus Alexander von Humboldts Bericht von seiner *Forschungsreise in die Tropen Amerikas*[24] übernommen. Danach zielen die unterschiedlichsten Praktiken von *shaping* und Ornamentierung generell darauf, bereits gegebene distinktive Merkmale zu verstärken:

The truth of the principle, long ago insisted on by Humboldt, that man admires and often tries to exaggerate whatever characters nature may have given him, is shewn in many ways. The practice of beardless races extirpating every trace of a beard, and generally all the hairs on the body, offers one illustration. [...] The Chinese have by nature unusually small feet; and it is well known that the women of the upper classes distort their feet to make them still smaller. Lastly, Humboldt thinks that the American Indians prefer colouring their bodies with red paint in order to exaggerate their natural tint; and until recently European women added to their naturally bright colours by rouge and white cosmetics [...].

The same principle comes largely into play in the art of selection; and we can thus understand, as I have elsewhere explained, the wonderful development of all the races of animals and plants which are kept merely for ornament. Fanciers always wish each character to be somewhat increased; they certainly do not desire any great and abrupt change in the character of their breeds; they admire solely what they are accustomed to behold, but they ardently desire to see each characteristic feature a little more developed. (II 351-353)

Die Liste dieser Beispiele läßt sich beliebig verlängern. Lange bevor die neuere Forschung zu »physical attractiveness« volle Lippen, große Augen und hervorstehende Backenknochen als Hauptattraktionen des weiblichen Gesichts und eine bestimmte Relation von schmaler Taille und ausladender Hüfte nebst der weiblichen Brust statistisch als kardinale Gestaltattraktionen identifiziert hat, waren Frauen sich darin einig, genau diese Merkmale durch Lippenstift, Schminke und figurbetonende Kleidung zu verstärken. Auch heutige Männer bedürfen in der Regel keiner Belehrung durch Humboldt oder Darwin, wenn sie im Fitneßstudio wie selbstverständlich an der Verstärkung ihrer sekundären Geschlechtsmerkmale – kräftiger ausgebildete Muskulatur, breitere Schultern, schmalere Hüften – arbeiten. Das Humboldt-Darwinsche Prinzip erklärt mühelos scheinbar verschiedenste »Ornamente«, bei etwas Einfallsreichtum auch etliche der besonders erratischen.

Darwins Phantasie für Moden im evolutionsgeschichtlichen Maßstab kennt keineswegs nur die Richtung der Vergrößerung sekundärer Geschlechtsmerkmale, wie seine Lieblingsbeispiele Pfauenrad und Hirschgeweih nahelegen. Ebensogut kann das Streben nach sexuellem Differenzgewinn den Weg der Verkleinerung bestimmter körperlicher Merkmale einschlagen und etwa statt der verlängerten verkürzte Schwanzfedern begünstigen. Darwin rekurriert zur Kategorisierung dieser generellen Merkmale sexueller Ornamentbildungen auf zwei Kernbegriffe der Ästhetik des 18. Jahrhunderts: »novelty« und »variety«.[25] Von hier aus denkt Darwin auch die Entstehung unterschiedlicher Farbtöne an gestaltgleichen Lebewesen:

As sexual selection depends on so fluctuating an element as taste, we can understand, how it is that within the same group of birds, with habits of nearly the same, there should exist white or nearly white, as well as black, or nearly black species – for instance, white and black cuckatoos, storks, ibises, swans, terns, and petrels. [. . .] It would even appear that mere novelty, or change for the sake of change, has sometimes acted like a charme on female birds, in the same manner as changes of fashions with us. The Duke of Argyll says – and I am glad of following for even a short distance in his footsteps – »I am more and more convinced that variety, mere variety, must be admitted to be an object and an aim in Nature.« [. . .] As so many male birds have for their chief ornament elongated tail-feathers or elongated crests, the shortened tail, formerly described in the male of a hummingbird, and the shortened crest of the male goosander almost seem like one of the many opposite changes of fashion which we admire in our dresses. (II 230-231)

Die natürlichen Körpern durch ästhetisch-sexuelle Selektion aufgeprägten »fashions« teilen mit kulturellen Moden die sechs Merkmale der prinzipiellen Arbitrarität, der kapriziösen Unableitbarkeit aus rationalen Motivationen, der rasanten Emergenz (zumindest im Vergleich mit Mutationen, die auf natürlicher Selektion beruhen), der Aufwendigkeit trotz (scheinbarer) Nutzlosigkeit, der Begünstigung von »novelty« (Neophilie) und der Tendenz zu Varietät überhaupt, einschließlich des gelegentlichen Umschlags eines Merkmals in sein Gegenteil. Unter den etwa dreihundert Arten der Primaten gibt es deshalb zwar zahllose gemeinsame körperliche Adaptionen, aber die sexuell gewählte Kolorierung und ›Frisur‹ des Gesichtshaars sind stets verschieden.[26] Die komplexe Kombination der genannten Objektmerkmale – verbunden mit ihrer subjektiven Prozessierung in einer Zusammenarbeit von sinnlicher Wahrnehmung, ›theoretischer‹ Bewertung und ›praktischen‹ Konsequenzen (Attraktion, Begehren) – verschafft Darwins Gebrauch der Begriffe »beauty«, »aesthetic«, »fashion« und »caprice« hohe Berechtigung. Neuigkeit, entgrenzte Verschiedenheit, (scheinbar) nutzlose Aufwandskomplexität und auch launische Capricen in Marotten, Ticks und Stimmungen[27] waren Leitthemen der Ästhetik des 18. Jahrhunderts. Diese Merkmale schränken die grundsätzliche Arbitrarität des modischen Zeichensystems am Körper sexueller Lebewesen ebenso ein, wie die Dispositionen ihrer Sinne dies tun. Sie führen aber nicht dazu, einzelne Ornamente und ihre evolutionäre Entwicklung etwa vorhersehbar zu machen – ein Umstand, den Darwins durchgängige Rede von der »capriciousness« ästhetischer Präferenzen betont. Auch dieses Merkmal der Unableitbarkeit teilen die sexuell gewählten Körperornamente mit jener programmatischen Nicht-Reduzierbarkeit auf gegebene Regeln, welche die Ästhetik förmlich zum Hauptmerkmal ›genialer‹, kreativer Kunstproduktion erklärt hat.

Möglich, ja wahrscheinlich ist, daß ein kardinaler Text der philosophischen Ästhetik ganz direkt Darwins Fragen nach »beauty« und »taste« mit angeleitet hat: Edmund Burkes *A Philosophical Enquiry into the Origin of Our Ideas of the Sublime and the Beautiful.* Darwins frühe Notizbücher zitieren mehrfach aus dieser Schrift.[28] Burke sieht in ästhetischen Präferenzen – wie zuvor bereits Addison und Hume[29] – direkt eine Steuerung von sozialer Kommunikation und menschlicher Fortpflanzung.[30] Gewiß fehlt es diesen Autoren noch an einer evolutionstheoretischen Erklärung für Emergenz und Weiterentwicklung ästhetischer Präferenzen. Aber Burke antizipiert mehr als nur die Funktionsbestimmung von Darwins Modell. Er behandelt auch bereits das kardinale evolutionstheoretische Beispiel, die »extreme beauty« des Pfauenschmucks, in Darwins Begriffen eines Konflikts mit natürlicher »fitness« und einer Irreduzibilität als schön empfundener Körperformen auf das Prinzip, etwa für einen praktischen Überlebenszweck »well adapted« zu sein.[31] Darwin hat ganz offensichtlich von der philosophischen Ästhetik gelernt. Es ist an der Zeit, daß die philosophische Ästhetik auch von Darwin zu lernen bereit ist. Der Pfau hat im übrigen in Religion, Kunst und Mode eine lange Tradition als Inbegriff verehrenswürdiger Schönheit.[32] Darwin hat insofern nicht nur seine Begriffe, sondern auch sein emblematisches Beispiel so gewählt, daß die disziplinären Grenzen zwischen Biologie, Kunst, Mode und Ästhetik systematisch verflüssigt werden und ein hybrider Diskurs mit multiplen Resonanzen entsteht.

Das evolutionäre Prinzip modischer Differenzgewinne um der Differenz willen führt erneut auf den Zielkonflikt von natürlicher und sexueller Selektion. Es favorisiert nämlich eine Tendenz, die der natürlichen »fitness« abträglich sein kann: »No doubt characters of all kinds may easily be developed too much for beauty« (II 354). Darwins heutige Schüler haben den Konflikt von Schönheit und praktischer Nützlichkeit außerhalb des Feldes sexueller Präferenzen mit ebensoviel Konsequenz wie nüchternem Scharfsinn auch für den weiblichen Körper zur Geltung gebracht. Gerade die auffälligsten sekundären Geschlechtsmerkmale – die spezifischen Fettablagerungen an Po und Busen – tendieren bei verstärkter Ausprägung dazu, ein mechanischer Nachteil für Geschwindigkeit und Beweglichkeit zu werden. Ginge es nur darum, Fettreserven für Stillperioden oder Zeiten knapper Nahrung bereitzuhalten, wäre gerade die fettarm gehaltene Taille ebenso gut, aus mechanischen Gründen sogar besser geeignet als Hüfte und Po.[33] Natürliche Selektion würde ein Merkmal wie die Proportion von Taille und Hüfte nicht schon deshalb, weil es eine binäre sexuelle Unterscheidung trifft, zur polarisierenden Verstärkung freigeben. Der »taste« an sexuellen Dimorphismen erlaubt sich aber geradezu strukturell diese »caprice« (II 339); über-normale Auslöser sind in diesem Feld die Norm und nicht die Ausnahme. Das Prinzip der polarisierenden Verstärkung gegebener Merkmale verschafft damit erneut der Darwinschen Unterscheidung von natürlicher und sexueller Selektion einige Berechtigung. Neuere evolutionstheoretische Modellannahmen halten es für durchaus möglich, daß die ›übertriebene‹ Evolution sexueller Attraktivitätsmerkmale unter bestimmten Umweltbedingungen sogar zur Auslöschung einer Spezies führen kann.[34]

Das Prinzip der fortgesetzten polarisierenden Verstärkung enthält zugleich einen Grund, warum es keinen absoluten Standard anziehender Schönheit geben kann. Nicht nur sind es mal diese, mal jene Merkmale, die in einer gegebenen Population und unter gegebenen ökologischen wie kulturellen Bedingungen für die polarisierende Codierung ausgewählt werden. Darwin erweist vielmehr ganz generell, daß jedes konkrete Ideal der

Schönheit aus eben den Gründen, aus denen es in die Rolle des Ideals gerät, von der Furie des Verzehrt- und Abgelöst-Werdens heimgesucht wird – mit der gleichen Notwendigkeit, mit der auf eine Mode eine andere folgt. Gewiß, so Darwin, ist eine »perfect beauty«, die viele sexuell unterscheidende Merkmale in genau dem richtigen, mäßig extremen Grad verstärkt, für jeden gegebenen Kontext ein mächtiges Wunsch- und Wunderbild (»prodigy«). Die Fortsetzung zeigt jedoch, daß diesem Wunderbild keine Stabilität beschieden sein kann: »As the great anatomist Bichat long ago said, if every one were cast in the same mould, there would be no such thing as beauty. If all our women were to become as beautiful as the Venus de Medici, we should for a time be charmed; but we should soon wish for variety; and as soon as we had obtained variety, we should wish to see certain characters in our women a little exaggerated beyond the then existing common standard« (II 354). Der Wunsch nach polarisierender Übertreibung des jeweils Gegebenen, das Humboldt-Darwinsche Prinzip aller ästhetischen Differenz am Körper der Lebewesen, verzehrt notwendig alle Ideale, die sie ebenso notwendig als imaginären Horizont der Verstärkungsarbeit immer wieder neu und anders aufbaut.

Die Evolution ›modischer‹ Körpermerkmale

Darwins Begriff von Mode und schönheitsgeleiteter Wahl geht über die kulturellen Praktiken menschlicher Zivilisationen weit hinaus. Die Theorie sexueller Selektion behauptet in vollem Ernst, daß zahllose sexuelle Dimorphismen letztlich auf Akte ästhetisch geleiteter Wahl, buchstäblich auf Geschmackspräferenzen zwischen den Geschlechtern zurückgehen. Darwins Modell impliziert etwa folgende Erzählung: Vor vielen Millionen Jahren waren der spektakuläre Pfau und sein unscheinbares ›Weibchen‹ zunächst nur wenig verschieden. Gleichwohl bemerkten die weiblichen Tiere an einigen männlichen Tieren – wie es aufgrund des fluktuierenden genetischen Polymorphismus innerhalb aller Gattungen jederzeit möglich ist – etwas verlängerte und/oder etwas stärker kolorierte Schwanzfedern als an anderen. Wenn die weiblichen Tiere zur Paarungszeit eine Chance zur Auswahl unter mehreren männlichen Tieren hatten, gaben sie vielfach den etwas auffallenden Exemplaren den Vorzug. Diese konnten ihre vererbbaren körperlichen Eigenschaften – einschließlich des leicht auffälligen Gefieders – daher überproportional an die nächsten Generationen weitergeben.[35] Die weibliche Präferenz für eine geringfügige relative Übertreibung der Schwanzfedern begünstigte, da sie von Generation zu Generation stetig erhöhte Normwerte vorfand, immer extremere absolute Werte des begehrten Merkmals. Diese Koevolution von Präferenz und Merkmal schaukelte sich endlich bis zur vollen Ausprägung und genetischen Fixierung des prachtvollen Pfauenrades hoch, das im täglichen Leben nicht sehr nützlich ist, aber doch gelegentlich die wichtige Leistung vollbringt »to excite or charm the female« (II 99).

Die Leistung »taste«-gesteuerter »Wahl« beschränkt sich also keineswegs darauf, *gegebene* Objekte nach ästhetischen Kriterien zu unterscheiden. Sie sorgt vielmehr allererst dafür, daß präferenzkonforme »Schönheit« sich an ihren Objekten herausbildet und progredierend verstärkt wird. Dieser starke, performative Sinn von »taste« als des Generators der Objekte, die er bevorzugt, ist der genuine Clou von Darwins Theorie einer sexuellen Ästhetik der Evolution. Das heißt nichts weniger als in der Evolution der Körper einen zumindest partiellen Vorrang von ›mind over matter‹ anzunehmen: »He who admits the principle of sexual selection will be led to the remarkable conclusion that the cerebral system not only regulates most of the existing functions of the body, but has indirectly influenced the progressive development of various bodily structures« (II 402). Als ein solches Resultat ästhetisch geleiteter sexueller Wahl sind die körperlichen »Ornamente« des einen Geschlechts nichts als der Niederschlag der über lange Zeit ausgeübten Geschmackscapricen des anderen. In der Sprache der älteren Ästhetik formuliert: Geschmacksurteile sind nicht aus vorhandenen Objektqualitäten ableitbar, sondern unterwerfen umgekehrt diese ihrer eigenen Logik. Die Evolutionstheorie betont dabei noch stärker als Kant das unbewußte Moment ästhetischer Evaluation. Die »female choice« gilt ihr als eine unbewußte Strategie, die als Antwort auf das Problem entstanden ist, daß nicht jede beliebige Paarung gleich gute Chancen für reichliche Reproduktion bietet.

»Sexual strategies« sind in diesem Sinn »psychological mechanisms and their behavioral manifestations [. . . that] are defined as evolved solutions to adaptive problems, with no consciousness or awareness on the part of the strategist implied.«[36]

R. A. Fishers Reformulierung (1930) von Darwins Theorie im Medium der theoretischen Genetik unterstützt die Annahme, daß die Koevolution ästhetischer Präferenzen und zugeordneter Merkmale als enger Rückkopplungskreislauf zwischen den beiden Geschlechtern einer Spezies weit schneller verlaufen kann als andere Prozesse ›natürlicher‹ Anpassung. Er hat deshalb von einer Ausreißer-Selektion, einer *runaway selection* gesprochen, die gleichermaßen durch arbiträre Verstärkung wie durch Rasanz im evolutionsgeschichtlichen Maßstab geprägt sei.[37] Die einmal eingeschlagene Richtung – so bereits Darwin (I 278-279) – hat zwar kein internes Maß und keine inhärente Grenze; sie kann aber unter den Druck gegenläufiger Selektionsmechanismen geraten, sobald die Nachteile des ästhetisch bevorzugten Merkmals für die Selbsterhaltung (Beweglichkeit, Kampfstärke, Ernährungsaufwand usw.) die Vorteile bei den Paarungschancen überwiegen. Nach diesem Modell kann ein *runaway*-Prozess auf der Basis ästhetisch-sexueller Präferenzen relativ schnell seinen Spielraum ausschöpfen. Die Evolution des präferierten Merkmals gerät dann unter gegenläufigen natürlichen Selektionsdruck. Es ist die Balance beider Prozesse, welche im nachhinein den Eindruck einer Stabilität des Ornaments erzeugt. Tatsächlich handelt es sich dabei aber nur um ein prekäres – mal mehr, mal weniger stabiles – Gleichgewicht sexueller und natürlicher Selektionsmechanismen, und der sexuelle Selektionsdruck hört nicht auf, auch wenn er nicht mehr oder nur noch sehr sporadisch die Kraft hat, eine weitere Evolution der präferierten Ornamente hervorzubringen. Die relative Einförmigkeit einer spezies-typischen Ornamentierung zu einem gegebenen Zeitpunkt ist im übrigen eine Voraussetzung für den distinktiven Wert der kleinen Unterschiede zwischen den Individuen.

In der Folge Fishers erhielt Darwins Modell sexueller Selektion in den 1980er Jahren weitere Unterstützung aus dem Feld der theoretisch-mathematischen Genetik.[38] Fisher hat zugleich einen Haupteinwand gegen Darwins Theorie ästhetischer Selektion ausräumen können. Darwin liefert zwar einen plausiblen

Grund, warum die sexuellen Ornamente für den *männlichen* Reproduktionserfolg funktional sind. Er begründet aber nicht – was eigentlich die erste Frage an die evolutionäre Leistung der »female choice« sein müßte –, warum es auch für die weiblichen Tiere selbst vorteilhaft ist, durch die spezielle Ausübung ihrer Partnerwahl ihren eigenen Reproduktionserfolg an denjenigen kapriziös ornamentierter männlicher Tiere zu binden. Warum sollten Pfauenweibchen es vorziehen, sich tendenziell alle mit demselben bestornamentierten Pfau zu paaren, obwohl dieser kaum mehr Zeit für sie aufbringen kann als den Akt der Kopulation, aufgrund der breiten Streuung seiner Nachkommen auch nur wenig bis gar nichts zur Aufzucht des Nachwuchses beitragen und eventuell schon bald – wiederum aufgrund seiner herausragenden Attraktivität – Opfer eines Beutetiers werden kann? Fishers Antwort ist: Die ästhetische Präferenz, selbst wo sie skurrile Grade erreicht, bleibt in dem Maße funktional, in dem weibliche Tiere von männlichen Tieren mit den ›verrückten‹, aber bevorzugten Merkmalen Nachkommen erwarten können, die über dieselben Ornamente verfügen, daher wiederum von den weiblichen Tieren bevorzugt werden und die weibliche Wahl der vorhergehenden Generationen daher mit besonders vielen Enkeln krönen.[39] Analog tragen Töchter zu dieser sich selbst tragenden Rückkopplungs-Spirale bei, indem sie die ästhetischen Präferenzen ihrer Mütter beerben, ihrerseits wiederum Söhne mit den sexuell begünstigten Ornamenten bekommen usw. Die arbiträre Präferenz – Darwin's »beauty for beauty's sake«[40] – kann auf diese Weise eine hocheffektive Strategie sexueller Lebewesen sein, ihren Reproduktionserfolg zu erhöhen.

Anders als ihm vielfach vorgeworfen wird, entbehren ästhetisch verstärkte Merkmale bei Darwin keineswegs einer – wie immer schwachen – ›natürlichen‹ Vorprägung: »man admires and often tries to exaggerate whatever characters *nature may have given him*« (II 351, Hervorhebung von mir, W.M.). Das »whatever« schränkt die ›Beliebigkeit‹ der ›Wahl‹ gewiß nur wenig ein; aber Darwin gibt doch ein minimales Anforderungsprofil für das bevorzugte Merkmal vor: Selektion kann nur wählen und verstärken, was sie zumindest in schwacher Form und zunächst nur bei wenigen Individuen vorfindet. Darüber hinaus verzichtet Darwin ganz bewußt darauf, eine zwingende ›natürliche‹ Motivation für jedes einzelne sexuelle Ornament anzunehmen.[41] Sein Konzept sexueller Selektion betrifft im übrigen nicht allein Präferenzen für körperliche »Ornamente«. Es kann gleichermaßen die Entstehung bevorzugter Verhaltensweisen und Sozialcharaktere erklären. »Preference on the part of the women, steadily acting *in any one direction*, would ultimately affect the character of the [males]« (II 375).[42]

Trotz des provozierenden Akzents auf modische Capricen hat Darwin mehr als einmal weibliche Schönheitspräferenzen an gleichzeitige Präferenzen für höhere sonstige Fitness rückgekoppelt: »preferring not only the more attractive but at the same time the more vigorous and victorious males« (II 400). Die Unterscheidung beider Merkmale – und damit auch ihre separate Erwähnung – würde jeden Sinn verlieren, ja, Darwin würde seine gesamte Theorie zweier aufeinander irreduzibler Selektionsmechanismen ruinieren, wenn beide Merkmale stets und automatisch koexistierten. Deshalb legt Darwin größten Wert darauf, daß weibliche Tiere nicht automatisch die Sieger innermännlicher Konkurrenz akzeptieren (I 262). Wo die innermännliche Konkurrenz ausschließlich im Umwerben der weiblichen Tiere, nicht aber in Formen direkten physischen Messens untereinander besteht, wo des weiteren männliche Tiere sich nicht als Verteidiger eines bestimmten Territoriums bewähren müssen, da gibt es für arbiträre modische Präferenzen ohnehin nur wenig Konflikte mit Rücksichten auf männliche Stärke. Doch auch wo gegenteilige Voraussetzungen gegeben sind, bleibt genügend Raum für eine ästhetische »Wahl«, die nicht automatisch aus natürlicher Selektion folgt. Es reicht bereits aus, daß weibliche Tiere etwa zwischen zwei siegreichen Revierhaltern wählen können, um – ceteris paribus – Kriterien höherer Ornamentierung zu einer erheblichen Selektionsmacht werden zu lassen. Diese Kriterien dienten dann nicht notwendig einem alternativen, wohl aber einem eigenen zusätzlichen Mechanismus.

Andererseits können solche ästhetischen Präferenzen sich nicht dauerhaft gegen das Resultat innermännlicher Konkurrenzmechanismen verselbständigen. Denn eine Präferenz für ›schöne Verlierer‹ würde etwaige eigene Interessen der weiblichen Tiere an tatkräftiger Unterstützung bei der Aufzucht und guten späteren Überlebenschancen des Nachwuchses beschädigen; eine derartige Präferenz würde von der natürlichen Selektion sehr bald ›abgewählt‹. Es gibt daher einen starken Selektionsdruck, typische Kriterien innermännlicher Konkurrenz nicht zu vernachlässigen, sondern ästhetische Wahl nur zwischen männlichen Tieren von ansonsten etwa gleicher »fitness« obwalten zu lassen. Eben deshalb auch Darwins wiederholte – und scheinbar selbstwidersprüchliche – Bemerkungen eines Zusammenwirkens ästhetischer und stärkeorientierter Wahl bei gleichzeitiger Irreduzibilität der einen auf die andere.

Sofern weibliche Wahl die Mechanismen innermännlicher sexueller Selektion nicht aushebeln, sondern nur mit einem zusätzlichen Mechanismus überlagern kann, arbeitet sie ihrerseits durchaus an der sexuellen Selektion zugunsten männlicher Stärke mit. Das scheinbar paradoxe Resultat ist, daß weibliche Wahl – selbst wo sie noch so kapriziöse Ornamente bevorzugt – tendenziell die Asymmetrisierung des Kräfteverhältnisses zwischen den Geschlechtern mit unterstützt (hat). Oder anders: Kraft der unvermeidlichen Rückkopplung an innermännliche Selektion verhilft auch weibliche Wahl *nolens volens* dem männlichen Geschlecht zu verbesserten Möglichkeiten, Strategien der Ressourcen-Monopolisierung und der gewaltsamen Kontrolle weiblicher Sexualität erfolgreich durchzusetzen. »Weibliche Wahl« und die Entstehung und Befestigung ›patriarchaler‹ Machtstrukturen stehen insofern weder theoretisch noch evolutionsgeschichtlich in irgendeinem notwendigen Widerspruch. Da die Funktion weiblicher Wahl allein die Steigerung des weiblichen Reproduktionserfolgs ist, kann sie sich sogar präferentiell auf faule und untreue Don Juans verlegen, sofern diese, wie noch zu erläutern bleibt, allein durch ihre ornamentalen Vorzüge besonders gut dem ›Ziel‹ der weiblichen Wahlstrategie dienen.

Ästhetische Wahl hat demnach weder das Ziel noch die Macht, etwa den Geschlechterkampf zugunsten des weiblichen Geschlechts zu entscheiden. Als weibliche Strategie dürfte sie aber ein erhebliches Interesse haben, die Präferenz für Stärke eher zu begrenzen und zu kontrollieren, statt den Selektionsmodus innermännlicher Konkurrenz einfach ungebrochen zu übernehmen. Im anderen Fall, der durchaus möglichen *runaway*-Selektion zugunsten immer extremerer männlicher Kampfstärke, würden weibliche Tiere sich tendenziell selbst schädigen, da sie mit männlicher Aggressivität und Körpermasse eventuell zugleich die ohnehin verbreiteten Verhaltensmuster physischen Drucks und erzwungener Kopulation verstärken würden. Irreduzibilität weiblicher Wahl auf reine Sieger-Präferenz liegt daher nicht allein im Interesse von Darwins Theorie, sondern offenbar ebenso der evolvierten sexuellen Strategie der weiblichen Tiere – auch wenn es durchaus eine enge Rückkopplung an die innermännliche Selektion gibt.

Diese Rückkopplung bedeutet des weiteren keineswegs, daß bevorzugt gewählte Körpermerkmale nicht die Überlebenskraft ihrer Träger beeinträchtigen können und also Darwins Ansatz an der potentiellen Schädlichkeit sexueller Ornamente kompromittiert wäre. Im Gegenteil: Gerade wenn weibliche Wahl nichts anderes täte als lediglich die innermännliche Selektion zugunsten von Körpermasse und Körperkraft zu verstärken, könnte die Körpermasse der männlichen Tiere um so rascher eine kritische Grenze erreichen: Aufwand für Ausbildung und Erhaltung der sexuell bevorzugten Körpermasse könnten dann die natürlichen Adaptionen der Tiere und ihre ökologische Nische übermäßig strapazieren oder gar – etwa bei der kleinsten Umweltveränderung – definitiv übersteigen. Auch und gerade die sexuelle Präferenz für Größe und Stärke kann so in Konflikt mit natürlichen Adaptionen geraten und – nur scheinbar paradox – eine tendenzielle Schwächung der bevorzugten Tiere, eine Herabsetzung ihrer Überlebenschancen bewirken.[43] Dies erhärtet Darwins Annahme, daß sexuelle Präferenzen selbst dann die evolutionäre Ausbildung modischer Überlebens-Hindernisse begünstigen können, wenn sie scheinbar nichts anderes tun als Merkmale verbesserter Überlebenstauglichkeit zu verstärken.

Die Menschenmode der nackten Haut

Etliche Affenarten zeigen ein denkwürdiges sexuelles Ornament: die extreme Kolorierung des anal-genitalen Bereichs, bei den weiblichen Tieren zusätzlich hervorgehoben durch eine markante Schwellung in den Phasen der Befruchtbarkeit. In einem späteren Text bemerkte Darwin dazu: »In the discussion on Sexual Selection in my *Descent of man*, no case interested me and perplexed me so much as the brightly-coloured hinder ends and adjoining parts of certain monkeys. [...] I concluded that the colour had been gained as a sexual attraction. I was well aware that I thus laid myself open to ridicule; though in fact it is not more surprising that a monkey should display his bright-red hinder end than that a peacock should display his magnificent tail.«[44] Analoge Phänomene, dies versucht Darwin mit immer neuen Beispielen seinen Lesern plausibel zu machen, finden sich letztlich bei zahllosen getrenntgeschlechtlichen Lebewesen. Sie sind bereits in ihrer physischen Naturbasis zutiefst von der ›Mode‹ geprägt, von den Selektions- und Anpassungsmechanismen, die von der ästhetischen Präferenz für die polarisierende Übertreibung sekundärer Geschlechtsmerkmale ausgehen. Am menschlichen Körper erörtert Darwin vor allem ein Merkmal, das er in wahrhaft ingeniöser Analogie dem Hirschgeweih, den Paradiesvogelfedern und dem blau-rot leuchtenden Hinterteil mehrerer Affenarten zur Seite stellt: die nackte Haut.

Daß der Mensch von einem behaarten Vorfahren abstammt, ergibt sich für Darwin zweifelsfrei »from the presence of the woolly hair or lanugo on the human foetus« und von den mehr oder weniger großen Resten an Behaarung insbesondere am männlichen Körper (II 375). Neueren Erkenntnissen zufolge verschwinden diese Haare auch keineswegs völlig. Im Gegenteil: in absoluten Zahlen hat der menschliche Körper genauso viele oder gar mehr Haare als viele Affenarten. Diese Haare haben aber nicht mehr die Konsistenz eines bedeckenden Fells; sie sind, verglichen mit der Behaarung von Foetus und Affen, so winzig und unscheinbar geworden, daß der optische Eindruck derjenige der Enthaarung und der Nacktheit ist.[45] Die arttypische Nacktheit der menschlichen Haut, so Darwin, kann keineswegs etwa damit begründet werden, daß der Urmensch in einer extrem heißen Zone gelebt hat: »The loss of hair is an inconvenience and problably an injury to man even under a hot climate, for he is thus exposed to sudden chills, especially during wet wheather. As Mr. Wallace remarks, the natives in all countries are glad to protect their naked backs and shoulders with some slight covering. No one supposes that the nakedness of the skin is any direct advantage to man, so that his body cannot have been divested of hair through natural selection« (II 375-376).

Die mechanischen und thermischen Schutzfunktionen, die das Fell erfüllte, bleiben nach heutiger Erkenntnis bei der menschlichen Haut im übrigen durch Verschiebung erhalten: Sie werden einer verstärkten ›hornigen‹ Epidermis und vor allem der hauteigenen Fettschicht übertragen, die beim Menschen im Vergleich mit den Primaten signifikant dicker ausgeprägt ist.[46] Das Fell wird also doppelt ersetzt: unter der Hautoberfläche durch Fettschichten und oberhalb durch die Kultur der Bekleidung. Gewiß hat die denudierte Haut die Entwicklung eines einzigartigen Kühlsystems begünstigt, nämlich der Schweißdrüsen, die in Verbindung mit Fell nicht oder nur wenig funktional wären. Aber andere Tiere, darunter auch Jäger mit großen täglichen Bewegungsradien bei heißem Klima, kommen durchaus ohne diese spezielle Kühlungsart aus. Mußte deshalb wirklich eine Affenart, die vom Sammeln zum Jagen überging, das Fell abwerfen, um den Schweißdrüsen Raum zu schaffen?[47] Wäre die größere mechanische Schutzfunktion des Fells gegen äußere Verletzungen und Infektionen nicht gerade angesichts der gesteigerten Risiken jagender Tiere (Kämpfe mit Beutetieren, Stürze bei der Jagd usw.) ein größerer Vorteil als ein bizarres neumodisches Kühlungssystem unter bloßgelegter Haut? Wenn aber die ›nackte Haut‹ nicht um des Schwitzens willen entstanden ist, warum dann diese spektakuläre Distanzierung von Primaten und anderen Säugetieren? Für Darwin ist das Rätsel der menschlichen Haut eine weitere Caprice der sexuellen Selektion: »Man, especially woman, became divested of hair for ornamental purposes« (II 149). Die Begründung dafür vereinigt alle Merkmale von Darwins ›Ästhetik‹:

The absence of hair on the body is to a certain extent a secondary sexual character; for in all parts of the world women are less hairy than men. Therefore we may reasonably suspect that this is a character which has been gained through sexual selection. We know that the faces of several species of monkeys, and large surfaces at the posterior end of the body in other species, have been denuded of hair; and this we may safely attribute to sexual selection, for these surfaces are not only vividly coloured, but sometimes, as with the male mandrill and female rhesus, much more vividly in the one sex than in the other. [. . .] So again with many birds the head and neck have been divested of feathers through sexual selection, for the sake of exhibiting the brightly-coloured skin.

[. . .] As our female progenitors gradually acquired this new character of nudity, they must have transmitted it in an almost equal degree to their young offspring of both sexes; so that its transmission, as in the case of many ornaments with mammals and birds, has not been limited either by age or sex. There is nothing surprising in a partial loss of hair having been esteemed as ornamental by the ape-like progenitors of man, for we have seen that with animals of all kinds innumerable strange characters have been thus esteemed, and have consequently been modified through sexual selection. Nor is it surprising that a character in a slight degree injurious should have been thus acquired; for we know that this is the case with the plumes of some birds and with the horns of some stags.

The females of certain anthropoid apes, as stated in a former chapter, are somewhat less hairy on the under surface than are the males; and here we have what might have afforded a commencement for the process of denudation. (II 376-378)

Die Haarlosigkeit der menschlichen Haut ist danach das erste und basale Modephänomen des menschlichen und vorrangig des weiblichen Körpers. Nach dem Gesetz der polarisierenden Verstärkung wurde eine zunächst nur partielle Enthaarung als sexuelles Attraktivitätsmerkmal besetzt; dies teilt die menschliche Haut, bei allem Farbunterschied, mit den haarfreien Partien um die weibliche Genitalregion vieler Affen und im Mandrill-Gesicht (I 291-293).[48] Sexuelle Selektion, die über sehr lange Zeit dem menschlichen »Geschmack« an bloßer Haut gefolgt ist, konnte dann trotz der praktischen Nachteile bis zur fast völligen Enthaarung des weiblichen Körpers führen. Diese ästhetische Souveränität gegen andere Rücksichten der »fitness« teilt die Denudierung der Haut mit dem exorbitanten Hirschgeweih oder dem exzessiven Federkleid einiger Vögel. Darwin behauptet nicht, daß die menschliche Haut – sei's vor, sei's nach der Enthaarung – nicht auch andere biologische Funktionen wahrnimmt; seine Spekulation ist daher nicht prinzipiell unvereinbar mit den alternativen Erklärungsansätzen, von denen sich bis heute keiner definitiv durchgesetzt zu haben scheint.[49] Darwin versucht allein plausibel zu machen, daß »to a certain extent« – eine denkbar vorsichtige Formulierung – die extreme Mutation vom fast vollständig behaarten Affen zum fast vollständig ›nackten‹ Menschen *auch* ein ästhetischer *runaway*-Prozeß ist, der sexuellen Zwecken dient. Das Nacktwerden des Affen gehorcht insofern etwa der gleichen Inflation eines unterscheidenden

Merkmals, nach der die Mode kurzer Röcke kraft ihrer eigenen Dynamik bald zur völligen Entblößung der Beine neigt.

Der Farbunterschied sexuell denudierter Hautpartien vom Affen zum Menschen kann ebenfalls als ästhetischer Differenzgewinn gedeutet werden: als Bruch mit der ›Affenmode‹, als Abkehr von der bunten und höchst indezenten Kolorierung einiger unserer Vorfahren an ihren wenigen nackten Hautpartien. Tatsächlich definiert sich menschliche Schönheit in der Mehrzahl ihrer Parameter durch Verstärkung der Differenzen zum Affen. Trotz oder, wie sich erweisen wird, gerade wegen unserer Abstammung vom Affen haben die klassischen Merkmale weiblicher Attraktivität keinerlei Analogon am Affenkörper (mehr): die haarlose glatte Haut als ›dezentes‹, einheitlich koloriertes Kontinuum, die schmale Taille bzw. die Proportion von Taille und Hüfte, die dauerhafte, anders als bei allen anderen Säugetieren nicht nur zu Stillzeiten entwickelte Brustvergrößerung. Das kardinale sexuelle ›Ornament‹ der Schimpansinnen fehlt bei ihren menschlichen Verwandten völlig. Schimpansinnen und etliche andere Affenarten signalisieren in teils herausragend auffälliger, teils diskreterer Weise durch optische Signale – Schwellung und Farbveränderung der denudierten Hautpartien im anal-genitalen Bereich – ihre Befruchtbarkeit und sexuelle Bereitschaft; unter männlichen Affen gilt dies als das Hauptmerkmal weiblicher Attraktivität.[50] Menschliche Frauen dagegen haben die optische Anzeige ihres reproduktiven Status (»advertisement of estrus«) völlig abgeschafft. Zwar sind diese Unterschiede von der sexuellen Affenmode im einzelnen meist nur gradueller Natur und bei einigen nicht-menschlichen Primaten zumindest vorgebildet (so etwa die Verhüllung des Eisprungs oder auch die sexuelle Denudierung der Haut). In ihrer Bündelung aber lassen sie fast vergessen, daß Schimpansin und menschliche Frau nicht nur extrem eng verwandt sind, sondern auch – von der Ausdehnung sexueller Aktivität über die Tage der Befruchtbarkeit hinaus über die gleichzeitige Beibehaltung zyklischer Steigerungen der Erregbarkeit bis hin zum Phänomen des weiblichen Orgasmus – eine weitgehend übereinstimmende Physiologie des sexuellen Aktes haben.[51]

Rein ornamentgestützte Differenzgewinne dieser Art sind gerade unter nahestehenden Verwandten vielfach beobachtet worden: »in many taxa of arthopods and vertebrates closely related species differ most in secondary sexual characters.«[52] Darwins Beobachtung: »to our taste, many monkeys are far from beautiful« (II 310) entspricht damit einer generellen Regel modischer Distanzierung unter eng verwandten Arten. Im evolutionären Maßstab begünstigt dieses Phänomen die Vermeidung hybrider Paarungen und damit die Artenisolation; aus sexueller Selektion hervorgegangene Aussehensunterschiede sind damit besonders relevant für die Ausdifferenzierung ehemals gleicher Lebewesen in unterschiedliche Spezies.[53] Viele Insektenarten sind überhaupt nur durch ihre sexuellen Ornamente (einschließlich skurriler Penismoden), etliche Vogelarten nur durch die sexuell bevorzugte Farbgebung zu unterscheiden. Oder anders: modisch-ästhetische Unterscheidungen – gerade unter eng verwandten Wesen – machen viele Spezies erst buchstäblich zu dem, was sie sind. Die Evolutionstheorie vermag daher zu erklären, warum etwa Burke feststellen konnte: »In den Augen der Menschheit gibt es wenig Tiere, die geringer an Schönheit wären als die Affen«,[54] oder warum in Goethes *Wahlverwandtschaften* Affen die nur scheinbar paradoxe Doppelattribution als »menschenähnlich« und gleichzeitig ästhetisch »abscheulich« erfahren.[55] Es geht dabei um die ästhetische Verwerfung einer eigenen ehemaligen Körpermode, die nunmehr als absolut ›uncool‹ wahrgenommen wird – genauso wie Benjamin die Textilmode der eigenen Eltern als »das gründlichste Antiaphrodisiacum« der jeweiligen Nachfolgegeneration bestimmt hat.[56]

Diese ›modische‹ Logik hat seit je in der natürlichen Evolution sexuell ›ornamentierter‹ Körper geherrscht. Sie hat den Charakter profunder Oberflächlichkeit. ›Bloß oberflächlich‹ sind ihre Unterscheidungen insofern, als höchst markante phänotypische Abweichungen – wie diejenigen zwischen den sexuellen Ornamenten der Äffinnen und der menschlichen Frauen – regelmäßig nur auf wenigen Genen beruhen und ›in Wahrheit‹ nichts an der 98 %igen genetischen Übereinstimmung von Schimpanse und Mensch ändern.[57] Profund dagegen sind die Effekte dieser Oberflächlichkeiten: sie generieren einen (scheinbaren) Kontinent von Abstand, maximal unverträgliche Attraktivitätsvorstellungen und starke affektive Sicherungen gegen jede Verwechslung der Gruppenzugehörigkeit. Eben dies ist ganz generell der Wirkungsmodus sozialer Konkurrenz durch modische und ästhetische Selbstdarstellung: kleine Unterschiede mit großen Konsequenzen.

Die chinesische Praxis, die kleinen Füße der Frauen noch kleiner zu machen, gehört heute der Vergangenheit an. An der Haarlosigkeit der weiblichen Haut aber behauptet sich das Humboldt-Darwinsche Prinzip der sexuellen Verstärkung gegebener Differenzen mit größter Insistenz. Die Enthaarung des ohnehin fast haarlos wirkenden weiblichen Körpers zählt zu den weithin als selbstverständlich angesehenen Hauptbeschäftigungen weiblicher Kosmetik. Sie gehört nicht zur Kür, sondern zum Pflichtprogramm, und wird daher nicht mit großer Begeisterung, aber mit um so größerem Pflichtgefühl absolviert. Die Frauen selber pflichten damit Darwins radikaler These bei, die weibliche Haut sei evolutionsgeschichtlich als ein »Ornament« entstanden – als das Ornament der Denudierung. Die nackte Haut ist demnach eine weitere »capriciousness of taste« im evolutionären Maßstab (I 230), eine besonders verrückte menschliche ›Mode‹. Darwins Blick für Biologie gewordene ästhetische Präferenzen bestimmt die Haut als das Gegenteil einer ›nackten Tatsache‹: als ein hochgradig unwahrscheinliches Unterscheidungsmerkmal, das von den Menschen buchstäblich ›gewählt‹ wurde und das als umfassende Nacktheit am ganzen Körper bei anderen Primaten, ja, beinahe in der gesamten Tierwelt unbekannt ist. Die klassische Ästhetik hatte daher vollkommen recht, Nacktheit des Körpers als unverzichtbares Datum der griechischen Plastik zu verteidigen. Auf diese unerhörte, extrem unwahrscheinliche Oberfläche mit ihren einzigartigen haptischen Qualitäten und visuellen Linienverläufen zu verzichten, wäre etwa dasselbe, wie den Pfau ohne sein kardinales Ornament darzustellen.

Mit Rücksicht auf die Denudierung der Körperoberfläche sind Elefant und Rhinozeros weithin die einzigen Parallelphänomene zum Menschen (II 148-149). Über eventuelle ästhetische Geschmackspräferenzen dieser Tiere äußert Darwin indes keine Vermutungen. Er neigt vielmehr dazu, in diesen Fällen die klimatheoretische Erklärung des Haarverlusts durchaus zu akzeptieren. Die Begründung für diese abweichende Argumentation ergibt ein weiteres Schlaglicht auf die menschliche Haut. Die Enthaarung von Elefant und Rhinozeros, so Darwin, entspricht insofern konsequenter dem Hitzevermeidungs-Argument, als diese Tierarten auch kein Haupthaar mehr haben. Ginge es der menschlich-weiblichen Denudierung um denselben rein thermischen Zweck, wäre gerade das üppige Haupthaar eine besonders erratische und disfunktionale Entwicklung. Denn als die höchste Stelle des ganzen Körpers ist es in besonderem Maß der Erwärmung durch Sonnenstrahlen ausgesetzt; es müßte daher zuallererst der selektiven Mutation in Richtung Haarlosigkeit unterliegen. Tatsächlich aber hat sich diese Partie zum Ort exzessiver Behaarung entwickelt und eine ganze Fülle ästhetischer Reize hervorgebracht (Farbe, Glanz, Textur, Duft, Bewegung).[58] Die menschliche Entwicklung scheint insofern eher, zusätzlich zur Denudierung der Körper- und Gesichtshaut, auf einen weiteren ästhetischen Kontrast zu zielen: den von besonders haarlosem Körper und besonders haarreicher Kopfhaut. Beide Phänomene sind als sekundäre weibliche Geschlechtsmerkmale bestens etabliert. Vor die Aufgabe gestellt, durch die *runaway*-Verstärkung einiger ursprünglich minimaler Abweichungen den Schimpansen-Look in eine neue Körpermode zu verwandeln, hätte ein Spitzen-Designer schwerlich ein so überzeugendes Resultat hervorbringen können wie der von Darwin beschriebene Prozeß sexueller Selektion mittels fortgesetzter ästhetischer Differenzgewinne.

Farbpräferenzen auf der Haut

Auf sexuelle Selektion führt Darwin auch die Farbunterschiede der Haut zurück. Wo es bei Säugetieren einen Farbunterschied zwischen den Geschlechtern gibt, sind zumeist die männlichen Tiere dunkler koloriert als die weiblichen (II 382). Bei den Menschen ist die Differenz im Hautton allerdings so gering, daß Darwin Unsicherheit äußert, ob hier von einem sekundären Geschlechtsmerkmal gesprochen werden kann (II 316, 381). Die neuere Forschung hat diese Zweifel ausgeräumt. Die weibliche Haut, so wurde festgestellt, ist am hellsten mit Einsetzen der Geschlechtsreife; sie verdunkelt sich während der Schwangerschaft vorübergehend – ohne danach den ›jungfräulichen‹ Ton jemals wieder ganz zurückzuerhalten – und verliert mit zunehmendem

Alter den besonderen Ton jugendlicher Attraktivität zugunsten einer Fast-Konvergenz mit dem männlichen Teint. Die geringfügig höhere Helligkeit des weiblichen Teints in den ersten Jahren der Geschlechtsreife kann insofern vom männlichen Sensorium als Indikator jugendlicher Reproduktionsfähigkeit und aktueller Nicht-Schwangerschaft gelesen werden.[59] Diese Assoziation von abweichender Helligkeit des weiblichen Teints mit sexueller Attraktivität enthält sogar eine Perspektive auf das rätselhafte Phänomen der statistisch gut bezeugten männlichen Präferenz für blonde Frauen. Das blonde Haar dehnt gewissermaßen die Farbe der hellen, nackten Haut auf die einzige massiv behaarte Stelle aus und unterstreicht so – unter Wahrung der ornamentalen Differenz von unbehaartem Körper und stark behaarter Kopfhaut – die aus sexueller Selektion hervorgegangene Farbdifferenz der Geschlechter nach den Polen hellere (jugendlich-weiblich) vs. dunklere Haut (männlich).[60]

Sind einmal Unbehaartheit (Nacktheit) ebenso wie die größeren und kleineren Farbunterschiede der menschlichen Haut im vollen Wortsinn als arbiträre »Ornamente« bestimmt, dann ist auch die Behauptung, die Darwin zustimmend von einem ungenannten »English philosopher« übernimmt, weit mehr als ein geistreiches bonmot: »clothes were first made for ornament and not for warmth« (II 338). Einige neuere Anthropologen sind zu derselben Überzeugung gelangt: »the original purpose of clothing was to call attention to the erotic zones of the body, not to hide them.«[61] Kleidungsmoden funktionieren, so George Hersey bündig, wesentlich »as genital maps«.[62] Der ästhetische Witz der menschlichen Ornamentik besteht demnach in der Eröffnung einer völlig neuen Möglichkeit, das Spiel der Ornamente zu verdoppeln. Die nackte Haut ist nicht allein eine Nullstufe, sondern eine über lange Generationen ausgewählte Bekleidung des menschlichen Körpers. Darin ist sie den elaboriertesten Ornamenten von Fell und Gefieder analog, auch wenn sie ›rhetorisch‹, mit Quintilian zu reden, über *detractio* statt über *additio* funktioniert. Doch es kommt noch ein zweites hinzu: Gerade weil die nackte Haut das einzige Ornament ist, das zuallererst durch Abwesenheiten definiert ist – durch das Fehlen von Federn, Haaren und Fell –, kann sie ihrerseits zum Schauplatz für supplementäre Ergänzungen und ornamentale Markierungen aller Art werden. Die nackte Haut ist insofern eine Meisterleistung der sexuellen Selektion: aus der polarisierenden Verstärkung ästhetischer Präferenzen hervorgegangen, bietet sie ihrerseits dem Spiel modischer »variety« und »novelty« eine unvergleichlich flexible und vielfältig bestimmbare Fläche. Niemand hat den menschlichen Körper so sehr als ein Organ der Mode gedacht wie Darwin.

Das Standardmodell: männliche Schönheit als Resultat weiblicher Wahl

Darwins Grundmodell ästhetischer Selektion ist gleichwohl nicht am Menschen gewonnen. Im meistverbreiteten tierischen Paarungsmuster sieht Darwin eine klare Rollenverteilung:

That the males of all mammals eagerly pursue the females is notorious to every one. So it is with birds; but many male birds do not so much pursue the female, as display their plumage, perform strange antics, and pour forth their song, in her presence. With the few fish which have been observed, the male seems much more eager than the female; and so it is with alligators, and apparently with Batrachians. Throughout the enormous class of insects, as Kirby remarks, »the law is, that the male shall seek the female.« [. . .]
   The female, on the other hand, with the rarest exception, is less eager than the male. As the illustrious Hunter long ago observed, she generally »requires to a be courted;« she is coy, and may often be seen endeavouring for a long time to escape from the male. [. . .] The female, though comparatively passive, generally exerts some choice and accepts one male in preference to others. Or she may accept, as appearances would sometimes lead us to believe, not the male which is the most attractive to her, but the one which is the least distasteful. The exertion of some choice on the part of the female seems almost as general a law as the eagerness of the male. (I 272-273)

Darwins Modell des normativen Paarungsverhaltens entzieht der doppelten Opposition *aktiv vs. passiv* und *unterschiedslos bereit vs. zurückhaltend und diskriminierend* dadurch ihre plane Binarität, daß sie die aktive männliche Rolle strikt von der »exertion of choice« trennt. Diese Macht fällt ganz dem weiblichen Part zu, so daß sich die aufdringlichen männlichen Bewerber am

Ende unversehens in der Rolle des Gewählt- bzw. Geduldetwerdens wiederfinden. Darwin besteht auf einer »female choice« selbst da, wo ein männliches Tier seine Konkurrenten in die Flucht geschlagen hat: »in a multitude of cases the males which conquer other males, do not obtain possession of the females, independently of choice on the part of the latter. The courtship of animals is by no means so simple and short an affair as might be thought. The females are most excited by, or prefer pairing with, the more ornamented males, or those which are the best songsters, or play the best antics« (I 262).

Der evolutionstheoretische Witz dieses Modells liegt auf der Hand. Da die männlichen Tiere sich mit jedem weiblichen Tier paaren, das nicht dauerhaft Widerstand leistet, treffen sie keinerlei sexuelle Auswahl nach bestimmten ästhetischen Präferenzen, die sich langfristig in der Ausbildung bevorzugter körperlicher Merkmale niederschlagen könnten.[63] Umgekehrt, so Darwin, sind die oft spektakulären Ornamente der männlichen Tiere nur zu erklären, wenn es lange Zeit eine »weibliche Wahl« mit allen evolutionären Konsequenzen gegeben hat. Wären die weiblichen Tiere nicht so wählerisch gewesen, wären die männlichen Tiere nicht so »schön« geworden. Gewiß findet Selektion auch durch Rivalität und Kämpfe unter den männlichen Tieren statt; auch wurde vielfach beobachtet, daß dieselben Ornamente und Posen, mit denen das männliche Tier um Partnerinnen wirbt, ebensogut der Einschüchterung von Konkurrenten und Feinden dienen können.[64] Der Verdrängungswettbewerb gegenüber anderen Individuen desselben Geschlechts hätte für sich allein aber nur die Mutationen in Richtung Kampfstärke oder manipulativer Täuschungen begünstigt (II 325). Er kann insofern nicht jene extremen Ornamente und Praktiken erklären, für deren Ausbildung »beauty in some cases is even more important than success in battle« (II 98). Solche ästhetischen Präferenzen können nach Darwins Überzeugung allein durch eine »weibliche Wahl« zur Geltung gebracht worden sein. Für die Auslösung der weiblichen Paarungsbereitschaft genügt es dabei nicht, daß überhaupt ein bestimmter Reiz – etwa das gespreizte Pfauenrad – gegeben ist. Die weiblichen Tiere treffen vielmehr subtile Unterscheidungen zwischen verschiedenen konkurrierenden Pfauenrädern. Darwins

Rede von »taste« und ästhetischer Wahl ist insofern mehr als eine laxe Formulierung.

Weit entfernt, nur eine seltene Caprice im Feld des Patriarchats zu sein, bringen die griechischen Mythen von jugendlich-männlicher Schönheit und weiblicher Wahl insofern das dominante evolutionäre Geschlechtsrollen-Muster zur Geltung. Darwins zentrales Theorem der »weiblichen Wahl« als Motor der Evolution ist von seinem Zeitgenossen Wallace schlicht abgelehnt worden.[65] Es hatte insgesamt einen ähnlich schweren Stand wie das korrelative Konzept von »taste«, »sense of beauty« und ästhetischen Präferenzen.[66] Als modernes soziales Phänomen sind »taste« und »sense of beauty« überwiegend weiblich konnotiert; mit Darwin könnte dies als Spur archaischer Adaptionen, eben als Korrelat der (einstmaligen) »female choice« gelesen werden. Das Standardmodell der natürlichen Evolution – Kampf ums Dasein, Konkurrenz aller mit allen, Überleben der Bestangepaßten und Stärksten – ist dagegen eindeutig männlich konnotiert. Dieses Modell ersetzt die alte Metaphysik einer überwiegend weiblichen, fruchtbaren, gebenden Natur radikal durch ein ›männliches‹ Kampfprinzip. Der Konflikt um Darwins Theorie eines zweiten Typs von Evolution ist daher gender-politisch überdeterminiert.

Für Darwins Standardmodell der Geschlechterrollen hat Robert L. Trivers die heute einflußreichste Reformulierung gefunden, indem er der Kategorie des »parental investment« ausschlaggebendes Gewicht verliehen hat.[67] Alle natürlichen Lebewesen – an dieser basalen Annahme der Evolutionsbiologie hat sich bis heute nichts geändert – sind zuallererst an ihrem Überleben und ihrer möglichst reichlichen Reproduktion orientiert. Dabei unterstellt die Evolutionstheorie keineswegs, daß es so etwas wie einen Selbsterhaltungs- und Fortpflanzungs*trieb* oder irgendeinen anderen psychologisch motivierenden Mechanismus zugunsten dieser Ziele gebe. Sie behauptet allein, daß das tatsächliche (unbewußte) Verhalten natürlicher Lebewesen sich sehr gut als Orientierung an Überlebens- und Reproduktionsfähigkeit beschreiben läßt und daß Evolution sogar ausschließlich durch differentiellen Reproduktionserfolg gesteuert wird. Und sie liefert zugleich eine überzeugende Erklärung dafür, warum das unpersönliche und unpsychologische Walten der Evolution durch natürliche und sexuelle Selektion andere Verhaltensmuster nicht begünstigt haben kann: Lebewesen, deren Verhalten nicht auf Maximierung der Überlebens- und Reproduktionschancen programmiert ist, verlieren ganz einfach progressiv ihre genetische Repräsentanz in einer gegebenen und vollends in der künftigen Population. Für alle zu einem gegebenen Zeitpunkt existierenden natürlichen Lebewesen gilt insofern, daß sie nur existieren, weil und sofern ihre Vorfahren in ihrem faktischen Verhalten den Grundannahmen der Evolutionstheorie entsprochen haben (die gleichwohl weder eine Psychologie noch eine Ontologie des ›wahren Seins‹ liefern). Sexuelle Lebewesen bedürfen weder eines Kinderwunsches noch eines Wissens über die Biologie der Fortpflanzung; es genügt, daß die Evolution eine Konditionierung zu bestimmten konkreten Verhaltensmechanismen (Werbung, Nestbau, Kopulation, Füttern usw.) hervorbringt, die als »proximate causes« wirken und im Zusammenspiel ganz von selbst der unbewußten »final cause« der Fortpflanzung dienen.

Dies einmal vorausgesetzt, unterliegen das männliche und das weibliche Geschlecht, so Trivers, für ihren »reproductive success« grundlegend verschiedenen biologischen Bedingungen.[68] Männliche Samenzellen kosten in der Herstellung wenig Energie, sind höchst mobil und stehen in beinahe unbegrenzter Zahl sowie praktisch immer zur Verfügung; männliche Tiere können daher die Zahl ihrer Nachkommen durch Polygamie rein theoretisch beinahe beliebig erhöhen. Die weiblichen Eizellen dagegen erfordern von vornherein höheren Energieaufwand, sind immobil und stehen nur in sehr viel kleineren Mengen sowie nur an wenigen Tagen zur Verfügung; weibliche Tiere können ihren »reproductive success« daher kaum oder zumindest sehr viel weniger durch Vermehrung der Sexualpartner erhöhen.

Trotz dieser entgegengesetzten Voraussetzungen haben in einer gegebenen Population beide Geschlechter notwendigerweise jeweils genau gleich viel Nachkommen. Das weibliche Geschlecht stellt insofern für den männlichen Reproduktionserfolg ein radikal limitierendes Moment dar. Das weibliche Geschlecht kann seinen Reproduktionserfolg zwar nicht durch beliebige Vermehrung der Begattungen, wohl aber durch qualitative Auswahl der Partner und/ oder männliche Beiträge zur Aufzucht steigern. Das absolute Quantum des möglichen »parental invest-ment« definiert zugleich den maximalen möglichen Reproduktionserfolg *beider* Geschlechter – zumindest bei all den Lebewesen, deren Nachkommen nicht völlig sich selbst überlassen werden können. Bei hinreichender Unterstützung durch das männliche Tier kann das weibliche mehr Nachkommen erfolgreich aufziehen, als es dies allein vermöchte, bei völlig fehlender Unterstützung vielleicht überhaupt keine. Im letzten Fall wäre auch der männliche Reproduktionserfolg gleich null; insofern hat das männliche Tier seinerseits ein zumindest mittelbares ›Interesse‹ nicht nur an der Befruchtung möglichst vieler weiblicher Eizellen, sondern auch an der Herstellung von Bedingungen, welche die Aufzucht der Neugeborenen erlauben.

Das weibliche kann vom männlichen Tier »parental invest-ment« in einer Vielzahl von Formen erhalten: beim Nestbau, der Nahrungsbeschaffung, der Verteidigung des Nachwuchses, der Sicherung eines guten Territoriums oder auch durch »good genes«, insofern diese den zu leistenden Aufwand pro Nachkommen verringern (weniger Krankheiten, schnelleres Unabhängigwerden, relativ bessere Überlebenschancen). Die vielfach anzutreffende, aber keineswegs universale Orientierung weiblicher »Wahl« an aufzuchtsichernden Ressourcen des männlichen Tiers ist so wenig eine biologische Konstante wie die Verteilung der sexuellen »Ornamente«. Sie setzt nämlich voraus, daß Ressourcen akkumuliert und verteidigt werden können; daß es die männlichen Tiere sind, welche diese Ressourcen kontrollieren und teilweise sogar monopolisieren; und daß sowohl das Ausmaß männlicher Ressourcenkontrolle als auch die Bereitschaft zur Investition in den eigenen Nachwuchs individuell unterschiedlich sind.[69] Dies ist keineswegs bei allen Tierarten und auch nicht in allen menschlichen Umwelten gegeben. Im Feld der menschlichen Kultur sind die genannten Bedingungen für die Adaptivität weiblicher Ressourcen-Orientierung letztlich identisch mit patriarchalen Eigentums- und Machtverhältnissen. Das Beispiel unserer engstverwandten Vorgänger – der Schimpansen – zeigt, wie wenig männliche Ressourcenkontrolle und weibliche Orientierung daran irgend Naturkonstanten sind: Schimpansen kennen weder das eine noch das andere.

Gleichviel ob die weibliche Wahl sich prioritär auf materielle

Ressourcen, Stärke oder Schönheit oder auch auf alle drei gleichermaßen richtet, bestimmte Merkmale werden fast immer auf der Seite des gewählten Geschlechts gefunden: aggressivere intrasexuelle Konkurrenz, ausgeprägteres Werbungsverhalten und meist auch größere Körperkraft. Diese drei Merkmale kommen regelmäßig dem Geschlecht zu, das relativ weniger in die Aufzucht der Nachkommen investiert und daher im egoistischen Interesse des eigenen Reproduktionserfolgs den größeren Teil des »parental investment« erstreiten und erbuhlen muß. Umgekehrt wächst die »power of choice« nach der Logik von Angebot und Nachfrage vorrangig dem Geschlecht zu, das den größeren Teil der heftig nachgefragten Ressource »parental investment« trägt und daher große Macht auch über den »reproductive success« des anderen Geschlechts hat. Dies ist bei den Säugetieren zwar meist das weibliche Geschlecht, aber die Natur kennt auch zahlreiche Fälle anderer Geschlechtsrollenverteilung in Abhängigkeit von der Variable des »parental investment«.[70] Daraus folgt für die Evolutionstheorie: »relative parental investment, not biological sex per se, drives the process of sexual selection.«[71] Die Geschlechtsrollen sind stets auch Funktion ökologischer und/oder kultureller Variablen. Es wird sich zeigen, daß schon Darwin selbst diese Konsequenz gezogen hat.

Liest man Darwins Standardmodell in Trivers' Reformulierung, so werden die weiblichen Tiere für die Dienste umworben, die sie den männlichen Fortpflanzungszellen angedeihen lassen. Analog werden die männlichen Tiere eben dafür gewählt, wieviel sie im Rahmen gattungstypischer Erwartungen dazu beitragen, daß die weibliche ›Investition‹ – die von sich aus ebenfalls nur dem eigenen Reproduktionserfolg gilt – keine Fehlinvestition ist. Beide Geschlechter zielen demnach darauf, vom anderen Geschlecht einen möglichst großen Beitrag zum eigenen Reproduktionserfolg zu erhalten. Oder umgekehrt: Da es für jedes Geschlecht ökonomisch ist, den eigenen Aufwand pro Nachkommen zu minimieren, um desto mehr Ressourcen für weitere Nachkommen oder auch nur für den Überlebenskampf freizuhalten, ist überall mit konfligierenden Aufwandminimierungs-Strategien der beiden Geschlechter zu rechnen. Die je unterschiedlichen Stellungen und Strategien zur Variable »parental investment« bestimmen insofern das Werbungs- und Wahlverhalten zwischen den Geschlechtern. Es entbehrt nicht einer schönen intellektuellen Ironie, daß ausgerechnet die Programmierung auf ›egoistische‹ Selbstfortsetzung zur Folge hat, daß die bizarren Spiele von Werbung und Paarung vor allem durch die Variable der Elternarbeit gesteuert werden.

Der strategische Krieg um größtmögliche Aneignung von Aufzuchtbeiträgen des jeweils anderen Geschlechts kann zwar umweltabhängig zu durchaus verschiedenen Geschlechterrollen führen. Dennoch wird das laut Darwin meistverbreitete Geschlechtsrollen-Muster nach Trivers von einem biologischen Unterschied zumindest begünstigt. Die minimale Anfangsinvestition ist nämlich für das weibliche Geschlecht größer und insofern riskanter als für das männliche. Schon die Herstellung eines befruchtbaren Eis kostet mehr Energie als diejenige der sie befruchtenden Samenzellen; vor allem aber können die meisten weiblichen Tiere ihre minimale Anfangsinvestition nach einmal erfolgter Befruchtung nicht einfach auf sich beruhen lassen und etwa, wie die männlichen, sofort einen neuen Partner für eine neue ›Investition‹ suchen. Weibliche Tiere haben daher guten Grund, Chancen und Risiken ihres initialen »parental investment« im vorhinein gründlicher abzuwägen, als männliche Tiere dies tun. Trivers kann auf diese Weise begründen, warum die von Darwin beobachtete männliche »eagerness« und weibliche »coyness« bzw. »choosiness« verbreitete adaptive Lösungen für das gleiche Ziel darstellen: nämlich vom jeweils anderen Geschlecht möglichst viel »parental investment« anzueignen.

Trivers' brilliante Nach- und Neuerzählung von Darwins Beobachtungen unter der integrierenden Perspektive der Elternarbeit hat allerdings auch einen Mangel. Sie ist letztlich biologistischer als Darwins eigene Fassung, da sie deren komplexe Merkmalsverteilung an die Unterscheidung von Ei- und Samenzelle zurückkoppelt. Dies hat zwar durchaus große Plausibilität, macht es aber schwieriger zu verstehen, warum überhaupt – wie Darwin von Beginn an bemerkte – inverse Merkmalsverteilungen und also entgegengesetzte Geschlechtsrollen bei gleichem natürlichen Geschlecht vorkommen können. Mit Rücksicht auf die Evolutionstheorie menschlichen Verhaltens hat Trivers' einflußreiche Reformulierung Darwins daher de facto die Konsequenz gehabt, in zahlreichen Studien die traditionelle Vorstellung männlicher Schönheits- und weiblicher Ressourcenwahl als eine quasi ›natürliche‹ Gegebenheit zu befestigen. Andererseits bestärkt seine Erkenntnis eines fortgesetzten Kampfs der Geschlechter um »parental investment« durchaus die offene Dynamik von Darwins Modell. (Außerdem muß der ökonomische Unterschied der vielen, kleinen, ›billigen‹ und stets verfügbaren Samenzellen von den weit selteneren, größeren, kostspieligeren und nur periodisch für Fortpflanzung verfügbaren Eizellen gar nicht notwendig als eine unverrückbare biologische ›bottom line‹ verstanden werden. Einige Theoretiker verstehen die Evolution dieses Unterschieds vielmehr selbst bereits als das Resultat eines »arms race« zwischen den Geschlechtern.[72])

Die feministisch inspirierte Primatenforscherin Sarah Blaffer Hrdy hat darauf hingewiesen, daß Darwins Beobachtung männlicher »eagerness« und weiblicher »choosiness« zwar auf viele Spezies zutrifft, ausgerechnet auf die Vorfahren des Menschen aber überhaupt nicht.[73] Schimpansinnen, genetisch die engsten Verwandten der Menschenfrau, stellen an den Tagen ihrer Befruchtbarkeit nicht nur höchst aufreizend ihre geschwollenen und kolorierten Genitalien zur Schau, sie bewegen die männlichen Schimpansen auch aktiv zur Kopulation. Durchschnittlich alle 15 Minuten kommt es in den Tagen des Eisprungs zu wiederholten Kopulationen mit mindestens einem Dutzend verschiedener Schimpansen; pro überlebendem Nachwuchs wird mit insgesamt etwa 1000 Kopulationen gerechnet. Instruktiv an dieser exuberanten Sexualität ist des weiteren das Vorhandensein eines weiblichen Organismus, der lange Zeit als eine der vielen Einzigartigkeiten menschlicher Sexualität galt. Hätte Darwin auch nur einen Tag eine wild lebende Schimpansin bei ihrem Sexualleben beobachten können, hätte er der Variable weiblicher Zurückhaltung gewiß eine andere Formulierung gegeben. Männliche Schimpansen haben offenbar keine Möglichkeit, diese Sexualität zu kontrollieren. Sie sind einem enormen Grad der Vaterschaftsungewißheit ausgesetzt und zeigen – möglicherweise eben deshalb – keinerlei Bereitschaft, irgendeinen Beitrag zur Aufzucht des Nachwuchses zu leisten.

An diesem Punkt setzt nun Blaffer Hrdys ›Erzählung‹ an: Sie vermutet in der Entstehung menschlich-weiblicher Zurückhaltung eine Dynamik am Werk, die wesentlich durch das männliche Problem mit weiblicher Polyandrie bei vormenschlichen Primaten geprägt ist. Das transkulturelle Stereotyp weiblicher Untreue kann als Reflex dieser archaischen Problemlage gelesen werden. Die Kontrolle weiblicher Sexualität, so Blaffer Hrdy, ist nicht ein Nebeneffekt patriarchaler Machtverteilung, sondern umgekehrt: diese entstand allererst und geradezu aus männlichen Strategien zur Sicherung des eigenen Reproduktionserfolgs gegen die weibliche Tendenz zu massiver Polyandrie. Schimpansinnen sind ökonomisch selbständig; sie versorgen aus eigener Kraft sowohl sich selbst als auch – zumindest mit Hilfe anderer weiblicher Gruppenmitglieder – ihren Nachwuchs. Die männliche Monopolisierung von Ressourcen und die rein männliche Vererbung von Eigentum hebeln mit der ökonomischen zugleich die sexuelle Selbständigkeit der Nachfolgerinnen der Schimpansinnen aus. Fortgesetzte männliche Selektion zugunsten ›keuscher Jungfrauen‹ kann in Verbindung mit solchen Hebeln eine *runaway*-Evolution ausgelöst haben, die rapide das Schimpansinnen-Verhalten in sein Gegenteil – oder zumindest den Schein davon – mutieren ließ. Weibliche »Schüchternheit« ist insofern eine adaptive Problemlösung für einen direktionalen Selektionsdruck gegen das Schimpansinnen-Verhalten: »coyness can be viewed as a female signal advertising her willingness to trade paternity confidence for parental investment.«[74] Sollte diese Hypothese zutreffen, bleibt die von Darwin beobachtete weibliche »coyness« immer noch eine archaische Adaption, aber eine, die stets schon an erfolgreiche männliche Strategien der Monopolisierung von Ressourcen und Kontrolle weiblicher Sexualität rückgekoppelt ist.

Nach Darwins Standardmodell der Geschlechterrollen wirkt sich sexuelle Selektion zuallererst auf die männlichen Tiere aus. Ihre Kämpfe untereinander und die »female choice« nach ästhetischen Präferenzen sorgen dafür, daß die »more attractive, and at the same time vigorous, males« (I 271) die größeren Paarungschancen haben. Weniger starken und weniger ›schönen‹ Exemplaren gelingt nur in zweiter Reihe die Fortpflanzung; vielfach bleiben sie ganz davon ausgeschlossen. Die weiblichen Tiere dagegen haben annähernd gleiche oder zumindest weniger stark ausdifferenzierte Reproduktionschancen. Bei Spezies, die in sozialen Gruppen leben, gibt es zwar einen erheblichen Selektionsdruck zugunsten der weiblichen Tiere, die in der hierarchischen ›Hackordnung‹ höhere Ränge einnehmen;[75] die daraus resultierenden Unterschiede im Reproduktionserfolg erreichen zumeist aber nicht annähernd das Niveau, das auf der Seite der männlichen Tiere üblich ist. Der ästhetische Glanz der männlichen Tiere korreliert insofern positiv mit dem weitaus höheren Selektionsdruck, dem sie ausgesetzt sind, obwohl bzw. gerade weil rein theoretisch jedes von ihnen eine enorme Zahl von Nachkommen haben könnte. Ihre Ornamente antworten auf das Problem, wie sie die Unwahrscheinlichkeit einer maximalen Reproduktion gegen das limitierende Moment des weiblichen Geschlechts steigern können. Gesteigerte physische Attraktivität, so kann aus Darwins ›Ästhetik‹ gefolgert werden, wird vor allem von dem Geschlecht dringend benötigt, das überproportional vom Scheitern der eigenen (sexuellen) Möglichkeiten, ja, vom Ausschluß aus der Kette der Reproduktion bedroht ist. Schönheit ist eine chancenerhöhende Anpassungsleistung auf der Seite der strukturellen Opfer der Selektion.

Die seltenere Alternative:
weibliche Schönheit und männliche Wahl

Zu tierischen Paarungsmustern mit beinahe ununterscheidbaren Geschlechtern (I 277, II 297-302) äußert Darwin den Verdacht, daß die Situation der Merkmalsgleichheit vielleicht nicht mehr als eine Momentaufnahme der Evolution und jederzeit im Begriff sei, zunächst unmerklich und dann deutlicher (wieder) in sexuellen Dimorphismus überzugehen (I 276-277). Tatsächlich wäre die Annahme eines stabilen Homomorphismus mit Darwins Prinzip der polarisierenden Verstärkung geschlechtlicher Unterschiede durch sexuelle Selektion nicht vereinbar. Ein drittes, ausführlicher behandeltes Paarungsmuster ist die direkte Inversion des Standardmodells:

In various classes of animals a few exceptional cases occur, in which the female instead of the male has acquired well pronounced secondary sexual characters, such as brighter colours, greater size, strength, or pugnacity. With birds [. . .] there has sometimes been a complete transposition of the ordinary characters proper to each sex; the females having become the more eager in courtship, the males remaining comparatively passive, but apparently selecting, as we may infer from the results, the more attractive females. Certain female birds have thus been rendered more highly coloured or otherwise ornamented, as well as more powerful and pugnacious than the males, these characters being transmitted to the female offspring alone. (I 276)

Darwins Standardmodell bindet die Attraktivitätsmerkmale in ein enges Zusammenspiel mehrerer Funktionen ein. Es ist daher nur konsequent, daß der Wechsel der höheren Ornamentierung zum weiblichen Geschlecht auch alle anderen Funktionen mitbetrifft. Derartige Inversionsmuster sind inzwischen in etlichen empirischen Studien insbesondere zu Vögeln bestätigt worden.[76] Darwins »Agency of Sexual Selection« bleibt in den von ihm betrachteten »anomalous cases« vollständig intakt. Wieder gibt es die Schönen, die kämpfen und werben, aber letztlich nicht wählen, und die Unscheinbaren, die sich um ihre Reproduktionschancen nicht sorgen müssen und die eigentlichen Agenten der ästhetischen Selektion sind. Die Entwicklung zur ›Schönheit‹ betrifft wiederum das Geschlecht, das einer erhöhten Wahrscheinlichkeit reproduktiven Scheiterns ausgesetzt ist; eben deshalb ist sie auch wiederum mit ständiger Kampfbereitschaft und aggressivem Konkurrenzverhalten verbunden. ›Schönheit‹ funktioniert in beiden Fällen als ein symbolischer Phallus; aber dieser Phallus indiziert nicht etwa eine Position apriorischer Kontrolle und Herrschaft über das sexuelle Feld, sondern eher eine Problemlösung für *fehlende* Kontrolle, für die prekäre Situation des Gewähltwerdens.

Sofern Darwins Modell noch in seiner Umkehrung integral erhalten bleibt, tut sich, wie bereits angedeutet, eine Kluft von natürlichem Geschlecht und Geschlechtsrolle auf. Wenn die weiblichen Tiere die ›männlichen‹ Rollen übernehmen können und umgekehrt, dann ist die Verbindung zwischen Geschlecht und Geschlechtsrolle offenbar alles andere als irreversibel und unflexibel, sondern selbst hochgradig der Dynamik der Evolution und den Bedingungen von Umwelt und Paarungssystemen unterworfen. Die gelegentlich polemische Gegenüberstellung kulturalistischer und biologisch-naturalistischer Theorien wird dem Darwinschen Blick um so weniger gerecht, als umweltabhängige Veränderung nicht nur des Körpers, sondern auch aller elementaren Verhaltensmuster das ureigenste Prinzip der Evolution selbst ist. Eine Wissenschaft, für die sich ein Schimpanse in einen Menschen verwandeln kann, ist offenbar nicht an unverrückbaren biologischen Gegebenheiten, sondern umgekehrt an fortgesetztem dynamischen Wandel orientiert. (Manche neodarwinistischen Theoretiker scheinen gleichwohl de facto die wissenschaftliche Naturalisierung überkommener Geschlechtsrollen-Muster zu betreiben.)

Die Vögel als »the most aesthetic of all animals« und die Einschränkung der ästhetischen Wahl bei Säugetieren und Menschen

Es ist kaum zu übersehen, daß der Mensch in Darwins alternativen Modellen sexueller Selektion schwerlich einen Platz hat. Darwins Standardmodell teilt zwar etliche herkömmliche Zuschreibungen von Geschlechts-Charakteren (kämpfendes, werbendes, zu beliebigen Paarungen bereites und stets todesgefährdetes männliches Tier vs. passives, zurückhaltendes, ›schüchternes‹, wählerisches weibliches Tier; vgl. außerdem II 326-327). Aber es ordnet Schönheit allein dem männlichen Geschlecht zu und reserviert die Macht der Wahl beinahe ganz dem uniform unscheinbaren weiblichen Geschlecht. Beides steht quer zu herkömmlichen Annahmen über menschliche Geschlechterbeziehungen unter den Bedingungen von Patriarchat und Phallokratie. Auch Darwins Modell der wenigen Ausnahmen, bei denen die Oppositionen des Standardmodells genau umgekehrt auf die Geschlechter verteilt sind, paßt nicht recht auf den Menschen. Hier greift zwar das Stereotyp des weiblichen als des ›schönen Geschlechts‹, aber diese Schönheit geht nach Darwins Inversionsmodell regelmäßig einher mit einer kompletten Vermännlichung der weiblichen Rolle. Schließlich gehört der Mensch auch nicht zu den Lebewesen, die (scheinbar) keinen sexuellen Dimorphismus ausbilden. Kurz: der Mensch ist weder die Norm, noch ist er die Anomalie von Darwins Modell ästhetischer Selektion.

Auch die Affen sind dies nicht. Das Buch über *The Descent of*

Man, and Selection in Relation to Sex gilt in seinem zweiten Teil zuallererst den Vögeln. Ihnen ist der weitaus größte Teil gewidmet; ihren Ornamenten und ihrem »taste« gelten die meisten bewundernden Epitheta; und nach ihrem Verhalten ist sowohl das Standardmodell als auch die Anomalie sexueller Selektion bestimmt. Sie sind das Muster evolutionärer Ästhetik. Ihre Schönheit, so Darwin, »has been greatly increased since that period, of which we have a partial record in their immature plumage« (II 223); sie sind »the most aesthetic of all animals« (II 39). An ihnen ist zu ermessen, warum der Mensch aus der Ästhetik der Evolution bereits zu Urzeiten herausgefallen ist.

In der Gruppe der Säugetiere ergibt sich für Darwins Modell bereits eine erste Irritation. Einerseits stellt Darwin »a striking parallelism between mammals and birds in all their secondary sexual characters« fest: Der sexuelle Dimorphismus ist im präsexuellen Alter nur schwach entwickelt; männliche Tiere bilden ihre sexuellen »Ornamente« kurz vor dem reproduktionsfähigen Alter aus, manchmal auch nur zur Paarungszeit, im Fall der Kastration gar nicht; sie sind meist physisch stärker, kräftiger behaart und koloriert, haben oft zusätzliche Waffen, stärkere Geruchssekrete und fast immer ein stärkeres Stimmorgan; wiederum erreichen männliche Tiere die sexuelle Reife später als die weiblichen; und wiederum scheinen sie im allgemeinen jedes weibliche Tier für die Paarung zu akzeptieren (II 268; vgl. auch II 271-273), weshalb es auch hier für die weiblichen Tiere weder eine Notwendigkeit noch eine evolutionäre Möglichkeit gibt, markante sexuelle Ornamente zu entwickeln (vgl. II 160). Ein solches Ausmaß an parallelen Zügen, so Darwin, läßt den Schluß zu »that the same cause [. . .] has acted on mammals and birds« (II 297).

Andererseits vermißt Darwin bei den Säugetieren ein wichtiges Element seiner Vogel-Ästhetik: »With mammals we do not at present possess any evidence that the males take pains to display their charms before the females; and the elaborate manner in which this is performed by male birds, is the strongest argument in favour of the belief that the females admire, or are excited by, the ornaments and colours displayed before them« (II 296-297). Das Gesetz des Kampfes und der rohen Gewalt – das vermeintlich ›darwinistische‹ Prinzip par excellence – bestimmt viel ausschließlicher die Bühne der Paarung: »With mammals the male appears to win the female much more through the law of battle than through the display of his charms« (II 239). Und weil die ästhetische Selektion an Bedeutung zu verlieren scheint, entwickeln die männlichen Tiere auch nicht das extreme Ornament-Niveau von Pfauen, Papageien, Paradiesvögeln oder Kolibris; ebensowenig bilden sie vergleichbar elaborierte Praktiken des Singens und Tanzens aus »to charm the female«.

Gleichwohl versucht Darwin das Moment der »female choice« und damit sein integrales Modell sexueller Selektion zu retten. Überall entdeckt er noch Möglichkeiten, daß die weibliche Wahl mehr leistet als nur das Resultat innermännlichen Kräftemessens nachzuvollziehen und sich automatisch mit dem Sieger zu paaren: »The female could in most cases escape, if wooed by a male that did not please her; and when pursued, as so incessantly occurs, by several males, she would often have the opportunity, whilst they were fighting together, of escaping with, or at least temporarily pairing with, some [other] male« (II 269). Dankbar greift Darwin auf Berichte von Haustierzüchtern zurück, wonach weibliche Tiere durchaus starke Präferenzen für und Abneigungen gegen einzelne männliche Bewerber zeigen und ihre Wahl auch durchzusetzen vermögen (I 270-271). Ohne solche Möglichkeiten könnte die weibliche Wahl keine evolutionäre Potenz mehr sein, die sich langfristig in Aussehen und Verhalten der männlichen Tiere niederschlägt.

Der Mensch bereitet Darwins Konzept sexueller Selektion noch größere Schwierigkeiten. Einerseits versucht Darwin der herkömmlichen Vorstellung weiblicher Attraktivität und männlicher Wahl Rechnung zu tragen; andererseits entgeht ihm nicht, daß im besonderen Fall der Menschen die Umkehrung des Standardmodells – demzufolge unscheinbare weibliche Tiere ornamentierte männliche Tiere wählen – nicht mit einer gleichzeitigen Umverteilung der sonstigen Verhaltensmerkmale einhergeht. Sofern die sexuellen Ornamente das Resultat bestimmter Geschlechtsrollen-Verteilungen sind, folgt aus Darwins Modell für den Menschen eine doppelte Annahme. Erstens: Da beide Geschlechter ›ornamentiert‹ sind, muß es wechselseitige Wahl gegeben haben. Diese Folgerung zieht Darwin in der Tat, wenn auch nicht ohne einige Bedenken. Und zweitens: sofern das weibliche Geschlecht als das ›schönere‹ angesehen werden kann, muß es zugleich das kompetitivere (gewesen) sein, dasjenige, dem der stärker werbende Part zufällt, da ja Schönheit evolutionär als zeichenhafte Selbstanpreisung und Werbungsmittel auf der Seite des gewählten Geschlechts entstanden ist. Daß Männer sich gern sowohl in der Rolle der Werbenden wie der Wählenden sehen, kann nach Darwins Modell wenig mehr als ein logischer Widerspruch und eine psychologische Selbsttäuschung sein. Einige neuere Studien ziehen, wie noch erörtert wird, eben diese Konsequenz. Darwin jedoch scheut aus guten Gründen davor zurück.

Zwar hätte es die männliche Akzeptanz seiner Theorie vielleicht erhöht, wenn aus der weiblichen Schönheit gefolgert worden wäre, daß Männer in erster Linie die Wählenden gegenüber kompetitiven weiblichen Werbungsbemühungen sind. Aber dies würde nach Darwins Modell des weiteren implizieren, daß Männer den größeren Teil der Elternarbeit leisten; auch wäre das Moment der »female choice«, auf das Darwin größtes Gewicht legt, dann entmachtet. Denn das weniger schöne Geschlecht – in diesem Fall die Männer – verfügt modellkonform stets über die größere »power of choice«; ja, es *muß* im Interesse einer Erklärung der Dimorphismen darüber verfügen. So ergibt sich für den Menschen ein buntes Durcheinander der vorher kohärent aufeinander abgestimmten Merkmale. Darwin hat es letztlich nicht vermocht, das menschliche Werbungs- und Wahlverhalten widerspruchsfrei auf sein Modell zu beziehen. Selbst dieses Durcheinander ist bei den Affen zumindest vorgeprägt. Mit Rücksicht auf den Mandrill oder – allgemeiner – auf Körpergröße und Kampfeslust sieht Darwin einerseits das Modell männlicher Ornamentierung in Kraft (II 293-294). Andererseits haben die weiblichen Tiere extreme Ornamente des anal-genitalen Bereichs – Färbung, Enthaarung, temporäre Schwellung – ausgebildet und werben oft sehr direkt um die männlichen Tiere.

Für die meisten »savages« hält Darwin auf den ersten Blick noch am Vogel-Modell fest: »In most, but not all parts of the world, the men are more highly ornamented than the women, and often in a different manner; sometimes, though rarely, the women are hardly at all ornamented. As the women are made by the savages to perform the greatest share of the work, and as they are not allowed to eat the best kinds of food, so it accords with the characteristic selfishness of man that they should not be allowed to obtain, or to use, the finest ornaments. [. . .] I have heard it maintained that savages are quite indifferent about the beauty of their women, valuing them solely as slaves« (II 343). Von Sklaven aber läßt ›Mann‹ sich nicht wählen. Dies ist der erste von Darwin gegebene Grund, warum der Mann bei den Menschen die Position der »female choice« für sich reklamiert: »In the savage state man keeps woman in a far more abject state of bondage than does the male of any other animal; therefore it is not surprising that he should have gained the power of selection« (II 371). Hatte Darwin schon bei den Säugetieren festgestellt, daß die männlichen Tiere ihre Ornamente nicht mehr zur zeremoniellen Umwerbung der weiblichen benutzen und sich nur noch auf die Gewalt des Stärkeren verlassen, wird dieser Zug bei den Menschen noch verstärkt. Der Mann behält fast alle sekundären Geschlechtsmerkmale der anderen männlichen Tiere: er ist größer, muskulöser, hat das kräftigere Stimmorgan usw. Neu und unerhört ist, daß er zusätzlich auch noch die »power of choice« usurpiert; dem weiblichen Geschlecht kommt damit beim Menschen weniger Macht zu als irgendwo im Tierreich. Darwins starkes Wort von einem »abject state of bondage« läßt keinen Zweifel, wie er diesen barbarischen Abfall von der ästhetischen Höhe der Vögel bewertet. Damit ergibt sich der einzigartige Fall, daß das männliche Tier die »power of choice« nicht um den Preis der Zedierung seiner sonstigen Geschlechtscharaktere erwirbt, sondern durch deren abjekte Verstärkung. Das Resultat ist – von Darwin aus gesehen – eine unerhörte Entgleisung der sexuellen Selektion. Der ›wilde‹ menschliche Mann will in seiner »selfishness« alles sein: der physisch Überlegene, der Schönere (stärker Ornamentierte) und zugleich der Wählende. Die Evolutionstheorie hat diesen Teil von Darwins ›Erzählung‹ bis heute mit förmlicher Nichtbeachtung gestraft.

Zu den Modellannahmen der Evolutionstheorie gehört, daß bei koevolvierenden Wesen mit konfligierenden Interessen – wie es die beiden Geschlechter einer jeden Spezies zweifellos sind – jede Strategie der einen Seite auf Gegenstrategien der anderen stoßen wird. Und tatsächlich scheint Darwin so etwas wie einen weiblichen Gegenschlag gegen die reine Gewaltherrschaft männlicher Protomenschen anzunehmen. Seine Erzählung von der beispiellos abjekten Beziehung unter den menschlichen Geschlechtern kulminiert darin, daß die Frauen nicht nur als Sklaven für die Schwerarbeit gehalten werden und von den besseren Speisen gleichwohl nichts essen dürfen. Darüber hinaus wird ihnen auch noch Besitz und Gebrauch der schönsten Ornamente untersagt. Dies, so scheint es zumindest nach der rhetorischen Dramaturgie von Darwins Text, hat sich nicht halten lassen. Die Frauen haben sich ihre abjekte Rolle nicht vollends gefallen lassen; sie haben das verbotene Feld der Schönheit nach und nach für sich erobert, unter den genannten abjekten Bedingungen eine Praxis geschlechterpolitischen Widerstands. Ironischerweise haben sie damit der männlichen Usurpation der »power of choice« zugleich die klassische Berechtigung verschafft: denn gewählt wird nach der Theorie Darwins ja stets dasjenige Geschlecht, das Ornamente als Gegenwehr gegen eine strukturell verringerte Paarungschance ausbildet. Dieses Muster gilt auch für die attraktiv gewordenen Frauen. Die hochornamentierten, aber nicht wählenden männlichen Tiere akzeptierten jedes weibliche Tier; mit der Usurpation der »power of choice« und dem Verlust ihres eigenen Schönheitsprivilegs werden die männlichen Tiere aber notwendig wählerischer und die weiblichen Paarungschancen insofern prekärer. Die komplementäre Verteilung von Schönheit und reproduktiver Unsicherheit einerseits, Wahl andererseits wäre damit wiederhergestellt, auch wenn die damit verbundenen Sozialcharaktere nicht die Seiten getauscht haben. Die menschliche Anomalie bliebe eine Anomalie, aber sie könnte sich wenigstens als hybride Mischung aus Darwins Standardmodell – qua Verteilung der Sozialcharaktere – und dessen Inversion – qua Verteilung der attraktionsvermehrenden Ornamente – stabilisieren.

Eine Dynamik etwa dieser Art scheint Darwin anzunehmen, wenn er die Feststellung priorität männlicher Ornamentierung (und also männlichen Gewähltwerdens) über die weibliche Sklavenrolle und die männliche Usurpation der »female choice« beinahe nahtlos übergehen läßt in den Bericht über weibliche Ornamentierung unter den »savages«. Innerhalb einer einzigen Seite wechselt der Akzent vom Ausschluß der Frauen von den »finest ornaments« hin zu den Exzessen weiblicher Eitelkeit:

Burchell gives an amusing account of a Bush-woman, who used so much grease, red ochre, and shining powder, »as would have ruined any but a very rich husband.« She displayed also »much vanity and too evident a consciousness of her superiority.« Mr. Winwood Reade informs me that the negroes of the West Coast often discuss the beauty of their women. Some competent observers have attributed the fearfully common practice of infanticide partly to the desire felt by the women to retain their good looks. (II 344)

Wie eng für Darwin der Zusammenhang zwischen abjektem Geschlechterverhältnis, männlicher Usurpation der »female choice« und weiblicher Praxis der »Ornamente« ist, zeigen insbesondere die folgenden drei Sätze, die ohne jede Erklärung einfach vom einen zum anderen übergehen, obwohl ein solcher Schritt nach Darwins Standardmodell sexueller Selektion undenkbar ist: »In the savage state man keeps woman in a far more abject state of bondage than does the male of any other animal; therefore it is not surprising that he should have gained the power of selection. Women are everywhere conscious of the value of their beauty; and when they have the means, they take more delight in decorating themselves with all sorts of ornaments than do men. They borrow the plumes of male birds, with which nature decked this sex in order to charm the females« (II 371-372). Der letzte Satz schließt den Kreis zum Gefieder männlicher Vögel. Das darauf gemünzte Modell einer sexuell fundierten Ästhetik der Evolution zerbricht zwar am Verhalten des Menschen, aber Darwin verhilft den »most aesthetic of all animals« wenigstens zu einem anekdotischen Triumph. Ihr Gefieder kehrt in dem Moment auf dem Körper der Frau wieder, in dem diese dem Mann die phallische Position der Schönheit entwendet hat.

Allein, die Dinge sind noch komplizierter. Darwins Bemühungen, für die potenzierte Anomalie des Menschen mittels der dissoziierten Elemente seines Standardmodells eine Formulierung zu finden, oszillieren ohne Entscheidung zwischen entgegengesetzten Tendenzen. Einerseits soll bei den ›Wilden‹ noch die Regel männlicher Ornamentierung gelten; andererseits sieht Darwin überall Zeichen für eine weibliche Besetzung der Schönheits-Position. Einerseits degradieren die »Wilden« ihre Frauen stärker als in irgendeiner Tiergattung zu Arbeits- und Aufzuchtsklavinnen und machen ihnen mit der sexuellen »power of choice« den Kern ihrer Macht streitig; andererseits sieht er die Frauen gerade unter den »Wilden« ihre Macht sogar verstärken:

In utterly barbarous tribes the women have more powers in choosing, rejecting, and tempting their lovers, or of afterwards changing their husbands, than might have been expected. As this is a point of some importance, I will give in detail such evidence as I have been able to collect.

Hearne describes how a woman in one of the tribes of Arctic America repeatedly ran away from her husband and joined a beloved man; and with the Charruas of S. America, as Azara states, the power of divorce is perfectly free. [...] Turning to Africa: the Kafirs buy their wives, and girls are severely beaten by their fathers if they will not accept a chosen husband; yet it is manifest from many facts given by the Rev. Mr. Shooter, that they have considerable power of choice. Thus very ugly, though rich men, have been known to fail in getting wives. The girls, before consenting to be betrothed, compel the men to shew themselves off, first in front and then behind, and »exhibit their paces«. [...] Mr. Winwood Reade made inquiries for me with respect to the negroes of Western Africa, and he informs me that »the women, at least among the more intelligent Pagan tribes, have no difficulty in getting the husbands whom they may desire, although it is considered unwomanly to ask a man to marry them. They are quite capable of falling in love, and of forming tender, passionate, and faithful attachments.«

We thus see that with savages the women are not in quite so abject a state in relation to marriage as has often been supposed. They can tempt the men whom they prefer, and can sometimes reject those whom they dislike, either before or after marriage. Preference on the part of the women, steadily acting in any one direction, would ultimately affect the character of the tribe; for the women would generally choose not merely the handsomer men, according to their standard of taste, but those who were at the same time best able to defend and support them. Such well-endowed pairs would commonly rear a larger number of offspring than the less well endowed. The same result would obviously follow in a still more marked manner if there was selection on both sides; that is if the more attractive, and at the same time more powerful men were to prefer, and were preferred by, the more attractive women. And these two forms of selection seem actually to have occurred, whether or not simultaneously, with mankind, especially during the earlier periods of our long history. (II 372-375)

Der letzte Satz deutet für alle Schwierigkeiten, die Darwin mit der sexuellen und ästhetischen Selektion unter Menschen hat, eine elegante Lösung an: das Einerseits-Andererseits war einstmals ein Sowohl-als-auch. Wenn beide Geschlechter sexuelle Attraktivitätsmerkmale ausbilden können – wie es beim Menschen unverkennbar der Fall ist – und beide in schöner Wechselseitigkeit sowohl wählen als auch gewählt werden, dann erscheint die doppelte Anomalie des menschlichen Paarungsverhaltens als eine wünschenswerte Krone der Evolution. Zwei korrelative Faktoren – der starke Gehirnzuwachs der menschlichen Primaten und die nicht weniger starke Erhöhung des »parental investment«, das menschliche Kinder erfordern – sind mitverantwortlich dafür, daß der meist indirekte Beitrag des menschlichen Mannes zum erfolgreichen Aufziehen des Nachwuchses eine unter Affen ungekannte Bedeutung erhält. Wo aber der Reproduktionserfolg von den gemeinsamen Anstrengungen überwiegend monogamer Paare abhängt, hat auch das männliche Tier allen Grund, diskriminierender zu sein als in polygamen Systemen, in denen es seinen Reproduktionserfolg vor allem mittels breiter Streuung der Begattungen erzielt.[77] Umgekehrt ergibt sich für die weiblichen Wesen dann die Notwendigkeit, untereinander kompetitiver und gegenüber den Männern werbender zu sein als etwa im polygamen Pfauenmodell; denn sie konkurrieren nunmehr um männliche Wesen mit möglichst großer Fähigkeit und Bereitschaft zu »parental investment«. Oder allgemeiner: Je mehr das männliche »parental investment« sich dem weiblichen annähert – und das geschieht vor allem in monogamen Systemen –, desto mehr wird das männliche Tier nicht nur die werbende Rolle spielen, sondern auch sexuelle Wahl ausüben. Sein »reproductive success« kann dann nämlich nicht mehr durch Vermehrung der Sexualpartner gesteigert werden, sondern nur noch durch Diskriminierung der weiblichen »mate quality«.[78] Eben dazu dient auch die Unterscheidung nach bevorzugten physischen Merkmalen. Schon bei den Affen sind solche Bedingungen vielfach gegeben; menschliche Paarungssysteme mit den genannten Merkmalen erfüllen insofern alle Kriterien, die Darwin selbst anlegt (Funktionalität für Reproduktionserfolg unter bestimmten ökologischen und gattungsspezifischen Selbsterhaltungsbedingungen, Weiterentwicklung der Gegebenheiten bei Primaten).

Warum aber sieht Darwin wechselseitige und also doppelte Selektion nach dimorphen Attraktivitätsmerkmalen bei den

Menschen allenfalls »in the earlier periods of our long history« gegeben? Und warum zögert er, dieses Modell als ein weiteres mögliches Hauptmuster sexueller Selektion auch unter Tieren anzusehen?

Die Bedeutung von Paarungsmustern für die Entwicklung zur ›Schönheit‹

Eine Antwort muß sich zunächst des Ziels von Darwins Buch vergewissern. Es geht darum, aus sexuellem Verhalten die Evolution von Gestaltdimorphismen zu erklären – insbesondere solcher Merkmale, die der Theorie natürlicher Selektion in dem Maße entgehen, in dem sie adaptiv neutral oder sogar schädlich sind. Die einzige Möglichkeit, durch die Paarungsverhalten sich in einer gattungsweiten Koevolution ästhetischer Präferenzen und körperlicher Ornamente niederschlagen kann, besteht in einer Kombination zweier Momente: erstens müssen über lange Zeit immer wieder Individuen mit bestimmten körperlichen Merkmalen bevorzugt werden; und zweitens müssen eben diese besonders beliebten Paarungspartner auch einen zahlenmäßig überdurchschnittlichen Nachwuchs erzeugen, an den sie die bevorzugten Merkmale weitergeben. Nur über quantitativ herausragenden »reproductive success« bestimmter Merkmalsträger kann längerfristig – heutige Modellsimulationen halten dafür zwanzig bis hundert Generationen für erforderlich[79] – das begehrte sexuelle Merkmal in der Gattung fixiert und immer weiter verstärkt werden. Generationen von Männern könnten immer wieder Frauen mit denselben Aussehensmerkmalen bevorzugen; eine Folge für das Aussehen der gesamten Spezies würde dies aber nur haben, wenn diese Frauen auch mehr Nachkommen hinterließen als die anderen, weniger begehrten.

Etliche Paarungsmuster – und dazu gehören die meisten der zivilisierten Menschheit – können per definitionem nur schwache oder gar keine evolutionäre Mutationen der Körper in die Richtung bevorzugter Merkmale hervorbringen. Monogamie etwa erhöht generell die Paarungschancen für jedes Individuum einer Population und verringert damit selektive Effekte. Nur wenn gleichwohl ästhetische Präferenzen zumindest geringfügige Fruchtbarkeits- und Reproduktionsvorteile mit sich bringen, kann es über eine sehr lange Zeit eine direktionale Evolution sexueller Ornamente geben. Die theoretische Genetik hat inzwischen zeigen können, daß Darwins theoretische Anforderungen an die Koexistenz von Monogamie und sexueller Selektion (I 261-262, 278; II 369) tatsächlich als ein funktionierendes Modell reformuliert werden können.[80] Mehr noch: Tierexperimente mit monogamen Vögeln haben empirisch bewiesen, daß wechselseitige ästhetische Wahl monogamer Lebewesen durchaus Selektionseffekte im evolutionären Maßstab haben kann.[81] Alles in allem ist gleichwohl bis heute Darwins Annahme unstrittig, daß Polygamie das ›eigentliche‹ Medium sexueller Selektion ist – und zwar nicht, weil sie so paradiesisch ist für die Haremshalter, sondern weil sie sich so hart auf die riesige Zahl der männlichen Tiere auswirkt, die leer ausgehen. In jedem Fall bedarf es bei monogamen Lebewesen eines sehr viel längeren Zeitraums, um sexuelle Selektionseffekte auf ornamentale Veränderungen des Gattungskörpers durchschlagen zu lassen.

Das entscheidende Datum einer jeden Koexistenz von Monogamie und evolutionärer Selektion bestimmter körperlicher Merkmale bleibt stets die Korrelation von Aussehenspräferenzen und quantitativem Reproduktionserfolg. Eben diese Korrelation scheint beim Menschen – zumindest unter heutigen Bedingungen – aber nicht mehr gegeben zu sein.[82] Der menschliche Kult des schönen weiblichen Körpers, insbesondere der aktuelle, führt weit eher zur Verzögerung und quantitativen Einschränkung der Belastungen, die sich durch Schwangerschaft und Kinderaufzucht für die Attraktivität ergeben. Und ganz generell gibt es wenig empirische Beweise für die Annahme, daß in der Geschichte der menschlichen Kultur die ›schönsten‹ Frauen stets zugleich die kinderreichsten waren. Ohne eine direkte Korrelation mit herausragender Kinderzahl hat bevorzugte Schönheit aber keine evolutionären Konsequenzen.

Wechselseitige ›Wahl‹ der Partner kann die schönheitsverstärkenden Mechanismen sexueller Selektion ebenso stark einschränken, wie Monogamie dies tut. Die doppelte Kontingenz der Wahl impliziert, wie das menschliche Beispiel lehrt, komplexere und meist zeitaufwendigere Prozesse. Dies kann ein entscheidender »loss of energy« sein (I 273), insbesondere bei solchen Lebewesen, die nur kurze Zeitfenster für die Fortpflanzung haben. Die umgekehrte Möglichkeit, daß eine längere Periode wechselseitiger Wahl unter den Bedingungen von Monogamie und relativer Überlebenssicherheit sowohl den Reproduktionserfolg als auch die »fitness« steigern kann, erwägt Darwin nicht. Sein Argument wird dadurch allerdings kaum geschwächt. Denn die beinahe einzige Möglichkeit monogamer Paarungen, zur ›ästhetischen‹ Evolution der Gattung beizutragen – durch möglichst frühzeitig begonnene und daher besonders zahlreiche Fortpflanzung – wird durch die tendenziell verzögernden Komplikationen wechselseitiger Wahl zumindest nicht erhöht, in den meisten Fällen weit eher vermindert. Darwin fragt nicht, wie wünschenswert monogame Ehen und wechselseitige Partnerwahl in dieser oder jener Rücksicht sein mögen. Ihn interessiert allein die Frage der Evolution ästhetisch bevorzugter Merkmale am anderen Geschlecht. Und da ist seine Diagnose auf der Basis seiner Grundannahmen völlig überzeugend: Wo wechselseitige Wahl und/oder Monogamie der Paarung von Anfang an geherrscht hätten, wäre die Ausbildung eines starken ästhetisch motivierten Dimorphismus der Geschlechter sehr viel weniger wahrscheinlich als unter anderen Paarungsbedingungen.

Schon unter den polygamen »Wilden« gab es allerlei »Causes which prevent or check the Action of Sexual Selection« (II 358). Diese Tendenz verstärkt sich mit der weiteren Entwicklung menschlicher Kultur. Praktisch alle vom Menschen erfundenen sozialen Reglementierungen der Sexualität und der Partnerfindung relegieren das Wirken ästhetisch-sexueller Selektion ins Reich der Tiere oder der menschlichen »primeval times«. Menschliche Kultur kann im Sinne Darwins insofern generell und geradezu als tendenzielle Blockade sexueller Selektion definiert werden; spezifisch menschlich ist eher die Entmachtung der Schönheitswahl als deren Verstärkung oder gar hochkulturelle ›Erfindung‹. Die meistverbreiteten Partnerfindungs- und Verteilungsregeln haben ihre Basis durchweg nicht an Aussehensdifferenzen der Individuen – ob es sich dabei um ›Frauentausch‹ zwischen exogamen Gruppen im Sinne von Lévi-Strauss, um die Regeln von Stand, familiären oder politischen Allianzen, Geldheiraten usw. handelt. Unter modernen Geschlechterverhältnissen bestimmt Darwin vor allem die Rücksicht auf Reichtum und soziale Position als unvereinbar mit der Evolution ästhetisch bevorzugter Merkmale. »In civilized nations women have free or almost free choice, [. . .] yet their choice is largely influenced by the social position and wealth of the men« (II 356). Die Männer sieht er letztlich dem gleichen Mechanismus unterworfen: »Civilied men are largely attracted by the mental charms of women, by their wealth, and especially by their social position; for men rarely marry into a much lower rank of life« (II 356). Selbst wenn »civilised men« größeren Wert auf physische Attraktivität legen sollten, würde dies im Register der Evolution sexueller Dimorphismen keinen Unterschied machen. Denn unter modernen Bedingungen gilt: »The men who succeed in obtaining the more beautiful women, will not have a better chance of leaving a long line of descendants than other men with plainer wives« (II 356). Mit anderen Worten: Eine sexuelle Selektion mit Mutationseffekten am Körper der ganzen Spezies findet nicht statt.

Hochgradig wirkungsvoll im Register der ästhetischen Evolution ist dagegen die Polygamie. Sie schließt die weniger attraktiven männlichen Tiere lange Zeit oder gänzlich von der Reproduktion aus. Den bevorzugten Merkmalen verschafft dies einen enormen Verbreitungsvorteil, so daß auch in kürzeren Zeiträumen evolutionäre Effekte sichtbar werden können. Darwins Lieblingsbeispiele für die Evolution herausragender Ornamente, Pfau und Fasan, gehören daher auch zu den wenigen polygamen Vogelarten. Für die Evolutionstheorie der Schönheit hat ihre enge Verbindung zur Polygamie mehrere interessante Konsequenzen. Polygame männliche Tiere investieren in aller Regel weniger Zeit pro einzelnem Nachkommen als andere Tiere. Für den reproduktiven Erfolg der polygamen Schönen muß daher mindestens eine der folgenden Bedingungen gegeben sein: ihr Territorium bietet besonders gute Nahrungs- und/oder Sicherheitsressourcen; die Jungtiere bedürfen insgesamt weniger »parental investment« als bei anderen Tierarten; die weiblichen Tiere sind in der Lage, den Nachwuchs allein aufzuziehen. Wäre keine dieser Bedingungen gegeben, wäre es für die weiblichen Tiere kontra-adaptiv und eine gewaltige Fehlinvestition an Energie, sich von einem männlichen Tier befruchten zu lassen, das sich alsbald der nächsten Werbung und Begattung zuwendet.

Ebenso müßte dann der männliche Reproduktionserfolg trotz vielfacher Kopulationen ausbleiben.

Wenn Polygamie die Herausbildung extremer sexueller Ornamente in herausragender Weise begünstigt, so folgt, daß im Feld der sexuellen Selektion Schönheit sich umgekehrt proportional zu (direktem) »parental investment« verhält. Höhere Grade physischer Ornamentierung sind geradezu der Preis, der von den polygamen männlichen Tieren zu entrichten ist, um trotz eines vergleichsweise geringen »parental investment« von den weiblichen Tieren ›gewählt‹ oder akzeptiert zu werden.[83] Schönheit begründet insofern den doppelten Vorzug erhöhter Paarungschancen und verringerter Beiträge zur Aufzucht des Nachwuchses. Für die Umkehrung von Darwins Paarungsmodell ist dasselbe festgestellt worden: In dem Maße, in dem weibliche Tiere das eindeutig stärker ornamentierte Geschlecht sind, überlassen sie dem unscheinbaren männlichen die Mühen von Nestbau, Brüten, Aufzucht usw. »Beautiful females work less«, heißt es lakonisch in einer entsprechenden Studie.[84] Es kann als Reflex dieses evolutionsgeschichtlichen Ausgleichshandels (»trade-off«) von auffälliger Schönheit und Elternarbeit gewertet werden, wenn die heutige experimentelle Psychologie regelmäßig die offenbar tiefsitzende Annahme ermittelt, besonders schöne Frauen seien nur eher mäßige bis schlechte Mütter,[85] dafür aber um so stärker zu gelegentlicher Polygamie disponiert. Der gleiche Regelkreis erlaubt auch die folgende Formulierung, die unter heutigen ideologischen Bedingungen vielleicht die meisten Befürworter finden wird: Wo die Geschlechter etwa gleich stark (bzw. gleich schwach) ornamentiert sind und mithin in etwa gleichem Umfang ästhetischem Selektionsdruck unterliegen, da beteiligen sie sich auch paritätisch an Nestbau, Aufzucht usw.[86]

Der Lizenz verringerten Aufzucht-Engagements treten im Vektor von Schönheit und Polygamie zwei das Leben erschwerende Folgen in ausgleichender Gerechtigkeit zur Seite. Sobald die ›schönen‹ polygamen Männchen nicht mehr die jüngsten sind, fallen sie der scharfen intrasexuellen Konkurrenz zum Opfer und verlieren regelmäßig sowohl ihr Territorium wie ihre ehemals herausragenden Paarungschancen. Ab diesem Zeitpunkt haben sie es weitaus schwerer als die weniger glanzvollen monogamen Männchen anderer Tierarten, überhaupt noch an der sexuellen Reproduktion teilzunehmen.[87] Sie werden radikal entthront durch jüngere Nachfolger und erleben einen tiefen Absturz aus der Rolle von Harem- und Großgrundbesitzern in diejenige der verlassenen, verarmten, vom Paarungsgeschehen ausgeschlossenen Ex-Potentaten oder Ex-Diven. Die Kosten für herausragende Schönheit und für die damit verbundenen Vorteile sind also mittelfristig enorm, die Parallelen zu depressiven Abstürzen moderner Ex-Beauties mehr als zufällig. Es markiert nur die Spitze dieser Kehrseiten der Schönheit, daß auch die schlichten Überlebenserwartungen der hochornamentierten Tiere zu jedem Zeitpunkt ihres Lebens niedriger sind als diejenigen vergleichbarer monogamer Arten.[88] Denn auffällige Schönheit geht mit deutlich aggressiverer intrasexueller Konkurrenz einher und erhöht außerdem die Sichtbarkeit für Beutetiere. Oder anders: geringes »parental investment«, herausragende Schönheit (hoher sexueller Ornamentierungsgrad) und hohe Sterblichkeitsquote sind positiv miteinander korreliert. Das Adonis-Schicksal des frühen Todes ist insofern eine strukturelle Gegebenheit in der Koevolution von Entwicklung zur Schönheit und Paarungsmustern.

Die ältesten menschlichen Paarungsverhältnisse stellt Darwin sich durchaus als polygam vor (II 362). Damit waren ursprünglich auch beim Menschen »favorable conditions for sexual selection« gegeben. Männliche »Ornamente« wie den Bart wertet Darwin als klare Anzeichen, daß sexuelle Selektion durch weibliche Wahl »acted on the progenitors of man« (II 372). Zusätzlich malt Darwin sich für die »primeval times« ein Szenario aus, das es erlaubt, sogar wechselseitige Wahl mit sexueller Selektion zusammenzudenken. Seine Fiktion archaischer wechselseitiger Geschlechterwahl schließt alles aus, was einer rein ästhetisch-sexuellen Selektion entgegensteht:

The progenitors of man [. . .] would have been governed more by their instincts and even less by their reason than are savages at the present day. They would not at that period have partially lost one of the strongest of all instincts, common to all the lower animals, namely the love of their young offspring; and consequently they would not have practised infanticide. There would have been no artificial scarcity of women, and polyandry would not have been followed; there would have been no early betrothals; women would not have been valued as mere slaves; both sexes, if the females as well as the males were permitted to exert any choice, would have chosen their partners, not for mental charms, or property, or social position, but almost solely from external appearance. (II 367-368)

Darwins Fiktion archaischer Geschlechterverhältnisse, welche die Herausbildung der menschlichen Geschlechts-»Ornamente« begünstigt haben könnten, zeichnet das gerade Gegenteil einer Entwicklung von bedrückender Not zu ästhetischen Interessen. Die »primeval times« waren die Zeiten einer beinahe reinen Schönheitswahl, und »all the conditions for sexual selection would have been much more favourable than at a later period« (II 368). Das bunte Spektrum sexueller Ornamente – auch im Tierreich – ist nach Darwins Diagnose überall das Resultat solcher oder ähnlicher Bedingungen. Ästhetische Präferenzen sind – nur für die Menschen gilt: sie waren – der ursprüngliche Motor der Evolution sexueller Dimorphismen und keineswegs ein spätzeitliches Dekadenzphänomen einer saturierten Zivilisation. Zivilisation bewirkt vielmehr die fortschreitende Entmachtung einer Ästhetik, die im Register der Evolution selbst die Körper verändert. Wer die altgriechischen Abbildungen des Adonis oder einige Aphrodite-Statuen mit heutigen ästhetischen Idealen vergleicht, braucht sich daher nicht zu wundern, wenn er – von den kulturellen Ornamenten abgesehen – allergrößte Übereinstimmung entdeckt. Denn die sexuelle Selektion und die ästhetische Evolution der Gattung Mensch sind nach Darwins Diagnose eingefroren. Schönheitskult und ästhetische Partnerwahl-Präferenzen können noch so obsessiv ausgeprägt sein und noch so sehr das Leben heutiger Menschen bestimmen: sie sind ›nur mehr‹ kulturelle Praktiken, die mittels Kosmetik, *shaping* und Chirurgie einen gegebenen, vor langer Zeit entwickelten sexuellen Dimorphismus verstärkend bearbeiten, diesen selbst aber nicht mehr weiterentwickeln. Oder anders: Evolution unserer »Ornamente« durch sexuelle Selektion war ein Datum unserer Urgeschichte, aber ist kaum noch eine »agency« unserer Gegenwart: »Whatever influence sexual selection may have had in producing the differences [...], this influence would have been much more powerful at a very remote period than at the present day« (II 368).

Der Unterschied zu einer rein kulturwissenschaftlichen Betrachtung heutiger Gegebenheiten könnte nicht größer sein. Für den Kontinent des Menschen stimmt Darwin in die ›sentimentalische‹ Tendenz fast der gesamten philosophischen Ästhetik ein, die eigentliche Epoche der Hervorbringung und Hochschätzung von »Schönheit« in eine längst vergangene Zeit zu verlegen. Der Blick auf die Schönheit des menschlichen Körpers ist damit auch für Darwin von einer strukturellen Trauer affiziert; er gilt einem Phänomen, das wesentlich der Vergangenheit angehört, das nur mehr wie ein Relikt aus der archaischen Ästhetik der körperlichen Evolution in die menschliche Kulturgeschichte hineinragt. Das Fortleben ästhetischer Präferenzmuster unter den Bedingungen ihrer Entmachtung ist damit stets zugleich eine sentimentalische Erinnerung an die polygamen Urzeiten, in denen ästhetische Unterscheidungen noch ihre volle selektive Macht für die Evolution der Körper selbst besaßen. Allem menschlichen Schönheitskult ist, von Darwin aus gesehen, ein Moment von Trauer, aber auch von zumindest imaginärer Treue zur Polygamie als der eigentlichen Heimstatt der Schönheit eingeschrieben.

Sexuelle »Wahl« nach ästhetischen Präferenzmustern muß aber keineswegs aufhören oder funktionslos werden, wenn sie nicht mehr die Kraft hat, eine dauerhafte Eskalation der bevorzugten Merkmale hervorzubringen. Mangels der sich selbst verstärkenden Rückkopplungsschleife zwischen Präferenz und Merkmal kann sich dann ein Auf-der-Stelle-Treten, ein Konservativismus der modischen Vorlieben mit Rücksicht auf elementare sexuelle Dimorphismen des menschlichen Körpers ergeben. Das widerspricht nur scheinbar Darwins Diagnose der Arbitrarität, Rapidität und prinzipiell auf Neuigkeit sowie Varietät angelegten ästhetischen Wahl. Sie tut dies um so weniger, als gerade der Mensch über gesteigerte Möglichkeiten verfügt, das Innovations- und Eskalationsmoment ästhetischer Präferenzmechanismen durch kulturelle Praktiken des Ornamentierens und massiven Bearbeitens des Körpers nicht nur aufrechtzuerhalten, sondern auf ungekannte Höhen zu treiben. Der Mensch gibt sich allergrößte Mühe, wenigstens so zu tun, als unterliege er noch immer einer Evolution durch sexuelle Selektion im Sinne Darwins. Der nunmehr intentional gewordene Aufwand hinterläßt indes allein kultur-evolutionäre, aber keine genetischen Spuren mehr in der nachfolgenden Generation – es sei denn durch *genetic engineering*. Von Darwins Theorie aus betrachtet ist beim Menschen insofern mit einer doppelten Tendenz zu rechnen: einer basalen Stabilität ästhetischer Präferenzen für sekundäre sexuelle Körpermerkmale einerseits, um so ›kapriziöseren‹ Praktiken auf Neuigkeit und Varietät zielenden Differenzgewinns durch kulturelle Selbstverschönerung andererseits. Blickt man nur auf die zweite Tendenz – wozu kulturwissenschaftliche Ansätze neigen –, gibt es von sich aus keinen Anlaß, die Existenz der ersten auch nur zu vermuten. Aus der Sicht Darwins aber ist die erste Tendenz mindestens so wichtig und mindestens so bezeichnend für den Menschen: die Verringerung des evolutionären Potentials ästhetisch-sexueller Selektion. Würde männlich-menschliche Partnerwahl mit Rücksicht auf sexuelle Dimorphismen noch genauso durchschlagende Wirkung haben wie diejenige der Pfauendame, wäre die Barbie-Puppe durch einen evolutionären *runaway*-Spurt ›bald‹ genetisch im Körper der Frauen ›implementiert‹. Daß es dazu *nicht* kommt, ist für Darwin ein ambivalenter Ausweis menschlicher Kultur.

Nur ausnahmsweise, durch extreme Praktiken der Aussehensdiskriminierung, können menschliche Kulturen die evolutionären Effekte tierischer Partnerwahl egalisieren. Darwin stellt trocken fest, daß Menschen sich dabei selbst wie eine Spezies behandeln, die sich künstlich in Richtung begehrter Merkmale züchtet:

Mr. Winwood Reade informs me that the Jollofs, a tribe of negroes on the west coast of Africa, »are remarkable for their uniformly fine appearance.« A friend of his asked one of these men, »How is it that every one whom I meet is fine looking, not only your men, but your women?« The Jollof answered, »It is very easily explained: it has always been our custom to pick out our worse-looking slaves and to sell them.« It need hardly be added that with all savages female slaves serve as concubines. That this negro should have attributed, whether rightly or wrongly, the fine appearance of his tribe, to the long-continued elimination of the ugly women, is not so surprising as it may at first appear; for I have elsewhere shown that negroes fully appreciate the importance of selection in the breeding of their domestic animals. (II 357-358)

So brutal diese Anekdote ist, sie liefert letztlich eine Allegorie ästhetischer Evolution überhaupt. Nur waren es meist die weniger schönen ›Männchen‹, deren »Elimination« aus der Kette der Reproduktion die Entwicklung der Tierarten zu gesteigerter Ornamentierung ermöglichte.

Eingefrorene Evolution und kultureller Dynamismus: Konsequenzen der menschlichen Geschlechter-Anomalie für das Denken menschlicher ›Schönheit‹

Darwin sieht gute Gründe zu der Annahme, daß der Mensch nicht nur keiner ästhetisch-sexuellen, sondern auch tendenziell keiner Evolution durch natürliche Selektion mehr unterliegt, also keine ›Naturgeschichte‹ mehr hat. Damit ist nicht gemeint, daß der Fortschritt der Zivilisation den »less vigorous individuals« die unter Tieren übliche harte und mitleidlose Selektion erspart. Darwins großer evolutionstheoretischer Zeitgenosse Wallace hatte vielmehr den menschlichen Intellekt als jenes besondere Resultat der Evolution bestimmt, das fortan körperliche Adaptationen des Menschen überflüssig macht:

Mr. Wallace, in an admirable paper, argues that man after he had partially acquired those intellectual and moral faculties which distinguish him from the lower animals, would have been but little liable to have had his bodily structure modified through natural selection or any other means. For man is enabled through his mental faculties »to keep with an unchanged body in harmony with the changing universe.« He has great power of adapting his habits to new conditions of life. He invents weapons, tools, and various stratagems, by which he procures food and defends himself. When he migrates into a colder climate he uses clothes, builds sheds, and makes fires. [. . .] When lower animals migrate into a lower climate they must become clothed with thicker fur, or have their constitutions altered. If they fail to be thus modified, they will cease to exist. (I 158-159)

Als universelles Adaptionsorgan unterliegt nur der Intellekt selbst einer auch biologischen Weiterentwicklung (I 159); dem Körper aber nimmt er jeden Adaptionsdruck weitgehend ab. Damit entfällt die Selektion vorteilhafter körperlicher Mutationen kraft der Überlebensvorteile derer, welche diese Mutationen entwickelt haben, über diejenigen, welche dies nicht haben. Ohnehin ist nicht zu erkennen, wie der menschliche Körper auf die beschleunigten Veränderungen seiner zunehmend selbstgeschaffenen Umwelt noch durch die Mechanismen adaptiver genetischer Mutation reagieren können sollte. Die genetische Fixierung und Verbreitung einer vorteilhaften Mutation braucht mindestens etliche hundert Jahre; sie würde unter den Bedingungen der Zivilisation also immer zu spät kommen. Mehr noch: Sie würde mit hoher Sicherheit erst gar nicht zustande kommen, da der Adaptionsdruck ständig eine neue Richtung bekommt, die Adaptionsanforderungen sich also nicht hinreichend dauerhaft stabilisieren, um evolutionäre Konsequenzen zeitigen zu können. Die natürliche Selektion neuer körperlicher Merkmale als Antwort auf neue Umwelten wird beim Menschen also nicht nur überflüssig, sondern sogar zunehmend unmöglich. Solange nicht andere, wesentlich schneller wirkende Mechanismen einer genetischen Mutation von Körperformen bekannt sind, erscheint die Vermutung von Wallace und Darwin daher höchst plausibel. Der *homo sapiens* ist damit eine extreme Caprice der Evolution. Der natürlichen und der sexuellen Selektion, aus denen er hervorgegangen ist, scheint sein Körper auf einer bestimmten Stufe der Entwicklung bis auf weiteres entlaufen zu sein. Die meisten Anpassungen gehen seitdem auf das Konto des Intellekts, der über viel schnellere und effizientere Lern- und Reaktionsfähigkeiten verfügt als der schwerfällige Mechanismus evolutionärer Mutation. (Eine Ausnahme sind die mikrobiologischen Adaptionen auch des menschlichen Körpers an ständig mutierende Bakterien und Parasiten. Diese Adaptationen sind zwar immunologisch höchst wichtig und haben auch Auswirkungen auf die gesamte körperliche Verfassung einschließlich des Aussehens; sie scheinen aber keine neuen Organe und Ornamente hervorzubringen.)

Körperliche und intellektuelle Fähigkeiten des Menschen gehören nach den Befunden von Darwin und Wallace mithin unterschiedlichen Zeiten an. Der Körper, seine elementaren Affekte und die ästhetischen Präferenzen, die einmal den sexuellen Dimorphismus hervorgebracht haben mögen, sind keineswegs verschwunden, sondern lediglich auf einem bereits vor langer

Zeit erreichten Niveau fixiert, weil von weiterem Änderungsdruck entlastet. Sie sind damit – nur scheinbar paradox – ausgerechnet beim Menschen archaischer als bei irgendeinem anderen Tier, das nicht der natürlichen und sexuellen Selektion entlaufen ist, sondern kontinuierlich der Evolution unterliegt. Gerade weil der Mensch in einzigartiger Weise Kulturwesen geworden ist, das sein Leben vor allem kraft seiner intellektuellen Fähigkeiten meistert, insistiert in seinem Körper und seinen sexuellen »Ornamenten« auf eine weitgehend unmodifizierte Weise ein lange zurückliegendes Entwicklungsstadium: »the rudiments of an aesthetic faculty [. . .] thus pervade entire classes, whether or not this faculty is in fact afforded opportunities of inducing evolutionary change.«[89]

Für die ästhetischen Präferenzen, denen Darwin einen zentralen Platz in der Dynamik der sexuellen Evolution einräumt, können daraus zwei entgegengesetzte Folgerungen gezogen werden. Einerseits könnte dasjenige, was keine evolutionäre Geschichte mehr hat, an Virulenz verlieren und zu einem bloßen Relikt werden, das von aktuellen kulturellen Präferenzen bis zur Unkenntlichkeit überlagert wird. Dann würden ästhetische Vorlieben für sexuelle Dimorphismen nur mehr in die Geschichte kultureller Geschmackspräferenzen gehören. Insofern würde die Evolutionsbiologie selbst, aus eigenen Erwägungen, ihre Unzuständigkeit erklären und diese an Semiotik und Kulturgeschichte der Moden abgeben. Andererseits können in der Gattungsgeschichte verankerte Präferenzen weiterhin durchaus nachhaltig die Wahrnehmung des archaisch gebliebenen Körpers bestimmen. Dann wären die Phänomene ästhetischer Attraktion durch sexuelle »Ornamente« weitaus stärker in unserer vergangenen ›Naturgeschichte‹ verankert, als unsere heutige intellektuelle Benutzungsoberfläche dies in der Regel unseren Sinnen zutraut. Dann bliebe die Evolutionstheorie zumindest für eine gattungsgeschichtliche Dimension der ästhetischen Präferenzen zuständig, obwohl diese Präferenzen und ihr einstmals koadaptives Objekt, der menschliche Körper, einer natürlichen oder sexuellen Selektion – als den beiden »agencies« der Evolution – nicht länger unterliegen. Kultur hat nach dieser These die doppelte Tendenz, einerseits den Mechanismus sexueller Selektion zu entmachten, andererseits die einstmals dafür entwickelten

Verhaltensmuster ästhetisch geleiteter Bevorzugung nicht zu löschen.

Beiden Positionen, deren Konflikt in der heutigen empirischen Forschung zu physischer Attraktivität mit immer neuen Evidenzen und ›Widerlegungen‹ ausgetragen wird, liefert Darwin also gute Argumente. Der dogmatische Konflikt von Evolutionsbiologie der Geschlechter und Gender Studies ist zumindest von der Seite Darwins nicht notwendig gegeben. Er selbst hat vielmehr die starke kulturelle Prägung moderner und früherer Geschlechterverhältnisse betont. Mit Rücksicht auf die ästhetischen Präferenzen, deren großer Macht wir nach seiner Theorie die Entstehung unserer sexuellen »Ornamente« verdanken, diagnostiziert er in der zivilisierten Moderne einerseits eine erhebliche Schwächung unserer »instincts«; denn unsere »Wahl« sei wesentlich durch intellektgestützte Rücksichten auf Reichtum, soziale Position und »mental charms« bedingt. Auch betont er die Flüchtigkeit moderner modischer Praktiken im Gegensatz zu den »far more permanent fashions« in traditionalen Gesellschaften (II 352); in diesen seien bestimmte ornamentale Applikationen auf den Körper oft dauerhafter als Dynastien und Machtordnungen gewesen (II 354).

Andererseits sieht Darwin das elementare Prinzip der übertreibenden Verstärkung gegebener Geschlechtsunterschiede weiterhin die Ornamentierung der Körper und sogar die aktuellen Moden bestimmen. Sexuelle Selektion nach ästhetischen Präferenzen findet weiterhin statt, auch wenn sie kaum noch ein Motor der Evolution genetischer Mutationen ist. Eine leichte Präferenz Darwins für diese zweite These, die uns emphatisch an unsere Vorgeschichte zurückkoppelt, mag aus vielen Nuancen und nicht zuletzt aus dem Schlußsatz des gesamten Buches gefolgert werden. Der Satz kündigt zugleich Freuds kardinales metapsychologisches Theorem von der gattungsgeschichtlichen Insistenz, ja der Unzerstörbarkeit archaischer Triebe an. Er lautet mit einem dezenten, aber unüberhörbaren Pathos: »Man still bears in his bodily frame the indelible stamp of his lowly origin« (II 405). Die lichten Höhen körperlicher Schönheit gehören integral zu diesem »lowly origin«. Sie gehen, wie zahllose hochornamentierte Tierarten bezeugen, weitaus öfter mit »low powers of reasoning« (II 108) als mit höherer Vernunft und Sittlichkeit einher. So sehr Darwin daher auch den sentimentalischen Grundzug philosophischer Ästhetik fortschreibt, so konsequent bricht er doch mit deren spezifisch humanistisch-idealistischer Einfärbung.

Wie stark auch immer unserem sexuellen Verhalten archaische Präferenzen eingeprägt sein mögen, ein verbreitetes kulturwissenschaftliches – und insbesondere gendertheoretisches – Vorurteil ist auf jeden Fall unberechtigt: daß nämlich die Erkenntnis einer evolutionären Verankerung von Verhaltensmustern diese ›rechtfertigt‹ oder für zeitlos und unbeeinflußbar erklärt.[90] Zum evolutionstheoretischen Verständnis des Menschen gehört vielmehr fundamental die Einsicht in die Macht der selbstgeschaffenen Kultur: diese kann archaische Verhaltensmuster sehr effektiv verbieten, modifizieren, überlagern usw. Nur hat sie es eben nicht mit einer *tabula rasa* zu tun, die etwa im Jahrhunderttakt ganz und gar neu erfunden und beschrieben wird. Die Evidenzen für ältere ›Programmierungen‹ sowie für ihr wie immer gebrochenes – und umweltspezifisch jeweils neu und anders gebrochenes – Fortleben im Feld der Kultur haben sich seit Darwin vielmehr überwältigend vermehrt.

Resümee

Darwins Hauptentdeckungen zu physischer Attraktivität und ästhetischen Präferenzen werden im folgenden noch einmal zusammengefaßt und auf einige neuere Entwicklungen perspektiviert:

1. Ästhetische Präferenzen gegenüber dem anderen Geschlecht bestimmen nach Darwin wesentlich das (unbewußte) Partnerwahlverhalten fast aller sexuellen Lebewesen. Die Konsequenzen solcher Vorlieben gehen über individuelle Wahlakte weit hinaus. Stabile Präferenzmuster erzeugen und verstärken vielmehr qua sexueller Selektion allererst etliche sexuelle Dimorphismen der einzelnen Tierarten. Es gibt also eine performative Ästhetik der Evolution; modeähnliche Vorlieben haben sich buchstäblich als Mutationen des jeweils ›schönen Geschlechts‹ ganzer Tierarten niedergeschlagen. Der »taste for the beautiful« ist kein Luxus der hochentwickelten Zivilisation; er steht viel-

mehr als eine eigene »agency« – die auf die selektiven Über-lebensvorteile besserer Umweltanpassung nicht reduziert wer-den kann – im Zentrum der natürlichen Evolution.

2. Als Objektqualität ist Schönheit bei der weitaus größe-ren Zahl sexueller Lebewesen dem männlichen Geschlecht, als »taste« und ästhetisches Urteil dagegen dem weiblichen zuge-ordnet. Die vom Feminismus trefflich gegeißelte Schönheitsfalle (»beauty trap«) hat evolutionsgeschichtlich weitaus mehr männ-liche als weibliche Wesen betroffen. Sie ist nach Darwins Ein-sicht immer eine Anforderung, ja, ein erheblicher selektiver Anpassungsdruck, der vom anderen Geschlecht ausgeht – kei-neswegs also eine einzigartig perfide Erfindung der menschlich-männlichen Kultur. Für manche heutige Debatte über den männlichen Blick und den weiblichen Körper ergibt sich daraus eine erschwerende Ironie. So etwas wie einen ›eigenen‹ weib-lichen Körper unter Abstraktion von dem männlichen Blick dar-auf gibt es dann strenggenommen gar nicht – sofern nämlich der sexuelle männliche Blick allererst die »Ornamente« des weib-lichen Körpers evolutionär hervorgebracht hat. Oder allge-meiner: sofern die ästhetisch bevorzugten Merkmale sexueller Körper buchstäblich den »Geschmack« des jeweils anderen Geschlechts verkörpern. Alle schönheitserhaltenden oder -stei-gernden Praktiken setzen insofern immer und unweigerlich je-nen Blick des anderen Geschlechts fort, der jedem Körper schon lange vor seiner Geburt, nämlich durch seine gesamte Vorgeschichte, eingeschrieben ist.

3. Die höchstornamentierten Lebewesen der Tierwelt sind regelmäßig polygam. Darwin sieht einen ursächlichen Zusam-menhang zwischen polygamen Paarungsstrukturen und der *runaway*-Selektion extremer sexueller Ornamente. Für die Evolutionstheorie der Schönheit ergeben sich daraus drei Kon-sequenzen. Besonders auffällige Schönheit ist erstens mit unter-durchschnittlichem »parental investment« korreliert. Sie enthält des weiteren, aufgrund der hohen intrasexuellen Konkurrenz, besonders hohe Entthronungs- und Absturzpotentiale, sobald der Zenith von Ornamentierung und Potenz auf der Achse des Alterns überschritten wird. Und schließlich geht sie mit einem erhöhten Todesrisiko auf jeder Altersstufe einschließlich der blühendsten ›Jugend‹ einher.

4. Das Spektrum ästhetischer Präferenzen ist grundsätzlich arbiträr – genauso wie die genetischen Polymorphismen innerhalb von Populationen zuallererst Zufallsprodukte sind. Die einzelnen Ornamente, Tänze und Gesänge, die das andere Geschlecht erregen und geneigt stimmen sollen, variieren enorm, oft auch innerhalb einer einzelnen Spezies. Dennoch gibt es ein allgemeines Muster, dem die meisten ›Moden‹ der Evolution folgen. Dieses ist die Verstärkung, die »mäßige Übertreibung« eines zunächst nur geringen und selektiv anzutreffenden sekundären Geschlechtsunterschieds, eine Logik des Differenzgewinns. Aufgrund kumulativer Effekte kann fortgesetzte geringfügige Übertreibung schließlich zu extrem ausgeprägten Ornamenten führen.

5. Grundsätzlich ist die Skala der ästhetischen Verstärkung sexueller Unterschiede nach oben offen. Das »too much for beauty« wird nach Darwin dadurch begrenzt, daß die Nachteile im Feld der natürlichen Selektion, welche etliche sexuelle Ornamente mit sich bringen können, nicht die Vorteile im Feld der sexuellen Selektion übertreffen dürfen. Einige neuere Studien halten dies für eine zu optimistische Annahme und sehen in der Möglichkeit ästhetisch-sexueller *runaway*-Prozesse eine ernste Gefahr für die Überlebensfähigkeit betroffener Arten.[91] (Außerdem gibt es Anhaltspunkte für die Vermutung, daß extreme quantitative Steigerungen auch mit der Qualität der ästhetischen Präferenz selbst in Konflikt geraten können. Ein »too much for beauty« etwa, das in groteske Formen umschlägt, würde ebenfalls den evolutionären Mechanismus stoppen.)

6. Aus dem allgemeinen Prinzip ästhetischen Differenzgewinns folgt von selbst, daß jedes bestimmte Ideal einer »perfect beauty« bestenfalls eine prekäre Momentaufnahme sein und grundsätzlich keine dauerhafte und übergreifende Gültigkeit erlangen kann. Denn das Prinzip zielt von sich aus auf fortgesetzte Reizverstärkung, auf »variety« und »novelty«; die einzelnen Präferenzen, die Paarungschancen erhöhen, unterliegen damit per definitionem einer unabschließbaren Weiterentwicklung.

7. Das Merkmal von Schönheit bzw. auffälligerer Ornamentierung ist bei den weitaus meisten Tieren an die Merkmale von Konkurrenz, Kampfeslust und größerer physischer Stärke gebunden. In der Regel ist das männliche das ›schöne Geschlecht‹;

bei den wenigen Inversionen übernehmen die schönen Weibchen in vielen Fällen auch die sonstigen männlichen Merkmale. Die Positionierung des Menschen in diesem Bezugsrahmen bereitet Darwin größte Schwierigkeiten. Einerseits nimmt er für die »primeval times« prioritäre Ornamentierung des Mannes und mithin »weibliche Wahl« an. Andererseits sieht er eine doppelte Gegenevidenz: Der menschliche Mann behandelt das weibliche Wesen degradierender als irgendein Tier, setzt vor allem auf Gewalt statt auf Werbung und beraubt die Frau ihrer »power of choice«; zugleich entwickelt sich das weibliche Wesen scheinbar schon in frühen Zeiten weg von der normativen Unscheinbarkeit des Darwinschen Standardmodells, ohne allerdings dem männlichen Wesen seine überlegene Körperkraft und größere Kampfeslust streitig zu machen. So entsteht die Verbindung von Schönheit und relativer Körperschwäche. Im menschlichen Kontext ist diese Assoziation so topisch geworden (Adonis usw.), daß ihre relative Infrequenz und Unwahrscheinlichkeit in der gesamten Welt sexueller Lebewesen leicht vergessen wird.

8. Die Entkopplung von Schönheit und größerer Körperkraft scheint zugleich eine andere Anomalie zu begünstigen. Ist Schönheit sonst prioritär mit passivem Gewähltwerden durch das andere Geschlecht verbunden, sieht Darwin den menschlichen Frauen sowohl bei etlichen ›barbarischen‹ als auch vollends bei den »civilised nations« das evolutionär hoch unwahrscheinliche Kunststück gelingen, hohe Grade sexueller Ornamentierung zu gewinnen, ohne ihre »free or almost free choice« dafür einzubüßen (II 356).

9. Wie sich die Geschlechterverhältnisse der Menschen von den (vermuteten) Verhältnissen der Polygamie, der prioritär männlichen Ornamentierung und der weiblichen Wahl hin zu noch verstärktem männlichen Dominanzanspruch, weiblicher Ornamentierung und tendenziell doppelter Wahl entwickelt haben mögen, läßt Darwin weitgehend im dunkeln. Sein großes Verdienst besteht zuallererst darin, die enorme Anomalie, die extreme Unwahrscheinlichkeit dessen deutlich gemacht zu haben, was mit Blick auf die menschliche Kultur regelmäßig als eine selbstevidente Tatsache unterstellt wird: daß nämlich ästhetische Wahl prioritär von der männlichen Position ausgeht,

ästhetische Objektqualitäten vor allem von der Frau erwartet werden und das ›schöne Geschlecht‹ zugleich das ›schwache‹ sei. Für Darwin ist nichts unverständlicher als die Konfiguration dieser Merkmale.

10. Schönheit ist in allen von Darwin analysierten Fällen eine direkte Funktion erhöhter Mißerfolgschancen bei Paarung und Reproduktion. Darwin selbst läßt diesen Aspekt zwar unterbelichtet, da er die Wahl der attraktiveren Tiere allein von der Seite der ›Sieger‹ und unter ihrer vermeintlich segensreichen Wirkung für die Entwicklung der Spezies betrachtet. Aber die Kehrseite ist deutlich genug: das ›schöne Geschlecht‹, meistens das männliche, trägt in seinen weniger begünstigten Exemplaren den ganzen Druck der Selektion und des reproduktiven Mißerfolgs. Sowohl beim ästhetisch auftrumpfenden männlichen Tier wie bei ästhetisch ›reizender‹ Weiblichkeit ist die Macht der Schönheit an eine Position struktureller Schwäche, an eine erhöhte Scheiternswahrscheinlichkeit im Kampf um erfolgreiche Reproduktion gebunden. Das ›schöne Geschlecht‹, genauer: das auf Schönheit angewiesene Geschlecht ist insofern *stets* das ›schwache Geschlecht‹ – nicht im Sinne physischer Kraft, sondern der größeren Gefahr des ›Mißerfolgs‹ in Partnerwahl und Reproduktion. Das nicht-schöne Geschlecht dagegen kann mit den ästhetischen Anstrengungen des jeweils anderen Geschlechts stets zugleich die (narzißtische) Sicherheit mitgenießen, seinerseits über die stärkere Position zu verfügen.

11. Die Ästhetik war ein Motor auch der Evolution des menschlichen Körpers und seiner sexuellen Dimorphismen, aber sie ist es nicht mehr. Denn der Mensch ist kraft seiner Intelligenz einerseits, der zivilisierten Paarungsmuster andererseits sowohl der natürlichen wie der sexuellen Selektion seiner körperlichen Merkmale entlaufen. Entlastet von Mutationsdruck, gehören sein Körper sowie die darauf bezogenen Affekte und Verhaltensmuster beinahe unverändert einer archaischen Vorzeit an.[92] Zugleich ergibt sich – zumindest auf der Basis dieser theoretischen Annahmen – ein spezifisch menschliches Problem der nur schwachen Rückkopplung von Aussehenspräferenzen und wirklichem Aussehen. Starke sexuelle Selektion nach Attraktivitätsmerkmalen sorgt dafür, daß die genetische Varietät einer Population mit Rücksicht auf diese Merkmale eher gering ist (und

mithin immer kleinere Unterschiede den Ausschlag geben). Dem entspricht, daß – zumindest für das menschliche Auge – die Individuen vieler, ja, der meisten wild lebenden Tierarten auch auf den zweiten Blick nur schwer zu unterscheiden sind. Umgekehrt ist bei Entmachtung des direktionalen und uniformisierenden Mutationsdrucks, der von sexueller Selektion ausgeht, damit zu rechnen, daß die geno- und phänotypische Varietät zunimmt. Die ungewöhnlich großen Aussehensunterschiede in Größe, Gestalt und Ausbildung einzelner körperlicher Merkmale, wie sie beim Menschen anzutreffen sind, sind aus dieser Perspektive kein Zeichen eines besonderen menschlichen Individualismus, sondern schlicht eine Folge der kulturellen Entmachtung sexueller Selektion. Wenn nun angenommen wird, daß die archaischen Aussehenspräferenzen, die einstmals die sexuellen Dimorphismen des menschlichen Körpers ›gewählt‹ haben, gleichwohl weiterwirken, dann ergibt sich die Konsequenz, daß die individuellen Körper beim Menschen geradezu per definitionem weniger stark an die gattungseigenen Aussehenspräferenzen angepaßt sind als bei irgendeiner anderen Spezies. Dann folgt aus der Beibehaltung und erst recht aus der modischen Verstärkung ästhetischer Präferenzen bei gleichzeitiger Entmachtung ihrer genetisch-evolutionären Wirksamkeit eine ungewöhnlich stark ausgeprägte Differenzerfahrung: Für den sexuellen menschlichen Blick müssen der eigene Körper und die meisten anderen Körper dann besonders ›unideal‹ erscheinen. Dann wäre des weiteren zu erwarten – was der Blick auf menschliche Ornamentierungspraktiken zu bestätigen scheint –, daß für den Menschen die Wahrnehmung des eigenen Körpers in einem ungewöhnlich hohen Maß, weil bereits aufgrund fundamentaler evolutionärer Besonderheiten, Unzufriedenheitspotentiale und korrelative Anreize zur ›Verbesserung‹ enthält.

12. Das ästhetische Prinzip der polarisierenden Verstärkung gegebener Geschlechtsdifferenzen kann unter den heutigen westlichen Bedingungen nicht mehr zu populationsweiten Mutationen führen. Unterhalb der Schwelle genetischer Transmission und Fixierung können die selektiven Leistungen dieses Prinzips – und zusätzlich noch weitere – durch kulturelle Ornamentierungs- und Symbolisierungspraktiken übernommen werden. Die Mode ist insofern Verlängerung und Substitut der evo-

lutionären Kraft des Ästhetischen.[93] Sie ist der *runaway*-Prozeß der *kulturellen* Formung und Durchsetzung ästhetischer Präferenzen. Sie steigert die Geschwindigkeit evolutionsbiologischer Differenzgewinne zwischen den Geschlechtern radikal. Sie verwandelt die arbiträre Emergenz, Verbreitung und Stabilisierung gewünschter Merkmale aus dem Takt der Jahrtausende und Jahrhunderte in Phänomene von immer kürzerer Dauer, verfügt über weitaus gesteigerte Freiheitsgrade gegenüber der Physis und kann ständig mit kapriziösen Umkehrungen überraschen. Das Darwinsche Prinzip der pfauenhaften Capricen der (sexuellen) Natur kann nunmehr jederzeit und überall begegnen. Es wird nicht länger behindert von Monogamie und wechselseitiger Partnerwahl, sondern durch deren doppelte Kontingenz sogar enorm verstärkt. Die Mode rettet insofern die ästhetischen ›Vorteile‹ archaischer Polygamie für die zivilisierte Menschheit. Sie beerbt zugleich deren Kehrseiten: starke Konkurrenz, hoher Anpassungs- und Selektionsdruck, vergrößerte Absturzpotentiale durch Altern.

13. Heute scheint es, als könne die kulturelle Arbeit der Verstärkung bevorzugter Merkmale durch Kosmetik, Kleidung, *shaping* und Schönheitschirurgie so weit getrieben werden, daß sie von sich aus – als eine kulturelle Technik – die verlorene evolutionsbiologische Dimension zurückgewinnt. Sobald mittels *genetic engineering* die ästhetischen Präferenzen selektiv in die Körper eingebaut werden, springt die eingefrorene Ästhetik der Evolution wieder an – allerdings auf eine grundsätzlich neue Weise. Darwins eugenisches Ideal einer Partnerwahl, die erstens rein ästhetisch ist und zweitens maximal selektive Konsequenzen hat, könnte dann in seinen beiden Teilen inmitten der Kultur wiederauferstehen. Davor mag man aus guten Gründen Angst haben. Etwas grundsätzliches Neues würde damit aber nicht geschehen. Im Gegenteil: »sexual choice« hat seit Urzeiten auf äußerste effiziente Weise *genetic engineering* betrieben; sie hat geradezu systematisch den Körper ganzer Gattungen verändert und sogar viele neue Spezies allererst ›erfunden‹. Oder noch einmal: Kraft ihrer Ornamente sind sexuelle Körper immer schon die Spur der wählenden Eingriffe des anderen Geschlechts. Eine unberührte, authentische, gar unschuldige Natur, die bis jetzt vor arbiträren und zeitmodischen Manipulationen geschützt

war, gibt es nicht. Neu wäre ›nur‹ die Bewußtheit, Technizität und intentionale Zielgerichtetheit der Manipulation.

14. Schon ohne den Zugriff auf die Gene scheint die heutige Zivilisation – mehr zumindest als jede frühere – sich Darwins Ideal einer Partnerwahl zu nähern, in der beide Geschlechter sich wechselseitig »not for mental charms, or property, or social position, but solely from external appearance« (II 368) auswählen. Zwar scheint die Rolle der »mental charms« – Intelligenz, Witz, geteilte Einstellungen, Freundlichkeit und andere gewünschte Verhaltensmuster – nach allen einschlägigen Erhebungen keineswegs abzunehmen. Aber eine Verschiebung der Gewichte ergibt sich zumindest in dem Maß, in dem die Variable der materiellen Ressourcen nicht länger automatisch einen männlichen Beitrag zur Gesamtbilanz des »parental investment« darstellt. Für eine evolutionstheoretische Reflexion folgt aus der beruflichen ›Emanzipation‹ der Frau von selbst, daß die männliche Einbuße an Ressourcen-Privilegien mittelfristig durch Steigerung des männlichen »mate value« in anderen Rücksichten ausgeglichen werden muß.[94] Männliche physische Attraktivität ist dafür ein typischer Kandidat.

Weibliche ökonomische Selbständigkeit ist auch in dieser Hinsicht ein kardinales evolutionäres Datum. Sie begünstigt Darwins Ideal einer rein ästhetischen Partnerwahl, die möglichst frei von Rücksichten auf Reichtum, soziale Position usw. sein soll. Tatsächlich wird in evolutionstheoretischen Studien gelegentlich der Verdacht geäußert, gerade die allerneuesten Geschlechterverhältnisse könnten einer ästhetisch-sexuellen »Wahl« günstiger sein als jede andere Phase der menschlichen Zivilisation.[95] All jene sozialen Reglementierungen von Sexualität und Partnerwahl, in denen die traditionalen Gesellschaften so erfindungsreich waren, scheinen einer völligen ›Befreiung‹ der individuellen Präferenzen zu weichen; damit wird der »agency of sexual selection« wieder ein Wirkungsfeld eröffnet. Die aktuelle Jetztzeit schließt, so gesehen, einen überraschenden Bogen zurück zu den polygamen »primeval times«, in denen die sexuelle Selektion jenes Aggregat der Dimorphismen hervorbrachte, das die Menschen noch immer bewundern und begehren. In der allerneuesten Moderne kehren damit die archaischen Bedingungen wieder, unter denen »sense of beauty« und körperliche »Ornamente« einstmals sich herausgebildet und ihre volle »power of selection« entfaltet haben. (Wissenschaftsgeschichtlich entbehrt es nicht einer abgründigen Ironie, daß ausgerechnet die ›Emanzipation‹ der Frau einem zentralen Konzept der Darwinschen Evolutionsbiologie zu neuer Aktualität zu verhelfen scheint. Dies bestärkt den generellen Eindruck, daß heute ein grundlegendes Nachdenken darüber vonnöten ist, warum evolutionsbiologische Denkmuster sich in den Humanwissenschaften der zurückliegenden Dekaden – Luhmann ist dafür nur eines von vielen Beispielen – einer gesteigerten Beliebtheit auch und gerade für die Analyse moderner sozialer Systeme erfreuen.)

15. Die evolutionstheoretische Motivierung von Darwins denkwürdigem Ideal, nämlich die Integration individueller Wahlakte in eine Verschönerung der Gattung, muß aber ohne Rückkehr zu Polygamie und/oder Streben nach möglichst großer Kinderzahl leer ausgehen. Es sei denn, gleichbleibende ästhetische Präferenzen würden so konsequent befolgt, daß die nicht-konformen Individuen mangels Paarungschancen oder gar aufgrund ästhetisch motivierten Selbstausschlusses tendenziell aufhörten sich zu reproduzieren. Solange diese letzte – unheimliche, aber durchaus denkbare – Möglichkeit nicht erkennbarerweise Wirklichkeit geworden ist, kann nur der direkte Zugriff auf die Gene den ›Nachteil‹ der (modernen) Zivilisation im ›natürlichen‹ Hervorbringen ästhetischer Mutationen beheben. Er kann die Unterbrechung der Evolutionsgeschichte beenden und eine strukturelle Analogie zwischen den »favorable conditions for sexual selection« zu Urzeiten und heutigen Kulturbedingungen herstellen. Dann werden Mode und »capriciousness of taste« wieder ein Organon der Evolution der Körper selbst sein.

III. Zur Evolutionstheorie attraktiven Aussehens nach Darwin

Die Ästhetik der Evolution blieb sowohl in Biologie wie Verhaltenspsychologie beinahe hundert Jahre lang auffällig wenig rezipiert, obwohl die theoretische Genetik seit Fishers grundlegender Studie (1930) die Denkmöglichkeit von Darwins Modell mehrfach bekräftigen konnte. Eine veränderte Situation ergab sich erst mit dem Einsetzen der empirischen universitären Forschung zu physischer Attraktivität in den 1970er Jahren. Ihrerseits hätte diese Forschungsrichtung vermutlich nicht einen so starken Aufschwung genommen, wenn nicht mit der Jugendkultur und Mode der 1960er Jahre ein markantes Beobachtungsfeld für die Rolle physischer Attraktivität entstanden wäre.[1] Dies lockerte letztlich auch akademische Berührungstabus gegenüber dem ›unseriösen‹ Thema. Empirische Daten sprudelten bald reichlich, und der Bedarf nach theoretischen Erklärungsmodellen bescherte Darwins »sexueller Selektion« unversehens die Rolle einer Standardreferenz.

Die in der vorliegenden Studie interessierenden Elemente von Darwins Theorie scheinen an Unverdaulichkeit gleichwohl wenig eingebüßt zu haben. Das gesamte Vokabular, mit dem Darwin sein Projekt einer Evolutionstheorie des ästhetischen Urteils ebenso gezielt wie provokativ an Sprache und Desiderate der überlieferten Ästhetik angeschlossen hatte (»taste«, »sense of beauty«, »fashion«), wird in aller Regel wie eine peinliche Erinnerung systematisch vermieden. Zur allergischen Reaktion auf Darwins Begriffspolitik tritt eine andere Form des Widerstands gegen seine Theorie: Neuere evolutionsbiologische Studien neigen in ihrer großen Mehrzahl dazu, Darwins Modell sexueller Selektion nur in dem Maße für wissenschaftlich unanstößig zu halten, in dem jedes ästhetische Attraktivitätsmerkmal nichts als ein Fitness-Indikator, eine »external indication of the maturity and vigor of the male«[2] ist. Wie schon Darwins Zeitgenosse Wallace formuliert hatte, hören die Ornamente dann auf, seltsame Launen des Geschmacks zu sein, und die »female choice« vollzieht mit ihrer Hilfe nur noch nach, was sich durch natürliche Selektion der »good genes« ohnehin ergeben würde.[3]

Darwin war sich in vollem Umfang der Tatsache bewußt, daß sein Konzept sexueller Selektion durch ästhetische (weibliche) Präferenzen auf weit nachhaltigeren Widerstand gestoßen ist als seine Entthronung des Schöpfergottes durch das Prinzip natürlicher Evolution und die Ableitung des Menschen aus dem Affen.[4] Es entbehrt nicht eines erheblichen Pathos, wenn Darwin wenige Stunden vor seinem Tod – in einem Vortrag vor der Zoological Society – gerade dieser zweiten, allgemein abgelehnten Häresie förmlich die Treue erklärt: »Many naturalists doubt, or deny, that female animals ever exert any choice, so as to select certain males in preference to others. It would, however, be more correct to speak of the females as being excited or attracted in an especial degree by the appearance, voice, &. of certain males, rather than of deliberately selecting them. I may perhaps be here permitted to say that, after having carefully weighed, to the best of my ability, the various arguments which have been advanced against the principle of sexual selection, I remain firmly convinced of its truth.«[5]

Die neuere Evolutionstheorie hat einen erheblichen Einfallsreichtum entfaltet, um Darwins zweite große Theorie zu einem bloßen Unterkapitel seiner ersten herunterzustufen. Etliche Autoren sehen die Leistung der sexuellen Ornamente zuallererst darin, hybride Paarungen zu vermeiden. Das Ornament ist demnach nichts anderes als ein gattungstypisches Identifikationsmerkmal, ein Erkennungszeichen zur Vermeidung fruchtloser Paarungen.[6] Diese Theorie hat in jedem Fall nur einen begrenzten Erklärungswert.[7] Zahlreiche Beobachtungen und Experimente haben erwiesen, daß die Ornamente neben relativ groben Unterscheidungen (zur eigenen Art gehörig vs. nicht dazugehörig, männlich vs. weiblich) auch eine feinkalibrierte Diskriminierung zwischen verschiedenen Individuen derselben Gattung erlauben. Für ebendiese Funktion sind nun gleichfalls Formulierungen gefunden worden, in denen sexuelle und natürliche Selektion zusammenfallen. Heiß diskutiert wurden und werden insbesondere drei derartige Theorien der physischen Attraktivität: die Handicap-These, die Parasitenresistenz-These und die These vom reproduktiven Potential.

Zunächst jedoch einige generelle Bemerkungen zu neo-darwinistischen Theorien sexueller Strategien und ästhetischer Selektionsmerkmale. Von strengen empirischen Wissenschaften unterscheiden sich diese Theorien durch mindestens zwei generelle Merkmale. Das erste ist der Hang, nein: die Notwendigkeit zu spekulativer Theoriebildung, ja, zu oft wilden und phantasievollen Hypothesen. Ohne ein hohes Maß an Einbildungskraft, Interpolation fehlender Daten, maximaler Auslegung vorhandener Daten und narrativer Synthetisierung hätte Darwin keine einzige seiner bahnbrechenden Einsichten gewinnen und formulieren können. Das zweite Merkmal ist der prekäre Status aller empirischer Evidenzen, insbesondere für menschliche Verhältnisse. Nicht nur ist der Weg vom Affen zum Menschen extrem lückenhaft belegt; vor allem sind alle an heutigen Menschen gewonnenen Beobachtungen zu biologisch fixierten Verhaltensadaptionen per definitionem und irreversibel durch kulturelle Umwelten kontaminiert. Erhebungen mit heutigen Testpersonen erlauben, selbst wenn sie interkulturell durchgeführt werden, grundsätzlich keine zweifelsfreie Aussage darüber, was die Resultate besagen: aktuelle kulturelle Präferenzen, Spuren archaischer evolutionärer Adaptionen oder Mischungen von beiden in unanalysierbaren Proportionen. In der Praxis reklamieren Evolutionstheoretiker, durch aufwendige interkulturelle Erhebungen in dem Maß zu Spuren genetisch verankerter Adaptionen vorzudringen, in dem nicht-triviale Übereinstimmungen ermittelt werden. Das gefilterte Resultat der Bemühungen, so die Hoffnung, gibt einen Blick frei auf Präferenzen und Problemlösungsmuster, die in der sogenannten EEA (Environment of Evolutionary Adaptedness) – von Darwin die »primeval times« genannt – einstmals adaptiv waren. Sowenig mangels archaischer Statistiken ein alternatives Verfahren absehbar ist, sosehr leidet das gewählte doch unter prinzipiellen Beschränkungen.

Das statistische Herausrechnen vermeintlicher Störeffekte absorbiert zwar einen großen Teil der wissenschaftlichen Mühe und ist in beinah jedem einzelnen Fall eine hochgradig verwikkelte Aufgabe. Es macht aber nur einen kleinen Teil der methodischen Problematik aus. Daß Datenerhebungen in der Regel nur ermitteln können, wonach sie fragen, ist eine Binsenweisheit und doch eine gewaltige Beschränkung der evolutionstheoretischen Forschung. Um so klug fragen zu können wie Darwin, müßte man auch so viele unwahrscheinliche Ahnungen und Antizipationen haben wie er. Der Regelfall der Forschung ist dies nicht. Oft genug werden auf der Basis heutiger Intuitionen über Geschlechterverhalten nur mehr oder weniger banale Thesen improvisiert, durch teure Datenerhebungen gejagt und ab mäßigen Graden statistischer Übereinstimmung hypothetisch zu archaischen Verhaltensmustern erklärt. Abgesehen davon bringt die Orientierung an transkulturellen Kernen von Übereinstimmung die Tendenz mit sich, nach zeitlichen Invarianten der hypothetischen EEA zu suchen statt nach evolutionären Prozessen. Die Evolutionstheorie hat vielfach zeigen können, daß eine Spezies in räumlich getrennten Umwelten unterschiedliche Adaptionen entwickeln kann. Die Annahme, es habe für archaisches menschliches Sexualverhalten nur eine EEA statt vieler verschiedener gegeben, ist keineswegs selbstverständlich und müßte selbst erst erwiesen werden. Die faktische Suche nach Invarianten verfehlt in jedem Fall systematisch die eventuell gegebene Vielfalt archaischer Adaptionen.

Die aus der Datennot geborene Suche nach mal mehr, mal weniger improvisierten Invarianten ist es auch, die dem Vorwurf konservativen, ja reaktionären Biologismus' gelegentlich mehr Substanz verleiht, als mit Rücksicht auf das Projekt der Evolutionstheorie grundsätzlich berechtigt ist. Für Darwins Denken gibt es buchstäblich nichts Festes: Knochen, Organe, Verhaltensmuster – alles ändert sich beinahe so ständig wie der Heraklitische Fluß. Natürliche und sexuelle Selektion sind die »agencies« dieses Wandels, und keine einzige der jeweils evolutionär begünstigten Adaptionen hat Aussichten auf dauerhaften Bestand. Ganz anders die Evolutionstheorie menschlicher ästhetischer und sexueller Präferenzen: Sie ist in der Regel an wirklichen oder vermeintlichen Konstanten aus den »primeval times« orientiert, weitaus weniger dagegen an der Dynamik ihrer Entstehung aus der Sexualität der Affen oder gar an der Dynamik ihrer Überlagerung durch kulturelle Regeln und Verhaltensmuster. »Data on the current offspring-producing consequences of aesthetic judgment«, so schreibt einer der führenden Theoretiker, »are totally irrelevant to the Darwinian approach to understanding aesthetic judgments discussed herein.« Auf den ersten Blick erscheint die Feststellung trivial: Niemand erwartet, daß heutiges Verhalten von sich aus archaische Fixierungen offenbart oder daß evolutionstheoretische Hypothesen einfach durch konträre heutige Daten widerlegt werden können.

Andererseits arbeitet die Evolutionstheorie ästhetischer und sexueller Verhaltensmechanismen in ihrem empirischen Teil fast ausschließlich mit aktuellen Daten, da archäologische Funde sich nicht auf psychologische Mechanismen erstrecken. Hochglanz-Magazine, Schönheitswettbewerbe, Kontaktanzeigen und neueste Statistiken werden mit Begeisterung auf evolutionstheoretisch brauchbare »cues« gesichtet. Die Aussage, aktuelle Daten über sexuelle Konsequenzen ästhetischer Urteile seien für die evolutionstheoretische Ästhetik »totally irrelevant«, erscheint vor diesem Hintergrund eigentümlich überdeterminiert. Die Unlust, mit beliebigen kulturellen Varietäten als vermeintlichen Gegenevidenzen zu archaischen Verhaltensmustern konfrontiert zu werden, macht vermutlich den Kern dieser Abwehrhaltung aus.

Tatsächlich können evolutionstheoretische Hypothesen – und gleiches gilt letztlich für jede wissenschaftliche Disziplin – vernünftigerweise nur im Feld der von ihnen reklamierten Zuständigkeit kritisiert werden. Genau da liegt aber ein riesiges Problem: Wie sollen vermeintlich archaische und rezente kulturelle Verhaltensniveaus jemals säuberlich auseinanderdividiert bleiben, wenn auch die Evolutionstheorie selbst von neuesten Phänomenen reichlich Gebrauch macht? Die evolutionstheoretische Antwort – durch interkulturelles Filtern von Daten – begünstigt nicht nur rudimentäre Einheit über evolutionäre Vielfalt. Sie läuft auch strukturell Gefahr, aus einer verständlichen Reaktion auf ein erdrückendes methodisches Problem heraus eine Behandlung besonders interessanter Fragen geradezu programmatisch zu unterlassen. Wäre es nicht eminent wichtig zu verstehen, ob und wie archaische Verhaltensadaptionen mit jeweiligen kulturellen Umwelten interagieren? Wäre – trotz aller methodischer Schwierigkeiten – eine Kombination evolutionsbiologischer und kulturevolutionärer Fragestellungen nicht gerade wünschenswert? Es ist verständlich, daß eine Wissenschaft, die bei vielen Wissenschaftlern aus angrenzenden Disziplinen sowohl für ihr spekulatives Fabulieren als auch für ihre hochproblematische Empirie verrufen ist (oder zumindest längere Zeit dafür verrufen war), sich nicht auch noch an kulturwissenschaftlichem Dilettieren versuchen will. Die tendenzielle Orientierung an möglichst stabilen Konstanten in einem hypothetischen EEA, für das heutige Daten »totally irrelevant« seien, ist gleichwohl ein hoher Preis für die Selbstbehauptung und Selbsteingrenzung einer Disziplin, die von ihrem Namen her gerade an fortgesetzter Dynamik orientiert ist. Der folgende Durchgang durch maßgebliche Reformulierungen von Darwins Konzept ästhetisch-sexueller Selektion nimmt sich gelegentlich die Freiheit, diese Eingrenzungen nicht zu akzeptieren.

Schönheit als Handicap

Nach der Handicap-These Amotz Zahavis ist die Entwicklung sexueller Ornamente ein einziger Fitness-Test.[8] Ein Pfau, der trotz seiner Einschränkung durch die gewaltigen Schwanzfedern bis ins Paarungsalter überlebt, demonstriert damit eine vorzügliche Überlebensqualität und also »good quality« für die Fortpflanzung. Den enormen Energieaufwand für Ausbildung und Erhaltung besonders spektakulärer Geweihe scheinen sich nur solche Hirsche leisten zu können, die vorzüglich in der Lage sind, Reviere mit den notwendigen calciumreichen Nahrungsreserven zu erobern und zu sichern. Analoges gilt für die üppigen Mähnen einiger Tierarten: sie behindern die Sicht und lassen oft das Gesicht kleiner erscheinen; das Ornament hat insofern den Wert der Botschaft: »Ich bin mir meiner Kraft und Größe so sicher, daß ich sogar in Kauf nehmen kann, unnötig schlecht zu sehen und kleiner zu wirken, als ich bin.«[9]

Das »Handicap« ist demnach keine lästige Begleiterscheinung sexueller Ornamente, sondern umgekehrt: Gerade um des Handicaps willen gibt es überhaupt das Ornament und den Prozeß seiner eskalierenden Fixierung. Nur weil und sofern die Ornamente ihren Trägern hohe ›überflüssige‹ Kosten abverlangen, sind sie »zuverlässige« (*reliable*) und »ehrliche« (*honest*) Signale herausragender »fitness«.[10] Denn sie sind nur möglich, wo es Ressourcen im Überfluß, wo es eine Kraft zu unökonomischen Extra-Ausgaben gibt; aus eben diesem Grund sind sie sowohl besonders abhängig vom Gesamtzustand eines Tieres als auch besonders distinktiv als Anzeige dieser »condition«.[11] Die Souveränität der Verschwendung von Energie für ein »Handicap« ist der nur scheinbar paradoxe Beweis vorzüglicher Gesundheit.[12] Tiere, die diesen Härtetest überstanden haben, sind denen vorzuziehen, die ohne ein gleich großes Handicap durchs Leben gekommen sind. Weibliche Präferenzen für höchstornamentierte Bewerber sind daher nichts anderes als eine kluge Weise, das harte Geschäft der natürlichen Selektion der Stärksten nicht durch Kämpfe, sondern mittels eines bloßen Ablesens körperlicher Anzeichen zu betreiben.

Gleiches gilt für den Blick weiblicher Laubenvögel auf die baulichen Kunstwerke ihrer Bewerber. Der »taste« für Unterschiede in Design, Materialqualität und Dekoration zielt im Medium der Bauwerke auf die Qualitäten der Baumeister. An Elaboriertheit und Erhaltungszustand der Laube ermitteln die weiblichen Tiere die Fähigkeiten ihrer Bewerber, überflüssige Mühen auf sich zu nehmen, deren Resultat gegen die regelmäßigen Angriffe ihrer Konkurrenten zu verteidigen und ihrerseits besonders erfolgreich die begehrtesten Ornamente aus den Lauben anderer Vögel zu stehlen.[13] Von der Seite der männlichen Tiere ist das Bauen der Laube ein »Handicap«, eine massive Erschwerung sexuellen »Erfolgs«; von der Seite der weiblichen Tiere ist Architektur-Kritik eben deshalb nichts als eine symbolische Fitness-Evaluation. Balz- und Gesangskünste fallen unschwer einer analogen Erklärung zu: »Singing can demonstrate the ability to provide. The time invested in singing cannot be used for foraging. A courting male who handicaps himself by singing continuously provides evidence that he needs less time to forage, either because he is very efficient or because his territory is very rich.«[14]

»Taste« ist nach dieser Hypothese auf nichts anderes als »waste« geeicht:[15] er ›mißt‹ das Niveau an unproduktiver Verschwendung und setzt das ermittelte Quantum linear mit »fitness« im Sinne überlegener Kraft-Ressourcen gleich. Diese Theorie paßt offenbar bestens auf zahlreiche Phänomene von »conspicuous consumption«[16] im menschlichen Werbungsverhalten: den Kult extrem aufwendiger Brautgeschenke (»diamonds are a girl's best friend«), Hochzeitsfeste usw. Der Potlatch[17] und Batailles souveräne »Verausgabung« (*dépense*) finden so eine überraschende Reformulierung in der evolutionsbiologischen Theorie ›unnützer‹ Ornamente als des einzig täuschungsfesten Beweises überlegener Ressourcen.

Die Handicap-Theorie stellt die direktest mögliche Normalisierung des Ästhetischen auf das Niveau der natürlichen Selektion dar. So intellektuell brillant diese Theorie auch ist, die Hypothese einer linearen Korrelation von Größe des Ornaments und Größe des ausgehaltenen Überlebensdrucks impliziert eine weitgehend unbewiesene Gleichsetzung arteigener und artfremder Wahrnehmung sexueller Ornamente. Pfauen mit etwas weniger langen Federn und etwas weniger symmetrischen Farbmustern mögen sich vor den Augen der Pfauendamen zwar deutlich von denen mit ›optimalen‹ Ornamenten unterscheiden; fürs menschliche Auge ebenso wie für die natürlichen Feinde sind sie aber gleichermaßen spektakulär und gleich gut sichtbar. Zumindest fehlt bislang ein klarer Beweis, daß die feinen Unterschiede zwischen ›idealen‹ und fast idealen Ornamenten, die bei der sexuellen Wahl über Alles oder Nichts entscheiden, im Register der natürlichen Selektion – dem Selbstbehauptungsdruck gegenüber beutemachenden Tieren – annähernd gleichwertig ins Gewicht fallen.

Zahavis Handicap-Prinzip reformuliert Darwins Unterscheidung von natürlicher und sexueller Selektion als den Unterschied von »utilitarian selection« und »signal selection«.[18] Die Selektion nützlicher Körpermutationen verbessert direkt die Überlebensfähigkeit, die Selektion von Signalen dagegen wählt den Umweg einer partiellen Selbstbehinderung, um glaubhaft bestimmte Qualitäten anzeigen zu können, die dann ihrerseits mehr Vorteile verschaffen, als ihre Anzeige kostet. Die Evolution solcher Signalreize ist nicht auf sexuelle Selektion beschränkt. Vor allem aber werden beide Arten der Selektion, »utilitarian« und »signal selection«, ausdrücklich als Formen natürlicher Selektion verstanden. Die Selbstetikettierung der Handicap-Theorie als eines »missing piece of Darwin's puzzle« verdeckt daher den Umstand, daß sie mit Basisannahmen von Darwins Modell sexueller Selektion systematisch bricht. Darwin führte die Capricen des Geschmacks in der Überzeugung ein, daß natürliche Fitness-Selektion bereits im Feld der Natur keinen hinreichenden Alleinerklärungsanspruch reklamieren kann. Zahavi dagegen konstatiert bündig: »Signals, like other traits, evolve through natural selection.«[19]

Forschungen am Leitfaden der Handicap-Hypothese haben zu einer Fülle neuer Einsichten geführt. Zugleich hat die Ausdifferenzierung des vermeintlichen »Prinzips« eine große Zahl von Widersprüchen gezeitigt. Lieblingsbeispiele im Feld nicht-sexuellen Verhaltens sind etwa das Springen der Gazelle und das Akzeptieren von Kuckuckseiern. Gazellen, die Wölfe oder Löwen in ihrer Nähe entdeckt haben, vollführen regelmäßig extrem energieaufwendiges Hochspringen (»stotting«); sie erhöhen damit entschieden ihre Sichtbarkeit und vergeuden scheinbar Energie, die sie besser für schnellstmögliche Flucht aufwenden sollten. Ebendies, so die Erklärung, ist der Zweck des Verhaltens: Gazellen, die dem Raubtier überzeugend ihr Sprungvermögen vorführen und es dabei sogar näher an sich herankommen lassen, demonstrieren damit ihr Vertrauen in ihre überlegenen Fluchtfähigkeiten; sie signalisieren dem Räuber, daß ein Angriff keine guten Erfolgsaussichten hätte. Tatsächlich wurde mehrfach beobachtet, daß Raubtiere sich aus einer Herde von Beutetieren gerade diejenigen als Opfer auswählen, die als erste fliehen. Die scheinbare Selbstbehinderung durch »stotting« ist damit bestens erklärt.[20] Nur, wo ist dann noch das »Handicap«, das irgend dem Pfauenrad analog wäre? Wenn Gazellen situationsgerecht eine aufwendige Vorführung ihrer sportlichen Fähigkeiten geben, um sich den noch größeren Aufwand einer Verfolgungsjagd zu ersparen, dann verhalten sie sich offenbar äußerst ökonomisch. Von souveräner Energieverschwendung für ein nicht-adaptives Körpermerkmal kann dann kaum die Rede sein. Mit der Auflösung der scheinbaren Widersinnigkeit des »stotting« entfällt zugleich die Berechtigung, hier irgend von einem »Handicap« zu sprechen.

Gleiches gilt für das Kuckucksbeispiel.[21] Einige Vogelarten werfen das parasitäre Ei nicht aus dem Nest und ziehen das geschlüpfte Kuckucksjunge sogar groß. Die Kuckuckseltern würden andernfalls – so zumindest *eine* Erklärung des Verhaltens – mit hoher Wahrscheinlichkeit alle verbleibenden Nestlinge töten. Natürliche Selektion hat insofern bei den Gasteltern einen nützlichen Ausgleichshandel zwischen Inkaufnehmen des

Mehraufwands und Risiko des Totalverlusts der bereits geleisteten Aufzuchtarbeit herausgebildet: sie *vermeiden* gerade Energieverschwendung, indem sie einen weiteren Schnabel stopfen. Wo mafiöse Erpressung durch parasitierende Kuckuckseltern eine Realität ist, da ist das ›altruistische‹ Verhalten nichts anderes als ›kluger‹ Egoismus. Wieder ist die Rede von »waste« und »handicap« dann nur mehr eine vage, ja, irreführende Metapher. Sie versäumt es, der eigenen Einsicht Rechnung zu tragen, und bleibt in ihrer Begrifflichkeit – ohne dafür plausible Gründe anzugeben – auf der Stufe des unverstandenen Verhaltens stehen. Sexuelle Ornamente im Sinne Darwins dagegen behalten auch dann noch ihren potentiell schädlichen Charakter im Register natürlicher Selektion, wenn ihre reproduktiven Vorteile einmal erkannt sind.

Eine weitere Inkonsistenz ergibt sich aus einer klassischen Äquivokation. Die Einführung des Begriffs »Handicap« von Darwins Pfauenbeispiel her bindet das Moment der Behinderung eindeutig an die relative Rücksichtslosigkeit ornamentaler Präferenzen gegenüber natürlicher Nützlichkeit. Andererseits erkennt Zahavi dem Ornament bereits *qua Ornament* – auch ohne das Moment einer Beeinträchtigung der *survival fitness* – eine Behinderungsqualität eigener Art zu: »The line along a fish's body shows how long the fish is; that is its ›message‹. [...] The line lets a fish show off clearly how much longer it is than shorter fish – but once it has the line, it also can't avoid showing off clearly how much shorter it is than longer individuals. Thus the cost of the decorative marking is differential rather than uniform and is greater for inferior individuals than for superior ones. The material investment in the line may be the same, and may be insignificant, but the message and its cost are different for different individuals.«[22] Nach dieser Überlegung besteht das Handicap nicht darin, notwendig einen hohen Energieaufwand für unnütze Merkmale zu verlangen. Im Gegenteil: der Aufwand kann auch minimal sein, und für die meistbegünstigten Individuen ist er ohnehin stets kleiner als für alle anderen. Das Handicap besteht vielmehr darin, *überhaupt* irgendein Körperzeichen auszubilden, das von anderen Lebewesen als Kriterium für »sexuelle Wahl« verwendet wird. Gleichgültig wie energieaufwendig Ausbildung und Erhalt eines Längsstreifens sein mag, er verursacht schon allein deshalb Kosten, weil er ein gegebenes Merkmal des Fisches verstärkt und im ungünstigen Fall für geringen Reproduktionserfolg (mit)verantwortlich sein kann. Nicht die *runaway*-Präferenz für extreme und unpraktische Körperornamente, sondern der naturweite Attraktivitäts-Zwang überhaupt ist insofern das Handicap, dem sexuelle Körper ausgesetzt sind. Gewiß geht nach Darwins Einsicht beides ineinander über; Zahavi hat es aber versäumt, diesen Unterschied überhaupt festzuhalten. Dies entspricht seiner generellen Tendenz, die zunächst präziseren Konturen seiner Rede von »Handicap« zugunsten der maximalen Ausweitung zu einem beinahe universellen »Prinzip« aufzugeben.

Verschwendung von Energie kann in einer beliebigen Vielzahl von Formen erfolgen. Zahavis ursprüngliche, am Pfauenvorbild orientierte Handicap-Theorie war daher noch zwanglos vereinbar mit Darwins Überzeugung, sexuelle Ornamente seien das Äquivalent arbiträrer Kleidungsmoden am Körper natürlicher Lebewesen. Mehr noch: das Handicap-»Prinzip« war zunächst so abstrakt formuliert, daß es einer wesentlichen Unterscheidung entbehrte. Darwin hatte zusätzliche Merkmale erarbeitet, kraft deren eine grundsätzlich arbiträre Mode als »schön« wahrgenommen werden konnte (Neuigkeit, Varietät, Verstärkung). Zahavi dagegen hat alle diese Merkmale zunächst auf die reine Dimension von »waste« reduziert. Selbstschädigung und unnütze Verausgabung werden aber nicht per se als attraktiv empfunden. Zahavi sah sich denn auch mit der Frage konfrontiert, ob ein Individuum, das einen Arm verloren und trotzdem das fortpflanzungsfähige Alter erreicht hat, nicht genauso einen Beweis überschüssiger Energie und Fitness erbracht hat wie der durch sein Rad behinderte Pfau.[23] Da Zahavis Theorie keinerlei Vorhersage darüber enthielt, aufgrund welcher Merkmale Schädigungen höchst unwahrscheinlicherweise als ästhetisch und sexuell attraktiv bewertet werden, fehlte ihr zunächst jede Möglichkeit, der besonderen ornamentalen Form des sexuellen Handicaps gerecht zu werden.

Wie um seiner Hypothese diesen Mangel besonders gründlich auszutreiben, hat Zahavi in späteren Texten ornamentale Handicaps ganz entschieden als direkten Reflex natürlicher Adaptionen zu erklären versucht. Gewählte Muster sind demnach weder zufällig noch arbiträr noch kapriziös, sondern sie arbeiten stets materialgetreu, zuverlässig und aufrichtig eine natürliche Adaption heraus, als deren Anzeige sie dienen: »Certain decorations bring out the quality of the objects.«[24] Wenn Fischkörper durch ihre Länge imponieren wollen, entstehen Längsstreifen; der Akzent auf Höhe dagegen finde seine natürliche Anzeige in Querstreifen.[25] Außer dieser eher platten Korrespondenz-Ästhetik, die den Einfallsreichtum natürlicher Körpermoden schwerlich erschöpft, hat Zahavi auch einige interessante Beobachtungen formuliert, die auf Analoga der traditionellen Lehre von der erschwerten Form als Grundprinzip des Ästhetischen hinauslaufen. Wo ein Ornament etwa durch seine kreisrunde Form bestehen soll, da werden kleinste Abweichungen sofort sichtbar, wenn der Kreis zusätzlich mit einem konzentrischen Punkt oder einem weiteren kleineren Kreis verziert ist.[26] Das ornamentale Muster erhält dadurch eine sich selbst erschwerende Struktur. Gleiches gilt für Ornamente, deren Symmetrie durch zusätzliche Linien besonders anfällig für das Wahrnehmen jeder geringsten Asymmetrisierung wird, oder für symmetrische Gefiedermusterungen, bei denen das Fehlen einer einzigen Feder sofort störend auffällt.[27] Auch die Darstellung körperlicher Länge kann den Weg erschwerender Selbstvereitelung gehen: »A long structure looks shorter with a transverse band around it. An animal with a long neck may display the length of it by having a handicapping ring around the neck [. . .]: ›My neck is so long I can even afford to make it look short‹.«[28] Anders als bei der Selbstverstärkung von Länge durch Längsstreifen kann in diesem letzten Fall zumindest entfernt von einem ornamenteigenen Prinzip der Selbstbehinderung die Rede sein. Letztlich aber hat Zahavi nur den komplementären Prinzipien isomorpher und kontrastiver Verstärkung eine improvisierte Reformulierung gegeben. Diese genügt keinesfalls, um Darwins Theorem der Arbitrarität körperlicher Ornamente zu widerlegen. Wenn es bereits für die zeichenhafte Signalisierung reiner Länge entgegengesetzte ornamentale Devisen gibt, dann ist kaum damit zu rechnen, daß jedes komplexe Muster als notwendiger Ausdruck einer natürlichen Adaption durchsichtig gemacht werden kann.

Andere Argumente reichen ebensowenig aus, der Natur die Darwinschen Capricen auszutreiben. Zahavi weist auf Beobachtungen hin, wonach Vögel und Fische in offenem Gelände oder offenem Wasser diverse Schwarz-Weiß-Grau-Muster zeigen, Vögel in Waldbodennähe vorzugsweise braun und schwarz und solche in den mittleren Etagen des (Ur-)Walds besonders bunt gefärbt sind.[29] Dieser Befund entspricht elementaren optischen Gegebenheiten von Sichtbarkeit über bestimmte Entfernungen sowie von Kontrast- und Farbwirkungen unter bestimmten Lichtverhältnissen. Auch Darwin würde selbstverständlich nicht erwarten, daß sexuelle Ornamente, die ja schließlich *wahrgenommen* werden sollen, nicht an die typischen Lichtbedingungen der spezies-typischen Lebenswelten rückgekoppelt sind. Nur folgt aus dieser Einsicht ebensowenig wie aus der Theorie der »sensory biases«, daß Ornamente nicht länger in hohem Maße arbiträr sein können. Denn zwischen der statistischen Vorhersage, daß eine bestimmte Höhenlage im Wald grüne und gelbe Vogelfarben begünstigt, und der konkreten Farb- und Musterwahl einzelner Arten klafft immer noch eine große Motivationslücke, die für modische Capricen im Sinne Darwins reichlich Raum läßt.

Menschliche Körper-Ornamente erfahren durch die Handicap-Hypothese eine erfrischend innovative Betrachtung. Am menschlichen Haupthaar hebt Zahavi ein Merkmal hervor, das schlechthin distinktiv ist und doch meist wenig beachtet wird: Anders als aller tierische Fell-, Haar- und Federschmuck hat das menschliche Haar keine vorprogrammierte Wachstumsgrenze.[30] Irgendwann in der menschlichen Urgeschichte wurde das Haar verrückterweise so »gewählt«, daß es nicht aufhört zu wachsen und keine einheitliche Naturfrisur mehr ergibt. Diese einzigartige Dekoration hat daher von sich aus die Tendenz, zu einem erheblichen Handicap für Sicht und ungestörte Bewegung zu werden. Der menschliche Haarschmuck teilt damit die von Darwin erkannte Eigentümlichkeit der menschlichen Haut: Beide sind schöne Schädlichkeiten, die der Mensch sich nur leisten kann, weil er kulturell durch Kleidung und Haarschnitt seiner natürlichen Körperlichkeit nachhilft. Ebendies, so Zahavi, ist die Essenz des Haupthaars als Dekoration: Es zeigt, daß sein ›Besitzer‹ über hinreichend überschüssige Ressourcen an Zeit, Geschick, Geduld und Imagination verfügt, um sie regelmäßig auf ein unpraktisches Ornament zu verwenden. Gut gepflegtes Haar ist insofern eine Werbung für die »fitness« seines Trägers. Für den männlichen Bart gibt Zahavi eine analoge und zugleich besonders überraschende Handicap-Erklärung. Ein ausgewachsener Vollbart erlaubt(e) es Feinden, den Träger des Bartes bequem ›in den Griff‹ zu bekommen. Das Ornament bezeugt insofern die Zuversicht seines Trägers, hinreichend »fit« zu sein, um sich eine solche Behinderung im Kampf leisten zu können.[31]

Auch das ornamentale Fettgewebe rund um die weiblichen Milchdrüsen ist eine einzige Ausstellung souveränen Ressourcen-Reichtums: »Large, heavy breasts clearly show that their bearer did not lack for food when they developed.«[32] Unter der (ungeklärten) Voraussetzung, daß junge Frauen zur Zeit der Ausbildung ihrer Brüste ganz auf ihre Fähigkeiten zur Selbstversorgung angewiesen sind, gilt demnach etwa folgendes Argument: Eine Frau, die trotz der Vergeudung von Energie auf Busen und Hüftpolster die Pubertät überstanden hat, beweist um so herausragendere Allgemein-»Fitness«, je größer ihre »Ornamente« sind, und sie wird unbewußt eben deshalb von einem Mann ›gewählt‹. Nach dieser Hypothese müßten letztlich beliebige ›überflüssige‹ Fettpolster als Attraktivitätsmerkmale gelten. Zahavis berechtigter Hinweis darauf, daß dies in etlichen Kulturen tatsächlich so war und immer noch ist, erweist sich bei näherer Betrachtung als ein weiterer Einwand gegen seine Hypothese. Denn für Kulturen mit ausgeprägten Präferenzen für schwergewichtige Frauen gilt regelmäßig, daß das Anlegen von Fettreserven keineswegs ein Handicap, sondern schlicht eine natürliche Adaption im Sinne erhöhter *survival fitness* war: Frauen mit großen Fettreserven hatten bessere Chancen, bei periodisch auftretender Nahrungsknappheit nicht nur selbst zu überleben, sondern auch ihre Kinder noch stillen zu können. Außerdem kann Zahavis »Prinzip« nicht erklären, warum ausgerechnet die Brüste von der negativen ästhetischen Bewertung großer Fettpolster auch dann ausgenommen bleiben, wenn sich kulturell die Gleichsetzung von Schlankheit und Fitness durchsetzt.

Für einen handicaptheoretischen Blick auf den weiblichen Busen wäre es vielleicht ergiebiger gewesen, statt des bloßen Quantums unnützen Gewebes wiederum das Moment der sich selbst erschwerenden Form zu betrachten: Die ästhetische Präferenz für aufrechte vs. hängende Brüste setzt das knochenlose

Gewebe dem Handicap der Schwerkraft aus, und die Positionierung der Brustwarzen markiert unnachgiebig jede Abweichung von Symmetrie und ›idealer‹ hemisphärischer Form. Für andere weibliche »Ornamente« hat Zahavi durchaus Argumente dieses Typs geltend gemacht: schlanke Taille und schlanke Fesseln seien eben deshalb gut etablierte »Signale« weiblicher Attraktivität, weil sie den Körper dem Handicap einer erschwerten Statik aussetzen und deshalb zuverlässig besonders gute »Qualität« von Gewebe und tragenden Strukturen anzeigen.

Da Zahavis nüchterner Blick ebenso erhellend wie erheiternd ist, sei hier auch seine Theorie von roten Lippen und »rosy cheeks« wiedergegeben: »Blood vessels in exposed skin cause heat loss, which wastes energy. [. . .] In cold climates, such as in Scandinavia and Russia, therefore, red lips and cheeks are a reliable signal of health and are considered beautiful: persons who can afford such ›wasteful‹ display prove that they are healthy and vigorous.«[33] Warum rote Lippen auch in wärmeren Ländern für attraktiv gehalten werden, entzieht sich offenbar diesem handicaptheoretischen Argument. Zahavi ist im übrigen so sehr von der Zuverlässigkeit und qualitätsoffenbarenden Ehrlichkeit unnützen Schönheitsaufwands überzeugt, daß er aus evolutionstheoretischen Gründen sich nicht einmal die Durchsetzung kultureller Ornamentierungen vorstellen kann, die nicht »in a reliable way« tatsächlich gegebene Vorzüge herausarbeiten. Der Gebrauch von Lippenstift und sämtliche Kleidungsmoden sind für ihn ausdrücklich über jeden Verdacht vorteilhafter Täuschungsstrategien erhaben.[34] Und wie die Kosmetik, so soll auch menschliche Kunst das Verfahren evolutionärer Ästhetik beerben, die materialgerechten Vorzüge von Körpern – ihre spezifischen natürlichen Adaptionen – wahrheitsgemäß hervorzukehren (»to advertise material quality«).[35] Für diese Annahme gibt es gewiß gute Gründe; aber mit irgendeinem präzisen Sinn von »waste« als dem Grundprinzip ästhetischer Signale ist diese Bestimmung kaum mehr zu vereinbaren.

Zahavis Erläuterungen menschlicher sexueller Ornamente arbeiten durchweg mit der abstrakten Variante seines Handicap-Prinzips: Was immer Selbstbehinderung und Energieverschwendung anzeigt, wird eben deshalb für »attraktiv« gehalten. Denn es beweist eine vorzügliche Gesamt-»fitness« des sein eigenes

Überleben erschwerenden Körpers. Ungeklärt bleibt dagegen weitgehend, warum bestimmte Handicaps statt anderer »gewählt« wurden und ob das Moment von »waste« allein ausreicht, um das Phänomen der »Schönheit« zu erklären. Adaptions- und materialtheoretische Erklärungen der menschlichen Handicaps nach dem Vorbild des Hervorhebens von Länge durch Längs- oder auch Querstreifen werden nicht gegeben. Darwins Theorie einer gewissen Arbitrarität ästhetischer Körperornamente wird daher de facto keineswegs widerlegt. Und selbst wenn ästhetische Bewertung unbewußt nichts anderes tun sollte als der natürlichen Selektion der Stärksten ein weiteres Medium zu verschaffen, ist doch dieses Medium, wie Zahavi selbst anerkennt, als »signal selection« von der genuinen Wirkungsweise der »utilitarian selection« grundverschieden. Der Umweg der natürlichen Selektion zu sich selbst – durch diverse Formen unnützer Selbstbehinderung – bleibt an die Evolution eines feinen ästhetischen Unterscheidungsvermögens für die individuellen Form-, Größe- und Farb-Differenzen der (schädigenden) Ornamente gebunden. Ob das bevorzugte Selektionsmerkmal in letzter Instanz ein ›reines‹ Handicap ist oder nicht, ›ästhetische‹ Evaluation findet in jedem Fall statt. Zwar schließt also die Handicap-Theorie Darwins Unterscheidung natürlicher und sexueller Selektion wieder programmatisch in die monolithische Einheit natürlicher Fitness-Selektion zusammen. Aber das Mittel dieser Schließung, das sexuelle Ornament als kostspieliger Fitness-Indikator, sorgt seinerseits dafür, daß ein Riß im System erhalten bleibt. Denn die Materialität dieses Indikators unterliegt vielfach – anders als seine ›Bedeutung‹ – derselben kapriziösen *runaway*-Evolution, die er bei Zahavi gerade wegerklären soll. Und er zeitigt Effekte – überall sichtbare Effekte –, die weit hinausgehen über eine neutrale Anzeige seines Signifikats.

Schönheit als Indikator von Immunkompetenz

Neben der Behinderungs-Theorie hat eine immunologische Perspektive auf sexuelle Ornamente große Beachtung gefunden. Den Anstoß dazu gab eine Studie von William D. Hamilton und Marlene Zuk.[36] Danach gibt es eine statistische Korrelation zwischen dem Grad des Parasitenbefalls einer Population und dem Grad der sexuellen Ornamentierung: je höher die Parasitenbelastung und je häufiger die damit verbundenen Infektionen, desto extremer die Ornamente. Also, dies die Folgerung, dienen sexuelle Ornamente dazu, den Sieg eines Organismus über alle Widrigkeiten seiner Entwicklung zu signalisieren. Mangelnde Resistenz gegen Parasiten, so will es diese Theorie, bewirkt zugleich eine verringerte Ausbildung der Attraktivitätsmerkmale. Tiere mit besonders prächtigen Ornamenten stellen insofern ihre Parasiten-Resistenz und damit ihre gute Überlebensfähigkeit unter Beweis. Je schöner sie sind, desto intakter ist ihr Immunsystem und desto besser setzt sich das morphogenetische Programm, das prinzipiell auf perfekte Ausprägung symmetrischer Körpermerkmale angelegt ist, auch gegen den Streß und die Störungen durch, mit denen schädliche Mutationen und Umweltbedingungen die Entwicklung beeinträchtigen können. ›Schönheit‹ ist insofern ein Indikator für Entwicklungsstabilität, für einen Triumph über die Unbilden, denen alle Organismen ausgesetzt sind. Je größer die Belastung, desto spektakulärer der Triumph.

Eine Studie mit Schwalben bestätigte diese Annahme im Experiment: (männliche) Vögel, die künstlich einer erhöhten Parasitenbelastung ausgesetzt wurden, zeigten statistisch signifikante Abweichungen in der Ausprägung ihrer (auch) ornamentalen Schwanzfedern. Diejenigen Vögel wiederum, welche trotz Parasitenbelastung die längsten Schwänze ausbildeten, waren zugleich am wenigsten von einer Asymmetrisierung des Ornaments betroffen. Daher die Folgerung: Die attraktivsten Vögel sind zugleich diejenigen mit der besten Immunkompetenz und Entwicklungsstabilität.[37] Zuverlässige vergleichende Daten über die Grade an Gesamt-Parasitenbefall bei einzelnen Populationen scheinen allerdings noch zu fehlen, da meist nur eine oder wenige Parasitenarten getestet wurden. Noch unklarer ist, wie der Grad der Ornamentierung halbwegs zuverlässig vergleichend bestimmt werden kann, wenn jede Spezies dafür ihre eigenen Sinnesdispositionen mitbringt. Einige Tier-Untersuchungen haben Hamilton und Zuks Hypothese nicht bestätigen können; eine Mehrzahl von Studien hat ihr allerdings statistische Unterstützung beschert.[38]

Am Körper des Menschen wurde und wird die Korrelation

von Schönheit und Parasitenresistenz bzw. Immunkompetenz vor allem auf zwei Attraktivitätsmerkmale bezogen: die Reinheit der Haut und die Symmetrie von Gesicht und Körperteilen. Beide zeigen demnach immunologische Kompetenz an.[39] Anfälligkeit für dauerhafte Akne und andere Hautläsionen sind statistisch mit erhöhter Anfälligkeit für eine Reihe weiterer organischer Erkrankungen verbunden.[40] Also ist eine tadellose Haut nicht zufällig das Hauptziel täglicher kosmetischer Bemühungen; denn sie signalisiert Resistenz gegen einen ganzen Kranz möglicher Erkrankungen und mithin gute »mate quality«. Unsere (männlichen) Vorfahren haben nach dieser Theorie lange vor der medizinischen Etablierung der genannten Zusammenhänge ein geeignetes Sensorium dafür entwickelt, und zwar auf dem Weg natürlicher Selektion: Wer nicht – wie immer unbewußt – auf die Hautanzeige achtete, hatte eine anfälligere Partnerin, weniger gesunde Kinder und mithin am Ende weniger »reproductive success«. Je länger die natürliche Selektion die Partnerwahl unter Berücksichtigung der Hautqualität begünstigte, desto mehr verbreitete sich das entsprechende Sensorium, bis es schließlich genetisch fixiert wurde.

Ein ähnliches Argument gilt für das Attraktivitätsmerkmal hoher Symmetrie. Verstärkte Grade von Asymmetrie in Gesicht und anderen Körperteilen sind statistisch mit verstärkter Anfälligkeit für Entwicklungsstörungen und sogar für etliche, zum Teil schwere Erkrankungen korreliert. Also, dies die Folgerung, signalisieren besonders hohe Symmetriegrade im statistischen Regelfall Abwesenheit schädlicher Mutationen sowie erhöhte immunologische Kompetenz und Entwicklungsstabilität. Da alle Körper von »fluktuierender Asymmetrie« betroffen sind, dienen deren stufenlose Unterschiede als ein feines Anzeigeinstrument, auf das die menschlichen Sinne evolutionär geeicht seien.[41] Dies gelte um so mehr, als die fluktuierende Asymmetrie fünf- bis zehnmal stärker auf die sexuellen Ornamente durchschlage als auf andere Körperteile – was die Präferenz für symmetrische Ornamente im übrigen zu einem weiteren Fall des Handicap-Prinzips macht.[42] Unter einer solchen Voraussetzung wäre zu erwarten, daß mit zunehmender Größe der sexuellen Ornamente auch die fluktuierende Asymmetrie zunimmt. Für viele andere Körpermerkmale ist dies auch der Fall. Ausgerechnet für die sexuell »gewählten« Ornamente wurde bei vielen, wenn auch keineswegs allen Tierarten aber das genaue Gegenteil ermittelt: je größer die Ornamente, desto kleiner die Asymmetrie. Solche Tiere, die sich die spektakulären Ornamente leisten und gleichzeitig deren überproportionale Anfälligkeit für ›Streß‹ und unstabile Entwicklung abfedern können, gelten daher als idealer Beleg für die Koinzidenz von ›Schönheit‹ und Fitness.[43]

Ein Pfauenrad von perfekter Symmetrie bei gleichzeitig überdurchschnittlicher Größe beweist insofern höchste Immunkompetenz. Sollte ein schwächeres Tier versuchen, dieses Ornament um jeden Preis auszubilden und eventuell sogar die bevorzugte Größe erreichen, würde immer noch die erhöhte Asymmetrie verraten, daß es sich um eine Mogelpackung handelt.[44] Weibliche Tiere scheinen beides, sowohl die Größe als auch den Symmetriegrad der Ornamente, genau zu bewerten.[45] Merkmale intra-männlicher sexueller Selektion – Sporen, besonders ausgeprägte Zähne oder Hörner – zeigen das gleiche Muster: Tiere, welche die größten Konkurrenzwaffen ausbilden und erhalten können, unterdrücken regelmäßig am besten deren Anfälligkeit für Asymmetrisierung.[46] Für Menschenmänner gilt analog: je schwerer und je größer, desto geringer der Grad an fluktuierender Asymmetrie – und mithin desto attraktiver der Mann. Dies kann als Fortwirken einer archaischen sexuellen Präferenz für männliche Muskelmasse und Kampfstärke verstanden werden (auch wenn im Zeitalter des generalisierten Schlankheitsdiktats die weibliche Präferenz für männliche Körpermasse offenbar nicht stetig mit dem Gewicht zunimmt). Umgekehrt wurde für Frauen eine positive, also ›unattraktive‹ Korrelation zwischen Körpergewicht und Asymmetrie ermittelt: Leichtergewichtige Frauen sind allgemein schwächer von fluktuierender Asymmetrie betroffen. Insofern gilt: Je schwerer, desto weniger symmetrisch und also desto weniger attraktiv – was als Spur eines archaischen Adaptionsdrucks in Richtung kleinerer Körpermasse gedeutet wird.[47] Insbesondere gelten erhöhte Asymmetriewerte der weiblichen Brüste allgemein als attraktivitätsmindernd. Die Evolutionstheorie unterstellt, daß die männliche ästhetische Präferenz für hohe Symmetriewerte in einer auf lange Erfahrung gestützten Diagnose besserer Gesundheit (Immunkompetenz, Entwicklungsstabilität) und höherer Fertilität gründet.[48] Sie liefert damit Ansätze einer sexualbiologisch fundierten Begründung für den Umstand, daß Symmetrie in der Geschichte der Ästhetik einer der meistbehandelten Kandidaten für die Beschreibung von Schönheit ist.

Ein Experte in philosophischer Ästhetik wird auf die Definition der ›Schönheit‹ als Parasitenresistenz-Anzeige zunächst mit ungläubigem Staunen reagieren. Die philosophische Ästhetik selbst ist aber keineswegs arm an vergleichbaren Hypothesen, die Schönheit negativ als gelungene Vermeidung oder Überwindung eines Übels bestimmen. Kerntexte der klassischen Ästhetik definieren die Schönheit des menschlichen Körpers sogar mittels der gleichen negativen Merkmale, an denen sich die Parasiten-Resistenz festmacht: als Abwesenheit nämlich von Pickeln, Warzen und Hautläsionen aller Art ebenso wie von sonstigen kleineren oder gar größeren anatomischen Irregularitäten. Die zu vermeidenden Übel werden explizit als pathologisch, als Krankheiten und organische Mißbildungen eingestuft; umgekehrt figuriert körperliche Schönheit ipso facto als physische wie auch mentale Gesundheit.[49] »Jede Form der Schönheit«, so Herder, sei »eigentlich nur Form der Gesundheit, des Lebens, der Kraft, [. . .] der Vollkommenheit zum Zwecke.«[50] Klassische Ästhetik und Parasitenresistenz-Hypothese treffen sich insofern in der Gleichsetzung des Attraktiven mit ›gesunder‹ Unanfälligkeit für Entwicklungsstörungen und besonderer Tauglichkeit für Leben und Fortpflanzung.

Gerade diese überraschende Affinität offenbart zugleich einen strukturellen Mangel der neueren Theorie. Die klassische Ästhetik behandelte den Sieg des Körpers über alle Gefahren der ›Mißbildung‹ allein als negative und notwendige Bedingung von Schönheit, aber nicht gleichzeitig als eine hinreichende Erklärung ihrer positiven Erkennungsmerkmale. Sie arbeitete vielmehr auch positive ästhetische Formpräferenzen heraus: für das ›griechische Profil‹ des Gesichts ebenso wie für eine bestimmte Linie des weiblichen Busens oder eine statuenfähige »männliche Kontur«. Die immunologische These dagegen behandelt die sexuellen Ornamente geradewegs so, als seien sie in Art und Wahrnehmung gleichwertig mit einem abstrakten ärztlichen Gesundheitsattest, bei dem es völlig gleichgültig ist, in welcher Schrift und auf welchem Papier es geschrieben ist. Sie vernachlässigt die konkrete Medialität und Materialität dieses Attests zugunsten der vermeintlichen Identität der gemachten ›Aussage‹. Für die Attraktivitäts-›Indikatoren‹ ist es aber wichtig, daß sie selbst bestimmender Teil der Attraktivität sind, die sie begründen, oder, wie Darwin sagte, daß sie als »Ornamente« wahrgenommen werden. Ein reiner ›Indikator‹ dagegen könnte, wie ein ärztliches Attest, ästhetisch völlig neutral sein. Er würde nicht dem modischen Druck unterliegen, dem Auge immer wieder kleinere Norm-Übertreibungen, Neuigkeiten und Varietäten anzubieten, sondern könnte sich darauf beschränken, ein biederer und langweiliger Indikator zu sein. Die fundamentale Erkenntnis der modernen Semiotik, daß Zeichen stets auch Eigendynamiken entfalten – weil jedes Zeichen eine irreduzible Differenz zwischen Signifikant und Signifikat sowohl erfordert wie hervorbringt –, gilt für die (vermeintliche) Selbstrepräsentation von »fitness« in einem supplementären Indikator um so mehr, als ornamentale Zeichen die Nichtidentität von Signifikant und Signifikat besonders markant auszunutzen neigen.

Die ›natürlichen‹ Vorteile einer ›schönen‹ Proportion von Taille und Hüfte und die Entstehung einer schlanken Ökonomie ohne Lagerhaltung

Die immunologische These behandelt Schönheit vor allem als ein negatives Gesundheitszeichen, welches das Fehlen bestimmter Krankheiten und mehr noch die prinzipielle Unanfälligkeit ihnen gegenüber signalisiert. Die Fitness-Indikator-Theorie der »Schönheit« geht sowohl über eine solche Anzeige von Immunkompetenz als auch über das Handicap-Prinzip hinaus. Sie kennt auch direkte Anzeigen sexueller Fruchtbarkeit und verlangt dabei nicht notwendig eine Kostspieligkeit der ornamentalen Zeichen im Register der *survival fitness*.[51] Weibliche Schönheit ist in diesem Sinne nichts anderes als eine äußere Anzeige des reproduktiven Potentials einer Frau, ein positives Gesundheitszeichen, das ganz ohne Umwege reichlichen Nachwuchs verspricht. Ganz egal, was heutige Männer dabei denken, die Evolution hat ihnen zu Urzeiten einen psychologischen Mechanismus eingepflanzt, der physische Merkmale einer Frau als Fruchtbarkeitsanzeige zu lesen erlaubt(e) und so der Maximierung des eigenen Reproduktionserfolgs dient(e). Die beiden prominentesten Varianten dieser These betreffen die Attraktivität bestimmter Proportionen von Taille und Hüfte am weiblichen Körper und des Kindchen-Schemas am weiblichen Gesicht (*facial babyishness*).

Männer, so fand Devendra Singh und löste damit eine stolze Zahl von Nachfolgestudien aus, ›bewerten‹ in mehreren untersuchten Kulturen eine Taille-Hüfte-Proportion (*waist-hip-ratio*, kurz WHR) von 0.7 als besonders attraktiv – ein Wert, der in etwa die ältere Mathematik von 60-90 in einen Dezimalfaktor übersetzt. Warum, so Singhs Frage, ist das so? Seine Antwort: Fettpolster an Hüfte und Po sind direkte Indikatoren weiblicher Reproduktionsfähigkeit. Sie müssen sich bereits teilweise gebildet haben, bevor es zum ersten Eisprung kommen kann, und sie dienen als wichtiger Nahrungsvorrat für die Entwicklung des Embryos und das Stillen des Säuglings. Höhere Werte der Hüfte-Taille-Proportion korrelieren statistisch mit dem Vorkommen einiger körperlicher Disfunktionen.[52] Außerdem ergab sich in niederländischen und schwedischen Untersuchungen, daß Frauen mit einer »attraktiven« Hüfte-Taille-Proportion sowohl besonders erfolgreich künstlich inseminiert wurden als auch besonders gut dafür geeignet waren, in vitro gezeugte Embryos anzunehmen und auszutragen.[53] Männer sind demnach bestens beraten, sich an die attraktive Proportion zu halten. Die an Supermodels, *Playboy*-Centerfolds und Schönheitsköniginnen beinahe uniform zu beobachtenden Proportionen sind demnach universelle männliche Präferenzen, die in grauer Vorzeit aus wiederholten Erfahrungen mit ungleichem Reproduktionserfolg in Abhängigkeit von ungleichen Hüfte-Taille-Proportionen entstanden sind. Wiederum gilt also: Eine ästhetische Präferenz erweist sich bei näherem Hinsehen als ein klarer Fall natürlicher Selektion. Singh spricht gar von einem »first-pass filter«[54] für alle männliche Suche nach einer geeigneten Partnerin.

In die öffentliche Diskussion hat allein diese wissenschaftliche Sanktionierung einer männlichen Figur-Präferenz Eingang gefunden, nicht aber die gründliche Relativierung ihrer Bedeutung. Zunächst wurde entdeckt, daß die Proportion von Taille und

Hüfte für sich allein nur einen sehr geringen Beitrag zur Attraktivitätsbewertung leistet. Von den beiden Faktoren Körpergewicht und Taille-Hüfte-Proportion hat der erste eindeutig die größere Bedeutung. Die vermeintlich ideale Proportion verschafft – zumindest bei heutigen ›Bewertern‹ – keinerlei ästhetische Vorteile, wenn die absolute Größe der beiden Relata und das Körpergewicht insgesamt sich nicht im Rahmen westlicher Schlankheitserwartungen bewegt. Umgekehrt kann Schlankheit eine weniger ›ideale‹ Proportion von Taille und Hüfte ausgleichen.[55] Auch als Fruchtbarkeitsanzeige versagte die WHR-Hypothese zumindest an heutigen Versuchspersonen: Auf den »body-mass-index« entfielen 73,5 % der Varianz für Gesundheit und Fruchtbarkeit, auf die WHR dagegen ganze 1,8 %.[56] Sogar das Gesicht erwies sich als wesentlich distinktiver für Fertilitätseinschätzungen als die WHR.[57]

Für die Bewertung von Attraktivität ergab sich in analogen Experimenten, daß das Gesicht zu mehr als 30 % für Unterschiede in der Attraktivitätsbewertung verantwortlich ist, die WHR aber nur zu 1,6 %![58] Außerdem fand eine Studie zu einem afrikanischen Volksstamm beinahe entgegengesetzte WHR- und entgegengesetzte Gewichtspräferenzen;[59] höheres Gewicht und größere Fettmengen sind in allen anderen als den heutigen westlichen Kulturen ohnehin die Regel. Einzelne Evolutionstheoretiker fanden allerdings schnell einen Ausweg aus dem Dilemma. Sie postulieren einen adaptiven Mechanismus, der die universelle Präferenz für weibliche »fat-deposits« je nach Umweltgegebenheiten modifiziert.[60] Unter Bedingungen der Subsistenzwirtschaft, in denen es immer wieder zu vorübergehender Nahrungsknappheit kommen kann, präferiert das männliche Sensorium demnach solche ›Depots‹, die mit relativ hohem Gewicht, hohem Fettanteil und hoher WHR einhergehen, weil jede andere Präferenz gefährlich für Überleben und Reproduktionserfolg wäre. Unter den westlichen Bedingungen überreichen Nahrungsangebots dagegen entfallen diese Zwänge natürlicher Selektion. Gegenläufige ästhetisch-sexuelle Präferenzen bekommen dann freie Bahn für ihre *runaway*-Entwicklung.[61]

In letzter Konsequenz kann dann sogar behauptet werden, daß die prekäre Verbindung von Schlankheit und niedrigen WHR-Werten ein durchaus archaisches Präferenzmuster ist, das sich aber anders als das ebenso gefährliche Pfauenrad nie recht gegen Rücksichten der Überlebenssicherheit durchsetzen konnte. In Zeiten struktureller Nahrungsunsicherheit operierte es vielmehr auf einem Basisniveau, das aus heutiger Perspektive von einer markanten ästhetischen Präferenz für »plumpe« Körper nicht zu unterscheiden ist. Oder anders: Wenn tatsächlich für das weibliche Geschlecht eine positive Korrelation von Körpergewicht und fluktuierender Asymmetrie gilt, geringe Asymmetriegrade aber und mithin geringere Körpermasse allgemein als attraktiver bevorzugt werden, dann stellen populationsspezifische Präferenzen für hochgewichtige Frauen vielleicht nur eine umweltinduzierte, die Unsicherheit der Ernährung reflektierende Dominanz des Interesses an Überlebensreserven über eine gegenstrebige ästhetische Präferenz dar. Sie wären dann Resultat eines Konflikts (»trade-off«) mit natürlichen Selektionszwängen und nicht notwendig eine eigene und abweichende ästhetisch-sexuelle Präferenz.[62]

Die griechische Antike ist reich an Evidenzen, daß die Verbindung von Schlankheit und niedrigem WHR-Wert keineswegs erst eine Erfindung der heutigen westlichen Kultur ist. Zahlreiche Aphrodite-Darstellungen etwa stehen zwanglos in einer Linie mit heutigen Idealen weiblicher Schönheit. Es ist durchaus zu vermuten, daß sich die Statuen der Göttin der Schönheit von einer durchschnittlichen Frau ihrer Zeit durch höheren Wuchs, relativ schlankere Gliedmaßen und niedrigeren WHR-Wert unterscheiden. Daß heutige Idole eine noch stärkere Ausprägung der gleichen Tendenzen verlangen, spricht nicht gegen die Gleichheit der Präferenzen, sondern allein für Darwins Prinzip einer inhärenten Selbstverstärkungstendenz modischer Ornamente bei Fehlen äußerer Begrenzungen. Analog bedeutet die gern wiederholte Feststellung, daß amerikanische Schönheitsköniginnen und *Playboy*-Centerfolds über mehrere Jahrzehnte immer schlanker geworden sind, nicht per se die Erfindung eines neuen Schlankheitsideals. Ebensogut denkbar ist, daß es sich lediglich um die modische Verstärkung eines alten Musters handelt. Wo Umweltbedingungen zuvor als Bremse wirkten, arbeiten sie nun sogar als Verstärker. Wo Fett einst Reichtum, Ressourcenkontrolle und hilfreiche Reserven signalisierte, erscheint es nunmehr als kontraproduktive Belastung, als Unvermögen der Umstellung auf eine ›schlanke Ökonomie‹, die nicht mehr mit großen Lagern arbeitet. »In poor societies the rich impress the poor by becoming fat; which the poor cannot do; in rich societies even the poor can become fat [...]; therefore, the rich must impress by staying thin, as if to say ›We have so little doubt about where our next meal is coming from, that we don't need a single gram of fat store.‹ [...] Both standards require the investment of individual effort and resources.«[63]

Der gleiche Mechanismus kann so unter geänderten Umweltbedingungen zu (scheinbar) entgegengesetzten Codierungen führen. An deren Funktion, der Verbesserung von Paarungschancen, ändert dies wenig: Schlankheit der Frau und Haushaltseinkommen sind heute ebenso positiv korreliert wie einstmals Reichtum und ›überflüssige‹ Pfunde.[64] So brillant diese evolutionstheoretische Argumentation archaische Fixierungen mit hoher Umwelt-Sensitivität verknüpft, sosehr bleibt es ein Mysterium, wie die Männer in der kurzen Zeit seit Entstehen der neuen Problemlage (Surplusökonomie, weibliche Erwerbsarbeit usw.) für ihre archaischen Verhaltenspräferenzen eine umweltabhängige Justierung entwickelt haben sollen, die ihrerseits auch bereits transgenerational befestigt scheint.[65] Bei dieser Befestigung kann es sich wohl nur um kulturelle Anpassungen, kaum aber um evolutionäre Effekte auf der Ebene biologischer Verhaltensadaptionen durch natürliche und sexuelle Selektion handeln. Allemal sicher und unstreitig ist allein, daß die gemessenen Effekte des (scheinbar) universal gültigen WHR-Werts heute sehr viel geringer sind als diejenigen des (scheinbar) brandaktuellen Schlankheitsdiktats.

Die Schwierigkeiten des Neo-Darwinismus mit dem stolz verkündeten WHR-Wert von 0.7 werden komplettiert durch einen weiteren gravierenden Einwand. Während Zahavis Handicap-Theorie die souveräne Nutzlosigkeit des Fettgewebes als triftigen Beweis der Sicherung überflüssiger Nahrungsreserven preist, sieht Singhs Hypothese einen unmittelbar adaptiven Nutzen des weiblichen Ornaments: es leistet eine notwendige und nützliche, geschlechtsspezifische Einlagerung nahrhaftiger Fettreserven. Auch dieses Argument vermag indes von sich aus nicht zu begründen, warum das nützliche Fettlager ausgerechnet in jener besonderen ästhetischen Form angelegt wird, die allein – und nicht etwa die schiere Masse an eingelagertem Fett – den vermeintlich idealen WHR-Wert begründet. Mechanisch wäre es mindestens ebenso günstig, wenn die gleiche Fettmenge um die Taille herum angelagert würde.[66] Dort aber wird sie – zumindest von heutigen westlichen Testpersonen – ebensowenig als attraktiv bewertet wie etwa auf den weiblichen Oberarmen, die ansonsten als »one of the most reliable and unambiguous predictors of body composition and fat storage« gelten.[67] Das Resultat dieser einfachen Überlegung ist wiederum: Die scheinbar gründliche Entmachtung ästhetischer Präferenzen durch handfeste Fitness-Vorteile verfehlt ihr Ziel; ohne es zu wollen, beweist sie gerade eine irreduzible Funktion dessen, was Darwin »sense of beauty«, »fluctuating element of taste« und sexuelle Selektion genannt hat.

Jugendlichkeit und Kindchen-Schema als Anzeige maximalen Reproduktionspotentials

»Reproductive value« kann eine Frau indes nicht allein durch ihre WHR anzeigen. Eine unabdingbare ästhetische Präferenz sind nach evolutionstheoretischer Diagnose vielmehr alle Jugendlichkeits-Indikatoren, nicht zuletzt die am Gesicht ablesbaren. Unter der generellen Voraussetzung, daß sexuelle Lebewesen qua Selektion auf größtmöglichen »reproductive success« programmiert sind, liegt es für dauerhaft monogame männliche Tiere nahe, ein weibliches Tier in dem Moment als Partnerin auszuwählen, in dem sie dessen gesamtes reproduktives Potential monopolisieren können: bei beginnender Geschlechtsreife also. Dies hat für das männliche Tier außerdem den Vorteil, daß es nicht die Verantwortung für bereits vorhandenen Nachwuchs mit übernimmt – was nach orthodoxer evolutionsbiologischer Lesart jedes ›Männchen‹ möglichst zu vermeiden sucht, weil die damit verbundenen Aufwendungen zu Lasten seines eigenen Reproduktionserfolgs gehen. Die Verheiratung junger Mädchen in der Zeit ihrer Pubertät – in archaischen Kulturen eher die Regel als die Ausnahme – entspricht diesem evolutionstheoretischen Argument. Die heutige Zivilisation ist zumindest in dieser Hinsicht viel weniger extrem auf Jugendlichkeit geeicht als die

»primeval times« und die archaischen Kulturen. Das Durchschnittsalter als besonders attraktiv angesehener Frauen ermittelte ein Evolutionsbiologe anhand einiger Jahrgänge des *Playboy* mit 21 bis 22 Jahren; und er fügte trocken hinzu, kein Angehöriger eines archaischen Volksstamms würde von einer so alten Frau noch besondere ästhetische Vorzüge erwarten.[68] Der gleiche Wissenschaftler bemerkte, in unserer westlichen Zivilisation würde zwar nur selten ein 50jähriger Mann eine 20jährige Frau heiraten; dennoch gebe es keine besondere Ausgabe des *Playboy*, in der für ältere Männer etwa entsprechend ältere Frauen abgebildet würden.[69] Die Botschaft ist klar: Die natürliche und sexuelle Evolution kann aus Gründen des »reproductive value« nur *einen* männlichen Geschmack begünstigt haben – den an möglichst jungen Frauen. Zwar hat unsere Zivilisation inzwischen dafür gesorgt, daß das normative Verheiratungsalter früherer Kulturen unter strafbare Päderastie fällt; aber nach Darwins (und Freuds) Überzeugung leben auch im Kulturwesen Mensch die ehemals funktionalen Adaptionen zumindest als *ein* Faktor unter vielen konkurrierenden anderen weiter.

Weibliche Tiere tun aus ähnlichen evolutionstheoretischen Gründen gut daran, ein älteres männliches Tier vorzuziehen – wie schon die natürliche Selektion dafür Sorge getragen hat, daß männliche Tiere zumeist später geschlechtsreif werden. Bei einem ganz jungen männlichen Tier besteht eine erhöhte Wahrscheinlichkeit, daß es sich noch nicht hinreichend in der innermännlichen Konkurrenz behaupten kann. Im Interesse des weiblichen Reproduktionserfolgs liegt daher eine Präferenz für bereits bewährte Männer.[70] Die Evolutionstheorie erklärt die asymmetrische Alterspräferenz als eine Adaption, die von hoher Funktionalität für beide Geschlechter ist – oder zumindest zur Zeit ihrer Ausbildung war.

Ein vergleichender Blick auf den engsten genetischen Verwandten des Menschen zeigt zugleich, wie wenig diese asymmetrischen Alterspräferenzen etwa eine biologische Konstante sind, sondern von einer Vielzahl variabler Faktoren abhängen und einer enormen Dynamik unterliegen. Schimpansen ziehen ganz eindeutig ältere, ja, alte weibliche Tiere den jüngeren vor, wenn mehrere Schimpansinnen mit gleichermaßen geschwollenen Genitalien sie zur Kopulation reizen.[71] Wenn also Jugendlichkeits-Präferenz mehr ist als eine von vielen arbiträren »Moden«, mit denen sich der Mensch ästhetisch-sexuell von seinen Ureltern abgesetzt hat, dann muß sie in jedem Fall eng an jene menschlich-männlichen Strategien rückgekoppelt werden, welche die Schimpansen entweder nicht kennen oder nur erfolglos betrieben haben: die Strategien der Monopolisierung und möglichst effektiven Kontrolle weiblicher Sexualität. Dies erlaubt den Verdacht, daß die vielfach gemessenen asymmetrischen Alterspräferenzen nur im Feld patriarchaler Rollenverteilung den Anschein einer natürlichen Adaption annehmen können. Sie wären dann mindestens so sehr ein Niederschlag erfolgreicher Durchsetzung männlicher Interessen im fortgesetzten »arms race« der Geschlechter wie eine notwendige Folge des biologischen Geschlechtsunterschieds. Eine archaische Adaption wären sie dann immer noch, aber nur insofern, als auch die Entstehung und Befestigung patriarchaler Strukturen zur Urgeschichte der Menschheit zu gehören scheinen.

Sexuelle Alterspräferenzen bedürfen zu ihrer Durchsetzung zeichenhafter Ablesemechanismen. Als ein guter Indikator weiblichen Jung-Seins oder zumindest Jung-Aussehens gilt das ›Kindchen-Schema‹: hohe obere und kurze untere Gesichtspartie, zierlicher Kiefer, voller Mund, große Augen, kleine Nase. Gesichter mit solchen Merkmalen scheinen transkulturell bevorzugt zu werden.[72] Der Alterungsprozeß des menschlichen Gesichts kann tatsächlich wesentlich als Entfernung von diesem Kindchen-Schema beschrieben werden, als Verlängerung der unteren Gesichtspartie einschließlich der Ohren und der Nase bei gleichzeitiger Schrumpfung der oberen Gesichtspartie. Das Kindchen-Schema ist insofern ein guter Alters-Indikator – und daher nützlich für das männliche Interesse an einer Kindfrau.[73] Damit war der Verdacht geboren, eine Invariante aus der Urzeit der sexuellen Selektion gefunden zu haben. Unterstützende Befunde sprudelten reichlich: als ob sie noch immer der sexuellen Selektion der »primeval times« unterliegen, zielen alle weiblichen kosmetischen Anstrengungen uniform auf Verjüngung. Der unvermeidliche Blick der Evolutionstheoretiker auf Zeitschriften-Models ergab, daß diese – bei einem realen Alter von 20 bis 24 Jahren – in ihren Gesichtsproportionen auf ein Alter von nur 11 bis 12 Jahren kommen;[74] der engagierteste Verfechter der *facial babyishness* schätzte die abgelichteten Models gar nur auf ein Gesichtsalter von 6 bis 7 Jahren.[75] Die männliche Präferenz für extrem jugendliches Aussehen findet insofern in den gut 20jährigen Werbe-Models und *playmates* zugleich das ideale archaische Heiratsalter von nur 12 bis 15 Jahren wieder.

Damit gelingt als attraktiv angesehenen Frauen gar eine Hybridisierung von gleich zwei evolutionstheoretischen Hypothesen. Zur Erinnerung: Der männliche Wunsch nach Reproduktionserfolg findet seine naheliegendste Realisierung in polygamen Paarungssystemen. Unter bestimmten Umweltbedingungen sind die weiblichen Tiere etlicher Lebewesen aber leider nicht in der Lage (oder willens), den Nachwuchs allein aufzuziehen. Männliches »parental investment« ist also gefragt – und damit eine Einschränkung des polygamen Werbens und Begattens, und zwar wiederum im Interesse des Reproduktionserfolgs. Dies kann so weit gehen, daß die Monogamie sogar die zuverlässigste Form für maximalen Reproduktionserfolg werden kann. Unter solchen Bedingungen wird natürliche Selektion auf der männlichen Seite eine Adaption an die Vorzüge der Monogamie hervorbringen. Ganz, so die evolutionstheoretische Hypothese, verliert das ›Männchen‹ aber nicht die Überzeugung, daß Polygamie zumindest als zusätzliche Strategie den Reproduktionserfolg steigern kann. Es wird deshalb immer nach Gelegenheiten Ausschau halten, wenigstens die eine oder andere Nebenfrau noch zusätzlich zu schwängern.[76] Bei der Wahl solcher Partnerinnen verlegt es sich klugerweise nicht ebenfalls auf pubertierende Mädchen. Denn diese bieten zwar, auf ihre ganze Lebenszeit gesehen, maximales reproduktives Potential; sie sind aber noch nicht auf der Höhe ihrer Fruchtbarkeit. Die höchste spontane Fertilisierungs-Chance ist dagegen bei Frauen zu erwarten, die gut 20 Jahre alt sind. Deshalb werden diese bevorzugt, wo es um kurzfristige Extra-Bemühungen um »reproductive success« geht. Monogame Männer haben aus ihrer Urgeschichte mithin zwei tief verankerte Alterspräferenzen: 12-15 Jahre bei ihren Ehefrauen[77] und 20-25 Jahre bei den gelegentlichen Seitensprüngen. Viele Zeitschriften-Models verbinden beide Vorzüge.

Die evolutionstheoretische Erklärung, beinahe kindhafte Gesichtszüge an Frauen würden für attraktiv gehalten, weil sie das Alter mit dem höchstmöglichen »reproductive value« signalisieren, wird bei näherer Betrachtung gleichwohl brüchig. Experimentelle Messungen ergaben, daß die Werte für Attraktivität und »facial babyishness« keineswegs linear korreliert sind. Es gibt Gesichter mit hohen Attraktivitätsnoten bei geringer Kindähnlichkeit und solche mit allen Merkmalen des Kindchen-Schemas, die dennoch nicht als attraktiv wahrgenommen werden.[78] Die Konsequenz ist wiederum: das Rätsel der ästhetischen Attraktivität kann nicht einfach auf ein natürliches Selektionskriterium (Alter und künftiges Gebärpotential) reduziert werden, auch wenn es eine statistische Wahrscheinlichkeit gibt, daß »facial babyishness« von Frauen in der Mehrzahl der Fälle mit erhöhten Attraktivitätswerten korreliert. Außerdem gibt es einen Konflikt zwischen kindhaften Gesichtsmerkmalen und sexueller Attraktivität, da »babyishness« in erster Linie Fürsorgeinstinkte auslöst und kaum oder gar nicht mit sexueller Fruchtbarkeit konnotiert ist. Mit Darwins Theorie könnte allerdings argumentiert werden, daß »facial babyishness« eben deshalb ein gutes Beispiel für die *runaway*-Verstärkung ästhetischer Präferenzen darstellt. Denn eine fortgesetzte Verstärkung bevorzugter Jugendlichkeits-Indikatoren kommt irgendwann von selbst bei Kindlichkeits-Indikatoren an. Die Konsequenz wäre, daß der Mensch aus ästhetisch-sexuellen Präferenzen heraus sich nicht nur des schützenden Fells begibt, sondern auch noch dauerhaft zu kindlichem Aussehen und Päderastie regrediert. Das wäre ein ultimativer Beweis für die Macht sexueller ›Moden‹. Die Geschichte des menschlichen Körpers schließt diese Lesart keineswegs aus.

Zur Signalfunktion von »facial babyishness« gehören neben der durchaus unsicheren Beziehung auf physische Attraktivität insbesondere Intelligenz-, Emotionalitäts- und Verhaltenswerte. Das Kindchen-Schema korreliert nach mehrfach reproduzierten Messungen positiv mit emotionaler Wärme, Aufrichtigkeit, Schwäche sowie Bereitschaft zu Unterordnung (*submissiveness*) und Umhegt-Werden, negativ dagegen mit kognitiver Potenz und Verhaltensstärke.[79] Angesichts dieses Befundes kann es einen Evolutionstheoretiker nicht überraschen, daß »facial babyishness« an Männern deutlich weniger begehrt ist als an Frauen;[80] der Konflikt mit der traditionellen männlichen Potenz- und Dominanzrolle liegt auf der Hand. Gleichwohl wurde herausgefunden, daß zumindest an der unteren männlichen Gesichtspartie die gleichen Merkmale des Kindchen-Schemas geschätzt werden wie an der weiblichen. Die sexuelle Differenzierung der Gesichter findet insofern ganz in der oberen Hälfte statt.[81] Die Verbindung mit Wärme, »submissiveness« und intellektueller Schwäche legt den Verdacht nahe, daß es zuallererst diese mentalen Assoziationen sind, welche die männliche Präferenz für die Merkmale extrem jungen Gesichtsalters begründen; die eher prekäre Verbindung mit physischer Attraktivität wäre dann nur eine sekundäre Besetzung gewünschter Verhaltensmuster.

Für Affen ist die Bereitschaft des weiblichen Tiers, sich der Begattung durch das stärkere männliche Tier hinzugeben, positiv als primäres Merkmal weiblicher Attraktivität ermittelt worden.[82] In der heute gemessenen männlichen Präferenz für Frauen mit kindlichen Gesichtsproportionen – evtl. auch in der weiblichen Bereitschaft, die entsprechenden Merkmale kosmetisch zu verstärken oder allererst zu simulieren – mag insofern tatsächlich eine archaische Form der Geschlechtsrollen-Verteilung und der damit verbundenen Präferenzen überleben. In Männern scheinen diese bevorzugten Merkmale gleichermaßen (narzißtische) Überlegenheitsgefühle und Schutzreflexe auszulösen. Unter den Bedingungen weiblicher Emanzipation mag hinzukommen, daß sie die Furcht vor einer übermächtigen oder auch nur starken Frau herabsetzen. In dem begrenzten Maß, in dem »babyishness« mit physischer Attraktivität korreliert, unterstützt sie außerdem eine assoziative Verknüpfung, die zur (männlichen) Ideologie des Schönen gehört, seit der Menschen-Mann nicht mehr – wie bei den Tieren üblich – den Anspruch auf ästhetische Überlegenheit anmeldet: die Verknüpfung von Schönheit und Schwäche. (Die Adonis-Mythe stellt diese Inversion der im Tierreich dominierenden Assoziation von Schönheit und männlicher Potenz in diejenige von Schönheit und weiblicher Schwäche am Körper eines Jünglings mit teilweise ›weiblichen‹ Verhaltensmerkmalen dar.)

Zu den vielen ungeklärten Fragen des »babyishness«-Phänomens gehört diejenige, wie sich das vermeintliche weibliche Attraktivitätsmerkmal zu der Tatsache verhält, daß sich der menschliche Schädel überhaupt in den letzten hunderttausend

Jahren stark in die Richtung der als Kindchen-Schema bezeichneten Merkmale entwickelt hat.[83] Eine überzeugende Erklärung dieser Evolution aus natürlichen Anpassungszwängen steht noch aus. Handelt es sich also tatsächlich, wie nach Darwin bei der menschlichen Haut, um sexuelle Selektion nach einer ästhetischen Präferenz für große Augen, hohe Stirn, volle Lippen und zierliche Kiefer?[84] Eine ähnliche Frage stellt sich für die parallel zu beobachtende Tendenz zur Grazilisierung der menschlichen Gliedmaßen. Wie immer diese Entwicklungen gedeutet werden, sie erwecken in jedem Fall den Eindruck, als habe sich der Mensch an Haupt und Gliedern in eine Richtung entwickelt, die zumindest aus heutiger Sicht allgemein als gesteigerte Schönheit wahrgenommen wird. Darwin war bei den Vögeln zu dem gleichen Resultat gekommen. Sie sind für ihn eben deshalb das Muster aller evolutionären Ästhetik, weil ihre »beauty has been greatly increased since that period, of which we have a partial record in their immature plumage« (II 223). Auf andere Weisen, so etwas wie eine generelle Entwicklung des Menschen zur Schönheit zu denken, wird noch später einzugehen sein.

Über Lüge und Wahrheit sexueller Ornamente

Zu den faszinierendsten Desideraten der Evolutionstheorie gehören jene Phänomene, in denen die Natur nicht nur ästhetischen Geschmack, sondern auch noch Witz, List und Trug beweist. Die Phänomene der Mimikry etwa gehören seit Darwin (I 411-415) zum festen Bestand adaptiver Fitness-Erhöhung: Veränderungen des Aussehens in Form und Farbe, die vor allem verminderte Sichtbarkeit bewirken und damit die defensiven Chancen im Kampf um Selbsterhaltung verbessern. Sexuelle Ornamente stellen den Gegenpol defensiver Nicht-Sichtbarkeit dar. Aber auch sie können Mittel adaptiver Täuschungs- und Selbstverteidigungs-Strategien sein. Exaltierte Ornamente etwa können nicht nur das umworbene weibliche Tier geneigt stimmen, sondern auch Konkurrenten und feindlichen Tieren imponieren und dadurch etliche ernsthafte Kämpfe ersparen, die nach realistischer Kräfteeinschätzung vielleicht nur schwer zu gewinnen wären. Die Imponierfunktion der Ornamente mag insofern die Nachteile verringerter Jagdchancen und vergrößerter Anfälligkeit für überlegene Beutetiere partiell ausgleichen. Mehr noch: Wie bei Salamandern könnte grelle Kolorierung sei's wirkliche Ungenießbarkeit signalisieren, sei's üblen Geschmack zumindest vortäuschen und dadurch sogar das Beuterisiko verringern (»unprofitable prey«-Theorie). Sie wären in dieser Funktion ein Handicap, dessen Zeichenhaftigkeit nicht an die Adresse der umworbenen weiblichen Tiere, sondern der feindlichen Beutetiere gerichtet ist und etwa folgende Botschaft kommuniziert: »Wir erlauben uns unsere aufwendigen Ornamente gerade euch Feinden zuliebe; ihr sollt nicht übersehen, daß wir *keine* lohnende Beute sind.« Sofern diese Botschaft akzeptiert wird, kann extrem auffällige Kolorierung im Register natürlicher Selektion als eine wirkungsvolle Abschreckungsstrategie funktionieren. Sie kann des weiteren, insbesondere in Verbindung mit irisierenden Effekten von Farbe und Muster, die Sinne der Angreifer irritieren (»protean defence«, »flash coloration«).[85]

Defensive und aggressive Täuschungsstrategien sind aufgrund ihrer adaptiven Leistungen in allen Bereichen der Natur zu erwarten – durchaus vergleichbar der zentralen Rolle der Täuschung in der Ästhetik. Aus dem gleichen Grund ist andererseits mit der Entwicklung elaborierter Täuschungserkennungs-Mechanismen zu rechnen. Denn adaptiv ist nur das Täuschen, nicht aber das Getäuschtwerden. Für sexuelle Ornamente ergibt sich aus diesem Gedanken ein gewisses Mißtrauen, das der evolutionstheoretischen Tendenz zur Gleichsetzung von Attraktivität und Fitness gelegentlich entgegenarbeitet. Wo es zum Beispiel Frauen gelingt, bevorzugte Indikatoren jugendlichen Alters – und damit höchsten Reproduktionspotentials – weit über die Pubertät hinaus beizubehalten, da liegt nach evolutionstheoretischer Lesart ein erfolgversprechender Täuschungsversuch vor. Kulturelle Moden fallen weithin unter diese Rubrik: sie verstärken und simulieren Attraktivitätsmerkmale, die ohne diese Mühen schwächer oder gar nicht gegeben wären. Freiwillig darauf zu verzichten, auf diesem Wege Vorteile zu suchen, wäre aus evolutionstheoretischer Perspektive kontra-adaptiv. Nichts ist insofern ›natürlicher‹ als die Ornamente und die Mode. Die Koevolution von Täuschungen und Täuschungserkennungs-Mechanismen dürfte integral zur *runaway*-Evolution von Präferenzen und präferierten Merkmalen gehören. Im Zeitalter von *workout* und kosmetischer Chirurgie muß dies mit periodischer Regelmäßigkeit zu verfeinerten Unterscheidungen von natürlicher und künstlich fabrizierter Schönheit führen, während gleichzeitig diese Unterscheidung brüchiger wird denn je.

Die Thematik männlicher und weiblicher Untreue gehört zum Kernbestand evolutionstheoretischer Analysen der wechselseitigen Adaptionen und Täuschungsstrategien der Geschlechter.[86] Die Lektüre dieser Analysen hinterläßt etwa den folgenden Eindruck: Der Mann, wie jedes männliche Tier, ist eigentlich kraft seiner Überproduktion von Samenzellen zur Polygamie disponiert; unter den besonderen menschlichen Reproduktionsbedingungen war es aus den bereits genannten Gründen für den menschlichen Mann gleichwohl adaptiv, sich überwiegend auf (sei's vorübergehende, sei's dauerhafte) monogame Paarungen einzustellen. Im Interesse einer zumindest eventuellen Steigerung seines Reproduktionserfolgs wird er aber immer wieder versuchen, sich noch mit der einen oder anderen weiteren Frau zu paaren, ohne die Lasten der Aufzucht mit ihr zu teilen. Das aber hat seine Tücken. Gerade weil und sofern Mann erfolgreich nach solchen Nebenfrauen Ausschau hält, muß er alle Vorsicht aufbringen, nicht seinerseits Opfer weiblicher Untreue oder gar eines Kuckuckseis zu werden. Denn dies würde seinen Reproduktionserfolg ja wieder verringern. Rein statistisch müssen sich Erfolge und Mißerfolge dieser komplementären Strategien in monogamen Paarungssystemen ohne frei flottierenden Frauenüberschuß insgesamt die Waage halten. Das latente Wissen darüber erhöht sowohl den Konkurrenzdruck – weil ein Mann nur genau so viel zusätzlich ›gewinnen‹ kann, wie ein anderer einbüßt – als auch das Mißtrauens-Niveau und die Aufwendungen für Täuschungsdetektionen zwischen den Geschlechtern. Der Familienroman der Evolutionstheorie wird zwar nicht direkt von den Neurosen des Freudschen Familienromans, aber doch durch eine neuroseanfällige Verbindung von dauerhaftem Mißtrauen mit einem förmlichen Wettlauf (»arms race«) wechselseitiger Kontrollversuche geprägt. Pfau und Kuckuck sind die markanten allegorischen Protagonisten dieses Romans. Die weibliche Rolle entbehrt einer solchen Prosopopöie, obwohl von ihr alle Macht der Wahl und zugleich jede Eintrübung männlicher Vaterschaftsgewißheit ausgeht. Dafür aber bieten einige Attribute des weiblichen Körpers Anlaß für tiefes täuschungstheoretisches Nachdenken.

Der Busen ist das markanteste dieser Attribute. Zwar liegt bei ihm eine naturalisierende Reduktion der ästhetischen Reize auf direktes reproduktives Potential näher als bei anderen sekundären Geschlechtsmerkmalen.[87] Doch gerade dies erweist sich der evolutionstheoretischen Betrachtung als ein Paralogismus.[88] Bedenklich ist bereits, daß andere Säugetiere – einschließlich der Primaten – bestens ohne eine permanente Brustvergrößerung auskommen; ihnen genügt völlig die temporäre Anschwellung zu Stillzeiten. Mehr noch: der Busen der Äffinnen ist für die männlichen Tiere das gerade Gegenteil eines Aphrodisiacums; da die temporär entwickelten Brüste ganz jungen Nachwuchs und mithin relative Unverfügbarkeit für aktuelle männliche Fortpflanzungsinteressen anzeigen, wirken sie auf die Wahrnehmung männlicher Affen als starkes Anti-Stimulans und eindeutig negatives Selektionsmerkmal.[89] So viel Abweichung der menschlichen Frauen von ihren Vorgängerinnen nährt den Verdacht, daß es bei der so erfolgreichen Busenmode nicht mit rechten Dingen zugehen kann. Zwingende biologische Gründe für das einzigartige Ornament und für die komplette Inversion des männlichen Geschmacks daran sind nicht zu erkennen. Festgestellt wurde außerdem, daß die Größe der Brüste keine wesentlichen Unterschiede in der Still-Fähigkeit begründen. Während bei anderen Säugetieren die Brustschwellung ausschließlich auf reproduktionsrelevantes Gewebe zurückgeht, ist beim menschlichen Busen nicht zu unterscheiden, inwiefern seine Größe sich besonders ausgeprägten Milchdrüsen oder ›nur‹ ornamentalem Fettgewebe verdankt. Jeder Schluß von der Größe des Busens auf den Betrag an reproduktivem Potential tappt insofern in eine Falle. Die nagende Frage »Is fat deceptive?« muß positiv beantwortet werden. Statt als ›ehrliche‹ Anzeige hervorragender Allgemein-Fitness im Sinne der Handicap-Theorie – die Verschwendung von Energie für nutzloses, ja hinderliches Fettgewebe als Beweis souveräner Überlebensfähigkeit – erscheint der Busen aus dieser Perspektive als eine täuschende Anzeige vielleicht gar nicht vorhandenen reproduktiven Potentials.

Um die ›Wahrheit‹ und ›Ehrlichkeit‹ des weiblichen Busens zu retten und Darwins Theorie einer rein ästhetischen Präferenz zu vermeiden, wurde alsbald ein Ausweg vorgeschlagen. Danach ist die Größe des weiblichen Busens – für die Handicap-Theorie der Hauptgradmesser zur Schau gestellter Selbstbehinderung – ganz einfach vollkommen irrelevant und, allen medialen Fetischisierungen zum Trotz, überhaupt kein evolutionäres Attraktivitätsmerkmal; sie kann insofern auch nicht ›lügen‹. Die Codierung der weiblichen Brust unterliege vielmehr allein der dreifachen Opposition von *vorhanden vs. nicht-vorhanden* (= Pubertätsanzeige), *fest vs. hängend* (= Anzeige, ob eine Frau bereits ein Kind geboren hat oder nicht); *geringe vs. hohe Asymmetrie in Größe und Form* (= Anzeige guter Gesundheit und »design quality«).[90] Tatsächlich ist die schöne Brust in der großen Mehrzahl menschlicher Überlieferungen zuallererst durch die Merkmale der Festigkeit und der aufrechten hemisphärischen Form gekennzeichnet[91] – Merkmale, die ganz offensichtlich zugleich die junge Frau anzeigen und in der langen Geschichte der menschlichen Körper selten das zwanzigste Jahr einer früh verheirateten Frau überdauert haben. Zur Attraktivität dieser Merkmale mag beitragen, daß sie gleichzeitig Merkmale der sexuellen Erregung sind: die jugendlich ›erigierte‹ Brust antizipiert gewissermaßen bereits in ihrer unstimulierten Form den sexuellen Akt. Es wird sich gleichwohl erweisen, daß der evolutionstheoretische Täuschungsverdacht gegenüber der Schönheit dieses »Ornaments« durch den unstrittigen Verweis auf eine ›ehrliche‹ Jugendlichkeitsanzeige nicht ausgeräumt werden kann. Mehr noch: Sofern es überhaupt Täuschung, Angeberei, ›falsche Propaganda‹ von Vorzügen im Kampf um Paarungschancen gibt – was weithin angenommen wird –, gibt es zugleich ein starkes Argument zugunsten von Darwins Theorie arbiträrer Ornamente. Denn täuschende Ornamente können per definitionem nicht Anzeigen natürlicher Fitnessvorzüge sein. Als kompetitive und manipulative Signale in der Kommunikation der Geschlechter verstanden, entfalten die Vorteile verschaffenden sekundären Sexualornamente ihre eigene arbiträre Logik.

Dies wird vollends da deutlich, wo die sexuelle Werbung vor

allem durch akustische Signale, durch ›Gesänge‹ oder tanzähnliche Darbietungen entschieden wird: »As soon as a competitive signal is established, whether as successful propaganda or simply a sensory trap [. . .], there is an opportunity for runaway evolution based on signal value per se. Runaway selection of purely manipulative signals is particularly likely, because the signal is from the outset unlinked to any aspect of quality other than signaling ability itself. Selection for signal value per se will always tend to reduce the efficiency of selection for true quality.«[92] Das Vermögen elaborierten Zeichengebrauchs per se – rhetorische, poetische, musikalische Brillanz – macht bekanntlich auch einen großen Teil des menschlichen Werbungsverhaltens aus. Aus der Perspektive Darwins sind diese Fähigkeiten zuallererst entstanden, um kompetitive Paarungsvorteile zu verschaffen. Wahre und erfundene Geschichten zu erzählen oder zu malen, Singen und tänzerische Selbstdarstellung – die klassischen Domänen (auch) der menschlichen ästhetischen Tätigkeiten – sind damit Effekte sexueller Selektion.[93] Diese ist aufgrund ihrer Affinität zu modischen Präferenzen und arbiträrer Zeichenproduktion prinzipiell und überall kulturaffin; an den werbenden Vorführungs-Praktiken wird dieser immer gegebene Übergang zu kulturellen Leistungen und klassischen ästhetischen Hervorbringungen besonders deutlich.

Die Koemergenz der menschlichen Sexualmode und dauerhafter Beziehungen zwischen den Geschlechtern

Aus der Weiterentwicklung von Darwins Theorem der nackten Haut als des zentralen sexuellen Ornaments des Menschen ergibt sich die vielleicht überzeugendste Perspektive auf die weibliche Brust.[94] Die nackte Haut schafft eine völlig neue haptische Erfahrung. Die Berührung zweier bloßer Hautoberflächen scheint eine intensivere Fühlungnahme zu sein als der Kontakt zwischen mit Fell und Haaren bedeckten Wesen. Zumindest scheinen bei nicht-menschlichen Primaten und anderen Säugetieren elaborierte Berührungspraktiken vor oder während der

Kopulation nicht bekannt. Die weibliche Brust nun spielt eine buchstäblich herausragende Rolle im Kontinuum der besonderen menschlichen Hautoberfläche. Sie würde diese Rolle vermutlich nicht spielen, wenn die tierische Norm der Begattung von hinten beim Menschen nicht tendenziell einer Begegnung zweier Körper mit ihren Vorderseiten gewichen wäre.[95] Deshalb auch die einzigartige Bedeutung der Hautflächen des Gesichts und zumal der Lippen, die nur beim Menschen eine konstante rote Anschwellung – auch dies ein Signal erotischer Erregung bzw. Erregbarkeit – zeigen, während die Lippen nicht-menschlicher Primaten mal nach außen gekehrt, mal nach innen gerollt werden können. Die gesamte vordere Hautfläche des menschlichen Körpers konnte ihre sexuelle Aufwertung aber nur durch die Entwicklung zum aufrechten Gang entfalten. Zwei Vierbeiner, die sich einander gegenüberstehen, bieten sich weit weniger Berührungsflächen.

Die Aufrichtung des Gangs wiederum hängt eng zusammen mit der Entfernung der Nase von der Höhe der Genitalien und der damit verbundenen relativen Reduktion olfaktorischer Kopulationsreize. Des weiteren haben menschliche Frauen auch gänzlich aufgehört, mittels sichtbar geschwollener Labia ihre Befruchtbarkeit zu signalisieren; sie sind darin anderen Affen sehr viel ähnlicher als ausgerechnet ihren engsten Verwandten, den Schimpansinnen, die eine extreme Mode visueller Estrus-Anzeige entwickelt haben.[96] Einer phantasievollen Spekulation zufolge begünstigten die weiblichen Exemplare jener Primaten, die sich zum *homo erectus* entwickelten, die komplexe Umstellung des Sexualverhaltens in der Folge der dauerhaften Aufrichtung durch eine spektakuläre Form der Mimikry: sie bildeten auf ihrer Vorderseite Sexualreize aus (Lippen und Busen), die der männlichen Programmierung auf genitale Labia und Hinterteile ein verschobenes Äquivalent im Raum der frontalen Begegnung anboten.[97] Darwins Lieblingsbeispiel für Affenschönheit, der Mandrill, zeigt bereits ein ähnliches Phänomen: die grelle Kombination pinkfarbener und blauer Partien im analgenitalen Bereich kehrt im Gesicht der Tiere wieder.[98] Mit Rücksicht auf die stärksten sexuellen Reize ist der weibliche Körper demnach ein Palindrom, das von vorn genauso wie von hinten ›gelesen‹ werden kann. Die alte Orientierung an den sexuellen Reizen des

Vierbeiners (Schamlippen und Hinterteile) bleibt erhalten, und der neuen Orientierung an den Sichtbarkeiten der frontalen Kommunikation (Lippen, Busen) wird die Mühe erspart, sich bei der Umstellung der oben/unten- und vorn/hinten-Differenzen auch gleich noch an gänzlich unvertraute Formen weiblicher Sexualreize zu gewöhnen. Das System der ›ästhetischen‹ Sexualreize am weiblichen Körper ist insofern eine geniale Problemlösung im Rahmen der Mutation alter Präferenzen in ein neues Muster von Attraktion, Kopulation und dauerhafter Paarbildung. Für beinahe jede einzelne der genannten Änderungen sind Vorformen bei den nicht-menschlichen Primaten zu finden; ihre Summe bewirkt aber einen qualitativen Sprung nicht nur der ästhetischen Körpermode, sondern auch der sexuellen Funktion.

Die neuen Reize der nackten Haut, der weiblichen Brust, der Lippen, so Desmond Morris in seinem Buch *The Naked Ape*, »make sex sexier« und »more rewarding«.[99] Sie könnten damit die schon bei nicht-menschlichen Primaten[100] zu beobachtende nicht-reproduktive Sexualität während aller Phasen des weiblichen Zyklus selektiv verstärkt haben. Mit der ›Privatisierung‹ des sexuellen Akts verringert sich zwar dessen Rolle für das Gruppenleben; dafür aber werden die Bindungen zwischen den einzelnen Sexualpartnern um so intimer und dauerhafter. Erst die neue weibliche Sexualmode, so zumindest eine von mehreren evolutionstheoretischen Lesarten, konnte das männliche Wesen zu Bindungen dieses Typs konditionieren und letztlich zur »emergence of the family« führen.[101] Dies war für beide Geschlechter adaptiv, weil überlebensfördernd, sobald und sofern das Aufziehen des Nachwuchses nicht allein kooperierenden Frauengruppen oblag: Wenn nämlich der Mensch seine Überlebensfähigkeit nicht nur seiner physischen Kraft und Größe, sondern auch seiner Intelligenz und Lernfähigkeit verdankt, diese aber an die stark verlängerte Phase der Infantilität als der Zeit des Gehirnwachstums und des Erwerbs von Fähigkeiten gebunden ist; wenn also weitaus vergrößerte ›Elternarbeit‹ ein zentraler Bestandteil des menschlichen Überlebenserfolgs ist, dann ist zugleich ein starker Grund für eine besonders dauerhafte Kooperation der Geschlechter gegeben. Dann wird verständlich, warum gerade beim Menschen andere als ästhetische Partnerwahlkriterien eine verstärkte Rolle spielen: »The tremendous value that both sexes place on *kind and understanding* in potential mates across cultures is a possible solution to identifying a good cooperator.«[102] Dann ist es des weiteren höchst nützlich und hilfreich, wenn diese Kooperation durch die Emergenz affektiver Bindungen und auch diverser kultureller Gefühlscodes unterstützt wird.

Noch einmal: »weibliche Wahl« und die menschliche Sexualmode

Nach der großen orthodoxen ›Erzählung‹ der Evolutionsbiologie hatten (und haben) vor allem Frauen ein Interesse an dauerhaften Partnerschaften: nicht allein, weil sie Unterstützung beim Aufziehen der Kinder benötigen, sondern auch, weil sie ihren Reproduktionserfolg – anders als Männer – durch Vermehrung der Sexualpartner gar nicht steigern können. Zu dieser plausiblen Grundannahme stehen etliche Detail-Befunde unversöhnlich quer. Ein gern behandeltes Thema der Soziobiologie ist, wie bereits mehrfach angedeutet, dasjenige des männlichen Vaterschaftszweifels. Biologisch gesehen hatten vor der Erfindung des DNA-Tests unstreitig nur die Frauen eindeutige Gewißheit über ihre Mutterrolle; Männer dagegen konnten nie völlig ausschließen, daß eine Frau eventuell auch mit einem anderen Mann sexuelle Beziehungen hatte. Zu einem nach evolutionären Lösungsversuchen verlangenden Problem konnte diese biologische Asymmetrie aber nur werden, wenn entweder Männer systematisch paranoisch sind oder die Frauen regelmäßig Anlaß zu Zweifeln gegeben haben oder beides.

Tatsächlich scheint die Natur selbst der männlichen Sorge um Vaterschaftsgewißheit Rechnung getragen zu haben: Da der weibliche Körper mit und ohne Hymen gleichermaßen funktioniert, scheint sich bis heute keine andere Erklärung für die Evolution des ›Jungfernhäutchens‹ abzuzeichnen als diejenige, die Vaterschaftsgewißheit des Mannes zumindest für das erste Kind deutlich zu erhöhen.[103] Männliche Exemplare anderer Tierarten haben die sexuelle Selektion einer solchen Anzeige entweder nicht benötigt oder nicht hinreichend ›gewollt‹. Der Menschenmann war insofern besonders argwöhnisch. Aus einigen Daten wird geschlossen, daß er dafür gute Gründe hat(te). Der imposante Gorilla hat bei vierfacher Körpermasse einen winzigen Penis von durchschnittlich nur 3 cm Länge, viel kleinere Testikel und auch eine weit geringere Samenproduktion als der Menschenmann.[104] Warum diese Disproportion? Welcher Selektionsdruck mag eine so markante Evolution gesteuert haben? Eine ausgeprägte weibliche Vorliebe für den *Anblick* eines großen Penis – etwa als Analogon des männlichen Busen- oder Po-Blicks – ist nicht bekannt. Eine generelle Entdeckung wies in eine andere Richtung: Bei Tierarten mit weiblicher Polyandrie zeigen die männlichen Sexualorgane eine durchschnittlich doppelt so große individuelle Differenzierung nach Form und Größe wie bei Tierarten mit monogamen ›Weibchen‹.[105]

Die genitalen Unterschiede von Gorilla, Schimpanse und Mensch, so die Nutzanwendung, werden durch diese Regel verständlich. Weibliche Gorillas sind nur an sehr wenigen Tagen des Jahres kopulationsbereit, und der dominante Gorilla, der fast die doppelte Körpermasse des weiblichen Tiers ausgebildet hat, vermag sowohl die weiblichen Tiere als auch die potentiellen Konkurrenten relativ gut unter Kontrolle zu halten. Deshalb unterliegt er nur einer geringen genitalen Konkurrenz.[106] Der männliche Schimpanse dagegen, der nur geringfügig größer ist als das weibliche Tier, hat es mit einem weiblichen Sexualverhalten zu tun, das 5 bis 10 mal so lange Phasen sexueller Aktivität kennt und zahlreiche männliche Tiere – sowohl innerhalb wie außerhalb der eigenen Gruppe – zu einer gewaltigen Zahl von Kopulationen stimuliert. Strategien zur Verhinderung weiblicher Mehrfach-Begattungen scheinen weitgehend zu fehlen; im Gegenteil: Das allgemeine Kopulieren ist zumindest innerhalb der Gruppen ein starkes soziales Band. Dominante männliche Tiere haben allenfalls eine gewisse temporale Präferenz.[107] Die Entscheidung über den Reproduktionserfolg der einzelnen männlichen Tiere ist so weitgehend von Unterschieden der Kopulation selbst und vom postkopulativen Geschehen im weiblichen Körper abhängig. Die Biologie nennt dies »sperm competition« oder postkoitale Selektion; für den aktiven weiblichen Part an diesem Geschehen hat sich der Begriff »cryptic female choice«[108] durchgesetzt. Aufgrund des postkoitalen Konkurrenzdrucks im Innern des weiblichen Körpers hat der Schimpanse einen gut doppelt so großen Penis wie der gewaltige Gorilla, weitaus voluminösere Testikel und eine vielfache Samenzahl pro Ejakulation ausgebildet. Das Problem verlangte leider einen männlichen ›Lösungsversuch‹. Manche Genitalien etwa bringen den Samen näher an die Eizelle heran als andere[109] oder sie verfügen über geringfügig bessere Fähigkeiten, den Samen von Konkurrenten wegzuwischen oder auszuspülen[110] – zwei Formen männlicher Konkurrenz, für die es die bizarrsten Beispiele gibt. Vor allem aber, so der Befund einer großangelegten Untersuchung über *Sexual selection and animal genitalia*, scheinen Unterschiede in den genital-stimulatorischen Qualitäten – verstanden als männliche Werbungsbemühung während der Kopulation – Befruchtungschancen zu erhöhen und dadurch ein weiteres Feld männlichen Konkurrierens und weiblicher Wahl zu sein.[111]

Die im Primatenvergleich durchaus extreme Evolution der menschlichen Genitalien wird verbreitet als ein Indiz verstanden, daß auch der Menschenmann – zumindest in den frühesten Etappen seiner Evolution – einem Selektionsdruck durch weibliche Polyandrie unterlag, wie sie bei den Schimpansinnen und anderen Primatenarten extrem ausgeprägt ist. Auch er war dann, wie seine Vorgänger, auf Wettbewerb im Körper der Frauen angewiesen und übertrifft deshalb den weniger von Konkurrenzzweifeln geplagten Gorilla gleich fünffach an Penislänge und auch mehrfach an Hodenvolumen und Anzahl der Samenzellen.[112] Klinische Daten unterstützen die Annahme, daß weibliche ›Untreue‹ eine Adaption im Krieg der Geschlechter darstellt, die auch in heutigen Umwelten immer noch habituell ist. Untersuchungen zu Blutvererbungsmechanismen zwischen Eltern und Kindern stießen in den 1940er Jahren ganz nebenbei auf die Tatsache, daß 10 % der ehelich geborenen Mittelschichtkinder mit dem angeblichen Vater überhaupt nicht verwandt waren. Spätere Erhebungen in Geburtskliniken ergaben ›Kuckucksei‹-Quoten zwischen 5 und 30 %. Wenn man die geringe Befruchtungswahrscheinlichkeit der Frau berücksichtigt, muß die Ehebruchsquote noch sehr viel höher liegen.[113] Angesichts der regelmäßig eintretenden Nachteile weiblichen Ehebrechens – Gewalttätigkeit des Ehemanns, Scheidung, Unterhaltsverlust, alleinerziehendes Mutterdasein usw. – muß die Überzeugung von den Vorteilen dieses Tuns tief verankert sein. Weibliche Polygamie und mithin postkoitaler Selektionsdruck auf den männlichen Samen könnten insofern, wie bei den Schimpansen und zahllosen anderen Tieren, adaptive ›Problemlösungen‹ in Form und Größe der männlichen Genitalien hervorgebracht haben. Wieder korreliert die hypertrophe Ausbildung eines Geschlechtsmerkmals mit der Chance, leer auszugehen.

Das Ursymbol männlicher Kraft ist so zugleich Index eines bedrohlichen Mangels: Statt zuverlässig das weibliche Geschlecht zu kontrollieren, bezeugt seine Größe gerade umgekehrt das Ausmaß fehlender Kontrolle. Der im Primatenvergleich exorbitante menschliche Penis wäre insofern eine urgeschichtliche Adaption an weibliche ›Untreue‹ und die damit verbundene Vaterschaftsungewißheit. Die assoziative Korrelation von Phallus und Dominanz wird dadurch nicht umgekehrt oder gar aufgehoben. Sie wird aber transparent auf die Bedrohung, auf welche sie antwortet, und ist damit nicht länger das selbstgewisse Symbol männlicher Unangefochtenheit und Stärke, sondern eher eine adaptive Problemlösung für männliche Unsicherheit und Schwäche – der angestrengte Versuch, eine Dominanz zu behaupten, die gerade in Frage gestellt ist.[114]

Eberhard hat weibliche Polyandrie auch bei vielen Arten nachweisen können, bei denen man zuvor vom Gegenteil überzeugt war.[115] Auch andere Forscher sind in den letzten Jahren zunehmend zu der Einsicht gelangt, daß weibliche Wesen viel umfassender zu Polyandrie disponiert sind, als es die Lehre vom kardinalen Unterschied zwischen Ei und Samenzellen vermuten ließ.[116] Nach den Annahmen der Evolutionstheorie muß ein derart verbreitetes Verhalten adaptiv sein, sonst hätte die Selektion es nicht begünstigen können. Nüchterner Betrachtung haben sich denn auch zahlreiche Vorteile weiblicher Polyandrie erschlossen – darunter etliche, die auch für den Typ ›ästhetischer‹ Wahl nach Aussehensornamenten und sogar unter den Bedingungen prinzipieller Monogamie gelten.[117] Weibliche Wesen können etwa eventuell damit rechnen, daß der Erzeuger eines ›Kuckuckseis‹ zusätzliche Ressourcen für dessen Aufziehen zur Verfügung stellt – was auf doppelte Absicherung durch einen Haupt- und einen Nebenmann hinausläuft. Andere Vorteile könnten besondere vererbbare Vorzüge des Nebenmannes sein oder auch die Möglichkeit, in einer kurzfristigen Beziehung einen Mann auf seine Tauglichkeit für eine künftige längerfristige Beziehung zu testen.[118] Mit dieser Doppelstrategie könnten weibliche Wesen sei's die erwartbare Untreue des männlichen Partners, sei's seinen plötzlichen Tod, mit dem unter den harten Bedingungen natürlicher Selektion stets zu rechnen ist, besser abfedern. Bei Affengruppen mit polygamen weiblichen Tieren wurde außerdem vermutet, daß die Überlebenschancen des Nachwuchses eventuell durch das bloße Faktum der Polyandrie steigen – sofern nämlich potentiell alle männlichen Affen einer Gruppe sich für den Erzeuger halten können.[119] Die »Wissenschaft vom Ehebruch« ist nach alledem ein zentrales Kapitel der Anthropologie und Evolutionsbiologie.[120]

Hat man einmal diese arabesken Gedankengänge zumindest hypothetisch verdaut, dann folgt nicht nur, daß die Evolutionstheorie die Asymmetrisierung der Geschlechter nach ihrer jeweiligen Polygamie-Tendenz – starke Neigung, weil große Vorteile auf seiten des Mannes, schwache Neigung, weil kaum Vorteile auf seiten der Frau – letztlich aufgeben, zumindest stark relativieren muß. Es ergibt sich auch eine neue und weitere Hypothese zum zentralen ästhetischen Faszinosum und Rätsel des weiblichen Körpers: dem nur beim menschlichen Wesen zu findenden Busen. Sein Unterschied von allen anderen Säugetieren – dauerhaft statt nur vorübergehend ausgebildet zu sein und sexuell nicht als temporärer Inhibitor, sondern als Stimulans des Begehrens zu funktionieren – teilt mit dem Verzicht auf visuelle Signalisierung der Befruchtbarkeit und mit der Ausdehnung der sexuellen Aktivität auf alle Phasen des weiblichen Zyklus die auffällige Tendenz des weiblichen Menschenkörpers, seinen aktuellen sexuellen Status weitestgehend der männlichen Wahrnehmung zu entziehen. Diese Strategie der Verheimlichung erzeugt ihrerseits neue Reize und mag dazu beigetragen haben, der menschlichen Sexualität den Nimbus des Geheimnisvollen und Verbotenen zu verleihen; zugleich erschwert sie die sexuelle Kontrolle der Frau. Das männliche Wesen kann seinen strukturellen Untreueverdacht nicht mehr auf einige gut sichtbare oder riechbare Tage beschränken; es kann auch nicht mehr – wie noch die Affen – damit rechnen, daß die geschwollene Brust des weiblichen Wesens von männlichen Konkurrenten als Laktationsanzeige aufgenommen wird und den Begattungstrieb abkühlt. Der weibliche Körper hat sich kraft dieser einschneidenden Mutationen enorm vergrößerte Freiheitsgrade für ›unerlaubte‹ Paarungen geschaffen.[121] Sofern dies in dem oben genannten Sinn dem weiblichen Interesse an größtmöglichem Reproduktionserfolg dient (bzw. zu archaischen Zeiten gedient hat), handelt es sich dabei um einen klassischen Fall adaptiver Mutation.

In Anlehnung an Sarah Blaffer Hrdy wird damit folgende Erzählung möglich: Schimpansinnen sind offen polygam und signalisieren auf denkbar ›schamlose‹ Weise ihr großes Interesse an multiplen Partnern und reichlich Sex. Erfolgreiche männliche Strategien zur Verbesserung der Vaterschaftsgewißheit – eventuell unterstützt durch vermehrten weiblichen Bedarf an männlichem »parental investment« – haben beim Menschen scheinbar zur direkten Umkehr dieser Merkmale geführt: zum vollständigen weiblichen Verzicht auf visuelle Signale der Befruchtbarkeit und zu habitueller »coyness« und »choosiness«. Die vordergründige weibliche Anpassung an männliche Kontrollstrategien enthält aber zugleich eine raffinierte Gegenstrategie: sie treibt die Diskretion so weit, daß sie neue, geheimere Möglichkeiten erschließt, unkontrollierbar zu bleiben und die durchaus adaptive Polyandrie nunmehr unter grundlegend veränderten Bedingungen fortzusetzen: »The loss of estrus by the human female is perhaps the most sophisticated means of cuckoldry evolved in any species.«[122]

›Untreue‹ Frauen agieren insofern ebenso ein archaisches Muster erfolgsorientierten Verhaltens aus wie ›untreue‹ Männer. Es entbehrt nicht einer abgründigen Ironie, daß die besondere Ausprägung der weiblichen Brust einerseits ein kardinaler Attraktor, andererseits Teil einer weiblichen Strategie der Verhüllung des sexuellen Status ist, welche mit der beinahe unbestimmten Ausdehnung sexueller Zugänglichkeit zugleich größtmögliche Freiheitsgrade gegenüber männlicher Kontrolle verschafft. Besonders hartgesottene Evolutionstheoretiker behaupten gar, daß die Menschenmänner sich nur deshalb auf langfristige Paarbindungen umgestellt haben, weil ihnen die radikalen Änderungen des weiblichen Körpers letztlich keine andere Wahl ließen. Hundertprozentige Direktlösungen der Unsicherheitsfrage – wie die 79tägige Kopulationsdauer bei einer Insektenart[123] – kamen bei

Menschenmännern offenbar nicht in Frage. Vor das neue und einzigartige Problem gestellt, »never to know when a woman was ovulating«, konnten sie ihre Chancen der Vaterschaftsgewißheit oder gar der Monopolisierung weiblichen Reproduktionspotentials nur noch durch langfristige emotionale und materielle Bindungen sichern.[124] Zur dauerhaften Bewachung einer potentiell immer und nie befruchtbaren Frau gezwungen, blieb den Männern weniger Zeit und insbesondere weniger Sicherheit für die Suche nach anderen Kopulationsgelegenheiten. Das wiederum reduzierte das Niveau männlicher Konkurrenz innerhalb der Gruppen und hatte insofern zivilisierende, kooperationsfördernde Wirkungen.[125]

Der verhüllte Eisprung und die auf Permanenz gestellte Brustvergrößerung sind, so gesehen, ein genialer weiblicher Schachzug im fortgesetzten »arms race« der Geschlechter. Beide verstärken die männliche »Treue« und das Ausmaß männlichen »investments«, reduzieren die Anreize zu Vergewaltigungsversuchen, befrieden damit auch eventuell sogar das Leben in größeren Gruppen – und erschweren zugleich maximal die Kontrolle weiblicher Sexualität. Hesiods berühmte Rede vom süßen Übel, nein: alle Themen der Misogynie haben damit ihren angestammten Ort in der Soziobiologie. Die einzigartigen sexuellen Ornamente, auf die das Begehren der Männer evolutionär geeicht ist, sind zugleich Mittel, sie tendenziell um die Gewißheit ihres Reproduktionserfolgs zu betrügen und zu ungewöhnlich langfristigen Selbstverpflichtungen zu programmieren. Philosophische Ästhetiker müssen einräumen, daß ihre Modelle ästhetischer Täuschung an Komplexität und Einfallsreichtum von der ›Natur‹ sexuierter Körper weit übertroffen werden.

Zum Täuschungsverdacht gegen das ›schöne Geschlecht‹ tragen auch einige Hinweise bei, daß menschliche Frauen sich nicht damit zufriedengeben, das höher ornamentierte Geschlecht und also – nach der Darwinschen Logik – dasjenige Geschlecht zu sein, welches heftig das andere Geschlecht umwirbt, weil es von diesem gewählt wird und daher in erhöhtem Maß den Risiken der sexuellen Selektion ausgesetzt ist. Während im Tierreich die Differenz ästhetischer Attraktivität teilweise radikale Unterschiede im quantitativen Reproduktionserfolg begründet, gibt es keinen vergleichbar großen Abstand in der Geburtenrate attrak-

tiver und weniger attraktiver Frauen. Dieser relativ schwache
Grad des Unterworfenseins unter das Wirken sexueller Selektion ist im Tierreich das Privileg des weniger ornamentierten, dafür aber wählenden Geschlechts – in der Regel des weiblichen.
Manches spricht dafür, daß die Menschenfrau es verstanden hat,
dem männlichen Geschlecht den Ornamentierungsvorteil zu
entwenden und gleichzeitig die Vorteile des weniger ornamentierten Geschlechts beizubehalten.

Die empirische Psychologie hat im menschlichen Verhalten
etliche Evidenzen erbracht, daß das orthodoxe, auch von Freud
vertretene Theorem einer »sozial verkümmerten Objektwahl«[126] der Frau allenfalls die halbe Wahrheit ist. Tatsächlich
gilt immer noch, daß explizite Werbungsakte weitaus öfter von
Männern als von Frauen ausgehen. Aber eine Mikroanalyse heutigen Werbungs- und Paarungsverhaltens hat ergeben, daß
Frauen ihre (Voraus-)Wahl immer schon getroffen haben, bevor
sie zum Objekt eines männlichen Werbungsakts werden.[127] Ein
elaboriertes Spektrum gestischer Signale zieht die Aufmerksamkeit potentieller Partner auf sich, steigert sie oder kühlt sie ab
und steuert das männliche Verhalten in gewünschten Fällen bis
hin zur förmlichen Kontaktaufnahme. Andere Gesten wiederum erlauben es, unwillkommene Annäherungen schon im
Keim zu ersticken. Gleichzeitig kann der Mann, weil es ihm
überlassen bleibt, das erste Wort zu sprechen, für sich selbst die
Illusion hegen, der aktive Part, ggfs. der erfolgreiche Verführer
zu sein. Im Entmutigungsfall wird er zumindest nicht explizit
vor den Kopf gestoßen; das Niveau von Enttäuschung und Ag-
gression wird so auf einem niedrigen Niveau gehalten – was wiederum im Interesse der Frauen liegt. Das beobachtete Muster
entspricht der evolutionstheoretischen Erzählung, wonach
weibliche Sexualität sich sichtbar und vordergründig männlichen Strategien der Erhöhung von Vaterschaftsgewißheit durch
Monopolisierung von Ressourcen und sexuelle Kontrolle der
Frauen ›angepaßt‹ habe, zugleich aber diskret die alte Primaten-
erbschaft weiblicher Regieführung im Sexuellen fortsetze. Mini-
malistische Gesten haben patriarchatskonform das Präsentieren
geschwollener Genitalien ersetzt.

Es versteht sich von selbst, daß die weibliche Strategie des
Wählens bei scheinbarem Gewähltwerden in ihrem Erfolg von

einer Fülle von Variablen abhängig ist. Eine davon ist wiederum physische Attraktivität; sie verschafft besonders gute Möglichkeiten des Wählens bei Anschein des Gewähltwerdens. Sollte die Kette dieser Beobachtungen, Annahmen und Spekulationen tatsächlich zutreffen, dann ergibt sich für den weiblichen Schönheitseffekt eine weitere täuschungstheoretische Formulierung: er überblendet und vertauscht die Darwinschen Funktionen von Wählen und Gewähltwerden. Er begünstigt Praktiken des Wählens bei Anschein des Gewähltwerdens, und er läßt auf der männlichen Seite nonverbales Gewähltwerden als eigenen Wahlakt erscheinen. Damit entspricht die ästhetisch-sexuelle Selektion dem klassischen Illusions-Modell der theoretischen Ästhetik: der systematischen Vertuschung des Unterschieds von »Wirklichkeit« und »Vorstellung«, der Täuschung als eines trügerischen Tauschverkehrs von »Natur« und »Kunst«.

Die Schönheit durchschnittlicher Körperformen

Kant hat wohl als erster der menschlichen »Einbildungskraft« das Vermögen zugesprochen, aus Überblendung und Vergleich vieler Einzelkörper für jede Art von Lebewesen ein »Musterbild« zu gewinnen. Dieses Durchschnittsbild, so Kant weiter, sei zugleich die vorbildliche »Normalidee« der »Schönheit« einer jeden Gattung.[128] Kants Annahme ist inzwischen vielfach bestätigt worden. Darwins Zeitgenosse Francis Galton stellte bei der Überblendung von Gesichtsbildern die generelle Tendenz fest, daß die resultierenden Durchschnittsbilder sowohl vertrauter als auch attraktiver wirken als die Ausgangsfotos.[129] Die neuere Forschung hat analog elektronische Fotos von Gesichtern im Computer zwecks Erzeugung ihres durchschnittlichen Aussehens übereinandergelagert. Ein Experiment mit Durchschnittsbildern, die in progredierender Zweierpotenz auf 2, 4, 8, 16 und 32 wirklichen Gesichtern beruhten, ergab eine positive Korrelation von Anzahl der überblendeten Gesichter und Attraktivitätsbewertung. Das schönste Gesicht, so wurde gefolgert, ist am Ende nichts als das durchschnittlichste Gesicht, das Gesicht der Gattung überhaupt.[130] Dem entspricht der experimentelle Befund, daß ästhetische Attraktivität negativ mit Distinktivität im

Sinne individueller Identifizierbarkeit korreliert ist.[131] (An den Gesichtern der zahllosen anonymen Models, die etwa für kosmetische Produkte werben, kann diese Hypothese unschwer nachvollzogen werden. Selbst nach vielfach wiederholter Konfrontation mit den entsprechenden Werbungen wird man diese Models bei einer zufälligen realen Begegnung kaum wiedererkennen.[132])

Eine genauere Betrachtung der »Schönheit ist Durchschnitt«-Hypothese ergibt allerdings den überraschenden Befund, daß durchschnittliche künstliche »composite faces« außer ihrer Zusammengesetztheit auch etliche andere Eigenschaften aufweisen, die gerade *nicht* durchschnittlich sind. Für Kant galt dies von vornherein als ausgemacht: kein empirisches Gesicht könne jemals der fiktiven »Normalidee« der Gattung »völlig entsprechen«; die »Normalidee« war für ihn daher – scheinbar paradox – eine trans-empirische Idealität. Auch die Autoren der einschlägigen Studie *Attractive faces are only average* (1990) sahen sich vier Jahre später zu der Klarstellung veranlaßt, ein artifizielles Durchschnittsgesicht sei keineswegs »typical in the sense of common or frequently occurring in the population«.[133] Die Theorie kognitiver Prototypen erlaube vielmehr die Annahme, daß ein durch Ausmittelung gewonnener Prototyp durchaus als eine transempirische Norm funktioniere und Eigenschaften besitze, die wirkliche Gesichter kaum oder gar nicht erreichen können. Tatsächlich ergab der Vergleich der Einzelgesichter mit dem Durchschnittsgesicht nicht allein das vorhersehbare Phänomen, daß die Ausmittelung zu überdurchschnittlichen Symmetriegraden und zur ebenso kontrafaktischen Tilgung aller Hautunregelmäßigkeiten führt, sondern auch die überraschende Entdeckung, daß der Prototyp für deutlich jünger gehalten wird als der arithmetische Durchschnitt der in ihn eingegangenen Einzelalter.[134] Es ist nicht auszuschließen, daß das eine aus dem anderen folgt; eine Erklärung des Phänomens steht noch aus. In jedem Fall ergibt sich bei dieser Lesart von Durchschnitt genauso wie bei Kants »Normalidee«, daß der »averaging mechanism« bereits *per se* zu überdurchschnittlich attraktiven Resultaten führt.[135] Insofern steht, trotz des irreführenden »only« und trotz aller scheinbarer Paradoxie, der Befund *Attractive faces are only average* keineswegs quer zu Darwins Theorie einer sexuel-

len Präferenz für leicht *über*durchschnittliche Attraktivitätsmerkmale.

Darüber hinaus erwies ein anderer Kontrolltest die Grenzen
der Gleichsetzung von Schönheit und durchschnittlichem Prototyp, indem er aus einer Versuchsgruppe drei verschiedene
»composite faces« abstrahierte. Das eine bildete den Durchschnitt aller 60 Versuchsgesichter ab (*average*); ein zweites
wurde nur aus den 15 attraktivsten Gesichtern gebildet (*high*),
und für das dritte wurde die Differenz dieser beiden Bilder
nochmals linear um 50 % gesteigert (*high +*). Im Vergleich wurden die *high*-Gesichter für attraktiver befunden als die *average*-
Gesichter und die *high+*-Gesichter für attraktiver als die high-
Gesichter.[136] So »schön« also der Durchschnitt sein mag, noch
attraktiver sind einige selektive Normabweichungs-Muster.
Dies bestätigt vollends Darwins Theorie einer ästhetisch-sexuellen Präferenz für leichte Übertreibungen der jeweils geltenden
Gattungsnorm.

Kant hatte für die Gleichsetzung von Schönheit und (transem-
pirischer) Durchschnittlichkeit eine interessante naturphiloso-
phische, ja, im Ansatz evolutionsbiologische Begründung gegeben. Die Durchschnittsgestalt einer jeden natürlichen Art von
Lebewesen gewinnt ihre weit überdurchschnittliche Bedeutung
aus der Überlegung, daß sie zugleich das Muster sei, das idealiter
»der Technik der Natur« in der Hervorbringung der einzelnen
Individuen »zum Grunde gelegen« habe. Die »Zweckmäßigkeit
in der Construction der Gestalt« finde im jeweiligen Durch-
schnittsexemplar ihre reinste Ausprägung; eben deshalb sei dieses zugleich »zum allgemeinen Richtmaß der ästhetischen Beur-
theilung jedes Einzelnen dieser Species tauglich«.[137] Die heutige
Evolutionsbiologie nennt aus ähnlichen Gründen die hohe
ästhetische Bewertung des durchschnittlichen Phänotyps einer
Gattung eine stabilisierende Selektion. Sie erkennt darin folgende Logik: Bei dem durchschnittlichen Phänotyp handelt es
sich zwar nicht notwendig um die optimale Mutation einer Spezies – denn aktuelle, noch nicht verarbeitete Adaptionszwänge
können bereits im Begriff sein, eine direktionale Modifikation
dieses Durchschnitts zu begünstigen; es handelt sich aber in jedem Fall um einen vielfach bewährten Phänotyp.[138] Für alle Abweichungen gilt dagegen, daß sie mit weitaus größerer Wahr-

scheinlichkeit adaptive Nachteile als Vorteile mit sich bringen können,[139] da sich immer erst lange post festum jene unerhört wenigen unter den zahllosen Zufallsmutationen eines existierenden Gen-Pools erkennen lassen, welche selektive Vorteile begründen. Im Interesse natürlicher Selektionsvorteile würde ästhetische Bewertung daher wahrscheinlichkeitstheoretisch klug verfahren, wenn sie den durchschnittlichen Phänotyp einer Spezies *stets* für attraktiver hielte als jede Abweichung. Eben dies tut sie aber nicht, wenn sie bestimmten Normabweichungen durchaus regelmäßig den Vorzug gibt. Die Spannung zwischen stabilisierender Selektion, die von der Warte natürlicher Selektion immer die bessere, weil sicherere wäre, und der durchaus direktionalen *runaway*-Verstärkung attraktiver »Ornamente« erlaubt es erneut, das strukturelle Risiko der Schönheitswahl à la Darwin zu formulieren: Die anhaltende ästhetische Bevorzugung geringfügiger Übertreibungen der Gattungsnorm nimmt geradezu programmatisch die Wahrscheinlichkeit einer Präferenz für nicht-adaptive Mutationen in Kauf.

Die Nicht-Koinzidenz von Schönheit und natürlicher Fitness

Nancy Burley hat über viele Jahre eine Serie denkwürdiger Experimente durchgeführt, die Darwins Ansatz an der Eigendynamik ästhetischer Präferenzen und der Nicht-Identität sexueller Ornamente mit natürlichen Fitness-Vorzügen förmlich gegen alle neo-darwinistischen Reduktionsversuche zu beweisen scheint.[140] Zebrafinken wurden mit Plastikringen in unterschiedlichen Farben beringt. Die rein zufällige Zuordnung der Farben hatte extreme Konsequenzen. Rotberingte männliche Tiere erzielten einen doppelt so hohen Reproduktionserfolg wie die andersfarbig beringten. Mehr noch: Die Vögel mit den ›unattraktiven‹ Ringen starben signifikant eher als diejenigen mit den bevorzugten Ringfarben. Nach neo-darwinistischer Orthodoxie wäre die Koinzidenz von ästhetisch bevorzugtem Ornament und höherer Überlebensfähigkeit ein Indiz, daß das erstere nichts als ein Signal der letzteren ist. Aufgrund der arbiträren Zuordnung der Ringfarben wurde bei den Zebrafinken-Experimenten aber gerade ausgeschlossen, daß irgendein natürlicher Fitnessvorteil die Ausbildung der Ornamente und also auch den Paarungs- und Reproduktionserfolg bedingt. Vielmehr deutet sich eine umgekehrte Logik an: Sexuelle Wesen sind nicht schöner, weil sie über natürliche Selektionsvorteile verfügen, sondern sie haben natürliche Überlebensvorteile, weil sie sexualmodisch bevorzugt werden. Dies unterstreicht entschieden die extreme Macht der »female choice«.

Naturalisierende Auslegungen des Darwinschen Pfauenbeispiels suchen hinter der Größe und Symmetrie der Ornamente schon allein deshalb nach sonstigen, nicht-ästhetischen Fitnessvorteilen, weil sie wie selbstverständlich annehmen, den unterschiedlichen Reproduktionserfolg sonst nur für ein unerklärliches Mysterium halten zu können. Die Zebrafinken-Studien zeigen dagegen, daß sexuelle »Wahl« nach grundsätzlich arbiträren ästhetischen Ornamenten hinreichend implikationsreich ist, um aus eigener Kraft die gemessenen Folgen begründen zu können. Erstens scheint die weibliche Wahl sich selbst verstärkende Rückkopplungen zu zeitigen – derart, daß weibliche Tiere, die von attraktiven Männchen befruchtet wurden, höher motiviert sind und tatsächlich mehr Energie in die Aufzucht des Nachwuchses investieren. Zweitens verstärken männliche Vögel, deren Attraktivität künstlich erhöht wurde, zugleich ihre Werbungsanstrengungen: Je mehr sexuellen Erfolg sie haben, desto mehr Energie verwenden sie darauf, noch mehr Erfolg zu suchen.[141] Dies ist eine ökonomische Adaption, sofern die durchschnittliche, in das Verhalten einprogrammierte Wahrscheinlichkeit von Energieverschwendung auf nutzloses ›Balzen‹ deutlich unterschritten wird und der dadurch definierte Regelkreis eventuell erfahrungsabhängige Verhaltensspielräume erlaubt. Drittens erleiden ästhetisch benachteiligte (männliche) Individuen einen doppelten Streß: sie müssen nicht nur die Frustration hinnehmen, in direkter Konkurrenz um die begehrtesten Partner regelmäßig leer auszugehen; als Ausgleich für ihre geringere Attraktivität scheinen sie auch noch – so zumindest bei den untersuchten Zebrafinken – einen größeren Anteil der Elternarbeit übernehmen zu müssen. Beides zusammen verursacht offenbar hinreichend große Kosten, um die Überlebensfähigkeit im Vergleich mit den Günstlingen der sexuellen Modepräferenzen meßbar herabzusetzen. Die Zebrafinken-Experimente beweisen damit, daß es die performative Macht der Schönheit selbst sein kann – und keine hinter ihr stehenden Fitness-Vorteile sonstiger Art –, welche gesteigerte Reproduktions- und teilweise auch Überlebensfähigkeit begründen kann.

Die Zebrafinken-Experimente bestätigen darüber hinaus Darwins Überzeugung, daß auch bei monogamen Spezies – zu denen die Zebrafinken gehören – ästhetisch-sexuelle Präferenzen auf die selektive Evolution der Gattung durchschlagen können. Zugleich ergab sich ein weiterer Hinweis, daß das Prinzip eines »survival of the prettiest«[142] keineswegs eine lineare Korrelation von »Schönheit« und Überlebensfähigkeit begründet. Ein Teil der mit der ›richtigen‹ Ringfarbe begnadeten Männchen konnte seinen Anteil am »parental investment« ohne Nachteil für seine Reproduktionschancen so weit reduzieren, daß Zeit und Energie für das Überschreiten der habituellen Schwelle zum Polygam-Werden frei wurden. Diese Vogelgruppe mit dem extremsten Schönheitseffekt hatte indes nicht nur den größten Reproduktionserfolg. Sie bezahlte dafür mit einer Inversion der ansonsten positiven Beziehung von Attraktivität und individueller Lebensdauer: Die polygam gewordenen Männchen starben deutlich schneller als die monogam gebliebenen mit der gleichen vorteilhaften Beringung, schneller sogar als die streßgeplagten Männchen mit den ›falschen‹ Ringfarben.

Vergleichstests mit einer eng verwandten Finkenart ergaben nähere Aufschlüsse über die Ringpräferenzen. Am anderen Geschlecht der eigenen Art werden jeweils Ringe in solchen Farben bevorzugt, die ohnehin schon arttypisch sind; im Artenvergleich dienen die sexuellen Farbpräferenzen gleichzeitig der polarisierenden Verstärkung des Abstands zwischen den Arten.[143] Damit entsprechen die bevorzugten Ornamente sehr genau dem Darwinschen Prinzip einer Übertreibung bereits vorhandener sexueller Merkmale und einer extreme ›sexualmodischen‹ Abgrenzung gegen benachbarte Spezies. Die folgenreiche Beringung liefert insofern ein glänzendes Muster für modische Capricen der Evolution. Gleichwohl bleiben Zweifel möglich, ob die Ringpräferenzen nicht vielleicht doch als Fitness-Präferenzen gelesen werden können. Sofern etwa die roten Ringe als verschobene Verstärker der roten Schnabelfarbe funktionieren, die feineren Abstufungen oder Quantitäten des Schnabelrots aber zugleich auf noch unbekannte Weise Gesundheitsindikatoren sind, könnte der Erfolg der künstlichen Manipulation wiederum so verstanden werden, daß die weiblichen Zebrafinken bei ihrer Rücksicht auf die Plastikringe in Wahrheit nur einen artüblichen Fitness-Test angewandt haben. Die nächste Frage wäre dann allerdings, warum das groteske Aufsetzen weißer Hütchen[144] für den Paarungserfolg etwa den gleichen Effekt haben kann wie die rote Beringung. Die frühe Sterblichkeit aufgrund extremen sexualmodischen Erfolgs wiederum könnte als Beleg für die Handicap-Theorie und mithin für die nicht-arbiträre Aufrichtigkeit sexueller Ornamente gelesen werden: Ornament und sexueller Erfolg sind autodestruktiv, weil die Effekte der künstlichen Manipulation die »fitness« des natürlichen Körpers übersteigen.[145] Die umgekehrte Hypothese, daß alle ›echten‹ Ornamente nur fitness-kompatible Vorzüge verschaffen, wird allerdings durch die Experimente keineswegs bestätigt. Denn unterhalb der extremen Werte vertrugen die Zebrafinken die Effekte der künstlichen Ornamente offenbar ausgezeichnet und profitierten durchaus »zuverlässig« von etwas, das sich zu ihrer sonstigen »fitness« völlig arbiträr verhält.

Die Spirale gegenläufiger Deutungen der sexuellen Präferenzen kann sich mithin weiterdrehen. Jeder Ausschluß von Kausalitäten des Typs natürliche Selektion bleibt letztlich prinzipiell prekär, weil negative Evidenzen mit Rücksicht auf bestimmte Naturalisierungsversuche nicht einschließen, daß sich nicht doch – bei hinreichender Geduld und Einfallsreichtum – andere überzeugendere Erklärungsmuster ähnlichen Typs finden lassen.[146] Helena Cronin ist daher zuzustimmen, daß der Konflikt um die evolutionstheoretische Erklärung der sexuellen »Ornamente« noch längst nicht abschließend entschieden ist.[147] Unentschieden ist auch, ob es einer solchen Entscheidung überhaupt bedarf. Etliche Studien sind dazu übergegangen, jedem Erklärungsansatz einfach eine partielle Berechtigung zuzuerkennen. Dies entspricht einer vielfach geäußerten Vermutung höchst instabiler Grenzen: *runaway*-Ornamente können auf eine ebenso unvorhersehbare Weise, wie sie sich unter souveräner Mißachtung natürlicher Nützlichkeit entwickelt haben, plötzlich wieder eine natürliche Adaptionsleistung erfüllen, und nützliche Adaptionen können, sobald sie als sexuelles Ornament überdeterminiert werden, sehr schnell so gesteigert werden, daß ihre Nützlichkeit beschädigt wird.[148] Doch selbst die synthetisierende Hypothese – »Most sexually selected traits probably work as both ornaments and indicators«[149] – zwingt weiterhin zur Unterscheidung beider Funktionen.

Schönheit und Reproduktionserfolg

Darwins Ästhetik der Evolution teilt mit ihren neueren Reformulierungen eine Basisannahme, welche unter heutigen kulturellen Gegebenheiten nur noch mit großen Einschränkungen gegeben ist. Das gesamte Konzept der sexuellen Selektion, ja, der Evolution überhaupt geht von der durchaus überzeugend begründeten Annahme aus, daß jedes Lebewesen evolutionär auf möglichst reichliche Reproduktion programmiert ist und daß sexuelle Ornamente eine Funktion dieser Verhaltensmechanismen sind. Die heutige westliche Zivilisation scheint mit diesem Funktionskreis an seinem entscheidenden Punkt gebrochen zu haben.[150] Noch immer verschaffen sexuelle »Ornamente« Vorteile bei Werbung und Partnerfindung; aber die Sorge um möglichst reichliche Reproduktion ist weithin der Sorge um deren Verhütung gewichen. Noch immer regulieren archaische Präferenzmuster den Blick der Geschlechter aufeinander, werden Körper in Bruchteilen von Sekunden so bewertet, als komme es auf nichts als ihre Eignung an, der eigenen Reproduktion ein besonders geeignetes Medium zu bieten. Gleichzeitig ist die einstmalige Funktion dieser Mechanismen nur mehr rudimentär gegeben. Menschliche Sexualität unterliegt insofern einer ironischen Unzeitgemäßheit, einer Desynchronisierung zwischen erhaltenen Selektionsmechanismen und weitgehendem Wegfall ihrer einstigen Funktion.[151]

Nach den Theorien von Darwin und Wallace sind solche Desynchronisierungen gerade beim Menschen nicht nur möglich, sondern wahrscheinlich. Weil der Mensch – und nur er – auf den Wandel der zunehmend selbstgeschaffenen Umwelt überwiegend nicht mehr mit natürlichen, sondern nur mehr mit intellektgestützten kulturellen Adaptionen reagiert, können genetisch fixierte archaische Verhaltensmuster um so ungestörter, weil von Veränderungsdruck entlastet, fortbestehen, auch wenn sie ihre einstmalige Adaptivität längst eingebüßt haben. Das heißt keineswegs, daß es in irgendeinem Einzelfall einen genetischen Determinismus des Verhaltens gibt. Es heißt allein, daß unter den vielen Variablen, die konkretes Verhalten in einzelnen Situationen steuern, auch mit unbewußten archaischen Adaptionen zu rechnen ist. Diese können unverbunden neben ganz neuen, kulturell erworbenen Mechanismen weiterwirken oder auch mehr oder weniger erfolgreich einer Kontrolle, ja, sogar Verboten unterworfen werden (wie es Freud etwa für archaische Formen sexueller Lust annimmt). Gänzlich getilgt werden können sie aber offenbar nicht – zumindest solange nicht, als sie nicht *auf ihrem eigenen Niveau* von neuen Programmierungen überschrieben werden. Dafür werden kulturelle Umwelten aber kaum je die erforderliche mehrhundertjährige Stabilität eines konstanten Veränderungsdrucks bieten.

Die strukturelle Desynchronierung zwischen archaischen Dispositionen und radikal veränderter Umwelt unterscheidet die menschliche Sexualität prinzipiell von den Gegebenheiten der Tierwelt. Nichts scheint heute abwegiger als die evolutionstheoretische Hypothese, monogame Männer würden sich für ihre Seitensprünge Frauen mit größtmöglicher Fruchtbarkeit suchen, um eine besonders gute spontane Fertilisierungschance zu haben. Es ist vielmehr eine verbreitete bevölkerungswissenschaftliche Lehrmeinung, daß die letzten 100 bis 200 Jahre in den hochentwickelten westlichen Ländern nicht nur stark verringerte Geburtenzahlen und Kindersterblichkeitsraten, sondern auch eine Inversion des vorher üblichen Zusammenhangs von Sozialstatus und Kinderzahl hervorgebracht haben. Nach den Prinzipien natürlicher und sexueller Selektion sind Kontrolle von Ressourcen und Reproduktionserfolg positiv korreliert, sofern die Kontrolle von Ressourcen das Aufziehen von Nachwuchs und damit auch die Paarungschancen begünstigt.[152] Frühestens seit 1800 und spätestens seit 1900 ist nun aber ein umgekehrter Trend zu beobachten: Je besser die Ausbildung und je höher das Einkommen, desto geringer ist nunmehr tendenziell die Kinderzahl.[153] Für heutige Frauen gilt diese inverse Beziehung von sozialem Status, Ressourcenkontrolle und Geburtenrate noch ungleich stärker als für Männer. Kombiniert man diesen Befund mit der gut dokumentierten positiven Korrelation von männlichem Einkommen und weiblicher physischer Attraktivität, dann ergibt sich die genaue Umkehrung des Pfauenmodells: Schönheit korreliert nunmehr strukturell mit verringerter Kinderzahl. Adonis, Narcissus usw. sind insofern Hyperbeln eines heute statistisch meßbaren Zusammenhangs von Schönheit und *unter*durchschnittlicher Reproduktion.

Über die Gründe für das neue demographische Phänomen – dessen Existenz und Neuigkeit allerdings keineswegs unumstritten sind[154] – wurde und wird eine interessante Debatte geführt.[155] Handelt es sich um eines der vielen Phänomene, kraft deren die kulturelle Evolution ihre Nichtidentität mit Prinzipien der natürlichen beweist? Das Streben nach sozialem Status und materiellem Besitz, so scheint es von dieser Warte, ist aus einem Mechanismus, welcher von der Selektion begünstigt wurde, weil er gesteigertem Reproduktionserfolg zuarbeitete, zu einem obsessiven Selbstzweck geworden. Solche Verselbständigungen evolvierter Mechanismen gegen ihre ›natürlichen‹ Ziele sind ein typisches Merkmal für die Divergenz archaischer Adaptionen und geänderter kultureller Umwelten. Andererseits befolgen auch Tiere seit je diverse Strategien der quantitativen Begrenzung von Zahl und Größe der ›Würfe‹. Die Gründe dafür passen erstaunlich gut auch auf das genannte menschliche Phänomen.[156] Wo etwa die Variable des leistbaren Elternaufwands umweltbedingt unter Druck gerät – weil die Nahrungsbeschaffung schwerer geworden ist oder, wie in der modernen menschlichen Kleinfamilie, Unterstützung durch Verwandte zunehmend entfällt –, da ist es nur adaptiv und dient letztlich der Optimierung des Reproduktionserfolgs, wenn die Zahl der geborenen Kinder reduziert wird. Gleiches gilt, wenn Neugeborene immer höhere Investitionen verlangen, um in einer kompetitiven Umwelt verbesserte Überlebenschancen zu haben; dieses Phänomen des ›teuren Kindes‹ ist zweifellos einer der stärksten Faktoren, warum wohlhabende Mittelschichten immer mehr Ressourcen für immer weniger Kinder aufwenden.

Gleichviel ob man das neue demographische Phänomen – wenn es denn eines ist – als kulturelle Abweichung von evolutionären Maximierungsstrategien oder gerade als Beweis für das

Fortwirken archaischer, umweltsensitiver Adaptionen versteht, in jedem Fall geraten darin auch die Aufwendungen für sexuelle »Ornamente« in die Rolle einer limitierenden Ressource. Hohe soziale Konkurrenz und hoher Modeaufwand, nach dem orthodoxen Pfauen-Modell Mittel und Weg zu gesteigertem Reproduktionserfolg, verselbständigen sich gegen ihr ›ursprüngliches‹ Ziel und verzehren buchstäblich die dafür erforderlichen Ressourcen: »fashion and the consumption of related luxuries increase with modernization, and therefore increasingly compete with services and resources necessary for rearing children. [...] A perceived need to be fashionable [...] becomes an especially important reproductive constraint.«[157] Sollte diese Korrelation zutreffen, dann stört und zerstört unter modernen menschlichen Kulturbedingungen die verstärkte Orientierung an Schönheit genau das, was sie seit je sexuellen Lebewesen verspricht: präferentielle Selbstfortsetzung und Selbstverewigung. Darwins Denken der Schönheit von ihren kontra-adaptiven Kosten erweist sich auch insofern als wegweisend. Zugleich erscheint eine Möglichkeit verwirklicht, die Darwin selbst nicht in Erwägung gezogen hatte, da er die verrückte *runaway*-Entwicklung ästhetischer Präferenzen stets noch durch einen Ausgleichshandel natürlicher Überlebensnachteile und sexueller Reproduktionsvorteile kontrolliert sah. Traut man der Demographie, so ist die Schallmauer dieser Balance nunmehr kulturell durchbrochen.

Die Situation des Schönheitsdispositivs in den heutigen westlichen Ländern verbindet eine maximale Sorge um physische Attraktivität mit einer beispiellos niedrigen Geburtenrate und einem kollektiven Einpendeln des »reproductive success« auf einem Niveau, das bei Nicht-Berücksichtigung von Zuwanderungsgewinnen starken Bevölkerungsschwund bedeutet. Zu diesem Symdrom gehört, daß die Sorge um gutes Aussehen das Gebären und Aufziehen von Kindern eher als ästhetisches Beschädigungspotential einzugrenzen denn ehrgeizig zu vermehren sucht. Die Evolutionstheorie selbst liefert etliche Ansätze zur Dekonstruktion ihrer These von Schönheit als Garanten gesteigerten Reproduktionserfolgs. Darwin vermutet gleich mehrfach, archaische Praktiken des Kindermords – also der vorsätzlichen Vernichtung des Reproduktionserfolgs – seien in der Sorge der Mütter begründet, ihre Schönheit außer durch Schwangerschaft und Geburt auch noch durch Stillen, Tragen und Aufziehen in Mitleidenschaft gezogen zu sehen.[158]

Die Nicht-Identität ästhetischer Präferenzen und natürlicher Fitness-Rücksichten ergibt sich auch – zumindest für heutige Verhältnisse – aus mehrfach abgesicherten experimentellen Messungen. Sowohl Schlankheit wie eine ›weibliche‹ Proportion von Taille und Hüfte sind danach nur in ihrem mittleren Wertebereich positiv mit Gesundheit und Fruchtbarkeit korreliert; gerade die attraktivsten Werte dagegen – die für bestaussehend gehaltenen Frauen also – sind markant negativ mit Gesundheit und Fruchtbarkeit ebenso wie mit Wärme, Mütterlichkeit und Ehefrauen-Qualitäten korreliert.[159] Generell wurde gefunden, daß physische Attraktivität zuverlässig eng mit »sexiness«, aber nur sehr viel instabiler mit Gesundheit und Fertilität verbunden ist.[160] Das eine kann insofern kaum bloßer Indikator des anderen sein. Zumindest für die menschlichen Geschlechterbeziehungen bezeugen Mythen, Literatur und allgemeine Überzeugungen nicht erst neuerdings, sondern seit je die entgegengesetzte Meinung: »There seems to be no body of evidence suggesting that women get special privileges by means of fecundity – as it is acknowledged they do by beauty.«[161]

Für den Neo-Darwinismus liegt der Verdacht nahe, daß diese irreduzible Autonomie ästhetischer Präferenzen nur eine kulturelle (Fehl-)Entwicklung sein kann, die den Menschen von allen anderen Lebewesen trennt. Bei näherer Betrachtung unterstützen aber auch einige evolutionstheoretische Argumente ihrerseits die Annahme, daß Schönheit und Reproduktionserfolg beim Menschen nur prekär zusammenstimmen. Die neo-darwinistische Theorie etabliert als archaischen Kanon weiblicher Attraktivität die »nullipara«, das junge pubertierende Mädchen, dem gleich an mehreren »Ornamenten« anzusehen ist, daß es noch keine Schwangerschaft und Geburt hinter sich hat.[162] Wenn diese männliche Präferenz richtig extrapoliert ist, dann ist es für Frauen im Interesse erhöhter Paarungschancen adaptiv, das Aussehen einer »nulliparous woman« möglichst über die Pubertät hinaus zu bewahren.[163] Das aber erzeugt einen zumindest latenten Konflikt zwischen der Konformität mit ästhetischen Präferenzen und der reproduktiven Rolle, denen die ästhetischen Vorzüge zuarbeiten sollen. Die Evolutionstheorie sieht diesen Konflikt nicht, weil sie stillschweigend voraussetzt, daß junge Frauen nach der Heirat nicht mehr dem Attraktivitätsdruck, sondern nur mehr dem Reproduktionszwang unterliegen und daß sie gewissermaßen im Windschatten von Heiratsmarkt und ästhetischen Konformitätsnöten ihre pubertären Körperformen getrost anderen Zwecken zum Opfer bringen können. Rascher physischer Verbrauch durch die traditionelle Rolle als Mutter und Ehefrau mag zwar eine massenhafte Realität (gewesen) sein. Nach den eigenen Voraussetzungen der Evolutionstheorie war sie aber zu keinem Zeitpunkt adaptiv. Denn bei Verlust des Mannes – der unter urzeitlichen Gegebenheiten eine hohe natürliche und unter heutigen Verhältnissen eine hohe soziale Wahrscheinlichkeit ist – können sich Nachteile für die erneute Partnersuche ergeben. Die moderne Kultur erstreckt im übrigen das Regime ästhetischer Erwartungen weit über das jüngstmögliche Heiratsalter hinaus. Besondere entlastende Bedingungen für Ehefrauen und Mütter gibt es kaum noch; Frauen allen Alters und aller Vorgeschichten werden, ob sie es wollen oder nicht, vom tyrannischen Schönheitsgott gleich behandelt. Ein durchaus ›darwinistisches‹ Interesse am Erhalt der Schönheit steht so jener Maximierung des Reproduktionserfolgs entgegen, als dessen Versprechen sie vom anderen Geschlecht evolutionär ›gewählt‹ worden ist.

Der potentielle Konflikt zwischen den Attraktivitätspräferenzen und der Frauenrolle, der sie nach evolutionstheoretischer Sicht dienen, ist spätestens heute zu einem akuten und realen geworden. Die Ikonen des Schönen, die superschlanken Models, transportieren alles andere als die Botschaft, daß sie besonders vorzüglich zum Kinderkriegen geeignet sind. Ihrer ästhetischen Hochschätzung tut dies keinen Abbruch. Ist daran nur erneut die Entfernung der modernen Zivilisation von unseren archaischen Verhaltensadaptionen zu ermessen? Oder liegt der kulturell flagrant gewordene Widerspruch zwischen Schönheitsorientierung und Reproduktionsmaximierung nicht bereits in der spezifischen Evolution menschlicher Sexualornamente und menschlicher Paarungsmuster beschlossen? Letzteres ist zumindest der Verdacht Sigmund Freuds, dem das nächste Kapitel gilt. Die weitgehende Ablösung der menschlichen Sexualität von den Tagen des weiblichen Eisprungs schafft von vornherein die Voraussetzungen dafür, daß physische Attraktivität und Reproduktionserfolg zumindest beim Menschen nicht mehr zu einem Funktionskreis zusammengeschlossen sind, sondern getrennte Wege gehen können. Und die Präferenz für extrem jugendliche Körperformen – eine markante Abweichung von unseren Vorfahren – begünstigt auf der Seite der ›schönen Objekte‹ Strategien, die auf Erhaltung der eigenen Schönheit zielen und daher mit der Beförderung maximalen Reproduktionserfolgs in Konflikt geraten können. Die Evolutionstheorie selbst hat diese Möglichkeiten nicht bedacht, obwohl sie sich aus ihren eigenen Befunden zwanglos ergibt. Der Grund dafür mag in der Ratlosigkeit liegen, welche Funktion der Schönheit aus evolutionsbiologischer Perspektive noch zukommen mag, wenn dies nicht mehr die von Darwin bis heute immer wieder nachgebetete Steigerung des Reproduktionserfolgs ist. Die Mythe von Adonis gibt eine antike, die Psychoanalyse und die gegenwärtige Zivilisation eine aktuelle Antwort auf diese Frage.

IV. Freuds Hypothese: die ursprüngliche Kulturalität menschlicher Schönheit

Freud hat dem »Schönen« und der »Wissenschaft der Ästhetik« nur wenige Sätze gewidmet, die weit über sein gesamtes Lebenswerk verstreut sind. Anders als Darwin gibt Freud sich explizit als Kenner der überlieferten Ästhetik zu verstehen. Sein Urteil über deren Leistungen ist vernichtend: »Die Wissenschaft der Ästhetik untersucht die Bedingungen, unter denen das Schöne empfunden wird; über Natur und Herkunft der Schönheit hat sie keine Aufklärung geben können; wie gebräuchlich, wird die Ergebnislosigkeit durch einen Aufwand an volltönenden, inhaltsarmen Worten verhüllt.«[1] Mehr als diesen lakonischen Verriß hat Freud zur überlieferten »Wissenschaft der Ästhetik« nicht verlauten lassen. Dies wiegt um so schwerer, als er keineswegs etwa der Psychoanalyse zutraut, in größerem Umfang Abhilfe zu schaffen: »Leider weiß auch die Psychoanalyse über die Schönheit am wenigsten zu sagen.«

Dennoch ist das wenige, ja »wenigste«, was die Freudsche Psychoanalyse über Schönheit zu sagen weiß, sehr viel. Die einzige Sicherheit, die Freuds Blick auf das Phänomen leitet, teilt er mit Darwin. In *Das Unbehagen in der Kultur* (1930) heißt es: »Einzig die Ableitung [des Schönen] aus dem Gebiet des Sexualempfindens scheint gesichert.«[2] In den *Drei Abhandlungen zur Sexualtheorie* (1903) benutzt Freud an einer analogen Stelle ausdrücklich die damals übliche Übersetzung von Darwins Begriff der »sexual selection« – das ohne Not unangemessene und seit der Nazi-Rassenpropaganda kaum noch benutzbare Wort »Zuchtwahl«: »Der optische Eindruck«, so Freud, ist »der Weg, auf dem die libidinöse Erregung am häufigsten geweckt wird und auf dessen Gangbarkeit [. . .] die Zuchtwahl rechnet, indem sie das Sexualobjekt sich zur Schönheit entwickeln läßt.«[3] Wie selbstverständlich übernimmt Freud hier gerade die am wenigsten akzeptierte Theorie Darwins: daß nämlich sexuelle »Wahl« nicht nur *gegebene* Objekte nach ästhetischen Kriterien unterscheidet, sondern daß sie es auch ist, die im evolutionären Maßstab allererst ihre Objekte »sich zur Schönheit entwickeln läßt«.

Dieser starke, performative Sinn von »taste« als des Generators der Objekte, die er bevorzugt, ist der genuine Clou von Darwins Theorie einer sexuellen Ästhetik der Evolution. Wo immer Freud von »Entwicklung zur Schönheit« spricht, handelt es sich um einen präzisen Rückbezug auf Darwins Theorie, ja, um eine Übersetzung des Begriffs »Evolution«.

Die weitgehenden Übereinstimmungen mit Darwin sind gleichwohl nur die Basis, von der aus Freud umgehend zu stark abweichenden Folgerungen und Beobachtungen übergeht. In einer Fußnote zur Neuauflage der *Drei Abhandlungen* von 1915 heißt es: »Es scheint mir unzweifelhaft, daß der Begriff des ›Schönen‹ auf dem Boden der Sexualerregung wurzelt und ursprünglich das sexuell Reizende (›die Reize‹) bedeutet. Es steht im Zusammenhange damit, daß wir die Genitalien selbst, deren Anblick die stärkste sexuelle Erregung hervorruft, eigentlich niemals ›schön‹ finden können.«[4] Der erste Satz behauptet die »ursprüngliche« Gleichheit des Schönen mit dem sexuell Erregenden; der zweite nimmt diese Behauptung gerade für die am stärksten erregenden Körperteile sogleich wieder zurück. Die überraschende Wendung, welche die Fußnote nimmt, wird durch die Textstelle erhellt, der sie hinzugefügt wurde. Die Fußnote über Schönheit und sexuelle Erregung ist eine Fußnote zu Freuds erstem veröffentlichtem Gebrauch des Wortes »sublimieren«. Schon der Text von 1903 schaltet von der libidinösen Erregung durch den optischen Eindruck unvermittelt auf die Sublimierung der Erregung durch eben diesen optischen Eindruck um:

Der optische Eindruck bleibt der Weg, auf dem die libidinöse Erregung am häufigsten geweckt wird und auf dessen Gangbarkeit – wenn diese teleologische Betrachtungsweise zulässig ist – die Zuchtwahl rechnet, indem sie das Sexualobjekt sich zur Schönheit entwickeln läßt. Die mit der Kultur fortschreitende Verhüllung des Körpers hält die sexuelle Neugierde wach, welche danach strebt, sich das Sexualobjekt durch Enthüllung der verborgenen Teile zu ergänzen, die aber ins Künstlerische abgelenkt (»sublimiert«) werden kann, wenn man ihr Interesse von den Genitalien weg auf die Körperbildung im ganzen zu lenken vermag. Ein Verweilen bei diesem intermediären Sexualziel des sexuell betonten Schauens kommt in gewissem Grade den meisten Normalen zu, ja es gibt ihnen die Möglichkeit, einen gewissen Betrag ihrer Libido auf höhere künstlerische Ziele zu richten.

Darwin kannte stets nur eine Wirkung schöner sexueller »Ornamente«: sie ziehen an, erhöhen Paarungschancen und begünstigen direkt die Einleitung des sexuellen Aktes. Für Freud ist dies nur die eine Hälfte einer förmlichen Antinomie der Schönheit. Einerseits sieht auch er in der optischen Lust den Vorboten und Wegbereiter weiterer Stufen der Lust: das Auge werde »durch jene besonderen Qualitäten der Erregung, deren Anlaß wir am Sexualobjekt als Schönheit bezeichnen, gereizt [...] Mit dieser Reizung ist einerseits bereits Lust verbunden, andererseits ist eine Steigerung der sexuellen Erregtheit oder ein Hervorrufen derselben, wo sie noch fehlt, ihre Folge.«[5] Schön heißt demnach jene »Objektqualität«, die im Gesichtssinn das Begehren weckt und die – über die aktuell empfundene Schaulust hinaus – das Begehren zugleich auf die Bahn weiterer Stufen des lustvollen Umgangs mit dem Schönen schickt. Andererseits soll es eben dieselbe Objektqualität des Schönen sein, welche die Bahn des Begehrens von der sexuellen Erfüllung ›ablenkt‹, sublimiert und auf andere als sexuelle Ziele verschiebt. 1929 reformuliert Freud diesen antinomischen Schönheitseffekt in den Begriffen von »Regung« und »Hemmung«. Die Insistenz der nur geringfügig variierten Formulierungen – 1903, 1915, 1929 – läßt keinen Zweifel, daß Freud in ihnen seinen Beitrag zum ungelösten Rätsel der Schönheit gegeben sieht:

Leider weiß auch die Psychoanalyse über die Schönheit am wenigsten zu sagen. Einzig die Ableitung aus dem Gebiet des Sexualempfindens scheint gesichert; es wäre ein vorbildliches Beispiel einer zielgehemmten Regung. Die »Schönheit« und der »Reiz« sind ursprünglich Eigenschaften des Sexualobjekts. Es ist bemerkenswert, daß die Genitalien selbst, deren Anblick immer erregend wirkt, doch fast nie als schön beurteilt werden, dagegen scheint der Charakter der Schönheit an gewissen sekundären Geschlechtsmerkmalen zu haften.[6]

Wie kann sich ein Reiz des Sexualobjekts geradezu strukturell und »vorbildlich« in den Auslöser einer »zielgehemmten Regung« verwandeln? In dieser Frage ist für Freud das Problem der spezifisch menschlichen Stellung zum Schönen gegeben. Die Erstreckung des Schönheitsprädikats am Körper des Menschen dient Freud als ein erster Hinweis der Sprache auf feinere semantische und psychische Unterscheidungen. Tatsächlich wird ein Mensch »fast nie« deshalb schön genannt, weil seine Genitalien ein bestimmtes Aussehen haben. Was aber ist mit der Beobachtung gewonnen, daß Schönheit mithin vornehmlich an sekundären Geschlechtsmerkmalen »haftet«? Für Freud folgt aus der Extension des Schönheitsprädikats vor allem die streng »intermediäre« Funktion der Schönheit für die Zwecke der Sexualität. Wären auch die menschlichen Genitalien selber schön, wären sexuelle und ästhetische Erregung koextensiv. Nur in dem Maß, in dem es zwischen beiden eine Diskrepanz gibt, eröffnet sich die Möglichkeit eines funktionalen Eigenwerts des Ästhetischen und einer Sublimierung durch Schönheit: wenn nämlich die ästhetische Lust an sekundären Geschlechtsmerkmalen und an der gesamten Erscheinung des Körpers ein Überspringen der sexuellen Erregung auf die nicht-schönen Genitalien behindert. Dann hören die sexuellen Ornamente auf, ihre Darwinsche Funktion zu spielen und verkehren sich in Mächte, die dem ›Reproduktionserfolg‹ entgegen- und der ›höheren Kultur‹ zuarbeiten. Dann eröffnet sich die Bahn einer ›Autonomisierung‹ des Schönen, kraft deren betrachtende Distanz, Interesselosigkeit und Nicht-Konsumption des Schönen zur Norm der Kunst-Rezeption und der ästhetischen Theorie werden konnten.

Wie konnte es passieren, daß am Körper des Menschen Schönheit als das evolutionsbiologische Medium sexueller Selektion sich gegen ihre genuine Funktion im gesamten Tierreich verselbständigen konnte, um fortan ein Zwitter aus Katalysator und Blockierer der Sexualität zu sein? Zunächst ist es wichtig zu sehen, daß Freud ausschließlich über *menschliche* Schönheit bzw. *menschliche* Reaktion auf Schönheit schreibt. Insofern steht er in jener klassischen Tradition, für welche Ästhetik ein integraler Teil der Anthropologie ist. Darwin dagegen unterschied die menschlichen »Ornamente« nicht grundsätzlich von den tierischen; ebensowenig sah er einen Anlaß, den ästhetisch-sexuellen Geschmack etwa der Vögel kategorial vom menschlichen abzugrenzen. Vom Hirschgeweih über das Pfauenrad bis zum Ornament der nackten menschlichen Haut zeichnete er ein reiches Kontinuum visueller Attraktoren. Freud aber diagnostiziert einen Bruch dieses Kontinuums. Die Evolution der menschlichen Sexualmode, so seine fundamentale Annahme, geht in den uns bekannten Formen nicht der menschlichen Kultur voraus, sondern trägt selbst bereits elementare Merkmale dieser Kultur.

Der zitierte Passus aus den *Drei Abhandlungen zur Sexual-theorie* rechnet »die mit der Kultur fortschreitende Verhüllung des Körpers« zu den elementaren Gegebenheiten jeder Reflexion auf sexuelle Attraktivität. Darwins Anstrengung ging zuallererst dahin, die Evolution der enthaarten menschlichen Haut aus sexuellen Attraktivitätspräferenzen zu erklären. Er stellte zwar fest, daß sich daraus zugleich die im gesamten Tierreich fehlende Notwendigkeit einer supplementären Kultur der Bekleidung ergab. Überspitzt kann dies auch so formuliert werden, daß die modische Emergenz der nackten Haut vielleicht sogar einer der Ursprünge der Kultur selbst ist – sofern nämlich diese ästhetische Caprice im Interesse der Überlebensverträglichkeit einen künstlichen Ersatz der ›abgewählten‹ Behaarung verlangt. Gleichwohl zog Darwin aus dieser neuen Notwendigkeit keine weitergehenden Konsequenzen für sein Konzept der menschlichen Sexualmode. Eben dies tut Freud. Die Entwicklung zur nackten Haut produziert auf dem Umweg über ihre Folge – die künstliche Substitution des schützenden Fells – eine weitere grundlegende Innovation im Gebiet der sexuellen Moden: primäre und sekundäre Geschlechtsmerkmale unterliegen erstmals einer kulturellen Verhüllung, wenn auch zunächst vermutlich nur partiell und temporär. Mit der Differenz von *sichtbar und unsichtbar* ergibt sich für die Ästhetik der Partnerwahl eine ganz neue Situation. Einer Logik des Imaginären – Einbildungskraft, Phantasie – fällt die Aufgabe zu, »sich das Sexualobjekt durch Enthüllung der verborgenen Teile zu ergänzen«.

Bei allen anderen Lebewesen sind sexuelle Attraktivitätsmerkmale stets offen sichtbar (und riechbar); beim Menschen aber interveniert – gerade aufgrund der Denudierung der Haut – eine doppelte Unterbrechung planer Sichtbarkeit durch kulturelle Verhüllung einerseits, imaginäre Ergänzung des Verhüllten andererseits. Für Freud ist dies ein ebenso wichtiges evolutionäres Datum wie die Denudierung der Haut. Denn die Konsequenz ist, daß das »Schöne« und »Reizende« eines sexuellen Körpers erstmals partiell ins Imaginäre verschoben wird. Dies begünstigt entschieden die Möglichkeit, daß die ästhetische Attraktion von der direkten Verfolgung sexueller Ziele abgelenkt wird. Wenn nämlich die Imagination schon bei der bloßen Betrachtung des »Sexualobjekts« ergänzend tätig werden muß, dann braucht sie nicht erst von anderswoher zu intervenieren, um die sexuelle Erregung auf ›höhere‹ imaginäre Ziele zu verschieben. Dann ist diese kulturstiftende Kraft par excellence beim Menschen erstmals und geradezu ursprünglich der Wirkung sexueller Attraktivitätsmechanismen eingeschrieben. Von allen tierischen Formen der Sexualitätssteuerung ist sexuelle Partnerwahl beim Menschen dann nicht nur graduell, sondern kategorial verschieden. Sie ist tendenziell von Beginn an – seit der unerhörten Evolution der nackten Haut – an ein mit der verhüllenden Kleidung koemergentes *Imaginär-Werden des Körperbildes* gebunden. Nur in diesem Feld konnte sich die Assoziation von Schönheit und Geheimnis entwickeln; gleiches gilt für die ästhetischen Theorien von Schleier und Hülle als notwendigen Ingredienzien von Schönheit.

Die Verdopplung ornamentaler sexueller Zeichensysteme in körpereigene »Reize« und künstliche Supplemente, wie sie aus der Ausdifferenzierung von Gefieder und Fell in die Zweiheit von nackter Haut und künstlicher Bekleidung hervorgeht, impliziert eine weitere strukturelle Veränderung ästhetischer Selektionsmechanismen. Der Pfau muß nicht wissen, nach welchen Kriterien die Pfauendame ihre Wahl trifft. Er muß lediglich sein Federkleid haben und zeigen. Da er es ohnehin nicht künstlich verändern kann, würde ein Wissen um den ›Geschmack der Frauen‹ ihm nichts helfen, sondern lediglich die Kosten des Ornaments nochmals vergrößern. Die menschliche Praxis selbstapplizierter Ornamente führt insofern etwas Neues ein: der sich künstlich Ornamentierende muß nunmehr ein Experte für die Präferenzen des anderen Geschlechts sein. Sonst wäre sein Aufwand nutzlos und würde auch nicht die Chance evolutionärer Stabilisierung haben. Künftig müssen die sexuellen Wesen sich stets auch selbst genau so zu beobachten lernen, wie sie vom anderen Geschlecht beobachtet werden. Der Blick des anderen Geschlechts kommt nicht länger nur in der eigenen körperlichen Hardware, den evolutionär gewählten Ornamenten, zur Geltung. Er wird auch in die Software eingebaut: Nicht nur ist genaue Selbstbeobachtung erfordert, sondern es müssen auch die ästhetischen Präferenzen des anderen Geschlechts ›gewußt‹ und in der Selbststeuerung der eigenen Ornamentierungspraxis benutzt werden. Der Blick des anderen Geschlechts – und gerade seine modischsten Capricen – wird Teil der Selbstbeobachtung. Damit entsteht erstmals auch eine rein mentale Rückkopplungs-schleife zwischen ästhetischer Präferenz und Selbstbeobachtung bzw. Selbstherstellung auf der Seite der gewählten Objekte. Diese Selbstbeobachtung der schönen Objekte – wie immer un-bewußt sie erfolgen mag – erschließt zugleich ein ganzes Spek-trum neuer Schönheitseffekte. Freud hat sie unter dem Stichwort narzißtischer Selbstliebe behandelt. In Darwins Modell ist für derartige Phänomene noch kein Platz; Schönheit ist vielmehr immer und ausschließlich vom anderen Geschlecht gesteuert und ein lineares Korrelat des mit aller Energie gesuchten Paa-rungserfolgs.

Die primordiale Kulturalität menschlicher Sexualität begrün-det Freud nicht allein durch die Angewiesenheit der sexuell ge-wählten nackten Haut auf gelegentliche Verhüllung. In anderen biologischen Mutationen erkennt er ähnlich tiefgreifende Aus-wirkungen auf die Sexualität; von der Evolutionsbiologie selbst sind diese evolutionären Korrelationen erst lange nach Freud an-erkannt worden. Insbesondere bindet Freud den spezifisch menschlichen Regelkreis ästhetischer und sexueller Erregungen direkt an die Entwicklung des aufrechten Gangs und an die ele-mentarsten Merkmale menschlicher Kultur. Die Sexualität der meisten vierbeinigen Säugetiere ist stärker geruchsgesteuert als beim Menschen (beim Affen allerdings bereits weit weniger stark als bei Katzen, Wölfen usw.). Die Sekretionen der weib-lichen Geschlechtsorgane und/oder deren sichtbare Schwellun-gen stimulieren direkt und zuverlässig den männlichen Kopula-tionstrieb. Fehlen diese Reize, fehlt dem männlichen Tier in der Regel auch der Antrieb zur Paarung. Auch das Zusammenleben der Geschlechter ist vielfach wesentlich durch Fehlen oder Vor-handensein genitaler weiblicher Signale geregelt. Außerhalb der geruchsinduzierten Phasen sexueller Aktivität – und gegebenen-falls der anschließenden Phase des Austragens und Aufziehens des Nachwuchses – bilden viele Tiere kein dauerhaftes Zusam-menleben. All dies ändert sich mit der Aufrichtung des Gangs und der Kultur der Bekleidung. Die Nase ist dann nicht mehr auf der Höhe der Geschlechtsorgane; sie wendet sich vielmehr von diesen ebenso ab wie von der Praxis des orientierenden Schnüf-felns an den Exkrementen anderer Tiere. Die Steuerung durch periodische genitale Signale weicht der ›zivilisierteren‹ durch die Schönheit dauerhafter Sexualornamente:

Die organische Periodizität des Sexualvorgangs ist zwar erhalten geblieben, aber ihr Einfluß auf die psychische Sexualerregung hat sich eher ins Gegenteil verkehrt. Diese Veränderung hängt am ehesten zusammen mit dem Zurücktreten der Geruchsreize, durch welche der Menstruationsvorgang auf die männliche Psyche einwirkte. Deren Rolle wurde von Gesichtserregungen übernommen, die im Gegensatz zu den intermittierenden Geruchsreizen eine permanente Wirkung unterhalten konnten.[7]

Die entwerteten »Geruchsreize« werden durch die fortan dominierenden »Gesichtsreize« keineswegs äquivalent ersetzt. An die Stelle des zeitlich begrenzten tritt ein dauerhaft gegebener Reiz. Kraft dieser Abkopplung von den Signalen weiblicher Befruchtbarkeit läßt sich das (männliche) »Bedürfnis genitaler Befriedigung [. . .] als Dauermieter beim Einzelnen nieder«, während es zuvor nur »wie ein Gast auftrat, der plötzlich bei einem erscheint und nach seiner Abreise lange nichts mehr von sich hören läßt«.[8] Der aufrechte Gang liefert so für »das Männchen ein Motiv, das Weib oder allgemeiner: die Sexualobjekte bei sich zu behalten«; er disponiert damit zur »Gründung der Familie«.

Die neuere Evolutionsbiologie scheint – ohne dies jemals offenzulegen – zumindest Teile der Koemergenz von aufrechtem Gang und menschlicher Sexualität geradezu bei Freud abgeschrieben zu haben.[9] Darwin selbst hatte noch nicht gesehen, wie elementar der aufrechte Gang auch das gesamte Dispositiv der Sexualität verändert. Sein Interesse an einer evolutionstheoretischen Erklärung sichtbarer sexueller Dimorphismen begründet im übrigen eine systematische Vernachlässigung olfaktorischer Steuerungsmechanismen. Die biologische und evolutionstheoretische Forschung der letzten Dekaden hat dagegen mit Erfolg Geruchsreize als steuerndes Medium sexuellen Verhaltens untersucht.[10] Auch Freuds Theorem der relativen Entwertung sexueller Geruchsreize beim Menschen darf keinesfalls als völlige Ablösung durch Visualitäten mißverstanden werden. Das Sich-(nicht-)Riechen-Können bleibt, wie nach Freud letztlich alle archaischen Dispositionen, in unterschiedlichen Graden und Formen auch beim Menschen erhalten. Die Sorge um den guten Geruch und die guten Geschäfte der Parfüm-Industrie sind dafür der beste Beweis. Aber diese olfaktorischen Steuerungen funktionieren kaum noch über das direkte Beriechen der Genitalien und Feststellen der Befruchtbarkeit; sie sind ebenfalls – wie die ästhetische Attraktion des Aussehens – an die Gesamtheit der Erscheinung gebunden und insofern ›sublimer‹ geworden.

Die olfaktorischen und visuellen Signale der weiblichen Genitalien wirkten direkt und reflexhaft konditionierend auf den männlichen Sexualtrieb; die optischen Reize der sekundären Sexual-»Ornamente« bezahlen dagegen ihre relative Verstetigung mit einer Schwächung ihrer konditionierenden Kraft. Verglichen mit den sexuellen Geruchsreizen bereitet »der Genuß an der Schönheit« nur einen eher »milde berauschenden Empfindungscharakter.«[11] Er kann auch für sich genossen werden, ohne in sexuelle Vereinigung überzugehen (»Verweilen beim intermediären Sexualziel des sexuell betonten Schauens«), und er kann in seiner potentiellen sexuellen Finalität noch weiter »abgelenkt (›sublimiert‹) werden«, indem er nur mehr als Anregung für kulturelle Leistungen dient.[12] Gerade die Verstetigung der sexuellen Reize und ›Beziehungen‹ begünstigt so zugleich den Spielraum der Sublimierungen und Verschiebungen: auf sexuelle Reize kann künftig auch anders als durch direktes sexuelles Verhalten reagiert werden.

Das verstärkte Gewicht der ästhetischen Reize hat damit für Freud einen fundamental ambivalenten Charakter. Einerseits ist es elementar für die Aufrichtung und Kulturalisierung des Menschen, für seine Differenz zu tierischer Sexualität ebenso wie für die Möglichkeit der großen Kulturleistungen. Deshalb, so Freud, »versteht man auch nicht leicht, wie diese Kultur auf ihre Teilnehmer anders als beglückend wirken kann«.[13] Andererseits sieht er in der Ästhetisierung der bei anderen Säugetieren stärker durch unsublimierte Genitalreize gesteuerten (männlichen) Sexualität zugleich den »Beginn des verhängnisvollen Kulturprozesses«.[14] Denn die buchstäbliche Sublimierung der Nase durch Aufrichten des Ganges – »Er trägt die Nase hoch = Er hält sich für etwas besonders Edles«[15] – führt zur relativen Entwertung besonders starker Quellen sexueller Erregung. Die überwiegend ästhetische Konditionierung durch kulturell höhergeschätzte Gesichtsreize ist zugleich verantwortlich für eine strukturelle

Schwächung der Sexualität durch die »Kultur«: »Das Sexualleben des Kulturmenschen ist doch schwer geschädigt, es macht mitunter den Eindruck einer in Rückbildung befindlichen Funktion, wie unser Gebiß und unsere Kopfhaare als Organe zu sein scheinen.«[16]

Um zum »Sexualziel« zu gelangen, muß das menschliche Begehren nach dem Schönen nicht allein vom Anblick über Tasten und Riechen zur sexuellen Vereinigung übergehen, es muß das Register des Schönen überhaupt transzendieren. Denn »die Genitalien selbst haben die Entwicklung der menschlichen Körperformen zur Schönheit nicht mitgemacht, sie sind tierisch geblieben, und so ist auch die Liebe im Grunde heute ebenso animalisch, wie sie es von jeher war.«[17] Ästhetische Lust an einem schönen Körper bewahrt insofern stets etwas Prä- und im Extremfall Asexuelles; darin stimmt selbst Freud der schroffen Kantischen Unterscheidung von ästhetischer und rein sinnlicher, auf Besitz des Schönen gerichteter Lust zu. Von der Seite des Schönen selbst kann sich durch das gesteigerte Reflexiv-Werden der eigenen Schönheit im Feld menschlicher Selbstbeobachtung ebenfalls eine Herabsetzung sexueller Energie ergeben. Die schönsten jungen Frauen, so Freud, sind zugleich die narzißtischsten: »Hier scheint mit der Pubertätsentwicklung durch die Ausbildung der bis dahin latenten weiblichen Sexualorgane eine Steigerung des ursprünglichen Narzißmus aufzutreten, welche der Gestaltung einer ordentlichen [. . .] Objektliebe ungünstig ist. Es stellt sich besonders im Falle der Entwicklung zur Schönheit eine Selbstgenügsamkeit des Weibes her, welche das Weib für die ihm sozial verkümmerte Freiheit der Objektwahl entschädigt.«[18] Wie Darwin bindet Freud hier »Entwicklung zur Schönheit« direkt an die fehlende »power of choice«. Ja, sie scheint auch bei ihm eine evolutionäre Antwort auf das Ausgeliefertsein ans Gewähltwerden durch das andere, unscheinbarere Geschlecht zu sein. Anders als bei Darwin löst Schönheit das Problem eines asymmetrischen Selektionsrisikos aber nicht allein dadurch, daß sie Chancen des Gewähltwerdens durchs andere Geschlecht erhöht. Sie stellt – auch und zumindest in bestimmten Konstellationen – eine narzißtische Kompensation für die eigene Ohnmacht dar, einen trotzigen Weg in die »Selbstgenügsamkeit« angesichts der fehlenden »power of choice«. In dieser selbstbezüglichen Funktion ist sie »einer ordentlichen Objektliebe ungünstig.« Was Shakespeare als den eigentlichen Satz des Adonis gegeißelt hat, ist insofern ein Grundtext menschlicher Körperschönheit: »›I know not love‹, quoth he, ›nor will not know it‹« (409).

»Der Genuß an der Schönheit«, so Freud nicht ohne eine seinerseits milde Ironie, »hat einen besonderen, milde berauschenden Empfindungscharakter.«[19] Je stärker und reiner die Lust an der Schönheit ausgeprägt und je schöner das Objekt, desto mehr werde »das Interesse von den Genitalien weg auf die Körperbildung im ganzen (abgelenkt).«[20] Die Lust am Schönen ist daher, ihrer sexuellen Anregungsqualität unbeschadet, für sich selbst betrachtet wesentlich »sublimierte« Lust. Sie unterhält höchst gespannte Beziehungen zu der »animalischen« Dimension des sexuellen Aktes. Für Freud war Sexualität zuallererst männliche Sexualität; seine wiederholten Bemerkungen über die Nicht-Schönheit der Genitalien und des Sexuellen meinen zuallererst das ästhetische Skandalon des erigierten Penis. Im gleichen Jahr, in dem Freud seine *Drei Abhandlungen zur Sexualtheorie* veröffentlichte, hat Rémy de Gourmont den Konflikt von Schönheit und (männlichen) Sexualorganen mit Hilfe der Theorie der schönen Umrißlinie formuliert, wie sie sich vor allem bei Lomazzo, Hogarth, Herder und Schiller findet: der erigierte Phallus zerstöre, was diese ästhetische Theorie als die ununterbrochene Einheit schöner, sanft geschwungener Körperlinien preist.[21] Für die weiblichen Genitalien ergibt sich zwar keine vergleichbare Verletzung optischer Schönheitslinien. Die Assoziation mit Menstruations-Sekreten und die direkte Nähe zu den Organen der Exkretion sorgen aber auch hier für einen Bruch mit den Anforderungen rein ästhetischer Evaluation.

Zur Schönheits-Inkompatibilität der Sexualorgane und zur narzißtischen Tendenz gerade der »schönsten« Sexualobjekte[22] tritt ein weiterer Grund, warum Freud zwischen »Genuß der Schönheit« und genuin sexueller Lust einen Konflikt diagnostiziert. Die Orientierung an Schönheit wird als eine der großen Kräfte des menschlichen Zivilisationsprozesses überhaupt bestimmt: »Schönheit, Reinlichkeit und Ordnung nehmen offenbar eine besondere Stellung unter den Kulturanforderungen ein.«[23] Die Parallelisierung ist unzweideutig: Schönheit und die

Lust an ihr sind in dem Maße genuin menschlich, in dem sie als Mächte der Trieb-Sublimierung auf der zivilisierenden Seite von »Ordnung«, »Reinlichkeit« und »Moral« stehen. Darin bekräftigt ausgerechnet die psychoanalytische ›Ästhetik‹ zwei Kerntheoreme des deutschen Idealismus. Dieser bestimmte das Schöne als ein wesentlich »Menschliches« und darin zugleich Moralisch-Gutes; ästhetische Affizierbarkeit war ihm Ausweis und Medium von »Bildung« und kultureller Perfektibilität. Zweitens war eben diese ästhetische Affizierbarkeit wesentlich als eine Konfiguration von sinnlicher Lust und intellektueller Sublimierung gedacht. Nach Kant durfte sie kein empirisches Interesse am Besitz, ja, nicht einmal an der Existenz ihres Gegenstandes haben und war darin streng geschieden vom sinnlichen Genuß des Essens oder eines sexuellen ›Objekts‹. Mehr noch: nur sofern das Schöne zugleich »Nein« sagte zu einer anderen als imaginären Aneignung, galt es überhaupt als genuin schön. Für Freud enthält Kants Theorie eine grundlegende Wahrheit über die ästhetische Erfahrung. Denn nach seiner Einsicht bildet das Menschlich-Schöne an sich selbst eine ›idealistische‹ Kehrseite aus. Es arbeitet zwar weiterhin, als dessen visuelle erste Stufe, dem sexuellen Begehren zu und hört insofern nicht auf, Korrelat eines starken empirischen Interesses an etwas ›Gutem‹, ›Angenehmem‹ und ›Nützlichem‹ zu sein. Aber es figuriert ebenso, vergleichbar dem »Gebrauch von Seife«, »als Kulturmesser« und ist darin dem animalischen Erbe der schwer zivilisierbaren Sexualität sogar direkt entgegengesetzt.[24] Die spezifisch menschliche Modifikation jener sekundären Geschlechtsmerkmale, an denen »die Schönheit haftet«, begünstigt im Feld der sexuellen »Reize« aus ihren eigenen Gegebenheiten heraus eine ablenkende Sublimierung: Damit ist die vielbeschworene Interesselosigkeit der ästhetischen Einstellung eine genuin menschliche Möglichkeit.

Das Neue, das spezifisch Menschliche ästhetischer Wahrnehmung ist diese im Tierreich unbekannte Sublimierung; sie macht deshalb mit großer Berechtigung den Kern von Freuds Theorie der Schönheit aus. Ihre evolutionäre Möglichkeit hängt aufs engste zusammen mit den speziellen Capricen der menschlichen Sexualmode: der Denudierung der Haut (mit der doppelten Konsequenz kultureller Verhüllung und imaginärer Ergänzung des Verhüllten) und der relativen Entwertung der starken Reize, die periodisch von genitalen Signalen ausgehen, zugunsten ›milderer‹ und dauerhafter optischer Reize. Vor dem Horizont der philosophischen Ästhetik und der menschlichen Erfahrung der Kunst erscheint Freuds Akzent auf der Triebsublimierung qua Schönheit alles andere als aufregend. Erst Freud aber macht es möglich, diese Sublimierung von ihrer evolutionären Unwahrscheinlichkeit her zu verstehen, statt sie nur als ein gegebenes Anthropologicum anzunehmen. Nur Freud vermag zu zeigen, wie sexuelle Selektion im Verfolg ihrer eigenen Mechanismen zur Ausbildung von »Ornamenten« gelangen konnte (die nackte Haut, die Abkopplung der weiblichen Reize von jeglicher Ovulationsanzeige), die *von sich aus* eine kulturelle Sublimierung des Sexualtriebs begünstigen, während sexuelle Ornamente im Tierreich stets ungebrochen und direkt der Häufigkeit von Kopulation und Reproduktionserfolg zuarbeiten.

Evolutionstheorie und Psychoanalyse liefern damit eine Erzählung von der Emergenz ästhetischer Interesselosigkeit aus der evolutionären Modifikation ihres sexuellen ›Ursprungs‹. Edmund Burkes Feststellung einer Divergenz von Schönheit und sexuellem Begehren erscheint von hier aus als eine genuin menschliche Entwicklung, die keine Parallele in tierischen Mechanismen der »ornament«-geleiteten Partnerwahl hat: »Wir können eine sehr starke Begierde nach einer Frau von sehr wenig Schönheit haben, während die vollkommenste Schönheit von Menschen [...] doch keineswegs so etwas wie Begierde erregt.«[25] Nach allen bisherigen Erkenntnissen der Evolutionsbiologie wächst der Reproduktionserfolg des Pfaus mit der Schönheit seiner Ornamente monoton und linear an; umgekehrt kann sexuelles Begehren – wie zumal bei vielen männlichen Tieren – gänzlich indifferent gegen feinere ästhetische Unterscheidungen an seinen Objekten sein. Als »vorbildliches Beispiel einer zielgehemmten Regung« kann der ›Geschmack‹ am Schönen dagegen nur beim Menschen gelten. Im Bild gesprochen: Die menschlichen Analoga der schönsten Pfauen mögen immer noch ästhetisch bevorzugt werden; die Verehrung ihrer Schönheit unterhält aber nur mehr gespannte, teilweise sogar inverse Beziehungen zu sexueller Begierde und reproduktivem »Erfolg«.
Die Theorie einer Hinten-vorn-Mimikry der weiblichen Se-

xualreize in der Emergenz von aufrechtem Gang und Kopulation von vorn – die genitalen Labia kehren als erogene Gesichts-
lippen, die Symmetrie der an sie grenzenden Hinterbacken als
Brüste wieder – unterstützt die Freudschen Spekulationen. Bei
beiden Merkmalen der Mimikry nämlich wird der neue und spezifisch menschliche Pol sowohl buchstäblich nach oben verla-
gert als auch strukturell sublimiert. Die neuen Sexualreize
bewirken eine räumliche Entfernung und relative Verselbständi-
gung des Erregungsvorgangs von den primären weiblichen Ge-
schlechtsorganen und ihren olfaktorischen Signalen; sie entmachten den Ort und den Akt der Kopulation zugunsten eines
Verweilens bei ›sublimeren‹ Reizen. Darwins gelegentliche Bemerkungen zur Evolution der Kunst können relativ zwanglos in
die Linien der Freudschen Ästhetik integriert werden. Musik
und sprachliche »poetry«, so Darwin, sind kulturelle Transformationen von Werbungspraktiken, deren ›Urbild‹ die Tanz- und
Gesangskünste balzender polygamer Vögel sind.[26] Nur beim
Menschen haben diese Künste sich von direkten Paarungssituationen ablösen können. Sie bewahren gleichwohl eine Erinnerung an ihren archaischen sexuellen Ursprung, da sie auf der
Rückseite ihrer Sublimierungsleistung das Denken selbst sexua-
lisieren. Für ein Verständnis von »music & poetry«[27] ist diese
evolutionäre Genealogie offensichtlich höchst aufschlußreich.

Freuds Schrift *Zur Einführung des Narzißmus* bestimmt die
»Entwicklung zur Schönheit« als Katalysator eines besonders
stark ausgebildeten jugendlichen Narzißmus; die Schrift *Über
die allgemeinste Erniedrigung des Sexuallebens* gebraucht dieselben Worte – »Entwicklung zur Schönheit« – als die innerste Tendenz der die Triebnatur verdrängenden »Kultur«. Freuds späte
kulturtheoretische summa – *Das Unbehagen in der Kultur* – beerbt diese Lesart der Schönheit und parallelisiert sie mit den
(Über-Ich-)Werten Ordnung, Reinlichkeit und Moral. Die
»Entwicklung der menschlichen Körperformen zur Schönheit«
ist daher – auch – integraler Teil des Freudschen »Unbehagens«.
Freud macht sie, wie die repressiven Aspekte der menschlichen
Kultur überhaupt, für »fühlbare Einbuße[n] an Lust« verantwortlich, ja, diagnostiziert angesichts dieser »Entwicklung zur
Schönheit« letztlich »die Gefahr des Erlöschens des Menschen-
geschlechts« kraft all der sublimierenden Kräfte, die seine

›Höhe‹ ausmachen.[28] In Freuds apokalyptischer Phantasie fallen »Entwicklung zur Schönheit« und eine geradezu suizidale Sublimierung der Libido direkt zusammen. Wenn das Geschlecht des schönheitsliebenden Pygmalion und des schönen Kinyras im unübertrefflich schönen Adonis erlischt, so kann dies auch als Bestätigung der Freudschen Spekulationen gelesen werden. Denkbar ist, daß diese Spekulationen nicht zuletzt auf eine historische Erfahrung reagieren: Gegen Ende des ersten Jahrhunderts der Mode als industrieller Massenproduktion, als welches Benjamin das 19. Jahrhundert porträtiert hat,[29] wird zugleich erstmals die inverse Beziehung von Schönheit und Kinderzahl zu einer hochzivilisatorischen Normalität.

Darwin hatte Schönheit als sexuellen Attraktor und Garanten gesteigerten Reproduktionserfolgs bestimmt; zugleich hatte er der sexuellen Selektion die genetische Folge zugetraut, daß ganze Tierarten – und zu Urzeiten auch der Mensch – in progredierender Verstärkung attraktive Ornamente ausbilden und insofern über einen längeren evolutionären Zeitraum immer ›schöner‹ werden. Auch Freud diagnostiziert eine »Entwicklung der menschlichen Körperformen zur Schönheit«, macht dafür aber nicht genetische Effekte selektiven Paarungsverhaltens verantwortlich, sondern – die »Kultur«. Die »Kultur« zivilisiert, hygienisiert, reduziert die starken Gerüche, verbreitet »Ordnung« und »Reinlichkeit« auch über den gesamten Körper. Fortschritte in Medizin und Ernährung tragen das Ihre dazu bei, daß sich eine »Entwicklung der menschlichen Körperformen zur Schönheit« durchzusetzen scheint.[30] Freud muß keineswegs unterstellen, daß diese kulturellen Effekte am Körper des Menschen als genetische Mutation fixiert werden. Ob und wie dies überhaupt geschehen könnte, ist für die Evolutionsbiologie eine weithin ungelöste Frage. Es reicht für Freuds Hypothese die nicht unplausible Annahme, daß kulturelle Umweltbedingungen – Gesundheit, Hygiene, Ernährung – gleiche genetische Dispositionen zu veränderter Expression bringen können.

Insofern verhält sich Freuds Theorie zu Darwins nicht antithetisch, sondern komplementär. Darwin denkt die genetische Entwicklung zur Schönheit beim Menschen vor allem als ein Phänomen der »primeval times«, in denen die Menschen noch in polygamen Gruppen nach dem Vorbild etlicher Affen lebten.

Mit dem Fortschritt der Kultur und der Monogamie sieht er dagegen diese Möglichkeiten der Verschönerung der Gattung schwinden. An dieser Stelle setzt Freud an. Er denkt den Körper des Menschen von Beginn an als einen, der qua Bekleidung, aufrechtem Gang und Entwertung der olfaktorischen Sexualsekrete zivilisiert worden ist, in den die ›Werte‹ der Kultur bereits evolutionär eingegangen sind. Die Differenz der menschlichen Physis zu ihrer animalischen Herkunft ist für Freud ipso facto ein kardinaler Anhaltspunkt für die Evolution menschlicher Kultur. Diese menschliche Kultur mag die genetische Selektion zur Schönheit im Sinne Darwins beenden, sie zeitigt aber ihre eigenen Schönheitseffekte – keineswegs nur im Medium der modischen Applikationen, sondern auch und direkt an den »Körperformen«.

Eine Hauptfunktion dieser Schönheitseffekte bleibt es, gesteigerte Paarungschancen zu verschaffen. Quantitative Maximierung des Nachwuchses ist damit aber – insbesondere unter modernen Bedingungen – nicht mehr verbunden. Auch wird die Sexualität durch die ästhetisch verfeinerten Körper eher um archaische Lustbeträge vermindert (»fühlbare Einbuße an Lust«)[31] als befördert. Schönheit ist zu einem ambivalenten Medium geworden, das einerseits noch immer sexuelle Attraktion bewirkt, andererseits die Bahn des sexuellen Begehrens regelmäßig auf andere als sexuelle Gebiete »ablenkt«. Die schönsten »Objekte« begünstigen diese Desexualisierung durch ihre Tendenz zu »Selbstgenügsamkeit«; mit ihnen wird zwar »sexiness«, aber nicht Mütterlichkeit (oder Väterlichkeit), emotionale Stabilität und verständnisvolles Verhalten assoziiert.[32] Darwins direkte und völlig positive Korrelation von Schönheit und »reproductive success« erfährt damit in der menschlichen Kultur eine tendenzielle Inversion. Freuds Befund könnte sich im übrigen darauf berufen, daß die Evolutionstheorie selbst mit Rücksicht auf die sexuellen Ornamente und Praktiken des Menschen etliche Unterschiede zu den tierischen Gegebenheiten festgestellt hat. Keiner dieser Differenzbefunde erlaubt allerdings bereits zu verstehen, warum fast alle Kulturen Mythologien der verderbenbringenden Schönheit vom Typ der *femme fatale* hervorgebracht haben – Mythologien, die radikal den Versprechens-Charakter der Schönheit unterstreichen, indem sie ihn von der Seite der *Nicht*-Einlösung, der getäuschten Erwartung darstellen. Ein solches Maß an Abweichung vom evolutionsbiologischen Regelkreis von Schönheitswahl und Reproduktionsvorteilen kann letztlich weder mit Darwin noch mit seinen bisherigen evolutionsbiologischen Nachfolgern gedacht werden. Freuds Modifikation leistet insofern eine dringend erforderliche Anpassung der Darwinschen ›Erzählung‹ von tierischem »taste« und »sense of beauty« an elementare Besonderheiten und Möglichkeiten der menschlichen Kultur.

Freuds Spekulationen werden in der heutigen soziobiologischen und psychologischen Forschung zur ästhetischen Selektion nicht einmal der ausdrücklichen Erwähnung für wert befunden. Sie haben aber den mehrfachen Vorteil, (1) an einer sexuellen Ableitung der ästhetischen Wahrnehmung festzuhalten, (2) die nicht direkt sexuellen Funktionen der ästhetischen Wahrnehmung von vornherein zu ihren Möglichkeiten zu rechnen, (3) die Emergenz der ästhetischen Wahrnehmung mit der evolutionären Entwertung eines zuvor gegebenen Regelkreises korrelieren zu können, (4) nicht in die Dilemmata der Gleichsetzung von Schönheit mit weiblicher Fruchtbarkeit zu geraten und (5) zwanglos vereinbar zu sein mit der heutigen kulturellen Situation eines hypertrophen Schönheitskults bei gleichzeitig stark rückläufiger Fertilität und Fortpflanzungsquote. (Im Vergleich mit Darwin werden allerdings auch allzu unbefragte Grundannahmen von Freuds fundamental-anthropologischen Spekulationen deutlich. Wo Darwin Schönheit zuallererst als ein männliches Sexualornament und die »power of choice« vor allem als eine weibliche denkt, scheint durch Freuds Bestimmungen letztlich überall das bürgerliche Modell weiblicher Schönheit und männlicher Objektwahl als eine vermeintliche ›Naturtatsache‹ hindurch.)

V. Sexuelle »Wahl«
und philosophische Ästhetik

Philosophische Ästhetik hat sich als Teil der Anthropologie herausgebildet. Von Baumgarten bis Kant, teilweise noch bis Nietzsche, fragte sie mit großer Insistenz nach den spezifischen Unterschieden des ästhetischen Urteils von der Sinneswahrnehmung sowie von Urteilen der theoretischen und praktischen Vernunft und nach den genuinen Funktionen eines derartigen Urteils in der Gesamtheit der menschlichen ›Vermögen‹. Daß es so etwas wie Verstand, Moral und ästhetischen »Geschmack« gebe, setzte diese Anthropologie als eine empirische Gegebenheit voraus. Gerade an diesen ›höheren‹ Vermögen machte sie die Überlegenheit des Menschen über alle anderen Lebewesen fest. Darwin ist der erste, der dem menschlichen »sense of beauty« nicht allein eine Kulturgeschichte, sondern eine Naturgeschichte bzw. eine Urgeschichte gibt, die über den Kontinent des Menschen weit hinausreicht. Wenn der menschliche Körper als fortgesetzte Mutation eines Affenkörpers verstanden werden kann, muß für die mentalen Fähigkeiten und Dispositionen letztlich das gleiche gelten. Keine elementare Fähigkeit des Menschen entzieht sich dann einer Betrachtung, die sie als eine problemlösende Adaption versteht. Da sich die (archaische) Evolution eines Vermögens und die Feinanalyse seiner kulturell hochentwickelten Formen zumindest entfernt berühren müssen, liegt es nahe, in der Evolutionstheorie nach Aufschlüssen für die philosophische Ästhetik und in dieser nach Bestimmungen zu suchen, die ihrerseits dem evolutionstheoretischen Blick auf ästhetischen ›Geschmack‹ zu weiteren Differenzierungen verhelfen können.[1]

Aus der Sichtung der Evolutionstheorie sexueller »Wahl« von Darwin bis heute ergibt sich die folgende ›Erzählung‹: Anders als es ein lange und noch heute vorherrschender Anthropozentrismus wahrhaben möchte, ist das Vermögen ästhetischer Unterscheidungen tendenziell im gesamten Tierreich entwickelt und mithin als eine archaische Erbschaft auf den Menschen gekommen. Sein primärer Anwendungsbereich sind körperliche Merkmale der eigenen Gattung, namentlich die sexuellen Dimorphismen des zur Fortpflanzungsfähigkeit herangereiften Körpers. Sein binärer Code ist die Unterscheidung von attraktiv vs. weniger attraktiv. Und seine Funktion ist die Steuerung von Paarungsverhalten und Reproduktionserfolg. Der adaptive »Vorteil«, den die ästhetische »Wahl« verschafft, besteht dabei nicht – oder allenfalls in zweiter Linie – in der Beziehung zu dem besonders attraktiven Sexualobjekt. Es handelt sich vielmehr um einen rein selbstbezüglichen Vorteil – unabhängig davon, ob die Paarung gar kein, nur ein kurzes oder ein längeres Zusammenleben begründet. Die weibliche Wahl des schönsten Pfaus erfolgt, weil die Pfauendame darin *ihren eigenen* Vorteil sucht, weil die ästhetischen Vorzüge des männlichen Tiers auch *für sie selbst* ein Versprechen größeren Reproduktionserfolgs sind.[2] Oder anders: das ›schöne Objekt‹ wird nicht um seiner selbst willen gewählt, sondern weil es ein besonders vielversprechendes Gefäß für die Selbstfortsetzung des Wählenden ist. Dies ist letztlich bereits Platos Lehre: Das Begehren nach dem Schönen zielt auf das schöne Objekt nicht um dessen selbst willen, sondern um in ihm und mittels seiner dem Begehrenden zu einer »Zeugung«, genauer: zu einer Selbstfortzeugung zu verhelfen.[3]

Beim Menschen scheint sich schon in Urzeiten eine breitere Streuung sowohl von Anwendungsbereich als auch Funktion des ästhetischen Urteilsvermögens herausgebildet zu haben. Kulturell hergestellte Ornamente – Bemalungen, Kleidung, Schmuckstücke – unterstützen künftig die Sichtbarkeit des Körpers und werden Teil der sozialen Kommunikation. Doch nicht nur diese näheren, auch entferntere Metonymien von Körper und Selbst – tendenziell die gesamte Gestaltung der eigenen Lebenswelt – unterliegen zunehmend ästhetischer Besetzung. Schließlich kann die Entfernung vom primären Sexualobjekt so weit gehen, daß der Zusammenhang ästhetischer Beurteilung mit sexuellen Selektionsvorteilen immer indirekter und immer brüchiger wird. In der evolutionstheoretischen Perspektive Freuds ist dies geradezu die Grundtendenz der »Kultur«: die Entmachtung direkter Genitalreize zugunsten sublimerer Formen von Schönheitsorientierung.

Am selbstbezüglichen Vorteil ästhetischer Präferenzen ändert dies nichts. Im Gegenteil: selbstgeschaffene kulturelle Ornamente entstellen diese Grundstruktur ästhetischer Wahl erst vollends zur Kenntlichkeit. Es geht in ihnen weithin und unverkennbar um vorteilhafte Selbstpositionierungen im Spiel der sozialen Kommunikation. Vollends die auf Vorteile einer Firma oder Marke zielenden Antriebe sonstiger kultureller Schönheitsproduktion entsprechen zwanglos dem Darwinschen Schema. Die Vermutung liegt sogar nahe, daß die spätkapitalistische Bloßlegung ästhetischer Wahl- und Selbstdarstellungsstrategien das archaische Muster wieder ungebrochener ausprägt als alle früheren Epochen der menschlichen Kultur, in denen konkurrierende Präferenzmuster sozialer und religiöser Art die Möglichkeiten rein ästhetischer »Wahl« – und damit auch ihre möglichen egoistischen Vorteile – in engeren Grenzen hielten.

Die Analyse des »Geschmacksurteils« in der philosophischen Ästhetik scheint, von der Evolutionstheorie aus beobachtet, zu großen Teilen geradewegs die Verleugnung ihres eigenen Ursprungs zum Wesen ihres Objekts zu erklären. Kant legt bei dem »bejahenden« Urteil, bei der »Lust« des Subjekts an der Form eines Gegenstandes größten Wert auf die förmliche Tabuierung jeder Spur eines sexuellen Begehrens: die subjektive Lust dürfe als ästhetische »nicht im mindesten für die Existenz der Sache eingenommen« sein, sondern müsse »ganz gleichgültig« – »ohne alles Interesse« an der Existenz des betrachteten Gegenstandes – mit Rücksicht auf das rein Formale an dessen Vorstellung »in Sachen des Geschmacks den Richter spielen«.[4] Auch die klare evolutionstheoretische Zweckmäßigkeit ästhetischer Urteile scheint nur in fast schon parodistischer Verkehrung in die philosophische Analyse eingehen zu dürfen. Einerseits heißt es: »*Schönheit* ist Form der *Zweckmäßigkeit* eines Gegenstandes« – Darwin würde ergänzen: für den Zweck der Selbstreproduktion dessen, der diesen Gegenstand = Körper als schön beurteilt. Andererseits schließt Kant eine derartige Lesart gerade aus, indem er eine paradoxe Zweckmäßigkeit ohne Zweck verlangt: »*Schönheit* ist Form der *Zweckmäßigkeit* eines Gegenstandes, sofern sie *ohne Vorstellung eines Zwecks* an ihm wahrgenommen wird.«[5]

Man könnte leicht in diesem Tenor fortfahren und die philosophische Ästhetik als rigoroses Exerzitium der verdrängungsreichen Abgrenzung ästhetischer Lust von der Lust des Essens und derjenigen des Geschlechts darstellen. Abgesehen davon, daß die Notwendigkeit solcher Abgrenzungen für eine Typologie menschlicher Lustformen unbestreitbar ist und jede scharfe Unterscheidung verwandter Phänomene beinahe unvermeidlich zu Überpointierungen von Differenzen führt, sollen hier aber Elemente einer gegenläufigen Lesart der philosophischen Ästhetik extrapoliert werden. Kants genereller Ansatz an der subjektiven Konstitutivität des Geschmacksurteils wird durch Darwins Theorie geradezu glanzvoll bestätigt und sogar überboten. Wo der Geschmack bei Kant nur eine Regel für die *Vorstellung* der Objekte vorgibt, wird er bei Darwin gar ›gesetzgebend‹ für deren objektive Entstehung: Die evolutionäre Leistung des »taste« besteht ja darin, die von ihm bevorzugten »Ornamente« allererst am Gattungskörper selektiv hervorzubringen, keineswegs also nur ein Reflex vorhandener Objektqualitäten zu sein. Auch Kants nähere Analyse des Geschmacksurteils findet etliche verschobene Parallelen in der Evolutionstheorie. Das zweite der vier Momente der Kantischen Analytik des Schönen – das bejahende »Wohlgefallen« an schönen Formen und seine prinzipielle Allgemeinheit – ist von der neueren experimentellen Psychologie förmlich ›bewiesen‹ worden.[6] Auch das erste und dritte Moment können gegen den Horizont der evolutionstheoretischen Ästhetik durchaus anders denn als ein Ankämpfen gegen den sexuellen Ursprung ästhetischen Unterscheidens gelesen werden. Darwin und seine Nachfolger behaupten nirgendwo, daß etwa eine Pfauendame ihre ästhetische Wahl tatsächlich unter »Vorstellung eines Zwecks« trifft. Sie behaupten lediglich, daß ein entsprechendes Wahlprogramm niemals genetisch fixiert worden wäre, wenn es nicht ein bestimmtes Problem lösen und also einen funktionalen Vorteil verschaffen würde. Ein Evolutionstheoretiker mag diese Zweck-Mittel-Relation irgendwann erkennen; die Akteure ästhetischer Wahl werden ihrer Programmierung in aller Regel aber ohne »Vorstellung eines Zwecks« folgen. Im Fall der Befragbarkeit, also des Menschen, ist regelmäßig mit einer großen Diskrepanz zwischen bewußten Aussagen und mehr oder weniger unbewußten Motiven zu rechnen. Kants Analytik aber gilt allein der *inneren Wirkungsweise* des ästhetischen Urteils und nicht seiner externen Befragung auf adaptive Vorteile. Die Unterscheidung einer Zweckmäßigkeit mit Zweck und einer Zweckmäßigkeit ohne Zweck ist weitgehend identisch mit der Unterscheidung von »Wille« und »Begehrungsvermögen«.[7] Das Begehrungsvermögen, intellektuell ohnehin ›blinder‹ als der Wille, kann ein ästhetisch ausgewähltes Objekt auch dann für zweckmäßig für die Erfüllung eines Begehrens ›halten‹, wenn es, wie üblich, von irgendeinem evolutionären Zweck des schönen Objekts und des Begehrens selbst keine Vorstellung hat.

Das normative Kantische Desinteresse am Objekt des ästhetischen Urteils – von Adorno als »kastrierter Hedonismus« gegeißelt[8] – führt sogar besonders tief in die evolutionstheoretische Ursprungserzählung zurück. Das »Gefühl der Lust«, in der nach Kant das ästhetische Urteil besteht, ist wesentlich eine Selbstaffektion: Die lustvolle »Vorstellung« eines schönen Gegenstandes ist keine Lust *an* diesem Gegenstand oder um seiner willen, sondern »in [ihr fühlt] das Subject, wie es durch die Vorstellung afficirt wird, sich selbst«.[9] Die Lust dieser Affektion ist keine Bahn zum Objekt, sondern Effekt einer urteilenden Betrachtung, die »sich selbst stärkt und reproducirt«;[10] sie besteht vor allem darin, das sich selbst fühlende Subject in einem »Zustand« selbstreproduktiver Erregung der eigenen Vermögen »zu erhalten«.[11] Kants Rede von der »Causalität« des ästhetischen Urteils für selbsterhaltende und selbstreproduktive Akte antizipiert geradezu das Darwinsche Vokabular. So unverkennbar die Bedeutungsunterschiede der analogen Formulierungen auch bleiben, so deutlich wird doch auch, daß gerade die scheinbar idealistisch-sublimierende Einklammerung des »Interesses« an der »Existenz« des schönen Objekts jene selbsterhaltende und selbstreproduktive Funktion betont, in welche auch die Evolutionstheorie die »Vorteile« ästhetischer Urteils- und Selektionsakte setzt. Ästhetische Erfahrung verschafft den – mit Kants Worten – »Vermögen« des »Subjekts« einen Raum der selbstreflexiven Prozessierung, ein externes Medium der Selbstfortsetzung, ja, des Selbstentwurfs und der Selbstproduktion – so wie sexuelle Selektion den eigenen Vermögen ein Medium der (gebrochenen) Selbstfortsetzung sucht.

An direkten Spuren sexuellen Begehrens und sexueller Selbstreproduktion im schönen Objekt besteht in einigen weiteren Gründungstexten der ästhetischen »Wissenschaft« ebenfalls kein Mangel. Zumal die englische Tradition – allen voran Edmund Burke – sah in ästhetischen Präferenzen ganz direkt ein

Steuerungsmedium sexueller und sozialer Kommunikation.[12] Winckelmanns Bestandsaufnahme der griechischen Plastik bietet eine hocherotisierte Schilderung schöner Körper mit all ihren Attraktionen und Ornamenten. Herders *Plastik* arbeitet mit der systematischen Überblendung von ästhetischer und sexueller Einstellung. Und auch Kant zögert nicht, im schönen menschlichen Körper *das* Ideal des menschlichen Geschmacks an schönen Formen zu sehen.[13] Selbst daß in allen diesen Fällen jede genitale Lust des Geschlechts zugunsten einer sublimierteren Verehrung schöner Körperformen ausgeschlossen bleibt, korreliert eng mit der evolutionstheoretischen Hypothese, daß ästhetische »Wahl« beim Menschen die kulturell verhüllten Genitalien selbst kaum noch betrifft und daß die einzigartige Dissemination des menschlichen »sense of beauty« (Darwin) in ein weites Feld kulturell produzierter Objekte von sich aus die Sublimierung archaischer sexueller Lust begünstigt (Freud).

Baumgarten hat das ästhetische Urteil als eine zwar begrifflich undeutliche, aber gleichwohl hochwertige »cognitio« philosophisch diskussionswürdig gemacht. Kant hat in der ästhetischen »Lust« zwar keine bestimmte Gegenstandserkenntnis mehr sehen wollen, den Bezug auf »Erkenntnis überhaupt«, auf unbestimmte Darstellungen unbestimmter »Begriffe« aber ebenso entschieden beibehalten. Diese innere Verknüpfung einer sinnlichen Wahrnehmung mit sprachlich-begrifflich undeutlichen, intuitiv aber zugleich »klaren« Momenten kognitiver Art wird von der Evolutionstheorie beinahe durchgängig für die ästhetische Wahl angesetzt, ohne doch eigens benannt und analysiert zu werden. (Damit beschäftigt sich erst die neueste hirnphysiologische Forschung.) Darwins Pfauendame verschränkt ihre sinnliche Wahrnehmung des Pfauenrades mit dem begrifflich nicht näher bestimmten, aber doch ›subjektiv klaren‹ kognitiven Urteil, daß der Träger des besonders schön ornamentierten Rades zugleich ›gut‹ für ihre eigenen Reproduktionsinteressen sei. Nach den Indikator-Hypothesen der neo-darwinistischen Theorie sind ästhetische Präferenzen durchweg kognitiv grundiert, auch wenn die Beziehungen von sinnlicher Wahrnehmung der »Ornamente« und Bewertung ihrer Fitness-Informationen keinen begrifflich gesicherten Regelkreis darstellen. Die ästhetische Lehre von den ebenso reichhaltigen wie nie völlig deutlich bestimmbaren Brücken zwischen sinnlicher Wahrnehmung und sprachlich-begrifflichen Momenten prägt vollends die attributionstheoretische Erforschung ästhetischer Präferenzen in der neueren empirischen Psychologie. Eine »ästhetische Idee«, so Kant, »veranlaßt viel zu denken«; sie bietet eine »Aussicht in ein unabsehliches Feld verwandter Vorstellungen«.[14] Die oft phantasievoll arrangierten »Schönheits«-Experimente der empirischen Psychologie können durchaus so beschrieben werden, daß es bei ihnen um die Bestimmung solcher multiplen Brücken zwischen Wahrnehmung, Begriff, Wertzuschreibung und handelnder Reaktion geht.

Weil sie ablenkungsfähig und daher prinzipiell disseminativ (geworden) ist, ermöglicht ästhetische Lust dem durch und durch sexualisierten Wesen Mensch weitere Paarungsmöglichkeiten jenseits der Kommunion der Geschlechter. In Kleidung, Interieur und Architektur geht er Paarungen seines Körpers mit sexualisierten Objekten ein. Das Lesen ausgewählter Bücher, das Hören und Spielen ausgewählter Musik agiert das ganze Spektrum von Partnerwahl, Kennenlernen, Vorspiel, Vereinigung mit dem Objekt und Aufbau einer Partnerbeziehung aus. Vom »one-night-stand« bis zu lebenslangen Beziehungen sind dabei alle Variationen möglich. Aus prinzipiellen Gründen sind die Kopplungen unserer Sinne mit ästhetisch besetzten Objekten dauerhafter als manche sexuelle Beziehung. Lessing und Kant zufolge kann ästhetische Lust sich gerade deshalb immer wieder aus sich selbst erneuern, fortsetzen und sogar steigern, weil sie den einmaligen Höhepunkt – das Analogon des sexuellen Orgasmus – vermeidet.[15] Benjamin zufolge stellen ästhetische Präferenzen und ihre Objektivationen in Mode und Architektur im Zeitalter geschwächter herkömmlicher Überlieferungsmechanismen (Religion, Familie, soziale Hierarchien) das mächtigste geheime Band, eine »Tradition« eigenen Typs zwischen den Generationen dar – auch wenn die Tradierbarkeit jeder einzelnen Mode nur im Modus ihrer Ablösung, ihres Altmodisch-Werdens besteht.[16] Denkt man diesen Gedanken zu Ende, dann sind ästhetische »Wahl« und Evolution der »tastes« in der spätkapitalistischen Warenästhetik wieder eine zentrale Triebkraft der – nunmehr kulturellen – Evolution. Vielleicht ist es kein Zufall, daß Benjamin den ›Ursprung‹ dieser Entwicklung in den gleichen Zeitraum verlegt, in dem Darwin das Modell modischer Evolution auf die Urgeschichte der Körper projiziert hat.

Darwin versteht die artifiziellen ästhetischen Praktiken des Menschen als Ausdehnung der schon bei Tieren zu beobachtenden sexuellen Werbung durch Gesang, elaborierte Tänze und schöne Nester. Kunst ist demnach stets und zuallererst »self-promotion«, ein »display« eigener Fähigkeiten zwecks gesteigerter Wertschätzung auf der Seite des Beobachters. Solche Differenzgewinne durch ästhetische Fertigkeiten bedürfen nicht der förmlichen Kunstproduktion; sie sind auch durch das mehr oder weniger ansprechende Anfertigen von Alltagsgegenständen erzielbar.[17] Kunst im weitesten Sinne wäre demnach identisch mit Werbung im sexuellen *und* ökonomischen Sinn: Einnehmen der Beobachter für eigene Zwecke durch Ausstellung und Anpreisung eigener Vorzüge. Sexuelle Ornamente sind das urgeschichtliche Muster aller modernen Werbung und aller Marketing-Strategien.[18] Das mag erklären, warum alle Werbung ›sexistisch‹ ist – Werbung ist ganz einfach seit Urzeiten das zeichenhafte Medium sexueller Differenzgewinne. Aber kann das auch für die Kunst gelten? Ist Kunst ›ursprünglich‹ nichts anderes als Werbung in eigener Sache – ob bei den Göttern oder beim anderen Geschlecht? Darwins wenige Reflexionen bejahen diese Frage. Geoffrey Miller hat Darwins Hypothese mit modernem Anschauungsmaterial unterstützt. Picasso, Modigliani und Mick Jagger sind ihm leuchtende Beispiele für Kunst als hocheffizienten Modus sexueller Werbung, für die Funktionalität ästhetischer Praktiken für die Steigerung sexuellen ›Erfolgs‹.[19] Wie aber nehmen sich solche direkten sexuellen Profite ästhetischer Anstrengungen vor dem Horizont prädarwinistischer Ästhetik aus?

Eines der basalen Theoreme moderner Genie-Ästhetik ist die Betrachtung von Kunst als Selbstdarstellung und ›Ausdruck‹ ihres ›Schöpfers‹. In Moses Mendelssohns *Hauptgrundsätzen der schönen Künste und Wissenschaften* heißt es: »Alle Werke der Kunst sind sichtbare Abdrücke von den Fähigkeiten des Künstlers.«[20] Die ältere Poetik fragte allein nach Vorzügen der Werke oder danach, welche Fertigkeiten ein Künstler *im Interesse dieser Vorzüge* besitzen oder erwerben müsse; nicht aber dienten solche Fertigkeiten einer umfassenden Darstellung des eigenen

Selbst als dem eigentlichen Zweck der Kunstproduktion. Immerhin verlangte die Rhetorik vom Redner neben dem Sachbeweis möglichst auch eine – implizite oder explizite – Werbung in eigener Sache (den sogenannten ›Beweis‹ nach dem Ethos). Aber auch diese gezielte Erzeugung eines Eindrucks von Glaubwürdigkeit, Kompetenz, dezentem Verhalten usw. beanspruchte nicht, ›authentischer‹ Ausdruck tiefreichender subjektiver Vorzüge zu sein. Die moderne Genie-Ästhetik erhebt insofern das rhetorische Moment vorteilhafter Selbstpräsentation zu einem Kern der Kunst selbst. Das moderne Publikum unterstützt diesen um Anerkennung heischenden Selbstausdruck des Künstlers in seiner Kunst durch das habituelle Interesse an Person und vita des Künstlers. Damit ist in der Tat ein protosexueller Werbungskreislauf zwischen Künstler und Beobachter gegeben. Die historische Hochkonjunktur männlicher Autorschaft und weiblicher ›Lesesucht‹ im späteren 18. Jahrhundert mag Darwins Theorem ebenfalls bestätigen.

Dennoch lassen Darwins Andeutungen Raum für viele Zweifel. Wie sollten Maler vor der Erfindung des modernen Kunsthandels und Ausstellungswesens sexuell für sich werben können, wenn sie irgendwo die Wände eines Herrenhauses oder das Seitenschiff einer Kirche verzierten oder wenn sie Auftrags-Porträts anfertigten, die sie niemandem mehr zeigen konnten? Wie funktioniert sexuelle Werbung in der weitgehend anonymen Beziehung von Autor und Leser? Warum sind die weitaus meisten Künstler keineswegs für ein präpotentes Sexualleben à la Picasso oder Mick Jagger bekannt, obwohl sie andererseits extrem viel Zeit und Geschick in symbolische Selbstdarstellung investieren? Und warum sollte das Publikum die protosexuellen Werbungsbemühungen der Künstler noch ernst nehmen und in der Regel sogar besonders schätzen, wenn diese längst tot sind?

Auf der Basis von Darwins Andeutungen kann auf diese Fragen mit mindestens zwei Argumentationslinien geantwortet werden. Eine erste könnte etwa so argumentieren: In den »primeval times« dürfte es zwischen denen, die Kunst im weitesten Sinne produzierten, und denen, die sie rezipierten, grundsätzliche eine enge räumliche und vermutlich auch persönliche Beziehung gegeben haben. Alle ›technischen‹ Probleme mit dem Modell sexueller Werbung ergeben sich dann allein aus der Fortentwicklung der einmal entstandenen Praktiken unter den Bedingungen kultureller Evolution. Picasso und Mick Jagger zeigen im übrigen, daß diese technischen Probleme nicht nur nicht unlösbar sind, sondern daß gerade unter den Bedingungen moderner Kommunikationsradien der Werbungserfolg von Kunst exponentiell steigen kann. Andererseits erlaubt Darwins eigenes Modell eine Modifikation, die wiederum eine Affinität mit der traditionellen Ästhetik offenlegt. Karl Philipp Moritz' Beobachtung, daß »das Schöne mit dem Leiden, das sein versagter Genuß erweckt, in unsrer Vorstellung erst seinen höchsten Reiz erhält«,[21] gehört zu einer reichen Tradition ästhetischer Theorie, die Kunst nicht zuletzt aus Schmerz und Leiden hervorgehen sieht; Baudelaire, Nietzsche und Adorno sind vielleicht die bekanntesten Vertreter einer solchen Patho- und Algogenese der Kunst. Darwins Theorie vom Ursprung der Kunst enthält erhebliches Potential auch in diese Richtung. Seine grundlegende Einsicht, daß gattungs- und geschlechtstypischer Schönheitsaufwand proportional mit den strukturellen Mißerfolgschancen im Feld sexueller »Wahl« zu- und abnimmt, hat zwei Seiten, von denen die siegerorientierte Evolutionstheorie regelmäßig nur die eine betrachtet. Der schönste Pfau hat mehr Werbungserfolg als alle seine Konkurrenten zusammen: das ist die *winner-takes-all*-Seite. Die immer noch spektakulären, aber eben etwas weniger »attraktiven« anderen Pfauen treiben ihren Werbungsaufwand dagegen vielfach umsonst: sie gehören damit zu den zahllosen Verlierern sexueller »Wahl«.

Nach den Annahmen der Evolutionstheorie ist zu erwarten, daß sich Verhaltensmuster nicht nur für erfolgreiche Werbung herausgebildet haben, sondern ebenso für den statistisch häufigeren Fall des Leer-Ausgehens männlicher Paarungsbemühungen. Nicht so schnell aufzugeben ist eine dieser Strategien für erfolgreichen Umgang mit Mißerfolg, das gelegentliche gewaltsame Erzwingen von Kopulation eine verbreitete andere. Eine weitere Möglichkeit könnte in einer Art Übersprungshandlung von den Werbungspraktiken auf die erfahrene Zurückweisung bestehen. Extrem vereinfacht gesprochen: Aus dem Lied der Werbung wird dann eines über schwierig oder gar nicht erreichbare, verbotene oder gegen Konkurrenten verlorene Objekte des Begehrens. Beides, Liebeserwartung und Liebesleid, sind vielleicht nicht nur Grundmuster des lyrischen Gedichts, sondern verschiedene Stellungen ästhetischer Produktion zu sexueller »Wahl« überhaupt. Eine dritte Einstellung ergibt sich aus der Mischung dieser beiden: Werbung bei gleichzeitiger Antizipation – und damit Abfederung – einer hohen Scheiternswahrscheinlichkeit. Darwins Urszene ästhetischer Anstrengung hat, so gesehen, durchaus mehrere Abhänge. Wenn seine Genealogie der Kunst irgend triftig ist, muß die Korrelation mit Werbungsbemühungen deren leidvolle Seiten einschließen. Dann bearbeiten ästhetische Artefakte *auch* Werbungsenttäuschungen und ragen damit in das Freudsche Register gescheiterter, verbotener, verdrängter und verschobener Liebe hinein. Das herkömmliche männliche Liebesgedicht zumindest kreist um die »female choice« aus *allen* diesen Perspektiven: als Mittel erfolgreicher Werbung wie als Bearbeitung des Schmerzes von Niederlagen und Verlust. Für weibliche Lyrik gilt seit Sappho Analoges.

Aus Darwins Urszene ästhetischer Anstrengung – der sexuellen Werbung im Medium ästhetischen Differenzgewinns – ergeben sich so mehr als nur eine Perspektive auf Ursprung und Funktion der Kunst. Ästhetische ›Verausgabung‹ kann die sexuelle Selbstanpreisung unterstützen, ihrerseits in sexuelles Probehandeln übergehen (Pygmalions Umgang mit der von ihm geschaffenen Statue) und eventuell zugleich den Druck antizipierter Zurückweisungs-Enttäuschung bearbeiten: darin wäre sie eine der vielen Formen jugendlicher Werbung um das andere Geschlecht. Sie kann aber auch den vielen Opfern sexueller Wahl eine symbolische Bearbeitung ihres Schmerzes ermöglichen – eine Bearbeitung überdies, die ihrerseits wiederum für Zwecke fortgesetzter oder neuer Werbung benutzt werden kann. Eine solche Bearbeitung wäre adaptiv im Sinne der natürlichen Selektion, sofern sie Fähigkeiten begünstigt, die Alternativen zum definitiven Aufgeben von Werbungshandlungen nach erlittenen Zurückweisungen sind: Persistenz, Geduld, fortgesetzte ›Investition‹ in symbolische Bemühungen. Strategien der Enttäuschungsbearbeitung haben eine doppelte Chance evolutionärer Stabilisierung: zum einen, weil sie vermutlich zur sexuellen Karriere jedes männlichen Wesens gehören und Reifungsprozesse sowie Frustationstoleranz begünstigen; zum anderen, weil keineswegs nur die Günstlinge weiblicher Wahl Reproduktionserfolg haben, sondern es eben stets auch andere, wiewohl strukturell schwächere Generationslinien gibt. Diese können sich allerdings nicht im großen Stil durchsetzen; doch kann eben darin ein Argument für die Spekulation gesehen werden, gerade die Steigerung menschlicher ästhetischer Praktiken in künstlerischen Bemühungen nicht allein in ihrer Funktion für den Werbungserfolg, sondern ebenso für den (relativen) Werbungsmißerfolg zu betrachten. Wäre nämlich die Entwicklung herausragender künstlerischer Fähigkeiten im Sinne Millers ein Königsweg zu sexuellem Erfolg gewesen, dann müßten alle Männer nach den Annahmen der Theorie sexueller Selektion in einem *runaway*-Spurt der Evolution rasch generell und durchweg zu ästhetischen Hochleistungswesen mutiert sein. Eine derartige Evolution ästhetischer Fertigkeiten im Gattungsmaßstab ist aber bislang weder behauptet noch festgestellt worden. Zumal Darwin hat ausdrücklich beklagt, daß die menschliche Evolution offenbar nicht diesen Weg ästhetischer Verfeinerung männlicher Werbungsanstrengungen ›gewählt‹ hat. Auch zeigt das Beispiel großer Künstler nachevolutionärer Zeiten fast durchweg, daß ihre herausragenden Fähigkeiten sich keineswegs überproportional in der Population ausbreiten, sondern daß sie eher abreißende Anfänge jenseits des großen Siegeszugs evolutionärer Mutationen sind. Ein Analogon zur gattungsweiten Durchsetzung des Pfauenrads ist nicht erkennbar. Darwins immerhin nicht unplausible Andeutungen zur Kontinuität zwischen den ästhetischen Anstrengungen singender und tanzender Vögel und menschlichen Praktiken von Tanzen, Singen und (Sich-)Schmücken erfordern daher eine andere Fortsetzung, als Miller sie am Leitfaden der modernen Beziehungen von männlichem Rockstar und weiblichem Groupie gibt. Schließlich kann Kunstproduktion – sofern sie eine Form der Selbstverewigung in Artefakten statt Kindern ist – auch symbolisch den Akt der Zeugung selbst usurpieren. Ob man dies für eine verrückte kulturelle *runaway*-Evolution der sonst nur dienenden Praktiken sexuellen Ornamentierens hält oder für eine kluge Ersatzhandlung bei fehlgeschlagener Werbung, die seit Plato enorm verbreitete Parallelisierung von Zeugung und Kunstproduktion belegt in jedem Fall, daß Kunst nicht allein in Analogie zur Werbung durch Körperornamente betrachtet werden darf, sondern daß auch buchstäblich Analogien zur Kopulation gezogen werden können: als imaginäre Vorwegnahme, als Bearbeitung oder Kompensation des Zurückgewiesenseins, schließlich als Sublimation und Verdrängung des Sexuellen überhaupt. Der Hinweis auf präpotente Künstler wie Pablo Picasso und Mick Jagger ist deshalb untauglich, *die* sexuelle Genealogie der Kunst zu liefern. Die vielen Künstler-Existenzen, deren sexueller »Erfolg« keineswegs überdurchschnittlich ist, lassen mindestens sosehr an die Kehrseiten sexuellen Gewähltwerdens denken. Sobald Darwins Urszene ästhetischer Praxis nicht auf die post festum-Perspektive der Sieger eingeschränkt wird, wird sie zugleich zwanglos anschließbar an die traditionsreiche Ansicht, Leiden und Schönheitsproduktion seien kommunizierende Größen. Darwins eigene Erkenntnis, daß gesteigerte Schönheit regelmäßig nur um den Preis eines »wonderfully great amount of suffering« (II 342) evolvieren kann, unterstützt diese melancholische Perspektive auf seine Ursprungserzählung von der Kunst.

Der größere Teil neuerer evolutionstheoretischer Überlegungen zur »Ästhetik« teilt die Tendenz des Neo-Darwinismus, die Fragestellungen, für die Darwin sein Konzept sexueller Selektion entwickelt hatte, nur mehr als Sonderfall im Register natürlicher Adaptionen zu behandeln. Randy Thornhill hat den Kern einer derartigen »Darwinian aesthetics« bündig formuliert: »Beauty experiences are unconsciously realized avenues to high fitness in human evolutionary history. Ugliness defines just the reverse. [. . .] The Darwinian theory of human aesthetic value is promise of function (i. e., of high likelihood of survival and reproductive success) in the environments in which humans evolved.«[22] Eine gern wiederholte empirische Basis dieser Theorie sind statistische Indizien, daß Landschaften vom Typ der afrikanischen Savanne – jener Umgebung also, die nach allgemeiner Überzeugung die Evolution der ersten Menschen begünstigt hat – sich transkulturell hoher ästhetischer Wertschätzung erfreuen. Menschliche Kunst, so der Verdacht, schreibt solche archaischen Lustprämien auf ehemals vorteilhafte Adaptionen fort; sie setzt uns damit – selbstverständlich völlig unbewußt – in eine tiefreichende Beziehung zu unserer Vorgeschichte: »Art has unconciously perceived cues to utility in human evolutionary history.«[23] »Great art is a record of the design of human aesthetic adaptations, and thus artistic beauty may contain scientific truth about the design of the human mind.«[24] Diese Hypothese ist zweifellos extrem interessant und enthält ein erhebliches Potential für zukünftige Forschungen. Die bislang gegebenen Nutzanwendungen einer »Darwinian aesthetics« dieses Typs leiden aber noch an gravierenden Mängeln.

Der erste ist die Elimination jedes Unterschieds von Schönheit und Nützlichkeit: Was immer unserer »fitness« vorteilhaft war, erfahren wir demnach gleichzeitig als »schön«. Eine derartige Assoziation erlebter Fitness-Begünstigung mit lustvoller Besetzung ihrer Objekte wäre ein klassischer Fall einer natürlichen Adaption. Ästhetische Urteile sind demnach adaptive Mechanismen, die gegebene Objekte auf der Basis (längst) vergangener Erfahrungen bewerten und uns prospektiv die Lust einer »promise of function« verschaffen. Für Nahrung gilt dann etwa, daß alles, was sich als nahrhaft erwiesen hat, irgendwann auch zwangsläufig als schön bewertet wird: »Beauty is the perception of cues of high nutritional value in human evolutionary history.«[25] Daß viele Sprachen das Wort »schön« allenfalls ausnahmsweise auf Geschmackserfahrungen beziehen, meist dagegen nur auf die Distanzsinne Sehen und Hören, wird in dieser Definition souverän vernachlässigt. Die menschliche Affizierbarkeit durch tierische Schönheit – unerklärbar von Darwins Theorie sexueller Selektion her – wird einer analogen Erklärung zugeführt: »Beauty is hypothesized to be the perception of ancestral cues to available animal food and safety from predators in one's environment.«[26] Von dieser Hypothese aus ist schwer zu erklären, warum gerade hochgefährliche Raubkatzen wie Tiger, Panther und Leoparden vom Menschen eindeutig als »schön« wahrgenommen werden, während umgekehrt die höchst nahrhaften und in jeder Hinsicht weitaus vorteilhafteren Schweine selten dieses Prädikat erhalten (einschließlich der Wildschweine, die immerhin schon in alten Zeiten gejagt und verspeist wurden).[27] Noch aporetischer wird die Rückkopplung an vergangene Nützlichkeit angesichts von Phänomenen, die unsere Vorfahren vermutlich weder verspeist noch jemals gesehen haben und die gleichwohl mit großer Einmütigkeit als besonders schön erfahren werden: Korallenriffe etwa samt der darin schwebenden spektakulär gefärbten Fische oder die von

Ernst Haeckel[28] als Inbegriff tierischer Schönheit präsentierten Radiolare. Die Schwierigkeiten, ästhetische Präferenzen als Sekundäreffekte natürlicher Nützlichkeits-Adaptationen zu verstehen, werden dadurch verschärft, daß nach heutiger Lehrmeinung alle natürlichen Adaptionen einen sehr spezifischen Anwendungsbereich haben und keineswegs beliebig übertragbar sind. Zahlreiche Beispiele von weithin geteilten Schönheitsurteilen gegenüber Naturphänomenen legen aber den Gedanken nahe, daß ästhetische Lust an schönen Tieren und Pflanzen durchaus nicht bloß – oder allenfalls in zweiter Linie – die Spur vergangener Eßerfahrungen und praktischen Nutzwerts für menschliches Überleben ist.

Ansätze, nicht allein die praktische Nützlichkeit für den Menschen, sondern auch bestimmte Formprinzipien in eine strikt adaptionistische Herleitung des ästhetischen Urteils zu integrieren, stoßen ebenfalls rasch an ihre Grenzen. Symmetriephänomene etwa sind zweifellos Grundmuster der Organisation von Materie und außerdem sehr nützlich für die Wiedererkennbarkeit von Körpern. Aber für sich allein reichen sie nicht aus, um ästhetische Urteile zu begründen. Es gibt Körper, die in gleichem Maß bilateral-symmetrisch sind, aber keineswegs als gleich schön empfunden werden: Schweine und Tiger mögen hier wiederum als Beispiele genügen. Auch kann den seltenen asymmetrischen Lebewesen – wie etlichen Schwämmen und Pilzen – nicht per se eine eigene Schönheit abgesprochen werden. Ähnliches gilt für das erschöpfend behandelte Thema der Proportionen. Schönheitsurteile sind, wie schon Edmund Burke detailreich dargelegt hat, de facto mit einer großen Zahl sehr verschiedener Proportionen vereinbar.[29] Und selbst wenn die Lieblingsobsession aller Proportionsmathematiker – der Goldene Schnitt – tatsächlich die Wahrscheinlichkeit von Schönheit stark erhöhen sollte, stünde die evolutionstheoretische Arbeit mit diesem Befund erst an ihrem Anfang. Zu klären wäre dann nämlich, warum ausgerechnet diese Proportion die menschliche »Fitness« evolutionsgeschichtlich mehr erhöht haben soll als alle anderen Proportionen. Eine plausible ›darwinistische‹ Hypothese dazu steht vorläufig noch aus.

Die Gleichsetzung ästhetischer Präferenzen mit »ancestral cues of evolutionary function«[30] leidet schließlich auch unter ihrer strikten Vergangenheitsorientierung. Unstreitig kann natürliche Selektion nur Präferenzen begünstigt haben, die über lange Zeit in einer evolutionären Umwelt adaptiv waren. Da im besonderen Fall des Menschen die Bedingungen natürlicher Evolution seit langem durch kulturelle Eigendynamiken begrenzt und ausgehebelt sind, können natürliche Adaptionen hier nur Adaptionen aus den »primeval times« heißen. Zu den Stärken von Darwins eigener Ästhetik gehört aber gerade, daß sie eine autopoietische, sich durch interne Rückkopplungsschleifen weiterentwickelnde ästhetische Lust an »novelties« und »varieties« per se zu denken erlaubt – und damit auch eine wesentliche Eigenschaft menschlicher Ornament-Moden und Künste. Dies schließt ein, daß in den Capricen historischer oder aktueller Kunstproduktion nicht länger notwendig nach »ancestral cues« evolutionärer Fitness gesucht werden muß, um ein positives ästhetisches Urteil im Rahmen einer »Darwinian aesthetics« nachvollziehbar zu machen. Die Rückkopplung an archaische *survival fitness* dagegen schreibt die historische Dynamik und Kontingenz ästhetischer Präferenzen ganz der Adaption an veränderte kulturelle Umwelten zu. Oder anders: Darwins eigene Ästhetik denkt inhärente Dynamik und die Unmöglichkeit stabiler ästhetischer ›Ideale‹ als das eigenste Wesen sich autopoietisch hochschaukelnder ästhetischer Präferenzen; in evolutionären Zeiten ist diese Dynamik – wie seine Aussagen zum Menschen belegen – sogar besonders groß. »Darwinian aesthetics« im Sinne Thornhills und anderer neigt dagegen dazu, evolutionäre ästhetische Adaptionen zuallererst als stabile Invarianten zu denken, die im Fall des Menschen nur sekundär von kultureller Dynamik überlagert werden.[31]

Darwins Ästhetik denkt auf komplexe Weise Zwecklosigkeit und Zweckmäßigkeit ästhetischer »Ornamente« zusammen und setzt eben darin ein fundamentales Desiderat philosophischer Ästhetik fort. Der orthodoxe Neo-Darwinismus dagegen kennt nur mehr eine direkte und plane Funktionalität ästhetischer Präferenzen für Überlebens- und Reproduktionzwecke. Alles, was einmal nützlich war (oder ist), mußte danach auch ipso facto ästhetisch bevorzugt werden. Xenophons Bemerkung, jeder Mistkorb sei in dem Maße »schön«, wie er für seinen Zweck passend und nützlich ist,[32] verliert damit jede Ironie. Ein Dialog mit der traditionellen philosophischen Ästhetik ist auf dieser Basis kaum noch möglich.

Zahavis Gedanke, menschliche Kunst teile mit den evolvierten dekorativen Mustern natürlicher Lebewesen das Vermögen, adaptive Vorzüge bestimmter Materialien und Körper durch supplementäre Linien und Farbgebung zuverlässig, revelatorisch und täuschungsresistent hervorzukehren,[33] enthält zwar ein hochinteressantes Forschungsprogramm, ist aber bislang noch nicht über wenige improvisierte Einsichten hinausgediehen. Für die evolutionstheoretische Ästhetik ergibt sich damit zum gegenwärtigen Zeitpunkt folgende Situation: Darwins Theorie sexueller Selektion ist innerhalb der Evolutionstheorie heftig umstritten und außerhalb davon kaum rezipiert; sie enthält aber viele Elemente, die an klassische Fragen der Ästhetik relativ gut anschließbar sind und zwanglose Übertragungen auf kulturelle Moden erlauben. Darwins Theorie natürlicher Selektion dagegen hat den Rang einer unangefochtenen und allgemein bekannten Leittheorie. Ansätze, auch das Phänomen ästhetischer Wahrnehmung von hier aus zu denken, haben wichtige Desiderate auf ihrer Seite, die mit der Theorie sexueller Selektion nicht gedacht werden können: ästhetische Erfahrung von Landschaften, Pflanzen und artfremden Lebewesen, das universelle Vorkommen symmetrischer Strukturen usw. Bislang mangelt es den dabei gewonnenen Hypothesen und Einsichten aber an hinreichender Distinktivität. Außerdem begibt sich eine orthodox adaptionistische Ästhetik tendenziell ins Exil natürlich evolvierter Invarianten und entfernt sich damit sehr viel weiter von den Desideraten der herkömmlichen Ästhetik und den Capricen modischer und künstlerischer »novelty«, als Darwin selbst dies für nötig und angemessen gehalten hat.

(Eine andere vielversprechende Linie evolutionstheoretischer Ästhetik bleibt hier undiskutiert, da sie von sich aus keine spezifischen ästhetischen Präferenzen gegenüber Körpern zu erörtern erlaubt. Diese Linie[34] statuiert mit sehr guten Gründen, daß menschliche Kulturen nicht ausnahmslos rituelle Praktiken und mythisch-religiöse Welterklärungssysteme entwickelt hätten, wenn dies nicht adaptiv gewesen wäre für das Prozessieren gruppeninterner Konflikte sowie für die spezifischen Deutungsbedürfnisse, die sich aus der Korrelation der beispiellosen biologischen Unfertigkeit und Abhängigkeit des *animal humanum* mit dem erweiterten Komplexitäts-, Möglichkeits- und damit auch Verhaltensunsicherheits-Horizont menschlicher Kulturen ergeben. Dies einmal vorausgesetzt, könnten ästhetische Praktiken der Selbstornamentierung, des Tanzes usw. die Funktion gehabt haben, die oft höchst anstrengenden Rituale mit Lust zu besetzen, die Bereitschaft zu ihrem Vollzug dadurch zu erhöhen und so allererst den adaptiven Nutzen ritueller Praktiken zur Geltung zu bringen. Ästhetisches Handeln befördert aus dieser Perspektive die *survival fitness* und ist ein »enabling mechanism«, weil es die Akzeptanz jener rituellen Verausgabung erhöht, die ihrerseits ein sozialer Problemlösungsmechanismus von direktem Überlebenswert ist. Mit Darwin könnte im Rahmen dieser Annahmen vermutet werden, daß es sich bei jenen ästhetischen Praktiken, die im Kontext und im Dienst menschlicher Riten eine adaptive Funktion erfüllen, um Ableger und Modifikationen älterer sexueller Werbungspraktiken handelt, wie sie schon vor der Evolution elaborierter ›religiöser‹ Riten existiert haben. Diese Vermutung wird auch dadurch gestützt, daß sexuelle Werbung und sexuelles Handeln ein regelmäßiges Begleitphänomen, wenn nicht die Essenz vieler Riten ist. Die Ritualunterstützungs-Theorie ästhetischen Verhaltens ist insofern weniger eine Alternative als eine Weiterentwicklung und Seitenlinie von Darwins Ursprungserzählung.)

VI. Das Sein bestimmt das Bewußtsein:
Persönlichkeitseffekte des guten Aussehens

Darwins und Freuds Genealogien von Schönheit und ästhetischer Beurteilung bieten ein umfassendes Modell für die Evolution einer Wahrnehmungs-Urteils-Verknüpfung, welche die philosophische Ästhetik stets nur als ein gegebenes »Vermögen« des hochkulturellen Menschen analysiert hat. Die Unbestimmtheit und Uneindeutigkeit des Schönheits-Effekts in der menschlichen Wahrnehmung – kardinale Bestimmungen der philosophischen Ästhetik – erscheinen als das Resultat komplexer Transformationen, welche den eindeutigen und streng funktionalen tierischen Regelkreis von Schönheitswahl und Reproduktionserfolg im koemergenten Feld menschlicher Kultur und genuin menschlicher Sexualität in ein ambivalentes Dispositiv verwandeln. Dieses ist definiert durch einen Widerstreit zwischen sexuellem Reiz und sublimierender Kraft der Schönheit, durch Unterbrechung, ja, tendenzielle Inversion des archaischen Zusammenhangs von Schönheitswahl und Reproduktionserfolg und folglich durch die Verrätselung der Schönheit zu einer Attraktion mit oszillierenden Wertzuschreibungen und undeutlicher Funktion für das menschliche Leben. Welches die Funktionen des um seine tierische Eindeutigkeit gebrachten »sense of beauty« nunmehr sein könnten, darüber sagt die Evolutionsbiologie nichts und Freud nur wenig. Darwin und seine Nachfolger halten – trotz der Einsicht in die Zäsuren, welche menschliche Sexualität und menschliche Kultur vom Kontinent der Tiere entfernen – letztlich dogmatisch am Regelkreis von Schönheitswahl und Reproduktionserfolg fest. Freud stellt dem Fortleben der Schönheit als sexuellem »Reiz« ihre sublimierende Rolle als Motor der Kunstproduktion zur Seite; er untersucht aber nicht, welche nicht direkt sexuellen Funktionen ästhetische Wahrnehmung und Ornamentierung in Alltagsleben, sozialer Kommunikation und Selbstbeobachtung der Individuen übernommen haben. Darüber hat erstmals die neuere empirisch-psychologische Forschung wissenschaftliche Daten gesammelt. Die folgende Sichtung dieser Studien verfolgt das Ziel, dem historischen Mythos von Venus und Adonis sowie den zwischen Wissenschaft und spekulativer Narration oszillierenden ›Mythen‹ Darwins und Freuds zu weiteren Klärungen und partiellen Zuspitzungen zu verhelfen.

Empirische Forschung zu den Werten und Persönlichkeitsmerkmalen, die mit physischer Attraktivität assoziiert werden, gibt es in größerem Stil erst seit den 1970er Jahren. Für die operationale Definition ihrer zentralen Kategorie hat diese Forschung eine Lösung gefunden, die ein Grundmerkmal der Kantischen Analytik des Schönen beerbt, nämlich das ›allgemeine Wohlgefallen ohne Begriff‹. Das objektive Substrat der Beurteilung als »schön« bzw. »gutaussehend« bleibt in der Mehrzahl der Untersuchungen bewußt unbestimmt. Schön heißt nach der *truth by consensus*-Annahme einfach das, was Beobachter aufgrund eines nicht näher zerlegten Totaleindrucks dafür halten und spontan einer numerischen Attraktivitätsskala von eins bis zehn (gelegentlich auch von eins bis sechs bzw. neun) zuordnen.[1] Das ästhetische Urteil prozessiert rasch, subtil und trennscharf nach dem Gestaltprinzip eine große Datenmenge und korreliert sie mit affektiven Lust-Unlust-Relationen, ohne bestimmte Begriffe als Urteilsgründe zu benötigen. Das Absehen von einzelnen Attraktivitätsmerkmalen zugunsten eines begrifflich ›dunkleren‹, hoch zusammengesetzten und doch instantanen Totaleindrucks hat nicht zuletzt den gewichtigen Vorteil, stufenlos und hochflexibel den vielen verschiedenen Typen menschlicher Schönheit gerecht werden zu können.

Das Füllhorn der Schönheit – oder von der Ubiquität ästhetischer Diskriminierung

Die experimentelle Erforschung der mit Schönheit verbundenen Annahmen, Werte und Selektionsmechanismen hat eine Fülle von Daten geliefert. Es ist für solche Annahmen zweitrangig, ob sie sachlich ›korrekt‹ sind und einer wissenschaftlichen Überprüfung standhalten (was sie regelmäßig nicht tun[2]). Sofern sie nur weithin ›geglaubt‹ und geteilt werden, sind sie ein wirkungsvoller Teil der interpersonellen und sogar der intrapersonellen Realität. Diese Eigenschaft teilen sie mit Mythen, religiösen

Überzeugungen und sozialen Ideologemen. Von daher kann auch das Zusammendenken von Schönheitsmythen mit der empirischen Erforschung schönheitsgestützter Attributionen zwanglos legitimiert werden; beide ›Quellen‹ sind im gleichen Register einer Beobachtung *geglaubter* Merkmalsverknüpfungen und Narrationen angesiedelt.

Aussehensmerkmale, so wurde aufwendig bewiesen, sind nicht allein die ersten und oft einzigen Informationen in Situationen des flüchtigen Kontakts und des Sich-Kennenlernens. Die spontane Bewertung des äußeren Erscheinens reguliert auch wesentlich alle weitere Kommunikation. Sie tritt keineswegs zunehmend hinter die ›inneren Werte‹ zurück, sondern prägt durchaus dauerhaft die Wahrnehmung und affektive Besetzung von Personen.[3] Der rein ästhetische Informationsgehalt von »first impressions« hat demnach eine tiefreichende Steuerungsfunktion für menschliches Verhalten. ›Süße‹ Babies werden von ihren Eltern öfter und länger angelächelt.[4] Evolutionstheoretisch betrachtet ist »cuteness« für Babies vorteilhaft (und daher ›gewählt‹ worden), weil sie höchst wirkungsvoll Aggressionen gegen die anstrengenden Neugeborenen herabsetzt und ihnen qualitativ verbesserte Überlebenschancen verschafft.[5] Gutaussehende Kinder und Jugendliche haben mehr Freundschaften, mehr Verabredungen, oft auch ein reicheres sexuelles Leben als die weniger Begünstigten und neigen weniger zu Eifersucht.[6] In Notsituationen wird ihnen bereitwilliger geholfen;[7] umgekehrt haben sie es auch darin leichter, daß sie ihrerseits weit seltener um Hilfe gebeten werden als weniger attraktive (Versuchs-)Personen.[8] Lehrer mögen die Gutaussehenden lieber und bewerten ihre Leistungen besser als gleiche Leistungen weniger attraktiver Mitschüler.[9] Ärzte widmen gutaussehenden Patienten mehr Zeit und Geduld;[10] Psychologen verschreiben ihnen mehr Einzeltherapien und sehen auch in gravierenden Fällen bessere Heilungsaussichten.[11] Richter neigen bei gutaussehenden Angeklagten zu milderen Strafen,[12] Personalchefs zu einer Bevorzugung im Einstellungsgespräch und zu höherer Gehaltseinstufung.[13] Es gibt sogar metonymische Transfers positiver Zuschreibungen von den ›Schönen‹ auf ihre Freunde und Lebenspartner. Diesen wird regelmäßig größeres Selbstbewußtsein, Soziabilität, Liebenswürdigkeit usw. zugeschrieben als Personen, die weniger attraktive Partner haben. Umgekehrt muß ein gutaussehender Mann mit Ansehenseinbußen, ja sogar mit befremdeten Nachfragen rechnen, wenn er sich mit einer weniger attraktiven Partnerin liiert.[14]

Bei Personen mit sozial abweichendem Verhalten wurde mehrfach eine überproportionale Häufung niedriger Attraktivitäts-Werte ermittelt. Photographierte Gefängnisinsassen und Patienten psychiatrischer Kliniken wurden von Testpersonen, die nicht wußten, wen sie beurteilten, übereinstimmend als unterdurchschnittlich attraktiv bewertet. Die Wiedereingliederungschancen von Gefängnisinsassen konnten durch gezielt durchgeführte Schönheitschirurgie deutlich gesteigert werden.[15] Generell scheinen mit einer negativen ästhetischen Bewertung diverse Erwartungen sozialer und mentaler Unangepaßtheit einherzugehen.[16] Übermäßig motorisches und aggressives Verhalten von Kindern korreliert statistisch mit niedrigen Attraktivitäts-Werten ebenso wie kriminelles Verhalten, schwere psychische Erkrankungen und radikale politische Einstellungen.[17] Eine Studie mit immerhin eintausend Testpersonen hat sogar eine statistisch signifikante Korrelation zwischen geringer physischer Attraktivität und deutlich erhöhtem Blutdruck bei jungen Frauen ermittelt. Als Grund für diese Beziehung wurden Bewertungsangst und Streßgefühle angesichts des eigenen Aussehens vermutet.[18]

Physische Attraktivität ist, so gesehen, in der Evolution der menschlichen Gattung ebenso wie der Individuen eine kardinale Anpassungsleistung. Umgekehrt gilt mangelnde physische Attraktivität aus soziobiologischer Sicht geradezu als »poor adjustment« oder »maladjustment«.[19] Aufgrund des überwiegend monogamen menschlichen Paarungssystems und der Abkopplung der ›Schönheitswahl‹ von quantitativem Reproduktionserfolg hat der ästhetische »taste« zwar seine zentrale Rolle für die Evolution ornamentaler Körper-Dimorphismen eingebüßt. Er ›wählt‹ die Körper nicht mehr durch reproduktive Bevorzugung und dadurch bedingte transgenerationale Fixierung bestimmter Aussehensmerkmale, sondern er begünstigt nur mehr kulturelle und soziale Selektionsprozesse gegenüber Individuen. Diese allerdings sind so breit gestreut und folgenreich, daß die von Darwin beklagte Entmachtung ästhetisch-sexueller Selektion beim

Menschen durch das soziale Diskriminierungspotential der »Schönheit« mindestens ausgeglichen wird. Aus der unifunktionalen Problemlösung für die Mißerfolgsrisiken sexuellen Gewähltwerdens ist ein multifunktionaler Vorteilsgewinnungsgenerator geworden, der nunmehr beinahe alles leistet *außer* der sexuellen Selektion im Sinne Darwins. Das enorme Wirkungsspektrum des besseren Aussehens quer durch fast alle Bereiche des sozialen Lebens macht es zu einer Art universalem Schlüssel zu einem geliebteren, erfolgreicheren, anerkannteren und leichteren Dasein. Aus dem Versprechen überdurchschnittlichen Kindersegens scheint tatsächlich ein allumfassendes Glücksversprechen geworden zu sein. Eine meta-analytische Studie zum gewaltigen Corpus der getesteten Parameter faßt einige der aussehensgestützten Persönlichkeits-Attribuierungen zusammen:

The more physically attractive the stimulus person the more he or she was evaluated as curious rather than indifferent, complex rather than simple, happy rather than sad, amiable rather than aloof, humorous rather than serious, pleasure seeking rather than self-controlled, outspoken rather than reserved, and flexible rather than rigid. Similarly, the results of a national survey found that people believed that those who are higher in physical attractiveness were happier, had better sex lives, and received more respect than those of lower physical attractiveness.[20]

Gutes Aussehen ist nach alledem keineswegs nur »skin-deep«; es prägt Lebenschancen und Lebensläufe – und damit letztlich die Persönlichkeit. Ein neuer, buchstäblicher Materialismus zeichnet sich am Horizont der empirisch-psychologischen Schönheitsforschung ab: das Sein bestimmt das Bewußtsein, das Aussehen die Persönlichkeit.[21] Als Erklärungsmuster für diesen provozierenden Befund dient regelmäßig die Struktur der *self-fulfilling prophecy*: Weil gutaussehende Personen von Geburt an subtil und ubiquitär erfahren, wie sehr mit ihrem Aussehen Urteile über ihre Liebenswürdigkeit, ihre Intelligenz und kommunikativen Fähigkeiten, ihre sozialen Aufstiegs- und beruflichen Erfolgschancen verbunden sind, ›verkörpern‹ sie am Ende alle diese positiven Attribute und entwickeln tatsächlich erwartungskonforme Persönlichkeitsmerkmale.[22] Freuds Satz »Alles, was man besitzt oder erreicht hat, [...] hilft das Selbstgefühl steigern«[23] scheint auch für solche aussehensgestützten Erfolge und Attributionen zu gelten. Manche Wissenschaftler haben aus der Fülle dieser positiven Schönheitseffekte gar den Schluß gezogen, plastische Chirurgie sei nicht allein eine ernstzunehmende Alternative zur Gefängnisstrafe, sondern ebenso zur Psychotherapie.[24]

Andererseits hielt es die Mehrzahl der Autoren in den ersten beiden Dekaden des neuen Forschungszweigs regelmäßig für nötig, sich für die Resultate ihrer Untersuchungen, ja, für den Gegenstand überhaupt zu entschuldigen. Aussehensforschung galt als unseriös, ja, undemokratisch und unamerikanisch, weil sie der offiziellen Verfassungsideologie der Nicht-Diskriminierung, des Mit-gleichen-Chancen-geboren-Seins ebenso widerspricht wie der habituellen, letztlich religiös fundierten Höherschätzung innerer Persönlichkeitswerte.[25] Dieselben Personen jedoch, die auf ausdrückliche Nachfrage dem Aussehen nur eine geringe Macht für ihr soziales Verhalten zuzuschreiben pflegten, enthüllten unter experimentellen Bedingungen, welche auf verdeckte Weisen vor- bis unbewußte Annahmen testeten, die gleichen (Vor-)Urteilsstrukturen zugunsten des guten Aussehens, die sie vehement verleugneten.[26] Der moralisch und politisch korrekte Satz »You can't judge a book by its cover« ist mit der alltäglichen Wirklichkeit ästhetischen Urteilens unvereinbar.

Inzwischen hat die empirisch-psychologische Schönheitsforschung die Phase der Selbstentschuldigung und des rituellen Bedauerns der eigenen Resultate längst hinter sich. Man stellt gelassen fest, daß man sich eben nicht mit politisch oder moralisch gewollten Normen, sondern mit alltäglichen Realitäten befaßt. In diesen können kohärente Wahrnehmungs-Urteils-Verknüpfungen gefunden, ja, ›gemessen‹ werden, deren Diskriminierungspotential vermutlich größer ist als dasjenige nach Geschlecht, Rasse und Religion. Angesichts der stummen Subtilität einer faktisch geschehenden Diskriminierung ohne jegliche erklärte Programmatik und ohne Befürworter kommt eine politische Diskussion nur schwer in Gang. Es gibt aber bereits Gerichtsurteile, die Aussehens-Diskriminierten Entschädigungen zuerkannt haben,[27] und Überlegungen zu einer speziellen Anti-Diskriminierungs-Gesetzgebung. *Uglies' Lib* betitelte die britische Wochenzeitung *New Society*, was angesichts der Ergebnisse der *physical attractiveness*-Forschung an der Tagesordnung sei.[28]

Auf die Befunde der empirischen Schönheitsforschung kann sich allerdings weder eine solche Bewegung noch irgendeine Gesetzgebung berufen. Denn die ästhetische Präferenz für das gute Aussehen und die damit verbundenen sonstigen Positivannahmen wurden nicht nur quer durch Rassen, Altersgruppen, Geschlechtszugehörigkeit und sozialen Status festgestellt, sie werden auch weithin von den ›Benachteiligten‹ selbst geteilt. Eine Gesetzgebung gegen diesen Typ der Diskriminierung – so moralisch und so plausibel sie erscheinen mag – wäre vielleicht der erste Fall einer Gesetzgebung gegen ein Verhalten, das *alle* Gruppen einer Gesellschaft alltäglich praktizieren. Einige nüchterne Forscher ziehen sogar eine entgegengesetzte Konsequenz: nämlich selbst bei klaren Präferenzen für gutaussehende Job-Bewerber nicht länger von Diskriminierung zu sprechen. So folgt es letztlich aus der psychologischen Modellannahme, wonach gutaussehende Personen die weiteren positiven Eigenschaften, die mit ihrem Aussehen assoziativ verbunden werden, qua self-fulfilling prophecy am Ende tatsächlich ›verkörpern‹. Wenn zutrifft, daß attraktivere Personen bessere Kommunikatoren für den Verkauf vieler Produkte sind; wenn weiter gilt, daß sie nicht nur besser aussehen, sondern auch tatsächlich etliche andere Vorzüge auszubilden neigen, dann handeln Firmen nur rational, wenn sie gutaussehende Mitarbeiter vorziehen:

Employment discrimination may be morally questioned for serious societal ramifications, however, organizations may well be justified for production implications. [. . .] Those higher in physical attractiveness may well be more productive. [. . .] If they are perceived as more competent, they may incorporate that perception by acting and becoming more competent. Ultimately, employment practices that are biased in favor of higher physical attractiveness may be justified as an accurate assessment of reality.[29]

Der statistisch gemessene Implikationsreichtum höherer Attraktivitätsgrade könnte nach alledem kaum größer sein. In der empirisch-psychologischen Forschung erfreut sich daher die ehemals idealistische Gleichsetzung des Schönen mit dem Guten breiter Zustimmung.[30] Wo gutes Aussehen, Körpergewicht und Eßgewohnheiten zu »yardsticks of virtue« geworden sind,[31] da bewährt sich auf eine unerwartete, ja ironische Weise das klassisch-idealistische Theorem, Schönheit sei zugleich ein »Symbol des Sittlich-Guten«.[32] An der Zahl der Nachkommen, dem bestimmenden Kriterium der Evolutionsbiologie, kann die Schönheit sexueller ›Ornamentierung‹ nicht mehr gemessen werden. Im Gegenzug disseminieren ihre Wirkungen in eine Vielzahl oft nur geringfügiger Bevorzugungen, deren Gesamtheit wiederum – um mit Kant zu reden – eine erhebliche »Gunst«, das »freie« Geschenk eines anderen und leichteren Daseins zu ergeben scheinen.

Kehrseiten der Schönheit

Bei genauerer Betrachtung kompliziert sich dieser Befund aber erheblich. Wo überhaupt negative Attributionen des Schönen getestet wurden, wurden sie auch gefunden. Der eindimensionale Grundtenor und die theoretische Naivität eines Großteils der Forschung[33] beruht nicht zuletzt – wie bei allen experimentellen Erhebungen – auf der Vorauswahl der Annahmen, die befragt wurden. So trickreich und versiert die meisten Studien sich Zugang zu vor- bis unbewußten Annahmen verschafften, so beschränkt und einfallslos war oft zugleich der Umfang des Getesteten. Andererseits taten sich in der Fülle der Einzelstudien sehr bald Widersprüche und Inkonsistenzen auf. Mindestens zwei gravierende Einschränkungen stören die scheinbar linearen Beziehungen von physischer Attraktivität und sonstigen Positiv-Attributionen nachhaltig. Erstens gibt es eine Fülle gegenläufiger Zuschreibungen, die Schönheit als etwas Problematisches, ja als nachteilig erscheinen lassen. Und zweitens scheint ein kategorialer Unterschied zwischen den mittleren und den höchsten Attraktivitätsgraden zu bestehen.

Zunächst zu den Kehrseiten der scheinbar allseits begehrten Schönheit. Studien zu Verabredungs- und Heiratspräferenzen haben gezeigt, daß die lineare Relation von physischer Attraktivität und Begehrtsein keineswegs zu dem Resultat führt, daß tatsächlich stets nur die Bestaussehenden umworben werden. Ein anderer, gegenläufiger Mechanismus verhindert dies: die Wahl von Partnern ist stets rückgekoppelt an eine Selbstbewertung der eigenen Attraktivität. Diese reguliert das Niveau an physischer Attraktivität, das ›realistisch‹ von einem Partner erwartet wird, wiewohl ›idealiter‹ das Begehren mit der Schönheit des ›Objekts‹ monoton wächst. Nach der vielfach erhärteten *matching hypothesis*, die ihrerseits aus der allgemeineren *Level of Aspiration Theory* abgeleitet wurde,[34] suchen und finden sich Partner von annähernd gleichem Attraktivitätsgrad, sofern ansonsten keine grundlegenden sozialen Unterschiede zwischen ihnen bestehen. Etliche Experimente erhärteten diese Annahme.[35] Der Druck, im Interesse von Ablehnungs- und damit Enttäuschungsvermeidung das eigene Begehren nach einem gutaussehenden Partner auf dasjenige abzustimmen, was man selbst zu bieten hat, kann allerdings dadurch verringert werden, daß andere Vorzüge in den ›deal‹ der Partnerwahl eingebracht werden: ein klassischer Fall sind Reichtum und soziales Prestige auf der männlichen Seite als Tauschwert für hohe physische Attraktivität auf der weiblichen.[36] Selbst im Fall dieser – und anderer – Asymmetrisierungsfaktoren kann letztlich immer noch von einem *matching* gesprochen werden; nur wird dem Druck der »equity considerations« nicht allein durch Aussehensäquivalenz, sondern durch die Einbeziehung weiterer Größen ins Gesamtkalkül entsprochen. Erving Goffman hat dieses denkbar unromantische Modell eines ausgeglichenen Handels auf eine kanonische Formel gebracht: »A proposal of marriage in our society tends to be a way in which a man sums up his social attributes and suggests to a woman that hers are not so much better as to preclude a merger or a partnership in these matters.«[37]

Es ist schwer zu entscheiden, welches Modell ›darwinistischer‹ und unromantischer ist: die pure Schönheitswahl oder das komplexere »assortative mating«, wonach gleicher »mate value« sich zu gleichem »mate value« gesellt. Die multifaktorielle Kalkulation nach der »matching hypothesis« schränkt in jedem Fall die Rolle der physischen Attraktivität erheblich ein, sofern Mängel an einer Ressource durch andere wünschbare Vorzüge ausgeglichen werden können. Die Evolutionsbiologie in der Folge Darwins unterstützt letztlich die soziologische »matching hypothesis«. Da Partnerentscheidungen in überwiegend monogamen Paarungssystemen große mittel- bis langfristige Konsequenzen für Reproduktionserfolg und Überlebensfähigkeit haben, werden alle Individuen versuchen, einen solchen Partner zu finden, der für ihre eigenen Überlebens- und Fortpflanzungschancen möglichst vorteilhaft ist. Ideale Partner werden alle denkbaren Vorteile verbinden: physische Attraktivität, Gesundheit, Stärke, Durchsetzungsvermögen, Reproduktionsfähigkeit, materielle Ressourcen (gutes Territorium, guter Beruf, Reichtum) usw. Da alle Lebewesen ihre eigene »fitness« allenfalls zu erhöhen, nicht aber zu verringern streben, werden sie sich im Regelfall nicht mit Partnern abfinden, die in der Gesamtbilanz weniger Vorzüge zu bieten haben als sie selbst. Im Endeffekt, so die evolutionstheoretische Formulierung, werden sich in derartigen Paarungssystemen die einzelnen Individuen tendenziell mit solchen Partnern liieren, die nach wechselseitiger Taxierung etwa den gleichen »mate value« haben.[38]

Schönheit übt angesichts einer solchen Erwartung gleichwertiger Partnervorzüge auf ihre Bewerber einen enormen Anpassungsdruck aus: Entweder man ist bzw. wird genau so attraktiv wie das idealiter begehrte Objekt – was ggfs. auch durch ausgleichende Übergewichte bei anderen Vorzügen als körperlicher Schönheit geschehen kann –, oder man paßt das eigene Wunschniveau ›realistisch‹ an die ästhetische Selbsteinschätzung an.[39] Im letzten Fall wird der Schmerz der Anpassung gleich doppelt durch die wohltuende Tendenz gemildert, sowohl die eigene Person als auch den gewählten Partner und die eigenen Freunde für attraktiver zu halten, als Unbeteiligte dies tun.[40] Intime persönliche Beziehungen sind ein Medium, in dem die zuverlässige Allgemeingültigkeit des distanzierten ästhetischen Urteils systematisch zugunsten von Affekt und Wunschdenken gestört wird. Faktoren wie subjektives Wohlbefinden, Einstellungs-Ähnlichkeiten,[41] rückgekoppelte Assoziationen mit positiv bewerteten Erfahrungen,[42] nach der gut belegten »mere exposure«-Theorie auch bloße Gewöhnung an einen wiederholt dargebotenen Anblick[43] tragen das Ihre dazu bei, die Partneraussichten weniger attraktiver Personen zu erhöhen. Alle diese Mechanismen entschärfen den sonst unvermeidlichen Verteilungskampf um die ›schönsten‹ Objekte aufs wundersamste. Eine Auswertung des faktischen Ansprechverhaltens in Tanzclubs und Bars ergab, daß attraktivere Frauen kaum oder gar nicht häufiger angesprochen wurden als weniger attraktive.[44] Ihrer insgesamt heilsamen Wirkung unbeschadet beruhen alle diese Mechanismen letztlich auf der Voraussetzung, daß Schönheit erschwerte Zugänglichkeit impliziert. Die Kehrseite ihres Begehrtseins ist – nicht bei den mittleren, wohl aber bei den höheren und höchsten Graden physischer Attraktivität – die (antizipierte) Annahme ihrer Kälte und Unzugänglichkeit, ihrer ›bourgeoisen‹, geld- und statusorientierten, ›materialistischen‹ Einstellung und ihrer mangelnden Sympathie für weniger Begünstigte und sozial Schwächere. Außerdem gelten die ›Schönen‹ tendenziell als eitler, unbescheidener, weniger treu sowie als schlechtere Eltern.[45] Dem entspricht, daß der Faktor »physische Attraktivität« für langfristige Beziehungen eine geringere Rolle zu spielen scheint als für kurzfristige.[46]

Im professionellen Leben wiederum scheint physische Attraktivität die Einstellungschancen von Frauen nur bei niedrigen und mittleren Jobs zu erhöhen; bei Einstellungen ins Management erwies sie sich in mehreren Studien als kontraproduktiv.[47] Eine Reihe von Mechanismen wurde dafür geltend gemacht: einerseits die traditionsreiche Annahme, daß gerade herausragende Schönheit nur selten mit herausragender Intelligenz gepaart sei, andererseits die antizipierende Vermutung, daß eine solche Frau unter den männlichen Kollegen notwendig nichtprofessionelle, den Betrieb störende Begehrlichkeiten auslöse, von weiblichen Mitarbeitern innerhalb der Firma besonders argwöhnisch beobachtet werde und bei den Ehefrauen der anderen Manager eifersüchtiges Verhalten begünstige. Auch vor Gericht kann es den Attraktiveren in bestimmten Fällen schlechter als den weniger Attraktiven ergehen. Wenn die Aussehensvorzüge bei der Ausführung eines Delikts eine taterleichternde Rolle spielten oder wenn es sich um Betrugsdelikte handelt, greift das Stereotyp der bösen Schönen und »femme fatale«. Der evolutionstheoretisch gut fundierte Täuschungs- und Manipulationsverdacht gegenüber sexuellen Ornamenten schlägt dann auf das richterliche Verhalten durch. Die Milde gegenüber der gutaussehenden Unschuld, die ja eigentlich keinerlei Untaten nötig hat, verkehrt sich unversehens in drakonische, überproportionale Strafen.[48]

Die Liste solcher Negativeffekte des guten Aussehens läßt sich verlängern. Sie führt zugleich auf eine Beobachtung, die für die Position idealer Schönheit von allgemeiner Bedeutung ist. Die Kehrseiten des Schönen kommen nämlich an deren Höchstwerten am nachhaltigsten zur Geltung. Es scheint eine Art Logik des Umschlags von Quantität in Qualität zu geben: Während in den unteren und mittleren Graden physischer Attraktivität die Korrelation zu einem ganzen Füllhorn positiver Konnotationen beinahe linear zunimmt, besteht am oberen Ende die Gefahr eines jähen Einbruchs dieser aufsteigenden Linie und ihrer Durchkreuzung durch markante Negativ-Effekte.[49] Den mit Abstand größten Unterschied bewirkt der Schönheitseffekt nicht etwa, wie viele Zeitgenossen zu glauben scheinen, zwischen idealschönen Model-Körpern und dem Rest der Sterblichen. Im Gegenteil: von mittelmäßigen Attraktivitätswerten aufwärts nehmen die positiven Attributionen nur noch geringfügig zu. Diese Erkenntnis könnte manches Leid an den vielen kleinen ›Mängeln‹ lindern und etliche vergebliche Mühe ersparen helfen. Die stärksten sozialen Aussehensvorteile wurden zwischen durchschnittlichem und markant unattraktivem Aussehen gemessen. Ästhetische Diskriminierung betrifft zuallererst die negative Abweichung von der Mittelmäßigkeit. Selbst in diesen Fällen liegt die statistisch gemessene Effektgröße für soziale Aussehensdiskriminierung ›nur‹ in einem mittleren Bereich. Das mag zwar nur ein schwacher Trost sein, impliziert aber in jedem Fall gute Chancen, den negativen Effekt des Aussehens durch andere Vorzüge auszugleichen.

Im Imaginären von Individuen und Gesellschaften wird der ›eigentliche‹ Schönheitseffekt gleichwohl der Verehrung göttlich-idealer Schönheitsgrade zugesprochen. Sie sind es auch, welche die imaginären Nöte und Krankheiten steuern, die dann ihrerseits durchaus im Realen ankommen. Gerade bei herausragender Schönheit sind aber zugleich zahlreiche Kippeffekte ermittelt worden. Die Bemerkung des Abbé de Choisy, perfekte Schönheit »bewundert man oft, ohne sie zu lieben«,[50] verweist auf den Umstand, daß gerade die Perfektion leicht als kalt empfunden wird. Während sonst die Gesellschaft attraktiver Personen gern gesucht wird, gibt es hier Bedenken, die bis zu förmlicher Kontaktvermeidung führen können. Eine interne soziometrische Erhebung in College-Wohngemeinschaften, die extern durch eine ästhetische Bewertung der Studierenden ergänzt wurde, belegte dies drastisch.[51] Die Gruppe der bestakzeptierten Mitbewohner hatte insgesamt leicht überdurchschnittliche Attraktivitätswerte, während die als unattraktiv eingestuften Studierenden innerhalb der Wohngemeinschaften nicht sosehr auf Ablehnung als auf fehlende Beachtung überhaupt stießen. Soweit bestätigte die Erhebung das »physical attractiveness stereotype«. Andererseits wartete es mit einer markanten Überraschung auf: die *best*aussehenden Personen waren zugleich diejenigen, die innerhalb der gleichgeschlechtlichen Wohngemeinschaften am eindeutigsten abgelehnt wurden. Die soziometrische Erhebung schrieb diesen herausragend gutaussehenden Studierenden besonders hohe Werte für selbstgesteuerte Erfolgsorientierung und ›Individualismus‹, dagegen nur niedrige Werte für Bedürfnisse von Zuneigung und sozialer Affiliation zu. Diese gruppeninterne Motivation für die Ablehnung der ›Schönen‹ stellt letztlich eine Variation auf den Topos von Kälte und Hybris der Schönheit dar. Die Autoren der Studie boten zugleich eine andere Erklärung an: danach verderben die auffällig Gutaussehenden unter den gleichgeschlechtlichen Mitbewohnern die Balance, sind zu übermächtig als potentielle Konkurrenten und fallen daher unter die Rubrik »a person you try to avoid«.

Die Psychologie der »striking beauties« ist ein neues Forschungsfeld, in dem die Kehrseiten hoher physischer Attraktivität besonders gut studierbar sind. Herausragend attraktive Frauen haben danach aus Gründen von Konkurrenz und prospektiver Eifersucht größte Schwierigkeiten, mit anderen Frauen Freundschaften zu schließen und aufrechtzuerhalten.[52] Sie haben aber auch prekäre Beziehungen zu Männern. Tendenziell fühlen sie sich ›nur‹ wegen ihres Aussehens begehrt und nicht als ›Persönlichkeit‹ geliebt.[53] Das gleiche Attributionsproblem belastet das berufliche Leben: Komplimente für geleistete Arbeit werden leicht als verschobene Komplimente für das Aussehen und mithin nicht als Lob professioneller Qualitäten aufgefaßt. Solche Frauen halten Anerkennungen ihrer Kompetenz nur dann für unstreitig glaubwürdig, wenn sie von Personen stammen, welche die betroffenen Frauen noch nie gesehen haben.[54] Gerade das super-gute Aussehen entwertet so alle persönlichen Beziehungen und alle professionellen Erfolge. Im übrigen wird habituell gewordene Beliebtheit beim anderen Geschlecht auf Grund von Gewöhnungseffekten gar nicht mehr als ›Erfolg‹

empfunden; weniger aussehensbegünstigte Personen können im Rahmen ihres Erwartungshorizonts aus weit selteneren Erfolgserlebnissen mehr Genugtuung ziehen als die verwöhnten »beauties«.[55] Schlimmer noch: Wo der Grad an sozialem Begehrtsein vor allem von der physischen Attraktivität abhängt und entsprechend viel Steigerungs- und Erhaltungsaufwand auf diese verwendet wird, da droht mit Altern und Schönheitsverlust ein radikaler Einbruch. Herausragend attraktive College-Studentinnen, so das Resultat einer Studie, fühlten sich 20 Jahre später durchschnittlich weniger glücklich als ihre weniger gutaussehenden Kommilitoninnen.[56] Statt in den Dreiklang von physischer Attraktivität, beruflicher Kompetenz und reichem sozialen Leben kann herausragende Schönheit so in Einsamkeit und Depression führen.[57]

Die Lebensläufe von Filmstars und Models sind reich an Beispielen für den Konflikt von Schönheit und persönlicher »happiness«. In der Topik moralischer Warnung vor den Gefahren der Schönheit ist dies ein Standardargument. Ein Buch von 1892, das *The Truth about Beauty* verspricht, gibt diesem Topos folgende Formulierung: »The world's beauties are seldom happy in their domestic relations [. . .] Rare beauty, like rare genius, is sure to experience desolation, disapproval, and loneliness.«[58] Die Psychoanalytikerin Edith Jacobson hat auf der Basis ihrer klinischen Erfahrung einen analogen Verdacht geäußert:

At a certain point of my analytic work, I happened to have a few women simultaneously in treatment who were more than attractive or pretty; they were beautiful. It struck me that their beauty seemed, if anything, to have had a devastating effect on the lives of those close to them, or on their own lives, or both. Their fates made me wonder why I had hardly ever met beautiful women whose lives had been happy or at least harmonious and peaceful. The answer might be that not only those cursed with physical affliction, but also those blessed with extraordinary gifts, with genius or with outstanding beauty, seem to be a special variety of ›exceptions‹. [. . .] The biographies of great men suggest that their psychology has much in common with that of women marked by extraordinary beauty.[59]

If the physically damaged feel unjustly blamed and punished, and thereby are moved to rebel, the beautiful feel unjustly praised and rewarded, and therefore tempted to challenge the world and to sin.[60]

Dem psychoanalytischen Verdacht auf schönheitsinduzierte Persönlichkeitsmerkmale, die sozial unakzeptiertes Verhalten begünstigen (Untreue, herabgesetztes Verantwortungsgefühl, destruktiver Narzißmus usw.), entsprechen weitverbreitete Attributionen, die von der empirisch-experimentellen Forschung ermittelt worden sind. Danach erhalten Versuchsobjekte mit den höchsten Attraktivitätswerten regelmäßig zugleich die niedrigsten Werte auf den soziometrischen Skalen für »emotionale Stabilität«, »Familie, Liebenswürdigkeit, Gewissenhaftigkeit« und »concern for others«.[61] Auf diesen Skalen haben Frauen mit höherem Körpergewicht und niedrigeren Attraktivitätswerten eindeutige Vorteile – ein weiterer Grund, warum die Beziehungen von Schönheit, Begehrtsein und Geheiratet-Werden durchaus komplex sind. Der erhöhte Streßfaktor, der mit einem besonders attraktiven Partner assoziiert wird, begünstigt insbesondere bei langfristigen Partnerentscheidungen eine Tendenz, ausgesprochene Schönheit wegen ihrer vermuteten hohen Anfälligkeit für »neuroticism«[62] eher zu meiden. Die funktionale Gleichsetzung herausragender Schönheit mit einem körperlichen Stigma, das aus dem Feld der ›Normalen‹ ausschließt und zu einem Dasein als »Ausnahme« verflucht, mag gar den Verdacht nähren, daß neurotische, tendenziell depressive (Ex-)Beauties besonders manifest die Angst ›verkörpern‹, die evolutionär mit ästhetischer Selbstanpreisung generell koextensiv scheint: die Angst nämlich, das Opfer, die negative Ausnahme in den Kontingenzen von Partnerwahl und sexuellen Vorlieben zu werden. Mit René Girard könnte man geradezu vermuten, daß exemplarische Schönheiten regelmäßig und notwendig – wiewohl selbstverständlich unbewußt – in die Position eines solchen Opfers gebracht werden. Die Gesellschaft würde damit die Gewalt und die Ängste abreagieren, die mit ästhetischen Partnerwahl-Mechanismen verbunden sind und für die »Schönheit« als ein Problemlösungsmechanismus ›erfunden‹ wurde. In Kalifornien haben Personen, die sich für schönheitsgeschädigt, für Opfer der an die Position der Schönheit geknüpften Vorstellungen halten, zum Erfahrungsaustausch ein *Good-Looking People Network* gegründet.[63]

»Striking beauties« haben nach alledem gute Chancen, von einer Problematik betroffen zu werden, die das allgemeine Szenario der *physical attractiveness*-Forschung – die Korrelation mit zahllosen Positiv-Attributen – nachhaltig in Frage stellt. Mehrere Experimente haben ergeben, daß es keine statistisch signifikante Korrelation von physischer Attraktivität und Selbstachtung gibt.[64] Ebensowenig verhilft gutes Aussehen zu erhöhten Werten für allgemeines Wohlbefinden, Zufriedenheit und subjektives Glücklich-Sein mit dem eigenen Leben.[65] Umgekehrt wurde dagegen gefunden, daß hohe Werte für Selbstachtung und subjektives Wohlbefinden ihrerseits einen signifikanten Schönheitseffekt haben: solche Personen neigen stärker als andere dazu, sich selbst auch ästhetisch günstig zu bewerten.[66] Dies geht so weit, daß die Selbstbewertung ihrer physischen Attraktivität sich statistisch völlig von der ›objektiven‹ Fremdeinschätzung abkoppelt und nur noch mit den Werten für Selbstachtung und Selbstzufriedenheit korreliert. Kraft dieser selbst-induzierten Schönheit – beinahe einem statistisch meßbaren Widergänger der idealistischen Rede von der inneren Schönheit der ›Seele‹ – partizipieren »happier people« dann auch an den allgemeinen positiven Attributionsmechanismen physischer Attraktivität. Vermutet wurde sogar, daß sie aufgrund ihrer aus anderen Quellen sich speisenden Selbstzufriedenheit auch besser in der Lage sind, ihre äußere Erscheinung in ein günstiges Licht zu setzen.[67] Eine Rückzugsposition für die Standardtheorie physischer Attraktivität blieb allerdings gewahrt. Je mehr nämlich gutes Aussehen ausdrücklich ein hochrangiges Ziel der untersuchten Testpersonen war, desto mehr zeichnete sich eine zumindest schwache innere Verbindung von ›objektiv‹ gemessener Schönheit und subjektiver »happiness« ab.

Angesichts der zahllosen Bevorteilungs-Mechanismen und der Rückkopplungen, welche die positiv mit Schönheit verbundenen Erwartungen in die tatsächliche Persönlichkeitsentwicklung integrieren, ist die weithin fehlende Verbindung zu Selbstachtung, Selbstzufriedenheit und subjektivem Glücklich-Sein ein katastrophaler Mangel der wünschenswerten = »guten« Effekte von Schönheit. Die durchaus plausible Erklärung dafür rüttelt an Grundüberzeugungen, die sich in der empirischen Forschung befestigt haben. Höhere physische Attraktivität ist generell von der oben genannten doppelten Attributionskrise bedroht. Persönliche Eroberungen und berufliche Erfolge werden latent nur dem Aussehen zugeschrieben, so daß das Konto des Ichs immer gleich arm und gleich leer bleibt. Dieser Leere-Effekt bedroht die gut ausgebildete, kompetente, sportliche und beruflich erfolgreiche ›Schönheit‹, die eine kultur-evolutionäre Errungenschaft erst der letzten Jahrzehnte ist, nicht weniger als das tendenziell auslaufende Modell der Frau, die auf nichts als ihr Aussehen ihren Lebensweg gründet. Insofern ergibt sich eine wenig optimistische Konsequenz: Herausragend gutaussehende Frauen bedürfen, um die negativen Folgen ihrer Ausnahme-Physis auch nur halbwegs kontrollieren zu können, eines Bewußtseins von den Fallen ihrer eigenen Schönheit und einer sozialen Intelligenz, die mindestens so unwahrscheinlich ist wie ihr Aussehen.[68]

Es begünstigt die persönliche Unglücks-Wahrscheinlichkeit der »Schönen« des weiteren, daß ihre vielen schnellen Erfolge ihnen keine Gelegenheit geben, Enttäuschungsfestigkeit aufzubauen oder an einer langen und schwierigen Phase der Werbung zu wachsen. Um so tiefer kann der Fall sein, wenn es einmal wirkliche Niederlagen gibt.[69] Wieder überspitzt formuliert, zeichnet sich so die Tendenz ab, daß die *perfect 10s* sich weder selbst für ihre Erscheinung achten noch wirklich geliebt werden, noch ihrerseits zu ›tieferer‹ Liebe fähig sind. Auch Freud hat eine größere Neuroseneigung eher auf der Seite von Schönheit als von mangelnder physischer Attraktivität beobachtet: »Hat man eben einer neurotischen Patientin den Glauben geschenkt, daß sie krank werden mußte, weil sie unschön, mißgebildet, reizlos sei, so wird man durch die nächste Neurotika eines Besseren belehrt, die in Neurose und Sexualablehnung verharrt, obwohl sie über das Durchschnittsmaß begehrenswert erscheint und begehrt wird. Die hysterischen Frauen gehören in ihrer Mehrzahl zu den anziehenden und selbst schönen Vertreterinnen ihres Geschlechts, und andererseits leistet die Häufung von Häßlichkeiten, Organverkümmerungen und Gebrechen bei den niederen Ständen unserer Gesellschaft nichts für die Frequenz neurotischer Erkrankungen in ihrer Mitte.«[70]

Eine spezifische Erkrankung der Schönheit an sich selbst ist erst seit den 1980er Jahren zunehmend untersucht worden: ihre Tendenz nämlich zu Selbstverkennung und negativer Selbstbewertung. Schon 1970 gelangte eine Studie zu 10- bis 11jährigen Schülerinnen zu dem frappierenden Resultat, daß sich bis zu drei

Viertel der Mädchen für das jeweils unattraktivste ihrer Klasse hielten, obwohl die Bewertung durch die Mitschüler in den meisten Fällen konsistent positiver war.[71] Trotz solcher vereinzelten Einblicke in eine verstörende Verkennungslogik hat die *physical attractiveness*-Forschung weithin an dem Befund festgehalten, daß ästhetische Selbstbewertungen strukturell besser ausfallen als Fremdbewertungen. Neuere medizinische Forschung hat dagegen unter dem Sammelbegriff *body image disorders* Erkrankungen diagnostiziert, die auf einer systematischen Unterschätzung des eigenen Aussehens in Relation zu imaginären Wunschbildern des schlanken oder muskulösen Körpers beruhen. Und wiederum gilt: die davon Betroffenen sind in der Regel bereits besonders schlank oder besonders muskulös. Im Feld idealer Maße gibt es aber immer noch diesen oder jenen Mangel, diese oder jene Steigerungsfähigkeit, so daß gerade die relative Nähe zur Perfektion ein unglückliches Bewußtsein von Mängeln verstärken kann und ein Vergleichungszwang mit (vermeintlich) noch Perfekteren jeden positiven Transfer zwischen Aussehen und Selbstgefühl verhindert.[72]

Zu den kulturell überlieferten Negativ-Zuschreibungen herausragender physischer Attraktivität gehört der Verdacht unterdurchschnittlicher Intelligenz. Das Stereotyp scheint auf einem rudimentären energetischen ›Argument‹ zu beruhen: Sofern extrem ausgeprägte sexuelle Ornamente für den Organismus entsprechend kostspielig sind, könnte eine erhöhte Wahrscheinlichkeit bestehen, daß in andere Merkmale nicht gleichermaßen viel Energie investiert werden kann. Die moderne Forschung hat das Stereotyp der ungleichen Verteilung von Schönheit und Intelligenz zumal für ›schöne Männer‹ auf eine statistische Grundlage gestellt. Eine attributionstheoretische Untersuchung von 1968 bestätigte das Vorhandensein des Stereotyps als Erwartungsmuster. Während aus physischer Attraktivität von Frauen überwiegend auch auf höhere Intelligenzwerte geschlossen wurde, ergab sich für Männer eine Umkehrung: »attractive male strangers were seen as less intelligent.«[73] Eine breite, über mehrere Jahrzehnte angelegte Studie belegte gar, daß adoleszente männliche Highschool-Schüler mit geringerer physischer Attraktivität tatsächlich höhere verbale und mathematische Kompetenz sowie insgesamt eine gründlichere Bildung besaßen als ihre besser aussehenden Klassenkameraden. Im späteren Berufsleben erwiesen sich die Gutaussehenden dann aber trotz dieses intellektuellen Defizits als in etwa genauso erfolgreich – nach heutiger Standard-Theorie ein klassisches Surplus des guten Aussehens.[74]

Kallokratie?

Die statistisch ermittelten Vorteile guten Aussehens für die Zuschreibung zahlreicher anderer wünschbarer Attribute begründen in ihrer Gesamtheit einen ästhetischen Darwinismus neuen Typs. Nancy Etcoff hat dafür die eingängige Formel »survival of the prettiest« geprägt. Mit Darwins Theorie sexueller Selektion dürfen diese Mechanismen allerdings nicht verwechselt werden. Denn es ist (noch) nicht erkennbar, wie sie – außer etwa durch uniformes *genetic engineering* in großem Stil – zur dauerhaften genetischen Veränderung des Gattungskörpers in Richtung bevorzugter »Ornamente« beitragen können. Individuelle (Über-) Lebensvorteile oder -nachteile aufgrund ästhetischer Diskriminierungen haben Darwin überhaupt nicht interessiert, solange sie nicht über den Multiplikator unterschiedlichen Reproduktionserfolgs in die Evolution der Gattungsmerkmale eingehen. Ebensowenig geht es bei den experimentell ermittelten Effekten physischer Attraktivität um »natürliche« Selektionsvorteile ›schöner‹ Personen im Sinne höherer Lebenserwartung. Die vage, ja, irreführende Analogie dieser Effekte zum »survival of the fittest« verschafft ihnen deshalb noch kein evolutionäres Potential im Sinne Darwins.

Eine buchstäbliche Bedeutung kommt dieser Analogie allein in einer evolutionären Theorie der Kultur zu, für die es aber immer noch an einem kohärenten theoretischen Gerüst mangelt. Von Darwin aus gesehen kann die analogische Prägung »survival of the prettiest« allenfalls so gerechtfertigt werden, daß die ermittelten »Vorteile« des guten Aussehens kulturelle Transformationen jener archaischen Bevorzugungsmuster sind, die einst unter Menschen – nicht anders als bei Tieren – die ›modische‹ Evolution körperlicher »Ornamente« durch sexuelle Selektion gesteuert haben. Wie zum Ausgleich für den Verlust ihrer ursprünglichen Selektionsfunktion im Register biologischer Evolution durchwalten die heutigen Mutanten der archaischen Muster in breit gestreuter Form beinahe alle Bereiche sozialen Lebens. Zusammengenommen scheinen sie auf einen Kallozentrismus, wenn nicht eine Kallokratie an der Stelle der kulturell entmachteten »agencies« von natürlicher und sexueller Selektion hinauszulaufen. Die Individuen im Herrschaftsbereich dieser Kallokratie erfahren deren Diskriminierungseffekte eventuell genauso stark wie Darwins bevorzugte und benachteiligte männliche Tiere den genuinen Mechanismus sexueller Selektion durch die Capricen der »female choice«.

Das Szenario eines »survival of the prettiest« in diesem Sinn unterdrückt allerdings die zahlreichen kontra-adaptiven Schönheitseffekte. Es mag ein moralischer Trost sein, daß es nicht zuletzt die Schönheit selbst ist, die einer Herrschaft der ›Schönen‹ wirkungsvoll entgegensteht. Wie Darwin allererst durch den Konflikt mit Kampfkraft und Überlebenstauglichkeit auf den Mechanismus der sexuellen Selektion bevorzugter körperlicher »Ornamente« gestoßen ist; wie Freud einen unversöhnlichen Konflikt zwischen der zivilisierten ästhetischen Einstellung des Menschen auf die »Reize« des Körpers einerseits, der animalischen Anteile der Sexualität und der Fortpflanzung andererseits diagnostiziert hat; so hat schließlich auch die empirische Erforschung attributiver Schönheitseffekte zahlreiche Ambivalenzen und enorme (selbst)destruktive Potentiale gefunden. Dies erlaubt zwei Lesarten. Erstens: Es gibt überhaupt keine kulturelle Tendenz zur Kallokratie. Oder zweitens: eine kulturelle Tendenz zur Kallokratie gibt es wirklich, aber eben nur in Verbindung mit einer strukturellen Selbstbehinderung und mit enormen Schäden für andere Lebensinteressen. Die vorliegende Studie neigt zu der zweiten These, darin der Kulturtheorie Freuds und den griechischen Mythen von schönen unglücklichen Jünglingen folgend. Auf der Basis der vorhandenen empirischen Studien ist aber auch die erste These mit einiger Konsequenz vertretbar. Eine entsprechende Argumentation könnte etwa so lauten:

1. Gäbe es keine allgemeinen ästhetischen Präferenzen, sondern lediglich eine breite Streuung individueller Vorlieben, gäbe es letztlich keine ästhetische Diskriminierung. Die individuellen Aussichten, von anderen für attraktiv gehalten zu werden, und

die damit verbundenen sonstigen Vorteile würden sich in ihrer Wahrscheinlichkeit dann stark annähern. Für die empirische Psychologie ist es daher genauso wichtig wie für die Evolutionsbiologie, hochgradig allgemeine ästhetische Urteilsmuster zu finden. Darin war sie auch erfolgreich, was statistische Mittelwerte unterschiedlicher Bewertungsgruppen betraf. Andererseits verdecken diese statistischen Mittelwerte die teilweise erhebliche Streuung der individuellen Bewertungen der einzelnen Testobjekte. Höhere Grade auch individueller Übereinstimmung wurden vor allem bei solchen Experimenten erzielt, die besonders attraktiven Personen besonders unattraktive zur Seite stellten. Bei kontrastschwächeren Mittelwerten, also bei ›realistischerer‹ Test-Population, sank die statistische Zuverlässigkeit dagegen deutlich. Entsprechend weniger ist daher bei einer ›realistischen‹ Population auch mit diskrimierenden Aussehenseffekten zu rechnen.[75]

2. Die Zuverlässigkeit ästhetischer Bewertungen hängt des weiteren erheblich davon ab, daß der distanziert urteilende Blick durch keine sonstigen Kenntnisse der Person oder gar persönliche Beziehungen zu dieser getrübt ist. Die Norm der Forschung ist die einmalige Konfrontation mit Fotos unbekannter Personen, oft genug sogar nur mit rudimentären Zeichnungen. Dies mag der gesteigerten Bedeutung von *first impressions* für heutige Interaktionsradien entsprechen,[76] verfehlt aber in jedem Fall die Realität aller anderen Kommunikationen. Für diese wurde denn auch gefunden, daß Faktoren wie Vertrautheit, Einstellungsähnlichkeiten, emotionale Nähe usw. die Bewertungen physischer Attraktivität erheblich erhöhen. Auch aus diesen Gründen ist damit zu rechnen, daß in ›wirklichen‹ Umgebungen positive und negative Aussehenseffekte weit weniger diskriminierend sind als in den künstlich anonymisierten Blicken im dezidiert kontextfreien Experiment.

3. Selbst unter künstlich kontrastverstärkenden Laboratoriums-Bedingungen war die Größe (*effect size*) der gemessenen Aussehenseffekte für die diversen getesteten Attributionen zumeist nur klein bis mittelgroß. Auch dies wird nur selten ausdrücklich benannt. Als positive Korrelation wird in der Regel gewertet, was immer die minimalen Bedingungen statistischer Signifikanz erfüllt. Leser, die nicht sehr genau das präsentierte

Zahlenwerk sichten, bekommen daher leicht eine übertriebene Vorstellung von der Effektgröße.

4. Die Hypothese aussehensabhängiger Persönlichkeitsentwicklung kraft sich selbst erfüllender Zuschreibung assoziierter Attribute kann letztlich nicht erklären, warum trotz des Füllhorns positiver Erwartungen an gutaussehende Personen deren Selbstachtung und subjektives Wohlbefinden nicht von ihrem Aussehen profitieren können. Umgekehrt ist ein positives Verhältnis zu sich selbst dagegen höchst segensreich für die ästhetische Selbstbeurteilung. Auch diese mehrfach erhärteten Befunde deuten darauf hin, daß Schönheit per se entweder nur von schwacher Kausalität ist oder daß zu ihrer starken Kausalität integral Mechanismen der Selbstzerstörung ihrer angenommenen Vorteile gehören.

Aus alledem könnte gefolgert werden, daß der Verdacht auf Kallokratie weit übertrieben ist. Der soziale Diskriminierungsmechanismus, der die archaischen Muster sexueller Selektion kraft ästhetischer Ornamente beerbt, wäre dann nur mehr ein schwaches Echo, das in keimfreien experimentellen settings künstlich verstärkt wird.

VII. Zur heutigen Signatur
von Schönheitsarbeit
und ästhetischer Selbstbegründung

Extreme Verehrung physischer Schönheit hat bereits die vermeintliche Leitkultur des westlichen Abendlandes, das antike Griechenland, geprägt. Die Homerischen Epen, eine der literarischen Stiftungsurkunden der westlichen Zivilisation, besingen einen jahrelangen Krieg um eine schöne Frau und verleihen auch den kämpfenden Männern gern ästhetischen Glanz. Nach etlichen Zeugnissen, allen voran Vasenbildern und den Dialogen des Proto-Philosophen Plato, hatten Athener Männer nichts Dringlicheres zu tun, als die Schönheit von Jünglingen zu verehren. Auch die Athener Frauen vergötterten, wenn sie durften – nämlich an den jährlichen Adonis-Festen –, nichts mehr als physische Schönheit. Die körperlichen Übungen und Wettkämpfe in den Gymnasien – bei minimaler oder keiner Bekleidung – waren zugleich ein permanenter Schönheitswettstreit; ähnliches gilt für die Olympiaden. Auf den Inseln Lesbos und Tenedos fanden sogar förmliche, »Kallisteia« genannte Schönheitswettbewerbe der Frauen statt.[1] Deren mythisches Äquivalent ist der Wettstreit Heras, Athenas und Aphrodites um den Rang der schönsten Frau.[2] In diesem denkwürdigen Wettstreit figuriert der Kampf um den Schönheitspreis nicht nur als Muster von Streit (Eris), Krieg und Verderbnis; er nimmt auch einen selbstreflexiven Ausgang: Zur schönsten Frau wird diejenige Göttin erklärt, die ihrerseits dem Urteilenden (Paris) die schönste Frau verspricht. Ein Text von Alkiphron schildert einen Schönheitswettkampf unter Hetären, bei dem nichts Wesentliches ausgelassen wird:

Zwischen Thryallis und Myrrhine brach ein richtiger Streit aus, wer den schöneren und verlockenderen Po zur Schau stellen könne. Zuerst löste Myrrhine den Gürtel. Ihr Hemdchen war aus Seide und durch es hindurch sah man, wie sie ihre Hüften schwenkte, daß sie zitterten wie dicke Honigmilch. Dabei schaute sie hinter sich auf die Bewegungen ihrer Rundungen und seufzte verstohlen, als sei sie bei der Liebesarbeit. Bei Aphrodite, da mußte ich wirklich staunen.

Doch Thryallis gab sich nicht geschlagen, sondern übertrumpfte sie durch Unbekümmertheit. »Nicht durch Schleier will ich kämpfen und nicht spielerisch«, rief sie, »sondern wie beim Sport. Ein Wettkampf muß ohne Ziererei sein!« Damit warf sie auch das Hemdchen von sich, reckte ein wenig ihre Hüften und sagte: »Schau her, Myrrhine, sieh nur die Haut, wie jugendlich, wie makellos, wie frisch sie ist. Und hier, die purpurn schimmernden Backen, weder zu rundlich noch zu mager, und darüber die Grübchen.« Und mit leisem Lachen fügte sie hinzu: »Aber wahrhaftig, sie zittern nicht wie bei Myrrhine.« Dabei versetzte sie ihren Po in solche Schwingungen und ließ ihn um und um bis über die Lenden herumwirbeln, daß alle in lauten Beifall ausbrachen und Thryallis zur Siegerin erklärten. Es gab dann auch noch Vergleiche der Hüften und Wettkämpfe wegen der Brüste. Was den Bauch betraf, da wagte sich keine mit Philumene zu messen, denn bei ihr war er jungfräulich und ganz straff.[3]

Die scheinbar zeitlose Empfänglichkeit der menschlichen Wahrnehmung für die visuellen Reize der Körperformen begründet gleichwohl kein Kontinuum vom antiken zum heutigen Schönheitskult. Die wichtigste Zäsur in der Geschichte ästhetischer Personenwahrnehmung ist eine technische: die Erfindung der Fotografie.[4] In Verbindung mit modernen Druckverfahren und dem Siegeszug illustrierter Zeitschriften hat die Fotografie erstmals dafür gesorgt, daß Bilder schöner Körper nicht länger nur der Vorstellung angehören, sondern schwarz auf weiß, später auch farbig durch die Welt zirkulieren. Kein Hörer und vormoderner Leser der Homerischen Epen hatte eine andere als seine eigene Vorstellung davon, wie die schöne Helena ›wirklich‹ ausgesehen haben mag. Der Versuch Kaiser Hadrians, die Schönheit seines Geliebten Antinoos durch tausendfache Aufstellung einer Statue zur überall sichtbaren Schönheitsnorm seines ganzen Reiches zu machen, blieb eine Kuriosität. Auch die von Malern dargestellten Schönheiten waren letztlich singulär, da ortsfest: sie blieben wenigen Augen vorbehalten, auch wenn ihr Ruhm sich im Medium der Worte verbreitete. Heute dagegen hat das Modell Antinoos sich triumphal durchgesetzt. Die Bilder schöner Körperformen sind nunmehr omnipräsent; sie bedürfen nicht mehr der Erzeugung in der Vorstellung, sondern drängen sich überall detailliert, voll ausgeleuchtet und technisch perfekt einer phantasielosen Konsumption auf. »Fotogen« zu sein ist im übrigen eine Erwartung an Schönheit, die – von der Seite der technischen Hardware aus – per definitionem nicht nur bestimmten physischen Vorzügen gilt, sondern ebenso einem Vermögen zur Selbstdarstellung vor dem Apparat. Zusätzlich zu den körperlichen Gegebenheiten wird darin ein szenisches Moment, eine besondere Ekstase der Ausstellung, ein ereignishafter Extra-Reiz im Moment des ›Schusses‹ verlangt. Die alltägliche mediengestützte Konfrontation mit solchen ›Schüssen‹ extrem ausgewählter und meist auch extrem bearbeiteter Körperformen etabliert zunehmend hochgeschraubte Erwartungen an für attraktiv gehaltene Körper. Der Schönheitsindustrie ist dies recht; sie hat ein starkes Interesse daran, die Kluft zwischen wirklichem und ›idealem‹ Aussehen zu betonen und auszubeuten.

Einem historischen Wandel unterliegt der menschliche Schönheitskult auch dadurch, daß er die Aufgaben anderer sozialer Medien und Selektionsmechanismen mit übernommen hat – mit der Folge einer immer ungebremsteren Durchschlagskraft ästhetischer Diskriminierung. Die Wahl von Ehefrauen folgte in älteren Gesellschaftsformen Kriterien, die relativ wenig Raum für die Orientierung an Aussehensmerkmalen ließen: Kriterien der Herkunft, der erwartbaren Brautgabe, der Familienallianzen usw. Ästhetische und prioritär nicht-ästhetische Wahl galt sogar weithin scharf getrennten Objekten und Funktionen. Unter altgriechischen Geschlechterverhältnissen richtete der Athener Mann seine erotische Passion überwiegend auf schöne Jünglinge und Hetären außerhalb des eigenen Hauses; die Ehefrau dagegen war allein dem Zweck der Erzeugung von legitimem Nachwuchs zugeordnet und wurde vorrangig nach anderen als Aussehenskriterien gewählt. Die aristokratische Unterscheidung von legitimer Ehefrau und Maitresse oder Konkubine dissoziierte ebenfalls Familienpolitik und ästhetische Objektwahl. Seit unter bürgerlichen Verhältnissen ein neues, ›romantisches‹ Liebes- und Eheideal die zuvor relativ getrennten Strebungen an einem ›totalen‹ Liebesobjekt zu bündeln versucht, entgehen auch die dauerhaften und ›praktischen‹ Beziehungen immer weniger ästhetischen Regulativen. ›Persönliche Attraktivität‹ – und dazu gehört nach zahlreichen Untersuchungen in einem oft noch verleugneten Maß die physische – dominiert seitdem stärker als zuvor den gesamten ›Markt‹ von *dating*, *mating* und Eheschließung.

Auch das enorm gesteigerte Maß räumlicher Mobilität dürfte die Bedeutung von Aussehensmerkmalen in sozialer Kommunikation gesteigert haben. Persönlichkeitsattribuierungen aufgrund von *first impressions* – deren Kern nun einmal unweigerlich das Aussehen ist – spielen eine um so größere Rolle, je größer der Anteil einmaliger und flüchtiger Kontakte an interpersoneller Kommunikation überhaupt ist. In einer beruflichen und privaten Welt enorm gesteigerter Aktionsradien und häufiger Ortswechsel wird der Wahrnehmungsapparat ständig mit der Aufgabe konfrontiert, möglichst viel Informationsgehalt aus Begegnungen mit unbekannten Personen herauszuholen. Traditionales Dorf und *global village* sind die extremen Pole dieses Phänomens: In kleinen sozialen Einheiten gibt es tendenziell kaum *first impressions*, da alle Personen immer schon weit über ihr Aussehen hinaus bekannt sind. In der heutigen Welt maximaler räumlicher Mobilität dagegen sind stetige soziale Kontakte immer unwahrscheinlicher; korrelativ wächst die Last, die auf rein aussehens-gestützten Evaluationen von Personen in Situationen von erstmaligen Begegnungen bzw. geringer Wiederbegegnungsdichte ruht. Die Einführung von Video-Telefon und Internet-Kommunikation mit Bildübertragung dürfte den Anteil des ästhetischen Urteils an der Personenwahrnehmung weiter steigern.[5]

Ästhetischen Weisen der Selbstdarstellung und Weltauslegung wächst darüber hinaus ein großer Teil jener Sinnstiftungspotentiale zu, die in der Moderne aus Religion und metaphysischen Legitimationen abfließen.[6] Zumindest in weiten Teilen der westlichen Kultur haben religiöse Glaubensinhalte und ›große Erzählungen‹ aller Art die Kraft verloren, individuelle Lebensentwürfe zu prägen und ihre Deutung von der Geburt bis zum Tod und darüber hinaus zu leiten. Der Bedarf nach Rechtfertigung ist aber keineswegs genauso geschwunden wie die Glaubwürdigkeit herkömmlicher metaphysischer Antworten. Auf diese Situation reagieren einerseits diverse ›sektiererische‹ Sinn-Lieferanten und Bemühungen um Revitalisierung der etablierten Religionen, andererseits eine zunehmende Delegation des metaphysischen »Bedürfnisses«[7] an ästhetische Weisen der Sinn-Stiftung und ›Legitimation der Existenz‹. Die transkulturellen Praktiken, den eigenen Körper und alle damit in Beziehung stehenden Dinge ornamental zu stilisieren, erhalten dadurch zusätzliches Gewicht: nunmehr müssen sie auch das Vakuum ›füllen‹, das die Entwertung herkömmlicher Autoritätspositionen und Beglaubigungsinstanzen – Religion, Tradition, Familie – hinterlassen hat.

Von der Geburt der Ästhetik als eigener philosophischer Disziplin im 18. Jahrhundert bis zu Adornos *Ästhetischer Theorie* war es vor allem die Kunst, der kraft ihrer besonderen formalen Eigenschaften die Aufgabe zugesprochen wurde, in der ästhetischen Lust als einem einzigartigen Zusammenspiel von sinnlicher und intellektueller Erregung den ›ganzen Menschen‹ zur Geltung zu bringen und seinen höchsten Interessen einen unbestimmten, weil unendlich deutbaren Ausblick in eine Fülle anregender Vorstellungen zu geben. Kunst nimmt das verwaiste metaphysische Bedürfnis so in sich auf, daß sie ihm modernitätsgerecht – weil ohne Festlegung auf bestimmte Dogmen – Kanäle des intensiven Auslebens anbietet.[8] Sie wurde so zur »eigentlichen metaphysischen Tätigkeit« (Schopenhauer) in einer postmetaphysischen Zeit. In dieser Rolle *kompensiert* sie nicht die Akzeptanzdefizite von Religion und Metaphysik; ebensowenig ist Ästhetik etwa das Resultat einer fortschreitenden *Säkularisierung* traditioneller Religionen. Ihr wächst vielmehr kraft ihrer eigenen Gegebenheiten eine genuin religiöse Funktion zu, welche historisch frei flottierend geworden ist und nach neuen Besetzungen verlangt, die nicht bereits der gleichen ›Entzauberung‹ unterliegen wie die herkömmlichen Riten und Glaubensinhalte. Ästhetik kann das ›metaphysische Bedürfnis‹ – den Hunger nach ›Sinn‹, Legitimation des Daseins und Perspektiven des ›Heils‹ – deshalb so gut in sich aufnehmen und spielerisch mitbedienen, weil sie per definitionem an der Schnittstelle des Sinnlichen und Übersinnlichen angesiedelt ist, weil sie sinnliche Wahrnehmung an Affekte und an quasi-ethische Urteile über (ästhetisches) Gelingen und Mißlingen, letztlich über ›gut‹ und ›schlecht‹ anschließt.

Die Leistungen des Ästhetischen im veränderten Gesamthaushalt sozialer Legitimationsmechanismen blieben keineswegs auf die ›große Kunst‹ beschränkt. Sie entfalteten ihren eigentlichen Siegeszug – und zumal ihre religiöse Funktion – in der umfassenden Ästhetisierung der alltäglichen Lebenswelt.

Das 19. Jahrhundert ist das erste große Jahrhundert der Mode – das Jahrhundert nämlich, in dem die »Traumenergien« der Mode (Benjamin) erstmals zur industriellen Massenproduktion immer schneller veraltender Dingwelten geführt, immer weitere Bereiche des Lebens erfaßt und außerdem die Funktion anderer, absterbender symbolischer Medien (allen voran Religion und Metaphysik) beerbt haben. Im theoretischen Diskurs *über* das Ästhetische reflektiert sich dessen zunehmende Bedeutung für Kommerz, Alltagskultur und ›persönliche‹ Selbstentwürfe an einer markanten Verschiebung. Im 18. Jahrhundert etabliert sich Ästhetik nicht nur erstmals als selbständige philosophische Disziplin; das 18. Jahrhundert hat auch in unübertroffener Breite maßgebliche theoretische Traktate und Debatten über das Schöne überhaupt und über seine Rolle in der Erfahrung von Kunst und Natur hervorgebracht. Im 19. Jahrhundert geht nicht nur die Zahl der großen philosophischen Abhandlungen zur Ästhetik deutlich zurück, gerade die über Schönheit handelnden Texte sind – zumal in den letzten beiden Dekaden des Jahrhunderts – in der überwältigenden Zahl der Fälle praktische Schönheitsmanuale. Diese erklären das Ziel der Steigerung physischer Attraktivität zum ersten Erfolgsrezept, ja zur »Pflicht« der Zeitgenossen (insbesondere der weiblichen).[9] Die erteilten Lehren unterscheiden sich in ihrer Grundtendenz nur wenig von denen, die in heutigen Büchern zum verbesserten Aussehen zu finden sind. Gesunde Ernährung, regelmäßige körperliche Bewegung und eine insgesamt maßvolle Lebensweise werden im Interesse der Schönheit ebenso propagiert wie bestimmte Strategien der Selbststilisierung durch Kosmetik, Kleidung und modische Accessoires aller Art.

Von praktischen Schönheitsmanualen des 18. Jahrhunderts unterscheiden sich diejenigen des späteren 19. Jahrhunderts nicht allein durch ihre enorme Zahl und Verbreitung, sondern ebenso durch die Tendenz, sich den Anstrich moderner empirischer Wissenschaft zu geben statt nurmehr Knigges des guten Geschmacks zu sein. Diese Tendenz hat sich im 20. Jahrhundert verstärkt, teilweise mit kräftiger Unterstützung der Pharma- und Kosmetik-Industrie. Neu hinzugekommen sind nicht allein immer mehr kosmetische, pharmazeutische, medizinische und technische Hilfsmittel und immer extremere Ziele der Selbstbearbeitung. Neu hinzugekommen sind insbesondere eine neue affektive Besetzung und eine neue klinische Bewertung. Das Projekt ästhetischer Selbstbearbeitung fordert programmatisch eine neue Mentalität ein: Statt nur die »Pflicht« der Frau zu sein, soll es nunmehr allen »Spaß« machen und vor allem aus Freude an einer guten Selbstdarstellung befolgt werden[10] – und dies, obwohl die Vorbilder immer unerreichbarer werden und wie tyrannische Götter immer mehr Zeit, Geld und Anstrengung einfordern. Gleichzeitig ist physische Attraktivität von Psychologie und Medizin zu einem seriösen Untersuchungs- und Behandlungsgegenstand promoviert worden. Nach Darwins Einsicht war sie nie eine reine ›Privatangelegenheit‹, da sie bei zahllosen natürlichen Lebewesen seit je – über den höheren Reproduktionserfolg der ›attraktiveren‹ Individuen – selektiv die Entwicklung des Gattungskörpers steuert und dieser wiederum umgekehrt das Maß für die ästhetische Bewertung der Individuen und ihrer (transgenerationalen) Überlebenschancen liefert. Menschliche Manipulationen dieser ›natürlichen‹ Mechanismen sind daher evolutionstheoretisch erwartbar. Die staatlich finanzierten Experimente mit Schönheits-Operationen an Gefängnisinsassen legen bloß, worum es in dieser Biopolitik körperlicher Attraktivitätsmerkmale letztlich geht: nämlich um Adaptionen klassischer Art, um vorteilhafte Anpassungen an eine Umwelt, die alle Arten von Prämien für die Konformität mit ästhetischen Präferenzen bereithält. Das Naturprinzip ästhetischer Konkurrenz und Selektion – als Motor der genetischen Evolution entmachtet, sofern Schönheit nicht mehr mit einer herausragenden Zahl von Nachkommen korreliert – hat sich um so nachhaltiger in einer Fülle rein kultureller Vorteilseffekte durchgesetzt.

Das aristokratische Prinzip des Distinktionsgewinns wird im 19. Jahrhundert durch die neue Rolle der Mode demokratisiert und Grundlage einer manufakturellen Massenproduktion von Dingwelten, an deren ästhetischen Besonderheiten sich die »ursprünglichsten Affekte, Ängste und Sehnsuchtsbilder« materialisieren: »In diesem trockensten, phantasielosesten Jahrhundert flüchtet sich die gesamte Traumenergie einer Gesellschaft [. . .] in das undurchdringliche [. . .] Nebelreich der Mode.«[11] Erst mit Nähmaschine und modernen Vertriebsmöglichkeiten wird statt des weitgehend anonymen Schneiders der namhafte »Designer«

von Kleidungsmarken möglich. Abgelöst von der traditionalen Funktion, dem Ort und den Selbstdarstellungsriten hierarchischer Macht zuzugehören – dem König, der Aristokratie, dem Göttlichen –, wird ästhetische Distinktion ein ubiquitäres Verfahren, das immer weniger der repräsentativen Form gilt und immer mehr die privaten, ja, intimen Lebensäußerungen aller Individuen steuert.[12] Der traditionalen weltlichen oder geistlichen Macht kommt der Glanz der Schönheit zu, weil sie kraft politischer, sozialer und metaphysischer Autorität auch Ansprüche auf eine auszeichnende Weise des Erscheinens stellt. Schönheit ist nicht die Quelle, sondern nur der Ausfluß dieser Macht – so zumindest der implizite ideologische Anspruch. In den modernen Kulten der Stilisierung des eigenen Aussehens wird sie dagegen zur autopoietischen Quelle einer nur auf sie gegründeten ›Legitimation‹. In einer durchlässiger, ›beliebiger‹ gewordenen Welt setzt sie orientierende Signale, stiftet Gemeinsamkeiten des ›Erlebens‹ und eine vermeintlich ›persönliche Note‹ ebenso wie Gräben des Dissens. Sie sorgt für kleine Dramen des Für und Wider, für Aufmerksamkeitsappelle und Splitter überkodierter, ›intensiverer‹ Information im Ozean des Immergleichen.

Die Zerstreuung der einen hieratischen, macht-affinen Schönheit in ein hochgradig ausdifferenziertes Spektrum ästhetischer Stilisierung verschafft nur scheinbar größere Freiheitsräume. Denn hinter aller Beliebigkeit der Wahl steht die neue Dringlichkeit, daß jeder eine – wie immer plurale und rasch wechselnde – ästhetische ›Identität‹ suchen und darstellen *muß*, und sei es auch nur diejenige des (vermeintlichen) Verweigerers aller modischen Signale. Ästhetische Legitimation stellt damit eine schwere Aufgabe dar: Einerseits ist ihr Imperativ immer lauter und alternativloser, weil andere Formen der Beglaubigung an Macht eingebüßt haben; andererseits konfrontiert sie mit einer unübersichtlichen Fülle von Urteils- und Handlungsmöglichkeiten. Sie ist daher nur um den Preis permanenter Aufmerksamkeit und ständiger Neupositionierung zu haben. Sie wird damit zu einer Vollzeitbeschäftigung, zu einem stets Projekt bleibenden Unternehmen, das alle Lebensäußerungen begleitet. So spielerisch und witzig deren ästhetische Codierung im einzelnen ausfallen mag, das Projekt selbst ist alles andere als ein Spiel oder ein Witz, die auch unterbleiben könnten. Eine Freiheit, *nicht* zu wählen, das ›Spiel‹ der ästhetischen Selbstbeglaubigung *nicht* mitzuspielen, gibt es immer weniger.

Indem es das 19. Jahrhundert »als die Folge seiner Traumgesichte«[13] in den Moden der Kleidung, der städtischen Architektur und des Interieurs liest, zieht Benjamins Fragment gebliebenes *Passagen-Werk* als erstes die vollen Konsequenzen, die sich aus der Einsicht in die sinnlich-übersinnliche Bedeutung der alltagsästhetischen »Traumenergien« für Geschichte und Politik der postmetaphysischen und posttraditionalen Moderne ergeben. Heute bedarf es nicht mehr so prägnanter Typen wie des Flaneurs, des Dandys, des Spielers oder des Snobs, um die ästhetische Stilisierung als den Kern von Selbstauslegungen und Selbstentwürfen im Imaginären der Dinge ins Visier zu nehmen. Immer mehr Menschen verbringen immer mehr Zeit und verwenden immer mehr Geld auf den Kultus ihrer selbst, auf das Entwerfen, Pflegen und permanente Korrigieren der Bilder, in denen sie sich selbst und anderen erscheinen möchten: von der schwierigen Auswahl der Kleidung, der Einrichtungsgegenstände und Kosmetika über das »shaping« durch Fitness- und Diätprogramme, das »styling« von Frisur und Haarfarbe, das »lifting« durch die immer zahlreicher gewordenen Möglichkeiten der plastischen Chirurgie bis zur laufenden Verfeinerung der ästhetischen Kompetenz durch die Lektüre von immer mehr Mode-, Architektur-, Design-, Musik- und »Lifestyle«-Zeitschriften. Jugendliche investieren vermutlich am meisten Zeit und »Traumenergie« in die Positionierung ihrer selbst in einer immer feiner ausdifferenzierten Welt ästhetisch-affektiver Valeurs, die von der Mode angeboten wird: im Dickicht der Dinge, Bilder und Materialien ebenso wie in demjenigen der populären Musik, der Videoclips und der Filme. Obwohl jedes einzelne dieser Produkte vorgefertigte ›Traumangebote‹ macht, sind die Möglichkeiten von Selektion und Kombination so zahlreich, daß die Fiktion individueller oder gruppenspezifischer Selbstauslegungen im Medium der Dinge und Bildwelten nicht geradezu als bloße Täuschung desavouiert werden kann. Der kalauernde Satz »Das Sein ist das Design« bringt die Ineinsbildung von kapitalistischer Moderne und ästhetischer Rechtfertigung vollendet auf den Begriff.

Für Benjamin und seinen Hauptzeugen für das 19. Jahrhundert, Baudelaire, war das Feld der Mode ausschließlich dasjenige der anorganischen Dingwelt: der Architektur, der Inneneinrichtung von Wohnungen und Läden, der Reklame, der Hut- und Kleidermode, der Schminke. Das 20. Jahrhundert hat nicht nur den Bereich der massenhaften Produktion von Modeartikeln entschieden erweitert. Es hat zusätzlich den menschlichen Körper selbst – in seiner organischen Materialität – als Objekt modischer Prägung entdeckt. Gewiß gab es schon vorher Techniken der stilisierenden Umformung des Körpers: von der schmerzvollen Verkleinerung der Frauenfüße über Schnürhüften bis hin zum soldatischen Drill. Aber erst das spätere 20. Jahrhundert hat – technisch, medizinisch und ›mental‹ – enorm gesteigerte Freiheitsgrade gegenüber den natürlichen Gegebenheiten der Physis geschaffen. Es hat diese vermeintlichen Gegebenheiten in den Schauplatz umfassender Selbsterzeugung und vorbildorientierten »shapings« verwandelt. Gezielte *workout*-Programme, Diäten, körperverändernde Drogen und immer mehr Kosmetika stellen den sportlichen, ernährungsphysiologischen, pharmakologischen und klassisch-kosmetischen Teil dieser umfassenden Anstrengung dar, Haartransplantationen, Face-lifting, Brust- oder Penisvergrößerungen und Fettabsaugen den klinisch-chirurgischen. Die sich abzeichnenden Möglichkeiten der Gen-Manipulation dürften das Feld all dieser Praktiken noch grundlegend in die Richtung einer pränatalen Schönheitschirurgie erweitern.

Alle diese Weisen eines direkten Körper-shaping bezeugen zugleich eine fundamentale Umstellung in der Beziehung von Körper und artifiziellen Ornamenten. Frühere Kleidungsmoden waren in einem höherem Maße *Ver*kleidungen des Körpers; sie erlaubten es auch weniger ›perfekten‹ Körpern, über bestimmte Schnitte, Stoffe, Ornamente und Dresscodes an kulturellen Attraktivitätsmustern zu partizipieren. Im 20. Jahrhundert dagegen, vollends in seiner zweiten Hälfte, hat sich eine Bekleidungsmode durchgesetzt, die körperliche ›Mängel‹ nicht mehr wohlwollend zudeckt, sondern unbarmherzig verstärkt und insofern tatsächlich – wie nach Zahavi alle Mode[14] – als ein »Handicap« mit Wahrheitswert funktioniert. Präsentiert und verlangt wird letztlich überall ein plastisch-schöner nackter Körper.[15] »The 20th century's biggest fashion news is the unveiling of the body.«[16] Gewiß hat die Mode immer schon der Verstärkung körperlicher Reize gedient, aber in der Bloßlegung der zugrundeliegenden Körperplastik hat sie ein neues Basisniveau erreicht, das nunmehr die Arbeit am Körper selbst – und nicht nur an seiner ästhetisch vorteilhaften Verhüllung – zur ersten modischen ›Pflicht‹ macht. Die Bloßlegung ihrer Plastik konditioniert die Körper nolens volens zu einem selbstanpreisenden Signal folgender Art: »Seht her, wir leisten uns souverän die Behinderung durch eine Mode, die unbarmherzig alle ›Mängel‹ vor den Blick zerrt. Die Verschwendung von Zeit und Energie für diese Selbstbehinderung beweist unser vorzügliches ›Design‹.« Für das Funktionieren dieser Mechanismen ist auch beim heutigen Menschen nicht notwendig ein Wissen um das eigene Tun erfordert.

Nach der offiziellen Ideologie nicht nur des bürgerlichen Zeitalters wiesen sich Männer vor allem durch ihr Handeln, ihre Leistungen und bestimmte Charaktereigenschaften aus. Physische Attraktivität galt mindestens sosehr als Funktion dieser symbolischen Werte denn als eine unmittelbar körperliche Gegebenheit. Nur die Frauen unterlagen – schon rein sprachlich in der Rede vom »schönen Geschlecht« – einer normativen Bewertung ihres Aussehens qua Aussehen. Der Feminismus hat dies als die »Schönheitsfalle« (*beauty trap*) gegeißelt, die als letzte Bastion traditioneller Weiblichkeitszuschreibungen die anderen Errungenschaften der weiblichen Emanzipation wirkungsvoll behindere und eben deshalb gezielt verstärkt werde.[17] Der Kampf gegen diese ›Schönheitsfalle‹ hatte von Beginn an schon deshalb schlechte Chancen, weil etliche Merkmale des modernen Schönheitskults für den Feminismus geradezu attraktiv erscheinen konnten.[18] Insbesondere die Verbindung von Schlankheit und Sportlichkeit ist mit einer ›modernen‹, weniger mütterlichen Frauenrolle konnotiert, mit der Eroberung ›männlicher‹ Werte wie Leistung, Selbstermächtigung und Kontrolle. Außerdem begünstigt die feministische Betonung des kulturellen Produziertseins von Geschlechterrollen auch die Vorstellung einer hohen Formbarkeit der biologischen Gegebenheiten des Körpers und konvergiert insofern mit einer Grundannahme aller modischen *shaping*-Strategien.

In jedem Fall hat der ideologische Kampf gegen die Schönheitsfalle wenig bewirkt. Tatsächlich hat der weibliche Schönheitskult – zumindest nach Umsätzen in Dollar oder Euro gemessen – in den westlichen Staaten parallel zur beruflichen und sozialen ›Emanzipation‹ der Frau stets nur zugenommen. Bei genauerem Hinsehen erweist sich überdies, daß die Schönheitsfalle längst nicht mehr ein männliches Instrument zur Beherrschung des anderen Geschlechts ist – wenn sie es denn je war.[19] Sie ist vielmehr zu einer universalen Praxis avanciert, der beide Geschlechter gleichermaßen unterworfen sind. Anthropologische Untersuchungen haben gezeigt, daß Männer seit je weit mehr Wert auf die Pflege ihrer äußeren Erscheinung gelegt haben als allgemein zugegeben und daß Frauen im übrigen auf der Seite der Männer durchaus eine physische Attraktivität sui generis wünschen und gewünscht haben, statt sie immer schon mit Sozialstatus und symbolischen Leistungen zu ersetzen. Doch erst in den letzten zwanzig Jahren hat der Kult des attraktiven männlichen Aussehens (wieder) seine ideologische Verleugnung zu durchbrechen vermocht und ist ganz offen zum Maßstab vielfältiger Kommentierung und Bearbeitung geworden.

Die Obsession für schöne Jünglinge in Alltagspraxis, Kunst und Philosophie des antiken Griechenland hat noch nie – wie immer verschoben – eine so massive Renaissance erfahren wie in Werbung, Selbstwahrnehmung und Fremdbewertung heutiger Jugendlicher. Adonis hat zu Aphrodite aufgeschlossen: Schönheitsikonen beider Geschlechter regeln in buchstäblich radikaler Weise Selbstentwürfe und Lebenschancen heutiger Zeitgenossen. Zwar zeigen statistische Erhebungen, daß Aussehenspräferenzen sich immer noch stärker auf weibliche Partnerchancen auswirken als auf männliche. Aber die rapide wachsenden männlichen Ausgaben für Attraktivitätsverstärker aller Art und die ebenso rasche Zunahme männlicher Schönheitspathologien (»Adonis-Komplex«) lassen den Schluß zu, daß der Problemdruck wächst. Die beinahe gleichwertige Präsenz schöner männlicher Körper in Werbung und Film ist ein weiterer Indikator, daß die Kulte der Vermehrung und Beobachtung des guten Aussehens im Begriff sind, auf ironische Weise eine Gleichheit der Geschlechter vor ästhetischem Bewertungsdruck herzustellen.

Die technologische Erfindung einer medialen Bilderwelt schöner Körper (1), die modische Bloßlegung des Körpers (2), die schwindende Bedeutung von Herkunft, Stand und Familienpolitik für soziale Selektionsmechanismen (3), die Relativierung der Geschlechtsrollen-Muster (4), die Vermehrung von *first impressions*-Situationen aufgrund der Vergrößerung und korrelativen Anonymisierung lebensweltlicher Interaktionsradien (5) und die Krise der offiziellen ideologischen Traditionen (Religion, Metaphysik) (6) sind die sechs großen geschichtlichen Daten, welche die transhistorische und transkulturelle Disposition zu ästhetischen Unterscheidungen in ihrer Macht verstärken, ja, ihr gewissermaßen erstmals freie Bahn gegenüber konkurrierenden kulturellen Selektions- und Legitimationsstrategien verschaffen. Auf dem Ästhetischen ruht insofern eine historisch vielleicht einzigartige Last umfassender Differenzierungs- und Orientierungsleistungen. Die idealistische Ästhetik hatte darauf noch ihre Hoffnungen gesetzt und sich von der umfassenden Ausbildung der ästhetischen Einstellung nicht nur eine bessere, weil vollständigere Philosophie, sondern auch eine ideale, weil ›schöne‹ und zwanglose Gesellschaft versprochen. Die faktische Verbreitung ästhetischer Urteilsmechanismen in der heutigen Medien-Gesellschaft ist eine denkbar harte Probe auf das Versprechen der idealistischen Ästhetik.

Die überlieferte philosophische Theorie sieht in ästhetischer Betrachtungslust ein Oszillieren zwischen sinnlichem Wahrnehmen und sprachlichem Konzeptualisieren, das zu immer neuer und nie definitiver Betrachtung einlädt. Dieses Oszillieren ergibt eine prinzipiell unendliche reflexive Schleife, die sich aufgrund ihrer inhärenten Spannungen selbst trägt und im Vergleich mit essender oder sexueller Konsumtion eine Lust von längerer Amplitude begründet – selbst wo zu ihrem Verlauf einzelne ›peaks‹, einzelne Momente herausgehobener Intensität gehören. Ein derartiger Wahrnehmungsmodus erfordert eine Versenkung ins ›ästhetische‹ Objekt, die sich strukturell viel Zeit lassen muß, um ihre eigentümliche Resonanz entfalten zu können. Er konstituiert zugleich eine ästhetische Sondersphäre, in der die Handlungs- und Verwertungszwänge des praktischen Lebens weitgehend suspendiert sind. Selbst wo das Schöne, wie bei Kant, vor allem in der Natur gesucht wurde, galt die doppelte Bedingung einer Enthobenheit von menschlichen Zwecken und einer nicht von Zeitnot gehetzten Betrachtung: der schönen Linien von Blättern, des Farben- und Formenspiels von (wilden) Blumen,

Kolibris oder Papageien, der Größe des Ozeans oder der Figuren des Firmaments.

Die ästhetischen Wahrnehmungen im Feld von Mode und Selbst-Styling brechen mit beiden ›klassischen‹ Bedingungen: sie sind ganz ins Alltagsleben integriert und ihrerseits von unmittelbar praktischer Relevanz; und sie kommen meist mit Bruchteilen von Sekunden aus, um die ästhetische ›Information‹ zu apperzipieren und in selektive Anschlußhandlungen umzusetzen. Gleichwohl ergibt sich in der Sequenz der zahlreichen kurzen, das gesamte Alltagsleben begleitenden und durchdringenden ästhetischen Wahrnehmungssplitter wiederum ein unabschließbarer und dynamischer Diskurs, der ständig mit weiteren Informationen gefüttert wird, in immer neuen Rückkopplungsschleifen begriffen ist und daher auch seine Valorisierungen verschieben kann. (Eine ähnliche Konformität zur selbst-regenerativen Zeitlichkeit ästhetischer Betrachtung ergibt sich aus der Ersetzung intermittierender Sexualreize durch dauerhafte Attraktivitätsmerkmale am menschlichen Körper.)

Die steuernde Bedeutung der integralen Mikropolitik ästhetischer Urteile für interpersonale Kommunikation und soziales Handeln restituiert, indem sie die Zuordnung zu einer ›autonomen‹ Sondersphäre des Ästhetischen durchbricht, Momente der kultisch-religiösen Funktion, die Kunstwerken und ästhetischen Signalen vor der Emergenz eines autopoietischen ›Systems‹ Kunst seit je zukam. Die Partizipation an bestimmten ästhetischen Prägungen – die Verzierung der sakralen Räume, die Architektur des Herrschaftshauses, die Insignien der Macht, rituelle Tanzfiguren, Objekte heiliger Handlungen – war wesentlicher Teil der Herstellung und Bekräftigung des Zusammenhangs sozialer Gruppen, ja, ganzer Gesellschaften. Die Strategien von *styling* und *shaping* verfolgen geradezu intentional das Ziel einer durchaus analogen Partizipation an ästhetischen Urteilsgemeinschaften. Sie begründen kommunikative Ereignisse der Approbation und Ablehnung, der In- und Exklusion, Ereignisse, die in ihrer Gesamtheit das Feld des Sozialen gliedern, ja, zu einer – wie immer ideologischen – sinnlich erfahrbaren Form machen. Sie verhelfen den einzelnen dazu, ihren Platz – oder zumindest den Selbstentwurf davon – im unüberschaubar komplex gewordenen ›Spiel‹ sozialer Kommunikation zu artikulieren, und lassen sie ebendadurch Teil dieses Spiels werden: ästhetische Partizipation. Neu mag insofern an Kult und Mythos der Schönheit heute nur die ungekannte Verstärkung dieser archaischen Funktion sein: negativ durch den tendenziellen Bedeutungsverlust der unmittelbar religiösen Beglaubigungen und Praktiken, positiv durch die Erstreckung auf immer mehr der Mode unterworfene Objektwelten und Körperphänomene, den Einsatz von immer mehr Zeit, Geld und Technik und durch die quasi-göttliche Mithilfe immer machtvollerer, immer direkter an Kopf und Körper angeschlossener Medienbilder.

Das System der theoretischen Ästhetik und die Formensprache der Kunst haben das Ideal des Schönen spätestens seit der Romantik depotenziert und durch eine Reihe anderer Werte ergänzt (das Interessante, das Choquante usw.). Der kunstinterne Grund dafür ist das rastlose Streben nach Neuigkeit und Differenzgewinn; unschöne Reize waren dafür bessere Garanten als das Fortschreiben klassischer Schönheitsregeln. Doch auch externe Gründe mögen zu dieser Neuorientierung von Kunst und theoretischer Ästhetik beigetragen haben. Die Entthronung des Schönen in der modernen Kunst steht in umgekehrt proportionalem Verhältnis zur ubiquitär werdenden Affirmation des Schönen in den alltagsästhetischen Moden, in Design, Werbung und Kosmetik. Wo sich die Nachfahren der klassischen Aphrodite Winckelmanns in bald jeder Zeitschrift mit schönheitsfördernden Cremes pflegen, können die Künste ihren Anspruch, anders und stets neu zu sein, nur retten, indem sie zu »nicht mehr schönen Künsten« werden. Das heißt weder, daß die Kunstwerke überhaupt aufhören, schön zu sein – was keineswegs der Fall ist –, noch daß es sich die Werbung nehmen läßt, auch bei der romantischen und postromantischen Ästhetik des Interessanten, Choquanten, Grotesken und Abstoßenden Anleihen zu machen. Und doch gibt es diese Verschiebung: Als das Ideal ästhetischer Formung wechselt das Schöne aus dem Bereich der Kunst tendenziell in das Feld der alltagsästhetischen Kulte und Moden hinüber. Selbst wo sich Werbe- und Modestrategen gezielt auf das ›Kaputte‹, das ›Kranke‹, das Schlampige oder auch nur dezidiert durchschnittliches Aussehen verlegen, ist der gewünschte Effekt der Aufmerksamkeitssteigerung nur erreichbar, weil solche ›Kampagnen‹ als erwartungsdurchkreuzende Abweichung von der Norm der »schönen Welt« der Werbung wahrgenommen werden. Der »beauty shop«, der »salón de estética« und die damit verbundenen Praktiken und Versprechen haben die heißumkämpfte Position des »Schönen« beerbt, die im 18. Jahrhundert durch immer neue theoretische Traktate umkreist wurde.

Nach Darwins grundlegender Einsicht begünstigen die Moden sexueller »Wahl« in aller Regel geringfügig übernormale Ausprägungen körperlicher »Ornamente«. Die fortgesetzte Dynamik dieses Mechanismus reicht aus, um auch so extreme Phänomene wie das Pfauenrad hervorbringen zu können. *Barbie* und *Superman* sind aus dieser Perspektive keine neuen Körperideale, sondern lediglich konsequente Fortschreibungen der alten. Sie verstärken bereits geltende Attraktivitätsmerkmale, indem sie wie im Zeitraffer antizipieren, was eine sexuelle *runaway*-Selektion nach etlichen Generationen weiterer geringfügiger Verstärkungen daraus machen könnte, wenn in der menschlichen Kultur immer noch bevorzugte Ornamente durch differentiellen Reproduktionserfolg erblich würden. Die Plastikpuppen führen uns insofern die evolutionären Möglichkeiten unserer ästhetischen Präferenzen unter den Bedingungen tierischer oder frühmenschlicher Paarungssysteme vor Augen. Sie zeigen uns zugleich, wie auch die vorhandenen menschlichen »Ornamente« werden konnten, was sie sind. *Barbie* und *Superman* sind gleichzeitig postmoderner Schund und Teil der menschlichen Urgeschichte.

Die heutigen ›unrealistischen‹ Körperideale – einschließlich der statistischen Rarität extrem großer, schlanker und zugleich kurvenreicher Supermodels – sind insofern keine evolutionsgeschichtlichen Neuigkeiten. Vogeldamen und zahllose andere Tiere haben immer schon den verrücktesten Körpermoden gehuldigt; anders als die Menschen machen sie sogar unverändert Ernst mit der genetischen Implementierung ihrer Ideale. Die menschliche Kultur hat für die Beziehung von empirischem Standard und ästhetisch bevorzugter leichter Übertreibung der sexuellen »Ornamente« mehrere gravierende Änderungen geschaffen. Von Kant über Darwin und Francis Galton bis heute schreibt die Anthropologie dem Menschen das Vermögen zu, auf der Basis der tatsächlich gesehenen Körper durchschnittliche Gattungsbilder zu erzeugen, die Basis aller Attraktivitätserwartung sind. Diejenigen der quasi eingescannten Körper, die über leicht verstärkte Dimorphismen verfügen, bestimmen dann den idealen Pol sexueller Attraktivitätspräferenzen. Der materiale Fundus dieser Vergleichsarbeit war von den Urzeiten bis noch ins 19. Jahrhundert auf das direkte Lebensumfeld begrenzt und insofern notwendig ›realistisch‹. Besonders ›schöne‹ Körper verstärkten ihren Effekt noch nicht durch ubiquitäre Zirkulation in beliebig reproduzierbaren Bildern.

Der gleiche »averaging mechanism« führt unter den Bedingungen der heutigen Lebenswelt zu extrem verstärkten Diskrepanzen zwischen empirischen und ›idealen‹ Körpern. Mediale Bildwelten induzieren einen Dauerkonsum hoch unwahrscheinlicher, zumeist aufwendig präparierter Model-Körper aus aller Welt.[20] Die tendenzielle Abnahme persönlicher Interaktion zugunsten des Medienkonsums verstärkt die Tendenz, daß der gesamte Fundus gesehener und zu einem fiktiven Durchschnitt ausgemittelter Körperwahrnehmungen immer mehr durch hochselektive Ausnahmeerscheinungen geprägt wird und immer weniger Rückkopplung zu realen Durchschnittskörpern hat. Eben diese Rückkopplung war aber vermutlich gerade die evolutionäre Funktion des »averaging mechanism«. Insofern hat die kulturelle Evolution dafür gesorgt, daß eine ehemals adaptive Fähigkeit geradezu systematisch nicht mehr liefert, wofür sie selegiert wurde: das stabilisierende Muster eines durchschnittlichen Gattungs-Phänotyps. Aufgrund des medial verzerrten ›Inputs‹ resultiert die gleiche Operation nunmehr in der Fixierung extrem überdurchschnittlicher Körper als Richtschnur ästhetischer Bewertung. Die Wahrnehmung richtet sich zunehmend an solchen *runaway*-Standards aus. Der eigene und die wirklichen gegengeschlechtlichen Körper erscheinen deshalb regelmäßig nur noch als Mängelwesen, die dringend zu bearbeiten sind, um irgend in den Bereich attraktiver Übertreibungen des vom Imaginären ›verdorbenen‹ Standards zu geraten. Gewiß waren Schönheitsvorstellungen seit je genau so imaginär, wie es Ich-Entwürfe sind und bleiben. Aber es ist doch ein Unterschied, ob etwa Leser der Homerischen *Ilias* sich unter der Schönheit Helenas eine mehr oder weniger undeutliche Steigerung ihnen lebensweltlich bekannter Frauen vorstellten oder ob heutige Zeitgenossen täglich mit scharf ausgeleuchteten, restlos definierten Körpermaßen versorgt werden, die der Einbildungskraft fast keinen Spielraum mehr lassen und dennoch mindestens ebenso imaginär sind.

Die Beziehung solcher medial konsumierter Körperbilder zur ästhetischen Evaluation ›wirklicher‹ Körper kann vielfältige Formen annehmen. Die imaginären Bilder können etwa Gegenstände von Obsessionen sein, die im Extremfall in paralleler Indifferenz mit ganz andersartigen Präferenzen gegenüber wirklichen Körpern einhergehen.[21] Im Zeitalter omnipräsenter Medienbilder und der Verwischung der Differenz von Medienwelt und Wirklichkeit scheint aber ein anderer Typ der Beziehungen von Imago und tatsächlichen ästhetischen Einstellungen an Bedeutung zu gewinnen: das Wörtlichnehmen, das bittere Ernstnehmen der idealen (Vor-)Bilder in ›realen‹ Kontexten. Das Verhaltenskorrelat dieser Einstellung ist der Versuch möglichst direkter Anpassung an und Verkörperung der Imago. Psychologie und Psychoanalyse kennen die formative Wirkung der Identifikation mit (narzißtischen) Bildern seit langem: solche Bilder sind direkt konstitutiv sowohl für seelische wie für körperliche Entwicklungen. Lacan hat schon im ›bloßen‹ Spiegelbild starke fiktionale Wunschmomente entdeckt, die dem Abgebildeten allererst eine imaginäre Bahn seiner Konstitution eröffnen, und er hat sowohl die besondere Rolle der Schönheit für solche (Vor-) Bilder als auch ihr enormes destruktives Potential unterstrichen (ohne dies allerdings weiter auszuführen).[22] *Imagines* in dieser starken Wortbedeutung sind Gegenstand einer durchaus alltäglichen Operation, die von der Ethnologie als »Mimikry« vor allem dem Bilderverhalten ›primitiver‹ Völker zugeschrieben worden war.

Die Verkörperung der heute verbreiteten ästhetischen Ideale ist ›natürlichen‹ Körpern selbst bei verbissensten Anstrengungen in aller Regel nicht möglich: »No amount of dieting can bring about a model's shape.«[23] Dennoch nehmen es immer mehr Menschen angesichts der überwältigenden Präsenz solcher Imagines auf sich, ihre ästhetische Rechtfertigung in gelingender Anpassung zu suchen.[24] Das Phänomen der Fitness-Center und »personal trainer«, das Angebot von Nahrungsmittelzusätzen und der schwarze Markt für verbotene Anabolika bedienen diese Anstrengung. Sie steht in einer wachsenden Zahl von Fällen im Zeichen des Scheiterns, der prinzipiell unerreichbaren Beglaubigung – selbst bei größten Opfern an Zeit, Geld, Schweiß, Ausdauer und (künftiger) Gesundheit. Die Zahl der Märtyrer des neuen Kultes wächst. Exzessive Jogger ruinieren ihre Knie, Gewichtheber ihre Wirbelsäule; Anabolika-Benutzer nehmen das Risiko einer um mehrere Jahre verkürzten Lebenserwartung in Kauf.[25] Wie Adonis sich trotz Venus' Abraten in tödliche Gefahr begibt, so setzen sich auch heutige Adepten des Schönheitskults regelmäßig über Selbsterhaltungs-Bedenken hinweg. Die Adonis-Assoziation von Schönheit und Todesneigung erhält damit neue Nahrung.

Die Praktiken des »shaping« binden, philosophisch gesprochen, ästhetische Leitvorstellungen an ein Ethos des Handelns, das ›gutes Aussehen‹ zu einer ›persönlichen Leistung‹, zum Resultat aufwendiger Arbeit macht. Das Ziel dieser Verschränkung von Ästhetik und protestantischer Arbeitsethik ist von der idealistischen grundverschieden. Kants und Schillers Projekt war der Erzeugung des ›ganzen Menschen‹ und einer ›schönen Sozialität‹ verschrieben; ästhetischer Bildung sollte dies durch ›harmonische‹ Integration der sonst getrennten ›Vermögen‹ der Sinnlichkeit, Moralität und auch theoretischen Erkenntnis gelingen. Das ästhetische Projekt des Selbst-»shaping« gilt dagegen allein der Verbesserung des eigenen Aussehens und der damit verbundenen Steigerung des Selbstgefühls sowie der Chancen des Begehrtwerdens, des erotischen und beruflichen ›Marktwerts‹. In diesem neuen Projekt fallen Medium, programmatische Idealvorstellung und Objekt der ästhetischen Anstrengung am Ort des eigenen Körpers zusammen. Die Rollen von Wählen und Gewähltwerden verlieren ihren elementaren evolutionsbiologischen Unterschied: Die Wählenden sind zugleich die Gewählten; sie »wählen« ihren eigenen Körper.

Je mehr sich das Ziel der Anstrengung von einer allgemeinen Anhebung des Wohlbefindens auf genau definierte Partialziele verlegt (Bauch, Schultern, Brust, Arme, Schenkel usw.), desto mehr wachsen die Möglichkeiten der Frustration und die Neigung, zu immer radikaleren Programmen überzugehen sowie zu chemischen oder operativen Hilfsmitteln zu greifen. Alle Handlungen, die (vermeintlich) dem Ziel der Ver-Körperung des gewünschten Bildes dienen, können »obsessiv« werden und eine volle Parallele zu zwanghaften Reinlichkeitsriten ausbilden.[26] Die spezifischen Formen, welche die Selbstschaffung des eigenen Körpers heute annimmt, entgleisen deshalb in einer wachsenden Zahl von Fällen in eine klinische Pathologie. Für deren männliche Formen haben Pope, Philipps und Olivardia den Namen »Adonis-Komplex« eingeführt. Der antike Kult des schönen Adonis wurde von dessen Verehrerinnen begangen. Die klinische Rede von einem »Adonis-Komplex« meint dagegen einen Schönheitskult, der nicht von Aphrodite und den sie verkörpernden Frauen, sondern von den Männern selbst zelebriert wird: einen Kult derer, die durch allerlei Riten des »shaping« ein begehrter Adonis *werden* wollen. In Freuds Typologie narzißtischer Objektwahl – man liebt, was man selbst war, ist oder sein möchte[27] – handelt es sich also um den dritten Fall: denjenigen, in dem das Begehren auf Konformität mit einem idealen Vorbild gerichtet ist.

Das unglückliche Bewußtsein, *nicht* genau so auszusehen, wie es herrschende Körperideale wollen, scheint unter heutigen Bedingungen neue Leidensqualitäten von geradezu metaphysischer Dimension angenommen zu haben.[28] Sie neigt sich auf der Skala zwischen ›bloßer‹ Unzufriedenheit und ausgewachsener Depression auch unter Männern zunehmend zum härteren Pol. Die Statistik ist deutlich: Waren nach einer Erhebung von *Psychology Today* 1972 nur 15 % aller amerikanischen Männer mit ihrem Aussehen insgesamt unzufrieden, ergab sich für 1997 ein beinah verdreifachter Wert von 43 %.[29] Das Projekt ästhetischer Selbstrechtfertigung scheint gleichzeitig immer wichtiger und immer schwieriger geworden zu sein. Pope, Harrison und Olivardia verstehen die spezifisch männliche Körperobsession vor allem als Reaktionsbildung auf die Erfolge des Feminismus und der Gleichberechtigung. Danach kann der Mann seine Rolle nicht mehr über die Funktion des Familienernährers oder die Ausübung privilegiert männlicher Berufe definieren; alle diese Rollen – bis hin zum Berufssoldaten – sind in rascher Folge auch den Frauen zugänglich geworden. Als einziges Distinktionsmedium bleiben am Ende nur die sexuellen Dimorphismen des Körpers übrig.[30]

Ein massiver Haupttrend der in der Werbung vermarkteten Männlichkeitsbilder geht in diese Richtung einer deutlichen Verstärkung herkömmlicher Männlichkeits-Merkmale (wenig Fett, viel Muskelmasse usw.); dies gilt selbst für solche Männerkörper, die eher eine weiche, bis ins Androgyne gehende Ausstrahlung haben. Darwins Regel einer tendenziellen Inflation sexueller »Ornamente« findet damit eine neue Anwendung. In dem Maß, in dem männliche Angst angesichts der Einbuße sozialer Privilegien und der Kult des wie eine Plastik ›definierten‹ männlichen Körpers korrelative Größen sind,[31] kehren auch Darwins Bedingungen für modische Capricen der Körper tendenziell wieder. Danach werden sexuelle Ornamente ja um so stärker ausgebildet, je schwächer die »power of choice« auf seiten des ornamentierten Geschlechts ist und je mehr eine Notwendigkeit besteht, in der prekären Position des Gewähltwerdens durchs andere Geschlecht über ästhetische Vorteile zu verfügen.

Im Feld der Erfindung und Verbreitung extremer Venus- und Adonis-Substitute ist der moderne Körper für seine ›Besitzer‹ nur mehr Rohstoff für allerlei Techniken des *shaping*. Der Übergang von fehlender zu vollzogener Konformität mit einem Aussehensideal ähnelt einem – allerdings auf Dauer gestellten – Initiationsritus: auch dieser verlangt den Initianden hohe reale oder symbolische Kosten ab (schwere Aufgaben, Entbehrungen, Schmerzen, Verstümmelungen), um sie in einer neuen Kategorie glanzvoll wiederauferstehen zu lassen. Der heutige Kult ästhetischer Selbstveränderung bietet zwar insgesamt mehr Möglichkeiten, das ›Bezahlen‹ mit körperlichen Schmerzen durch symbolische Verausgabung (Geld) zu ersetzen.[32] Aber das eigentliche Medium des Kults ist die Arbeit selbst: arbeitende Herstellung des eigenen Körpers als eines profitablen Marktwerts für soziale Kommunikation. Die kapitalistische Arbeitsgesellschaft hat damit auch noch die Naturbasis des Körpers in tendenziell allen Aspekten seines Erscheinens in eine wirtschaftliche Größe umgeschaffen, in die Geld und Zeit zu investieren ist, damit sie symbolische und letztlich auch finanzielle Gewinne abwirft. Was einmal die »Gunst der Natur« hieß, verliert angesichts der Ressourcen des heutigen Projekts »Besser Aussehen« zunehmend an terminologischem Charme und realer Bedeutung. Es ist demokratischer und gerechter, daß nicht naturgegebene Unterschiede, sondern zuallererst die eigene Mühe, der buchstäbliche Schweiß der Arbeit und der sachkundige Einsatz der Chemie den Grad des Erreichens oder Verfehlens idealer Körperbilder bestimmen.

»A lovely girl is an accident; a beautiful woman is an achievement.«[33] Die Ausdehnung dieses ersten Glaubenssatzes aller Schönheitsindustrie über käufliche Modeaccessories hinaus auf den nunmehr ebenfalls käuflich gewordenen eigenen Körper definiert das umfassende Projekt des *shaping*. Nicht nur die modische Ornamentierung, sondern buchstäblich den Körper zu erwerben, der dem Idealbild entspricht, wird so zu einem »personal achievement.«[34] Dieser Erfolg ist zugleich der Schlüssel aller anderen Erfolge: »The perfect body symbolizes control. In a culture that values self-control, hard work, and the delay of gratification, a desirable body signals the outside world that the individual is in control. It shows control over impulses to eat and to be inactive, and reflects hard work, ambition, and desire. The converse, of course, is that people who are overweight or inactive may be looked upon as indulgent, lazy, and lacking control.«[35] Wer in der Arbeit am eigenen Körper scheitert, der ist auch ansonsten ein Verlierer. Die Ich-Psychologie der Schönheit findet mit dieser radikalen Abkehr von der Theologie der (göttlichen oder naturhaften) Gunst hin zu einer (protestantischen) Ökonomie des eigenen Verdiensts eine solide Grundlage im kapitalistischen ›Leistungs‹-Denken.

Als Kategorie naturgegebenen körperlichen Seins ist Schönheit tendenziell aristokratisch – eine Aristokratie der individuellen Physis allerdings und nicht der familiären Herkunft. Die Privilegien, die aus adligen Blutsbanden flossen, sind ersetzt durch eine ästhetische Begünstigung, ein Auserwähltsein, das um nichts weniger ungerecht und unverdient ist. Die protestantisch-kapitalistische Kultur arbeitet radikal gegen solche gesellschaftlich sanktionierten »Naturschranken« (Marx) an und läßt im Prozeß der rastlosen Verwertung aller Naturgegebenheiten tendenziell nur noch die produktive und profitbringende Arbeit gelten. Die naturgegebene Schönheit eines menschlichen Körpers kann zwar aus Gründen gesellschaftlicher Nachfrage selbst als kostbarer Rohstoff in den kapitalistischen Verwertungszusammenhang eingehen; ihr widerfährt aber letztlich eine anachronistische, ja, archaische Anerkennung: eine Wertschätzung nicht für das, was sie tut und ›leistet‹, sondern für das, was sie ist. Akkumulation durch Arbeit und ›Leistung‹, die Triebbasis der kapitalistischen Ökonomie, steht darin dem Sein auserwählter körperlicher Schönheit ebenso entgegen wie dem aristokratischen Selbstgenuß von Herkunft und unproduktivem Besitz.

Das Faszinosum körperlicher Schönheit ragt insofern als eine Erinnerung an untergegangene Formen ungleicher und ungerechter Selbstbegründung in die moderne Welt demokratischer Gleichheit vor dem Gesetz und prioritärer Unterscheidung nach beruflicher Leistung hinein. Das Kunstschöne paßt beide Welten aneinander an: Als »Werk«, als Effekt künstlerischer *Arbeit* ist das Schöne selbst eine Hervorbringung, die auch dann noch eine ›Leistung‹ des Künstlers bleibt, wenn sein ›Genie‹ wesentlich als naturhafte Auszeichnung gedacht wird. Unter den Bedingungen umfassender »shaping«-Techniken gilt das gleiche nun auch für das Aussehen: es wird als »personal achievement« einer intentionalen Arbeit der Hervorbringung zurechenbar und damit auch nach den Maßstäben der Arbeitsmoral belohnungsfähig. Es gehört zu den geschicktesten Schachzügen der Mode, dieser Arbeit das Ansehen eines Spiels zu verleihen, in dem ästhetische Expertise sich mit hoher ironischer Intelligenz zu einem augenzwinkernden Einverständnis mit der Anpassungsarbeit verbinden.

Gegengewichte gegen den neurotisierenden Trend der Schönheitsarbeit sind selbst als evolutionäre Problemlösungsstrategien zu betrachten. Sie schließen das Offenlegen der eigenen Bemühungen, die Verwandlung ehemals schamhaft verschwiegener Nachhilfen in einen Gegenstand unterhaltsamen Erfahrungsaustauschs ein. Strategien dieser Art gewinnen an Boden. Wo sie fehlen, erhält dagegen die tendenzielle Korrelation von Schönheit bzw. Schönheitsobsession mit (neurotischer) Selbstschwächung freie Bahn. Dann wird die Verwandlung des eigenen Körpers in einen Gegenstand aufwendiger und ständig kontrollierter Bearbeitung im heutigen Feld hypertropher Körperideale eine sichere Quelle wachsender »dissatisfaction«. Jeder Erfolg der Schönheitsarbeit wird dann schnell durch die Kehrseite der verfeinerten Expertise entwertet: durch die negative Erkenntnis dessen, woran es immer noch mangelt. Hinzu kommt eine gesteigerte Abhängigkeit vom Kontrollblick in den Spiegel und damit die unablässige Sorge, ob und wie weit das angestrebte Bild auch heute erreicht wird. Das Marxsche ›Gesetz‹ vom tendenziellen Fall der Profitrate gilt auch für Schönheitsinvestitionen: je höher der Einsatz, desto prekärer der Ertrag.

Der neue Begriff »Körperbildstörungen« (*body image disorders*) meint in diesem Zusammenhang das Phänomen des »zerbrochenen Spiegels«:[36] der obsessiv gewordene Kontrollblick in den Spiegel erlaubt keine ›realistische‹ Einschätzung des eigenen Aussehens mehr, sondern nimmt nur mehr wirkliche oder vermeintliche Mängel wahr. Wohlmeinende Korrekturen dieser Selbstwahrnehmung durch Freunde und Lebenspartner bleiben tendenziell ohne Wirkung. Anders als Narcissus zieht der moderne Verkörperer der Schönheit in solchen Fällen keine erotische Lust mehr aus der Betrachtung des eigenen Spiegelbildes. Er ist in Gefahr, in die Falle einer selbstbezüglichen Spirale aus obsessiver Selbstbearbeitung und überkritischer Selbstbeobachtung zu geraten, an der jede Lust ebenso zerschellt wie das Ziel, das hinter dem Projekt »Besser Aussehen« steht. Der pathologische Abhang des Projekts ist derjenige eines narzißtischen Selbstverzehrs *ohne* die narzißtische Gratifikation. Statt Mittel zum Zweck erhöhten Begehrtwerdens zu sein, neigt die obsessive Arbeit an diesem Projekt dazu, sich in sich selbst festzubeißen. Das damit verbundene Ziel wird immer weiter aufgeschoben und kann sogar völlig zugunsten des zwanghaft gewordenen Wegs dorthin aufgerieben werden. Schon der enorme zeitliche Aufwand von täglich zwei bis vier Stunden, den nicht wenige Anhänger des neuen Kults treiben, geht zwangsläufig zu Lasten des sozialen Lebens.[37] Durch die autodestruktiven Fallen dieses Kults ist vollends dafür gesorgt, daß die modernen, sich selbst schaffenden Venus- und Adonis-Verkörperer gute Chancen haben, ihren sozialen und beruflichen ›Erfolg‹ durch eben das Mittel zu vereiteln, das ihn befördern sollte.

Eben darin sind die heutigen Adepten des Kults ihres Namensgebers würdig. Die Befragung von Frauen, die mit Adonis-Jüngern des neuen Typs zusammenleb(t)en, führte auf Befunde, die schon Aphrodite und vollends Shakespeares Venus leidvoll zu schaffen machten: »bedrohte Intimität« und »vergiftete Sexualität«.[38] Ideale »Schönheit« steht auch hier in gespannter Beziehung zum Begehren: Die ausgiebige Arbeit am eigenen

Körper scheint direkt zu Lasten der auf andere gerichteten libidinösen Energie zu gehen. Die Verknüpfung der Vorstellungen »Schönheit« und »Begehrtwerden« ist zwar die Basisideologie des Kults; doch macht das empirische Begehren nach dem Schönen erneut die Erfahrung, daß etwas an der Schönheit selbst der Erfüllung des Begehrens geradezu strukturell entgegensteht. Ein zentraler Zug der Mythen von Adonis und Narcissus beweist insofern eine frappierende empirische Gültigkeit.

Die historische Entwicklung der Schönheitsikonen bestätigt diese Tendenz zur Desexualisierung. Mätressen, Tänzerinnen und Schauspielerinnen, deren öffentliche Wertschätzung sich vornehmlich auf ihr Aussehen stützte, waren für ihre Karriere nicht nur auf die Protektion einflußreicher Männer angewiesen, sie waren auch deren mehr oder weniger gekaufte Geliebte. Heutige Models dagegen werden letztlich von der anonymen Masse der (Werbungs-)Kunden bezahlt. Ein sexueller ›Gebrauch‹ ihrer Schönheit gehört nicht mehr zum Begriff dieser Imagines, am allerwenigsten der bekanntesten unter ihnen – unabhängig davon, wie schmuddelig es auch hier noch in manchen Karrieren zugehen mag. In der Figur des Models ist der Körper, der höchste Schönheit und damit ideales Begehrtsein ›verkörpert‹, geradezu wesentlich und prinzipiell von tatsächlicher sexueller Konsumtion dissoziiert. Die Ablösung der imaginären Schönheitsfunktion von Praktiken direkten sexuellen Selbstverkaufs ist zugleich ein Fortschritt in der Desexualisierung von Schönheit überhaupt.

VIII. Trauerarbeit am Schönen

Die herausragenden Texte der philosophischen Ästhetik teilen die Überzeugung, daß Schönheit wesentlich ein Vergangenes, der gegenwärtigen Kultur nur mehr problematisch Erreichbares sei. Schon für Plato war die höchste Schönheit, die einstmals selige und herrliche Schau der Ideen, den ›gefallenen‹ Menschen nur noch momenthaft und in mühevoller Durchquerung etlicher vorbereitender Stufen möglich. Für die klassisch-romantische Ästhetik nimmt die antike griechische Kunst die Position einer höchsten Schönheit ein, die als solche weder wiederhol- noch überbietbar ist. Kant hat selbst das Naturschöne unter dem Vorzeichen seines Vergangenseins gelesen: »Die Natur war schön.«[1] Auch Darwin sieht zumindest beim Menschen einen beklagenswerten Kursverfall der Schönheit von der (vermeintlich) rein »ästhetischen« Partnerwahl in den »primeval times« zu ihrer kulturellen Entmachtung in den späteren Zeiten. Allem Glanz der Schönheit scheint so – aus wie immer verschiedenen Gründen – eine »sentimentalische« Verlusterfahrung eingeschrieben.[2] Es ist nicht zuletzt dieses Moment von Erinnerungs- und Trauerarbeit, welches der Lust am Schönen zur eigentümlichen Farbe, ›Tiefe‹ und Intensität ihrer Resonanzen verhilft.

Kant hat Mindestanforderungen an Naturschönheit formuliert, die zugleich aufschlußreich sind für eine elementare Erwartung an künstlerische Schönheit: die Erwartung nämlich einer »lebendigen« Darstellung. Diesem Lebendigkeits-Postulat ist negativ die (geschichtsphilosophische) Erfahrung eines Mangels eingeschrieben: in anderen als ästhetischen Kontexten scheint Lebendigkeit unwahrscheinlich (geworden) zu sein. Würde sie nicht zunehmend vermißt, würde die ästhetische Devise nicht etwas Auszeichnendes auf den Begriff bringen, das allen Aufwands künstlerischer Arbeit wert ist. Die meisten Autoren des 18. Jahrhunderts bestimmen die Lebendigkeit ästhetischer »Vorstellungen« und »Darstellungen« mittels täuschungstheoretischer Metaphoriken. Kant dagegen hat sich der rigoroseren Aufgabe verschrieben, zunächst ein durchaus unmetaphorisches Verständnis »lebendiger« Strukturen zu gewinnen und erst auf dieser Basis nach der eigentümlichen Lebendigkeit künstlerischer Darstellung zu fragen. Auch der Vergangenheitsindex von Schönheit gewinnt dadurch eine schärfere Formulierung. Lebendigen »Dingen der Natur« kommt zuallererst die Eigenschaft zu, »organisirte und sich selbst organisirende Wesen« zu sein. Kant betont, daß dieser Organisationstyp kein »Mechanism« sei und auch »nichts Analogisches mit irgendeiner Causalität, die wir kennen,« habe.[3] Die Natur, so Kant, ist ein sich selbst schaffendes System ohne externen Urheber:

Man sagt von der Natur und ihrem Vermögen in organisirten Producten bei weitem zu wenig, wenn man dieses ein *Analogon der Kunst* nennt; denn da denkt man sich den Künstler (ein vernünftiges Wesen) außer ihr. Sie organisirt sich vielmehr selbst und in jeder Species ihrer organisirten Producte, zwar nach einerlei Exemplar im Ganzen, aber doch auch mit schicklichen Abweichungen, die die Selbsterhaltung nach den Umständen erfordert. Näher tritt man vielleicht dieser unerforschlichen Eigenschaft, wenn man sie ein *Analogon des Lebens* nennt.[4]

Von der Warte herkömmlicher Kausalität stellt ein lebendes, sich selbst organisierendes Wesen das Paradox dar, »von sich selbst« gleichzeitig »Ursache und Wirkung« zu sein.[5] Die üblichen Vorstellungen von Ursache und Wirkung, Teil und Ganzem, Werkzeug und Zweck zerbrechen an diesem Prinzip »lebendiger« Organisation. Kant gibt ein ausführliches Beispiel, das als ein gründendes Exempel für alle späteren Theorien der Autopoiesis gelten darf:

Ein Baum zeugt erstlich einen andern Baum nach einem bekannten Naturgesetze. Der Baum aber, den er erzeugt, ist von derselben Gattung; und so erzeugt er sich selbst der *Gattung* nach, in der er einerseits als Wirkung, andrerseits als Ursache, von sich selbst unaufhörlich hervorgebracht und ebenso, sich selbst oft hervorbringend, sich, als Gattung, beständig erhält.

Zweitens erzeugt ein Baum sich auch selbst als *Individuum*. Diese Art von Wirkung nennen wir zwar nur das Wachstum; aber dieses ist in solchem Sinne zu nehmen, daß es von jeder andern Größenzunahme nach mechanischen Gesetzen gänzlich unterschieden und einer Zeugung, wiewohl unter einem andern Namen, gleich zu achten ist. Die Materie, die er zu sich hinzusetzt, verarbeitet dieses Gewächs vorher zu specifisch-eigentümlicher Qualität, welche der Naturmechanism außer ihm nicht liefern kann, und bildet sich selbst weiter aus, vermittelst eines Stoffes, der seiner Mischung nach sein eignes Product ist. Denn ob er zwar, was die Bestandtheile betrifft, die er von der Natur außer ihm erhält, nur als Educt angesehen werden muß: so ist doch in der Scheidung und neuen Zusammensetzung dieses rohen Stoffs eine solche Originalität des Scheidungs- and Bildungsvermögens dieser Art Naturwesen anzutreffen, daß alle Kunst davon unendlich weit entfernt bleibt, wenn sie es versucht, aus den Elementen, die sie durch Zergliederung derselben erhält, oder auch dem Stoff, den die Natur zur Nahrung derselben liefert, jene Producte des Gewächsreichs wieder herzustellen.

[...] Der Selbsthülfe der Natur in diesen Geschöpfen bei ihrer Verletzung, wo der Mangel eines Theils [...] von den übrigen ergänzt wird; [...] will ich hier nur im Vorbeigehen erwähnen, ungeachtet sie unter die wundersamsten Eigenschaften organisierter Geschöpfe gehör[t].[6]

Kant behauptet diese »wundersamsten Eigenschaften organisirter Geschöpfe« nur sehr begrenzt als von der Naturwissenschaft seiner Zeit bereits erkannte Fakten. Durchgängig setzt er sie dagegen als Erfordernisse an, die als erfüllt gedacht werden müssen, damit »Dinge der Natur« als »schön« gelten können. Diese Erfordernisse für das Prädikat »schön« – die offensichtlich nicht als hinreichende, sondern allein als notwendige Erfordernisse gelten können – sind ipso facto Bestimmungen dessen, was Naturphänomene als spezifisch »lebendig« auszeichnet und von ›Mechanismen‹ unterscheidet. Zugespitzt enthält diese Argumentation eine evolutionstheoretische Hypothese über die ästhetische Wahrnehmung der Natur: Das rätselhafte Phänomen der »so vielen schönen Gestalten«[7] in der Natur erscheint als eine im menschlichen Wahrnehmungsapparat niedergelegte Präferenz für die Formenwelt natürlicher Autopoiesis, aus der auch der Mensch hervorgegangen ist.

Nach der sentimentalischen Einsicht des 18. Jahrhunderts bricht die menschliche Zivilisation mit dem freien Spiel natürlicher Autopoiesis: sie ordnet tendenziell die gesamte Natur menschlichen Zwecken unter und läßt als Selbstzweck nur mehr sich selbst gelten. Menschliche Kultur verringert daher – verglichen mit der beinahe durchgängigen Schönheit ›wilder‹ Natur – die Wahrscheinlichkeit von »Dingen«, die im Kantischen Sinn »sich selbstorganisirend« und »lebendig« sind. Wie sehr Kant einen Konflikt von Naturschönheit und menschlicher Zivilisation sieht, ist nicht zuletzt an der Wahl seiner Beispiele zu erkennen. Dabei handelt es sich durchweg um Phänomene, die möglichst wenig mit menschlicher Verwertung zu tun haben. Haustiere etwa sind förmlich aus dem Begriff des Naturschönen ausgeschlossen, gezüchtete Blumen ebenso.[8] Zwar reicht, so Kant, »die innere Form eines bloßen Grashalms« aus, um uns die ästhetischen Implikationen natürlicher Selbstorganisation zu »beweisen«.[9] Aber gleichzeitig hält er es für geboten, möglichst scharf eine Grenze zur menschlichen Zivilisation zu ziehen. Er bezieht sich daher vorzugsweise auf die Schönheit solcher Naturphänomene, bei denen der Verdacht auf menschliche Intervention und menschliche Nutzung möglichst fernliegt: Wolkenformen, Gesteinsbildungen, Kolibris, wilde Blumen usw. Für die Gesamtheit der Natur ergibt sich aus der zunehmenden Durchsetzung menschlicher Zwecke daher das denkwürdige, zuerst von Derrida[10] ernstgenommene Präteritum: »Die Natur war schön.«

Experimentelle Erhebungen haben die Tendenz des Kantischen Arguments bestätigt: Flurbereinigte Landschaften etwa werden mit großer Übereinstimmung als weniger »schön« wahrgenommen als ihr natürlicher Ausgangszustand; ›natürlichere‹ Umwelten oder Umwelten mit Vegetationsanteilen werden reinen Gebäudekomplexen vorgezogen.[11] Im menschlichen Wahrnehmungsapparat scheint eine ästhetische Präferenz für eine ›weiche‹ Kulturalisierung der Natur niedergelegt, ein Antidoton gegen jene Vernichtung natürlicher Umwelten, wie sie aus der Perspektive der technisch-ökonomischen Entwicklung unvermeidlich scheint. Edward O. Wilson hat von einer »Biophilie« gesprochen, die solchen ästhetischen Präferenzen eingeschrieben sei.[12] Dabei kann es sich offenbar nicht (nur) um präzise Einzeladaptionen auf der Basis vergangener Eß- und sonstiger direkter Nützlichkeitserfahrungen handeln; denn die immer radikalere Herrschaft menschlicher Nützlichkeitsinteressen hat ja gerade den Konflikt mit den Erwartungen ästhetischer Lebendigkeit herbeigeführt. In ästhetischen Präferenzen eine »biophile« Erbschaft zu vermuten heißt vielmehr, ihnen die Rolle eines Korrektivs der menschlichen Sinne *gegen* die entfesselte Eigendynamik menschlicher Evolution und Zivilisation zuzutrauen. Sofern derartige Präferenzen überhaupt einer Erklärung durch natürliche Selektion zugänglich sind, kann es sich dabei allein um Adaptionen handeln, deren Überlebensvorteile darin bestehen, Sicherungen gegen eine letztlich selbstzerstörerische Durchsetzung menschlicher Zwecke gegen die eigene Lebendigkeit der »Naturdinge« und Naturkreisläufe anzubieten. Das wäre eine quasi rousseauistische Variante evolutionärer Ästhetik; Kant und die gesamte klassisch-romantische Ästhetik neigen zu einer solchen Position. Wie eine solche Adaption, die auf lange Zeiträume und sehr große Zusammenhänge eingestellt ist, tatsächlich durch Evolution »gewählt« worden sein kann, ist allerdings nicht leicht zu verstehen.

Anders als im Feld der Natur ist Schönheit innerhalb der Zivilisation nur mehr eine Ausnahme, eine Unwahrscheinlichkeit, die eben deshalb begehrt, teuer, eine touristische Attraktion ist: schöne, typischerweise alte Städte oder Gebäude, Kunstwerke aller Art und, nicht zuletzt, der menschliche Körper. Nur als kultureller Seltenheitswert und Ideal des dem Menschen eigenen Körpers bleibt so innerhalb der menschlichen Zivilisation erhalten, was diese durch ihren Umgang mit der Natur zunehmend aus der Welt vertreibt: die Schönheit der ›sich selbst organisierenden Naturdinge‹. Hier mag ein weiterer Grund liegen, warum auf der Schönheit des Körpers heute eine so extreme Last ruht: In dem Maß, in dem die menschliche Zivilisation die ehemals »reichlich« ausgeteilte Schönheit der »Naturdinge« sei's immer mehr zerstört, sei's immer weiter aus dem unmittelbaren Wahrnehmungsfeld verdrängt, wird der Affektbetrag ästhetischer Wahrnehmung von »Natur« immer ausschließlicher auf den menschlichen Körper fokussiert.

»Schöne Kunst« entspricht den Kriterien des Naturschönen zwar nicht im vollen Wortsinn; Kant wird daher nicht müde zu betonen, daß das Naturschöne komplexeren, ›wundersameren‹ Ansprüchen genügt als nur ein »Analogon der Kunst« zu sein. Aber der Kunst gelingt ihrerseits ein Analogon der schönen Natur: sie erzeugt kraft ihrer eigentümlichen Darstellungsform zumindest eine *Illusion*, eine *Simulation* von *Lebendigkeit*. Die antike rhetorische Lehre lebhafter Vergegenwärtigung (enargeia, energeia, phantasia, Hypotypose) ist daher zugleich ein Kernstück der ästhetischen Reflexion von Baumgarten über Lessing bis Kant. Sofern sie durch ihre eigene Komplexität sei's selber zu »leben« scheint, sei's ihrem Gegenstand den Schein des »Lebendigen« verleiht, wiederholt Kunst als eine unwahrscheinliche

Leistung den Regelfall natürlicher Autopoiesis. Nicht zuletzt das Vermögen, sich in der historischen Wahrnehmung immer wieder neu zu regenerieren, sichert den Kunstwerken ihr – verglichen mit anderen kulturellen Objekten – unerhört langes Fortleben.[13] Aus allen diesen Gründen bleibt das Naturschöne für Kant in einem ganz buchstäblichen, formalen und überaus ernsten Sinne die Lehrmeisterin und das Ideal aller Kunstschönheit. Deshalb sind die »so vielen schönen Gestalten [der Natur] zur Cultur beförderlich«[14] – sofern die ästhetische Anstrengung nämlich ein Versuch ist, den Bruch der menschlichen Zivilisation mit der natürlichen = schönen Autopoiesis wenigstens kraft einer eigenen Klasse künstlich geschaffener Objekte und am eigenen Körper des Menschen zu kompensieren. Im Rahmen der zerbrochenen Schleife von Schönheit und natürlicher Autopoiesis kommt den Fragmenten von Schönheit in der menschlichen Zivilisation damit stets auch eine Rolle von *Erinnerung* zu. Benjamin hat sogar, darin Plato ganz wörtlich nehmend, alle Liebe zum Schönen zuallererst als eine solche (auratische) Erinnerung bestimmt.[15] Für das gesamte System der klassischen und romantischen Ästhetik gilt, daß jede präsentische Wahrnehmung des Schönen ein Moment von Erinnerung auslöst. Diese Überblendung von Gegenwart und Vergangenheit gehört integral zu jenem prekären (Glücks-)Versprechen der Schönheit, an dem die Ästhetik um so verbissener festhält, je unwahrscheinlicher die Bedingungen ihrer Möglichkeit und je schlechter die Chancen ihrer Einlösung werden.

Als ganze, so Kant, »war« die Natur einmal schön, ist es aber im Feld der Zivilisation nicht mehr, auch wenn immer noch »viele schöne Gestalten« der Natur zu bewundern sind. Die Schönheit der Kunst gehört nicht weniger der Vergangenheit an: allen voran der griechischen Antike, aber auch anderen vergangenen Zeiten (Rom, das Mittelalter, die Renaissance). Moderne Kunst und Literatur haben größte Schwierigkeiten, sich gegen diesen massiven Vergangenheitsindex alles Schönen ihrerseits noch als »schön« zu behaupten. Selbst für ›gute‹ moderne Architektur gilt, daß ältere Architektur im Vergleich tendenziell als die »schönere« erscheint. Dem strukturellen Vergangensein des Schönen ist mithin generell eine Erfahrung von Verlust und Trauer eingeschrieben; der Kern des antiken Adonis-Kults entspricht darin einer Struktur der Erfahrung des Schönen überhaupt. Klage, Erinnerung und (unmögliche) Wiederholung – die rituelle Essenz der Adonien – gehören integral zur Analyse des ästhetischen Urteils.

Mode, *shaping*-Industrie und der starke Akzent auf der physischen Attraktivität des menschlichen Körpers erscheinen als ein radikaler Bruch mit einer solchen Konfiguration aus Vergangensein, Verlust und Trauer. Die Rede von einem heutigen Adonis-Kult hat daran vielleicht seine markanteste Grenze. Die aktuellen Mythen und Riten der Schönheit räumen gründlich auf mit den ›sentimentalischen‹ Fixierungen, mit denen die klassische und romantische Ästhetik alles Schöne so sehr belastete, daß sie regelmäßig dessen Ende verkündete. Die imaginäre »schöne Welt« des Konsumkapitalismus und seine immer schöner werdenden (bzw. werden wollenden) Kunden kassieren fast schon programmatisch jedes sentimentalische Moment im Schönen. Sie erklären es – scheinbar ohne Rest – zur präsentischen Bestimmung dessen, was sie hier und jetzt sein oder zumindest (ver-)kaufen wollen. Während nach Hegel »geistreiche« Betrachter in antiken Götterbildern »selbst bei der bis zur Lieblichkeit vollendeten Schönheit« noch einen »Hauch und Duft der Trauer [. . .] empfunden haben«,[16] ist heutige Schönheit eine gutgelaunt sein sollende Oberfläche, die mittels ihrer standardisierten Positiv-Attributionen als vielfach anwendbares kommunikatives Gleitmittel funktioniert.

Die klassisch-romantische Trauer im Schönen scheint aber nicht vollständig tilgbar zu sein. Vielleicht ist das latent Trostlose bis manifest Depressive heutiger Schönheitskulte die Form, in der die alte ästhetische Trauerarbeit weiterlebt. Klinisch gesprochen, beerbt ein Wechselbad von Schönheitsmanie und schönheitsinduzierter Depression die verdrängte Trauerarbeit der großen Kunst und der klassisch-romantischen Ästhetik. Nach Freuds Spekulation ist die »Entwicklung zur Schönheit« die Tendenz, welche die Kultur dem menschlichen Körper seit je vorschreibt, um ihn letztlich abzuschaffen. Die »absolute Identität«, die der Idealismus im Schönen gefunden hatte, mag sich in ihrer massenkulturellen Abkopplung von jeglicher Erinnerung insofern als eine normativ ›fröhliche‹ Konvergenz von Schönheit, kulturellem Anpassungsdruck und latentem Todestrieb erweisen.

Anhang
Die Deutungen des Adonis

1. Der Vegetationsgott

Vor Marcel Detiennes herausragender Studie *Les Jardins d'Adonis* hatte sich eine von zwei traditionell allegorischen Deutungen des Adonis beinahe universell durchgesetzt: Er ist, wie Demeter und Dionysos, ein Gott der Vegetation oder gar speziell eine Verkörperung des Weizens. Sein Leben ist das jährliche Aufblühen der Pflanzen in ihrer Frühlingspracht, sein Tod das Ernten der reifen Frucht oder – in einer anderen Variante – die unterirdische Latenzzeit der Aussaat im Winter.[1] Schon in der römischen Antike hatte diese Lesart etliche Vertreter gefunden; sie ist insbesondere bei Cornutus, Origines, Ammianus Marcellinus, Porphyrius und Sallustius belegt.[2] Frazer hat die Vegetationsgott-These vollends monumentalisiert und ihre transkulturelle Geltung behauptet.[3]

Plato, immerhin die drittälteste Quelle zu Adonis, hat die Adonis-Gärten als eine exemplarisch nutzlose, da sofort verblühende Form der Vegetation bezeichnet.[4] Eine Vielzahl weiterer Quellen belegt die gleiche Semantik. Adonis figuriert darin als direkter Gegensatz zu einem vitalisierenden und fruchtbaren Vegetationsgeist.[5] Der Satz »Du bist unfruchtbarer als die Gärten des Adonis«[6] war geradezu sprichwörtlich für die Merkmale eines unzeitigen (ἄωρος), rasch vergehenden Reizes (ὀλιγοχρόνιος, χάρις ἐφήμερος), der letzlich keine Wurzeln (μὴ ἐρριζώμενος), keine Kraft genuiner Hervorbringung (μηδὲν γενναῖον τεκεῖν δυνάμενος) und keine Frucht (ἄκαρπος) hat, ja der unmännlich (ἀνάνδρος) ist und vor der Zeit seiner Reife stirbt (ὠκύμορος).[7] Detienne hat schließlich auch auf die Frage, warum die Adonis-Gärten teilweise in Quellen bzw. Brunnen geworfen wurden, eine Antwort gefunden, die dem Merkmal des ἄκαρπος (keine Früchte tragend) entspricht. Zuvor hatten vorsichtigere Deuter, wie Baudissin, die Frage als ungeklärtes Element des Ritus stehengelassen;[8] andere hatten das Überantworten an das Wasser – gleichviel ob ins Meerwasser oder in eine Quelle – als das Überleben und Wiederaufblühen im fertilisierenden Medium par excellence gelesen.[9] Detienne dagegen braucht nicht allein die Unfruchtbarkeit des salzigen Meeres als des dominanten Begräbnisortes zu betonen. Er hat darüber hinaus bei Oreibasios (4. Jhd. n. Chr.), dem Leibarzt Kaiser Julians, einen frappierenden Beleg gefunden, der auch die lautere Süßwasser-Quelle – kraft des Merkmals der Kälte – direkt mit jener ›kalten‹, Leidenschaftslosigkeit und Sterilität konnotierenden Art des Lattich gleichsetzt,[10] die zur Mythologie des Adonis gehört.[11] Ovids Beschreibung der makellosen Quelle, an der Narcissus seinen Tod findet, kann Detiennes Fund als weiterer Beleg hinzugefügt werden. Diese Quelle ist in all ihrer Reinheit und Schönheit ein einziger Ort der Abwesenheit von Leben. Sie kennt nicht nur keinen Schlamm, sondern auch keinen Hirten, keine Ziege, kein anderes Vieh, keine Vögel, kein Wild, keine herabfallenden Zweige und keine Sonne.[12] Als leblose und unfruchtbare Szene deutet dieser gespenstische *locus amoenus* Narcissus' tödliches Schicksal an, noch bevor sein Blick sich im eigenen Bild verfängt. Die Kaskade der Negationen erweist die Quelle als prädestinierten Begräbnisort auch dieses schönen Jünglings.

Detienne hat mit großer Überzeugungskraft Mythe und Ritus des Adonis als eine Anti-Landwirtschaft, seine Beziehung zu Aphrodite zugleich als ebenso ausgeprägte Nicht-Ehe bestimmt. Beide, Landwirtschaft und Ehe, galten der antiken Auffassung als mehrfach parallel: sie verlangen langfristig orientierte, Mühe und Lustverzicht erfordernde Anstrengungen, um fruchtbar zu sein und das Leben der Menschen zu sichern.[13] Sie sind in dieser Funktion zugleich staatstragende Kräfte. Alle drei unterliegen der Obhut der Demeter: sie ist die Göttin des fruchtbaren Akkers, Hüterin des geschlechtlichen Lebens der Ehefrauen und zugleich der staatlichen Satzungen. Adonis kann insofern aus einer dreifachen Opposition zu Demeter bestimmt werden. Sein eigenes Blühen und Vergehen ebenso wie dasjenige der ihm geweihten Gärten ist eine Anti-Landwirtschaft. Seine sexuelle Rolle ist die eines nicht-ehelichen Geliebten, die Feier dieser Rolle ein Gegenpol der Thesmosphorien. Diese bekräftigten die Gültigkeit der ehelichen Satzungen (*thesmoi*) und standen im Zeichen der Demeter *thesmophoros*. Die Teilnahme an ihnen galt Ende des 5. Jahrhunderts geradezu als formeller Beweis, daß eine

Frau mit einem Athener Bürger, der sich aller Bürgerrechte erfreute, vertraglich verbunden war.[14] Ovid hat als einziger diese Opposition direkt offengelegt: Myrrha, die Mutter des Adonis, begeht Inzest mit ihrem Vater genau zu dem Zeitpunkt, an dem ihre Mutter am Fest der Demeter teilnimmt.[15] Während dieses Festes sonderten sich die Frauen von ihren Männern ab und durften keinerlei geschlechtlichen Umgang haben. Bereits die Zeugung des Adonis steht insofern im Zeichen einer flagranten Verletzung der von Demeter geschützten Satzungen. Schließlich ist der Demeterkult offiziell anerkannt und ›staatstragend‹, während die Adonien zu keiner Zeit offizielle staatliche Anerkennung gefunden haben.

Die botanische Mythologie unterstützt die These von der Opposition zu Demeter durch einen änigmatischen Zug. Sie bringt Adonis aufs engste mit einer (vermeintlich) Impotenz bewirkenden Spielart des Lattichs in Beziehung;[16] in Hesychius' *Lexikon* heißt dieser Lattich gar *Adoneis.*[17] Die Verbindung des schönen Jünglings mit der wohlschmeckenden Impotenz-Pflanze ist nicht etwa von Detienne entdeckt worden; alle maßgeblichen Arbeiten seit Creuzers *Symbolik und Mythologie der alten Völker* (1810-1812) und Engels *Kypros* (1845) erwähnen sie. Unabhängig davon ist der fatale Angriff des Ebers auf Adonis' Schenkel bzw. Lenden bereits von Renaissance-Mythographen als Kastration gelesen worden: »Adonis is wounded in those parts which are the instruments of propagation [and therefore . . .] seemeth impotent.«[18] Es bezeugt die Macht der These vom blühend-fertilisierenden Vegetationsgeist, daß vor Detienne der kuriose Impotenz-Lattich letztlich auch da keinen Eingang in die Auffassung des Adonis gefunden hat, wo er aus Gründen gelehrsamer Vollständigkeit durchaus erwähnt wurde.[19] Der Impotenz-Lattich ist das mythologische Äquivalent der rituellen Unfruchtbarkeit der Adonis-Gärten. Beide unterstreichen eine schlichte, wiewohl selten erwähnte Tatsache: Der exemplarisch schöne Jüngling »was never conceived as a progenitor«.[20] Er ist alles andere als ein Halbgott, der die fruchtbare Natur verkörpert.[21]

Walter Burkert hat gleichwohl versucht, die These von Adonis als Gott der fruchtbaren Natur noch in Anerkenntnis ihrer Demontage durch Detienne zu ›retten‹. Die Adonis-Gärten, so

Burkert, agieren spielerisch aus, wie *nicht* gepflanzt werden soll, und dienen als solches Negativmodell durchaus dem Ziel, »den Erfolg des Pflanzens in der Wirklichkeit zu sichern«.[22] Die tanzenden und um Adonis klagenden Stadt-Frauen dürften kaum geahnt haben, wie praktisch ihr verrücktes Treiben auf den Dächern für den Zweck der geordneten Landwirtschaft war. Burkert selbst räumt ein, diese Deutung der ephemeren Dachgärten habe nicht notwendig etwas mit »Aphrodites Liebhaber« zu tun.

2. Der Sonnengott

Adonis, der Sonnengott – dies war die zweite antike Deutung, die von Macrobius[23] bis ins 20. Jahrhundert vielfach vertreten wurde.[24] Überblendungen mit der Vegetationsgott-These boten sich an.[25] Im Rahmen der Sonnengott-These bedeutete die unterirdische Phase des Adonis (bei Persephone) die Zeit des Winters, die oberirdische (bei Aphrodite) die Zeit des längeren und höheren Sonnenstands, des Blühens und Lebens. Der todbringende Eber, als Gegner der Sonne, war dann eine Verkörperung des Winters.[26] Atallah hat in seiner kritischen Sichtung sämtlicher griechischer Zeugnisse keine Anhaltspunkte für diese Deutung in Quellen aus vorchristlicher Zeit finden können. Detienne hat der solaren These einerseits zu einer völlig neuen Formulierung verholfen und andererseits deren herkömmliche Version – die Gleichsetzung von Adonis und Sonne – am nachhaltigsten zurückgewiesen. Als den Sohn der Myrrha hat er Adonis in das antike System der Aromaten integriert. Das sonnige und heiße Arabien, auf das Ovid direkt verweist (X 478) und von wo die Griechen die Myrrhe importierten, galt als der Produzent der reichsten Düfte. Außer als Opfergabe dienten diese Aromaten als erotisches Stimulans; sie vermehrten – oder begründeten gar – die Attraktion von Liebenden untereinander.[27] Der von der Myrrhe abstammende Adonis hat von seiner Mutter den guten, ja exotisch verlockenden Geruch geerbt. In mehreren Quellen wird er direkt τὸ μύρον,[28] der Myrrhenduft, das wohlriechende Salböl der ihn begehrenden Frauen genannt.

Wiewohl ein Produkt der brennenden Sonne – und von Shakespeares Venus als ihre »earthly sun« im Gegensatz zur

»heavenly sun« bezeichnet (199) –, verkörpert Adonis doch keineswegs selbst die Kraft der Sonne. Im Gegenteil: er ist von Beginn an in Gefahr, ihr Opfer zu werden, und wird es auch – wie Phaethon und Ikarus, die ihren allzu ausgiebigen und ungeschützten Umgang mit der Sonne mit ihrem Leben bezahlen. (Apollodorus ordnet Adonis sogar direkt der genealogischen Linie des Phaethon zu – als dessen Ur-Ur-Enkel.[29]) Nach der botanischen Mythologie der Griechen fand die Ernte von Weihrauch und Myrrhe an den sogenannten Hundstagen, den Tagen der heißesten Sonne statt.[30] Dieser Termin war zugleich derjenige der Adonis-Feiern, die astronomisch ebenfalls im Zeichen des Hundes und des Sirius standen.[31] Ungeschützt der heißesten Sonne ausgesetzt und weithin – wenn auch ohne deren Vorsichtsmaßnahmen gegen zu viel Sonne[32] – die Landwirtschaft der Aromaten wiederholend, vollziehen die Adonis-Gärten zugleich eine direkte Negation der Gesetze der fruchtbringenden Demeter-Landwirtschaft. Der Akzent des Ritus liegt ganz auf dem ungeschützten und tödlichen Ausgesetztbleiben an die stärkste Sonne, und Adonis wird in einem Atemzug als blühendes Produkt und verwelkendes Opfer der Sonne imaginiert.

In Detiennes Analyse hat das Verbranntwerden und unfruchtbare Austrocknen, das den Adonis-Substituten durch die Sonne widerfährt, auch eine unmittelbar sexuelle Bedeutung. Nach Hesiod und Alkaios steigt die weibliche Libido bei großer Hitze an, während die männliche im gleichen Maße abnimmt.[33] Die (pseudo)aristotelischen *Problemata physica* gehen von dem gleichen thermosexuellen Befund aus: »Warum haben im Sommer die Männer weniger die Fähigkeit zum Geschlechtsverkehr, die Frauen aber mehr?«[34] Im Zeichen der höchsten mediterranen Sommersonne, in dem die Adonien stehen, erreicht die Geschichte von Venus und Adonis daher ihre maximale Desynchronisierung, ihr maximales Unglück für beide Beteiligten: Venus ist am begehrlichsten, Adonis dagegen am ›trockensten‹.[35] Es scheint fast, als habe Shakespeare um diese Zusammenhänge gewußt. Angesichts von Venus' heftigen Avancen läßt er seinen Adonis höchst ernsthaft und ungalant zu dem Argument greifen, die Hitze der Sonne schließe jeden Gedanken an Liebe aus:

Fie, no more of love!
The sun doth burn my face; I must remove. (V. 186-187)

Aphrodite versteht sofort: sie bietet ihre Haare als Sonnen-
schirm an (192). Adonis ist also, der Assoziationskette Adonis –
Myrrha – arabische Sonne unbeschadet, ebensowenig ein Sonnengott wie ein Gott der fruchtbaren Vegetation.

3. Der Verführer

Für Detienne – damit eröffnet er den Kreis der neueren Deutungen – ist Adonis der Inbegriff eines unwiderstehlichen Verführers und einer frühreifen »übersteigerten Sexualität«,[36] seine
Mythe nichts anderes als ein »Mythos über die Verführung«.[37]
Die Myrrhe ist (auch) ein Aphrodisiacum; sie verströmt einen
Duft, der die Vereinigung von Liebenden befördert. Eben diese
Kraft der Verführung, so Detiennes These, eignet der gleichna-
migen Myrrha, und sie gehe von Myrrha auf ihren Sohn Adonis
über. Myrrha gelingt der Inzest indes nur durch eine List ihrer
Amme, die dem König Kinyras bzw. Theias von der leiden-
schaftlichen Liebe einer anonymen jugendlichen Verehrerin berichtet. Kinyras, offenbar geschmeichelt, hat dem Beilager bereits zugestimmt, bevor Myrrha überhaupt sein Schlafzimmer
betritt. Myrrha braucht ihren Vater gar nicht zu verführen; das
haben bereits die Worte der Amme und der Narzißmus des Vaters selbst besorgt. Als »höchster Grad der Verführung«[38]
könnte Myrrhas Handeln allein dann gelten, wenn sie ihren Vater ganz offen durch Worte und Taten zu einem bewußt vollzo-
genen Inzest bewogen hätte.

Adonis verfehlt gleichfalls das Fach des Verführers. Er ist
nicht das Subjekt, sondern allein das Objekt des Begehrens, ja,
das kindlich-jugendliche Opfer, auf das die weibliche Verfüh-
rungskraft sich richtet.[39] Er steigert dieses Begehren durch seinen Widerstand und seine Intransigenz. Der von keiner Evidenz
gestützte Satz »Adonis verführt ganz offen zuerst Aphrodite
und dann Persephone«[40] wirkt im Rahmen von Detiennes rigi-
der Analyse botanischer und astronomischer Codes wie ein eigentümlich unkontrolliertes Relikt herkömmlicher männlicher

Rollenvorstellungen. Es ist gerade das Besondere der Adonis-Mythe, daß sexuelles Begehren darin wesentlich weibliches Begehren ist. Nicht Kinyras und nicht Adonis, sondern Myrrha, Aphrodite und Persephone sind die leidenschaftlich Liebenden. »Myrte« ist sogar ein anderer Name für die Klitoris, »Myrtenlippen« eine Bezeichnung für die sie umrahmenden Schamlippen.[41]

Die erotische Wirkung des Adonis ist gerade in der Differenz zwischen Verführerisch-Sein (»avoir de séduction«)[42] und Ein-Verführer-Sein (»être un séducteur«) zu Hause, die Detienne systematisch verwischt: Kraft seiner Schönheit ist Adonis zwar anziehend und insofern ›objektiv‹ verführerisch, subjektiv möchte er aber weder verführen noch verführt werden. In einem von Diogenianus überlieferten Sprichwort erscheint er als »ein gutaussehender junger Mann, der keinen Vorteil aus seiner Schönheit zieht«.[43] Adonis' engster Verwandter ist ein anderer Jüngling, der ebenfalls verführerisch ist, aber weder verführen noch Objekt einer Verführung sein möchte: Narcissus. Es gehört zu den Rätseln von Detiennes Analyse, daß sie trotz des programmatischen Heranziehens von Parallelmythen[44] jeden Vergleich mit Narcissus vermieden hat.

Die These von Adonis' »außergewöhnlichen sexuellen Kräften«[45] paßt auch schlecht zu seiner unheroischen Schwäche beim Jagen und seiner engen Verbindung mit dem Impotenz-Lattich. Detienne löst diesen Widerspruch, indem er ihn auf die Zeitachse projiziert. Zunächst sei Adonis ein Myrrhe-Adonis, ein duftender und präpotenter frühreifer Verführer, doch sehr bald unterliege er einem rasanten Altern und werde zu einem impotenten Lattich-Schwächling: »Von der Myrrhe zum Lattich« heißt die elementare Strukturformel für die Mythe.[46] Der Weg von der einen Seite des binären »botanischen Codes« zur anderen entspricht zwar wunderbar der elementaren strukturalistischen Formel für eine mythische Erzählung. Doch wird er kaum der Adonis-Mythe gerecht, die überdies in keiner der integral überlieferten Versionen *beide* Pflanzenpole, die Myrrhe *und* den Lattich, erwähnt. Detienne bietet sogar eine moralische Lehre für Adonis' Absturz von einem »frühreifen« zu einem »vorzeitig gealterten Knaben«[47] an: er sei ein allzu »brillanter Verführer«,[48] allzusehr »der Welt der Frauen und des Vergnügens zugewandt

und unmäßig stark in ›schamloser Leidenschaft‹ an seine Geliebten gefesselt«.[49] Sein rasches Vergehen zeige, daß ein ausschließlich der Verführung gewidmetes Leben »den Keim dro-
henden Verderbens in sich trage«.[50] Die These von Adonis'
exzessiv-schamloser Leidenschaft beruft sich auf ein Fragment
des Antimachos (5./4. Jhd. v. Chr.), in dem in der Tat von einem
ἀναισχύντως ἐρᾶν die Rede ist. Aber nicht Adonis', sondern
Aphrodites erotische Praxis wird mit diesem Ausdruck charak-
terisiert.[51] Ein »Jüngling, den die Jagd auf Vergnügen zu vorzei-
tigem Altern verdammt«,[52] ist in den Quellen schlechthin nicht
zu finden.

Adonis ist sowenig ein präpotenter Verführer, der von seinem
Erfolg und seiner weiblich-weichlichen Vergnügungssucht zu
einem frühzeitig gealterten Lüstling verdorben wird, wie er ein
Vegetations- oder ein Sonnengott ist. Er durchläuft nicht suk-
zessiv die Merkmale ›unwiderstehlicher Verführer‹ und ›rasant
degenerierter Impotenter‹, sondern überblendet simultan die
Züge von Schönheit und (phallischer) Schwäche, ja von Schönheit und Todesneigung. Detiennes aufwendige Deutung mündet
in eine insgesamt flache ›Philosophie‹ des Geschlechterlebens,
die der Freudschen Beschreibung der Geschlechterbeziehungen
im späten 19. und frühen 20. Jahrhundert frappierend ähnlich
sieht, deren diagnostischer Schärfe aber entbehrt.[53] Die Aromaten einschließlich der Myrrhe bezeichnen demnach das Feld einer Wollust, das nur zwischen Nicht-Verheirateten, typischerweise einer Hetäre und ihrem Liebhaber, zur reinen Entfaltung
kommt. Die Ehe dagegen kann die Myrrhe nur für den Hoch-
zeitsritus und in begrenzten Dosen gebrauchen.[54] Sie ist eine
ernste, von Lust-Opfern geprägte Form der Ackerbestellung.[55]
Die Rollen »der Kurtisanen und derer, die sie aufsuchen«,[56] werden zugleich idealisiert und moralisch kritisiert. Einerseits gelten
die Hetären-Kurtisanen ganz als leidenschaftliche Dienerinnen
der Liebe; ihre anderweitigen Interessen und Nöte werden mit
keinem Wort erwähnt, obwohl die einschlägige Quelle über das
Hetärenverhalten an den Adonien finanzielle Motive durchaus
explizit benennt.[57] Andererseits liest Detienne den Venus-und-
Adonis-Mythos als warnendes Exempel für diese nicht-ehelichen »amants«: sie soll die tödlichen Gefahren einer nur den
›arabischen‹ Myrrhen-Lüsten gewidmeten Liebe vor Augen füh-

ren. Der Mythos von Adonis, dem Verführer, und seinem rein aromatischen Lustleben wird so zu einem raffinierten Ehebefestigungselixier. Er dient – ebenso wie sein Oppositum, der Demeter-Ritus – dem Zweck der symbolischen Stärkung einer in Wirklichkeit und juridischem Code des 4. Jahrhunderts noch schwach entwickelten Unterscheidung zwischen »Konkubine,«, »Kurtisane« und »legitimer Ehefrau«.[58] Die im Adonis-Kult Begriffenen feiern und bekräftigen zwar die rein aromatische Verführung; doch indem sie sowohl den Außenstehenden wie sich selbst deren inhärente Gefahren vor Augen führen, befördern sie zugleich das Bewußtsein von den Vorzügen einer mit sexuellen Opfern verbundenen guten ›Ernte‹ von Kindern und eines auf Dauer gestellten Ehelebens im Sinne der Demeter thesmophoros.

Von diesem Ende des Buches her wird auch einsichtig, warum Detienne sich von Anfang an die Perspektive der Komödie des 4. Jahrhunderts auf die Adonien zu eigen macht. Die Zuordnung der Adonien zum Feld der »Kurtisanen« war vermutlich keineswegs so dominant, wie es diese Komödie und mit ihr Detienne wollen. Detienne braucht solche Forcierungen, um die Opposition zu den Thesmophorien möglichst scharf ausprägen zu können. Auf dem Altar dieser Binarisierungen werden beide Feste um ihren Doppelcharakter gebracht. Die Adonien hören beinahe auf, Trauerriten um den Verlust des schönen Jünglings zu sein; sie sind nur mehr von der »geräuschvollen Freude der Töchter Adonis'« bestimmt. Umgekehrt wird das Demeterfest der obszön-ausgelassenen Baubo-Dimension beraubt und in eine durchgängige Atmosphäre der Trauer über den Verlust der geraubten Persephone getaucht.[59] In ihrer Einseitigkeit legt die Beschreibung der Adonien nochmals die Mängel der Verführer-These offen. Je mehr nämlich die Adonien ein »Schauspiel weiblicher Zügellosigkeit« sind, je mehr sie gerade das weibliche Begehren entfesseln,[60] desto weniger ist Adonis in dieser Konstellation noch als Verführer zu gebrauchen. Er ist vielmehr allein die passive Projektionsfläche des Begehrens der Aphrodite und der Frauen, die im Ritus ihre Rolle einnehmen.

4. Der gescheiterte Jäger

Zur »Impotenz« des Adonis gehört schon bei Detienne sein Scheitern als Jäger und damit das Verfehlen der herkömmlichen Heroen- und Männerrolle. Tatsächlich figuriert die Jagd auf den Eber, die Adonis den Tod bringt, vielfach als Modell einer ›schweren Aufgabe‹, deren Bewältigung Jünglinge zu Männern und Kriegern macht.[61] Der Eber verkörpert darin als Jagdobjekt, ja, als Feind eben die (kriegerische) Kampfkraft und Männlichkeit, die der Jüngling, indem er den Eber tötet, zu der seinen machen muß.[62] So wird etwa der noch jugendliche Odysseus auf der Jagd von einem großen Eber angegriffen und verletzt; doch tötet er ihn. Die Narbe macht ihn zum Mann, zum potentiellen Krieger und Heros; sie läßt ihn symbolisch um die Kraft des getöteten Tieres wachsen und figuriert später geradezu als sein Erkennungszeichen.[63] Der Adonis-Mythos ist, so gesehen, der Mythos von einer scheiternden Initiation.

Im Interesse seiner These von Adonis, dem Verführer, und seiner Konfrontation zweier Typen der Landwirtschaft hat Detienne das Motiv des gescheiterten Jägers nur am Rande behandelt. Einige neuere Studien legen einen sehr viel stärkeren Akzent auf dieses Element der Adonis-Mythe.[64] Nach verbreiteter Meinung stellen Mythen und Märchen regelmäßig Initiationsriten an der Grenze von Jünglings- und Erwachsenenalter dar.[65] Adonis mißlingt eben dieser Schritt in die sexuelle und soziale Rolle des erwachsenen Mannes. Nach Giulia Piccaluga bezeugt nicht erst sein Tod bei der Eberjagd, sondern bereits die ausschließliche Zuordnung seines Lebens zu den Bereichen Wald und Jagd – Geburt aus dem Baum, Leben und Begegnungen mit Aphrodite stets außerhalb von Städten oder auch nur Siedlungen – das Problematische der Figur. Denn in einer Zeit der gewachsenen Bedeutung von Landwirtschaft und festen Niederlassungen sei das reine Jägerdasein ein zum Scheitern verurteilter Anachronismus.[66] Detiennes These von den Adonien als negativer Darstellung der Vorzüge der Ehe und Burkerts These von den Adonis-Gärten als dem rituellen Vorführen zu vermeidender Pflanzfehler tritt so eine weitere apotropäische Lesart des Adonis zur Seite: seine Mythe ›lehrt‹, wie der Übergang des Jünglings in die Männerrolle scheitern kann.

Die Opposition zum männlichen Helden und Krieger gehört ohne Zweifel zum ›Begriff‹ des Adonis. Die Merkmale »Nicht-Held« (Nicht-Mann, Nicht-Krieger) und »Tod an der Schwelle zum Erwachsenwerden« sind zwei wesentliche Bestimmungen seiner ›floralen‹ Jünglingsschönheit. Eine rein soziologische Deutung des Motivs »gescheiterter Jäger«, die es nicht als Funktion des Hauptattributs »schön« liest, verfehlt aber seinen strukturellen Wert für die Mythe, weil sie die eigentümliche Positivität dieses Scheiterns verfehlt. Sollte Adonis nur illustrieren, wie man nicht erfolgreich zum Mann wird, brauchte er nicht notwendig herausragend schön zu sein. Auch unterweist der Mythos sowenig wie der Ritus darin, wie Jünglinge es ›richtig‹ oder zumindest besser machen können. Denn weder Jagdtechnik noch Jagdverlauf noch irgendein Kampf mit dem Eber werden geschildert, sondern lediglich der Stoß des Ebers in Adonis' Weichen. Die Quellen zu Adonis sprechen im übrigen nirgendwo mit expliziter Geringschätzung von seinem Scheitern als Jäger, sondern schildern ihn eher als einen »brave young hunter«, dem es zwar letztlich an Kraft zum Sieg über den Eber, aber zumindest nicht an Mut mangelt.[67] Joseph D. Reed hat daher in Umkehrung der Scheiternsthese den Tod des Adonis sogar als gelingende Initiation gedeutet – sofern nämlich eine Initiation stets einen (symbolischen) Tod und eine Geburt als neues Wesen enthält. Er hat allerdings gleich selbst hinzugefügt, daß der Mythos keinerlei Anzeichen für die Genese eines ›neuen‹, initiierten Adonis gibt.[68]

Auch aus einem anderen Grund ist das Versagen bei der Eberjagd weit mehr und anderes als nur ein negatives Beispiel, wie der Übergang ins Mannesalter möglichst nicht aussehen sollte. Denn Adonis gilt nicht nur bei Frauen, sondern auch bei antiken Männern als durchaus positives Muster dessen, wie ein begehrenswerter Jüngling aussehen sollte.[69] Bezieht man die Merkmale »Nicht-Männlichkeit« und »frühzeitiger Tod« auf die perfekte Schönheit des Adonis, so konfrontiert die Mythe ihren jugendlichen männlichen ›Leser‹ mit einer tiefen Ambivalenz: Einerseits ist diese Schönheit ein durchaus positiver Wert, der Auszeichnung und Begehrtwerden konnotiert; andererseits scheint etwas an dieser Schönheit selbst den frühzeitigen Tod zu begünstigen. Natürlich wollen und sollen alle Jünglinge möglichst die Eberprobe bestehen; aber sie wollen und sollen auch gern so strahlend-schön sein wie Adonis. Der Mythos lehrt nichts darüber, wie sie beides vereinen können oder ob sie auf das eine verzichten müssen, um das andere zu erreichen. Er verfehlt damit die orientierende Rolle, die vom Mythos einer scheiternden Initiation zu erwarten wäre.

Mehr noch: Weit entfernt, in den Adonis-Riten mit Gefahren ihrer eigenen Initiation in die Rolle des Mannes konfrontiert zu werden, waren pubertäre, noch nicht erwachsene Jünglinge von diesen Riten – die vermutlich zugleich der Hauptanlaß zum Wiedererzählen des Adonis-Mythos waren – gerade vollständig ausgeschlossen. Nicht sexuell unreife Jünglinge, sondern sexuell reife Frauen sind die Agenten und zugleich das Hauptpublikum dieser Riten. Die abstrahierende Fokussierung auf das Merkmal »gescheiterter Jäger« macht aus dem idealen Objekt weiblichen Begehrens eine rein innermännliche Unterweisung, eine Geschichte *von* einem jungen Mann *für* junge Männer. Außerdem vernachlässigt sie völlig ein wesentliches Merkmal der Zugehörigkeit zum Jagdkreis, das dem Mythos von der Jagdgöttin Artemis entstammt und gerade für Figuren wie Adonis und Narcissus von offenbarer Bedeutung ist: nämlich die Neigung zu sexueller Abstinenz, zu ›Keuschheit‹.

5. Adonis als ödipale Phantasie

Eine reine Funktion der männlichen Psychohistorie ist der Adonis-Mythos auch für die einzige strikt psychoanalytische Interpretation, die bislang gegeben wurde. Freuds kurze Bemerkung zu Adonis bleibt einerseits ganz Frazers Synkretismus verhaftet und spricht summarisch von den »Göttergestalten des Attis, Adonis, Tammuz u. a.«; sie bestätigt auch Frazers »Vegetationsgeister«-Hypothese wie etwas Selbstverständliches. Andererseits eröffnet Freud mit einem bloßen »zugleich« – und ohne jeglichen Versuch der Harmonisierung mit Frazers Deutung – eine völlig andere Perspektive. Adonis ist nur eine weitere der vielen Weisen, in denen alle Söhne Wiedergänger des Ödipus sind:

Mit immer größerer Deutlichkeit tritt das Bestreben des Sohnes hervor, sich an die Stelle des Vatergottes zu setzen. Mit der Einführung des Ackerbaues hebt sich die Bedeutung des Sohnes in der patriarchalischen Familie. Er getraut sich neuer Äußerungen seiner inzestuösen Libido, die in der Bearbeitung der Mutter Erde eine symbolische Befriedigung findet. Es entstehen die Göttergestalten des Attis, Adonis, Tammuz u. a., Vegetationsgeister und zugleich jugendliche Gottheiten, welche die Liebesgunst mütterlicher Gottheiten genießen, den Mutterinzest dem Vater zum Trotze durchzusetzen. Allein das Schuldbewußtsein, welches durch diese Schöpfungen nicht beschwichtigt ist, drückt sich in den Mythen aus, die diesen jugendlichen Geliebten der Muttergöttinnen ein kurzes Leben und eine Bestrafung durch Entmannung oder durch den Zorn des Vatergottes in Tierform bescheiden. Adonis wird durch den Eber getötet, das heilige Tier der Aphrodite; Attis, der Geliebte der Kybele, stirbt an Entmannung.[70]

Springt schon Frazer äußerst freihändig mit den antiken Quellen um, so nähert sich Freuds einzige Bemerkung zu Adonis einer freien Affabulierung, die jedes Interesse an der Überlieferung zugunsten der wiederholten Bestätigung eines psychoanalytischen Kernmythos vermissen läßt. Der mythische Adonis »getraut« sich nirgends »neuer Äußerungen seiner inzestuösen Libido«. Seine leibliche Mutter Myrrha hat er bereits bei seiner Geburt verloren, und Aphrodite mag zwar die Doppelrolle der Liebhaberin und der symbolischen Mutter des Jünglings spielen, aber sie ist keineswegs eine »Muttergöttin« oder gar eine Gestalt der »Mutter Erde«. Freud verwischt hier die Opposition von Aphrodite und Demeter, die Detienne als zentral für die Codierung des Adonis-Mythos erwiesen hat. Zwar könnte Adonis' mehr oder weniger erzwungener Aufenthalt bei Demeters Tochter Persephone Freuds Verbindung zur »Mutter Erde« stützen, aber der Kult bestimmt Adonis eindeutig als prioritär zu Aphrodite gehörig. Außerdem kennt der Mythos ihn allein als Jäger, nie dagegen als ackerbauenden Sohn, der auf dem Feld symbolisch Inzest mit der »Mutter Erde« begeht. Schließlich läuft die Vater-Allegorese des Ebers gerade bei Adonis eigentümlich ins Leere: sein Vater Kinyras will allein die Mutter töten und überläßt den illegitimen Sohn Adonis ganz seinem Schicksal als Waisen- und Findelkind; und von der Seite der Aphrodite kommt ebenfalls keine strafende Vaterfigur vor. Zur aphroditischen Leidenschaft für den schönen Jüngling paßt weit besser die antike

Allegorese, die im kastrierenden Eber die Verkörperung eines eifersüchtigen Liebhabers (Ares) sah.

Georges Devereux hat Freuds improvisierte – und nur eher beiläufig formulierte – Abstraktionen nochmals verallgemeinert. Er hat die Liebesverhältnisse zwischen Göttinnen und jungen Männern generell als Inzestphantasien gedeutet. Die Göttin – das ist für ihn die große starke Mutter, wie sie tendenziell jedem Infans in seiner Geschichte begegnet.[71] Und Venus' Schönheit ist nichts als die Projektion ihrer Macht. Devereux berichtet den Fall eines kleinen Jungen, der im Kaufhaus seine Mutter verloren hat. In seinem Schrecken erinnert er sich nicht an den Namen und weiß letztlich nur so viel zu sagen, daß seine Mutter die schönste Frau im ganzen Kaufhaus sei. Als die Mutter sich meldet, erweist sie sich jedoch als ausgesprochen »laide, verruqueuse etc.«. Mit der außerordentlichen Schönheit der göttlichen Geliebten, so Devereux, verhält es sich nicht anders: sie ist eine Funktion der Mutterimago des jungen Knaben.[72] Daß Beziehungen zu älteren Göttinnen junge Männer regelmäßig mit Tod oder Impotenz bedrohen, reflektiert dann das Inzesttabu, das im Namen des Vaters solche Beziehungen verbietet. Daher die Angst des Odysseus vor der Umarmung der Kirke, die Angst des Anchises nach dem Geschlechtsverkehr mit Aphrodite, das Verbringen des Tithonos, des Geliebten der Göttin der Morgenröte (Eos), in ein Jenseits von Göttern und Menschen, daher die Kastration des Adonis.[73] Anders als bei jungen Frauen, die ihre infantilen Vaterwünsche vermeintlich unproblematisch mit einem älteren Mann ausleben können,[74] mache die Vorstellung des Inzests mit der Mutter den jungen Mann tendenziell impotent: »La cohabitation entre une femme mûre et un homme bien plus jeune tend à infantiliser l'homme. Elle semble le priver de sa masculinité.«[75] Der Adonis-Mythos stellt insofern einen Kompromiß zwischen ödipalem Inzestwunsch und seiner kulturellen Zensur dar.

Der Mythos von dem weiblichen Begehren eines schönen und sexuell unaggressiven jungen Mannes wird so zum Mythos von einem rein männlichen Wunschbild; Myrrhas und Venus' provozierende Rollen als erotische Subjekte werden zu reinen Objektrollen normalisiert. Nach der Logik von Verschiebung und Umkehrung als Arbeitsweisen des Unbewußten ist eine solche

Transformation auch durchaus psychoanalytisch begründbar. In diesem Sinne kann etwa auch Myrrhas inzestuöse Begierde nach ihrem Vater als entstellter Inzestwunsch des Kinyras selbst gelesen werden: Da er vorgeblich nichts weiß, kann er den Inzest ›gewissenfrei‹ genießen und im nachhinein Schuld und Strafe auf die Tochter abwälzen.[76] Für die Adonien ergibt sich unter der Voraussetzung solcher direkten Inversionen aber das wenig wahrscheinliche Resultat, daß die klagenden und feiernden Frauen – das sicherste Datum der gesamten Überlieferung – nicht eigene Nöte und Wünsche, sondern die Inzestphantasien ihrer in der Regel nicht anwesenden Söhne ausagiert haben. Auch fällt das Hauptmerkmal des Adonis, seine Schönheit, aus Devereux's Deutung völlig heraus; ja, es wird nicht einmal erwähnt. Schönheit kommt vielmehr allein als Schönheit der Frau und projektive Eigenschaft der Mutter vor. Die Umkehrung der traditionellen Geschlechterrollen und das Besondere eines Mythos von männlicher Schönheit sind vollständig zugunsten einer orthodox phallozentrischen Lesart eliminiert.

6. Adonis in den neueren Gender Studies

Es bedurfte des Feminismus und der Gender Studies, um einige grundlegende Beobachtungen an den Überlieferungen zu Adonis zu machen. Mit Ausnahme einer Handvoll Verse bei Sappho und Praxilla sind sämtliche Zeugnisse von männlicher Hand. Was die Frauen, die Adonis feierten und beklagten, dabei dachten, fühlten und zu tun glaubten, ist daher fast völlig unbekannt. Die männlichen Zeugnisse von den Adonien sind von Anfang an von Zügen des Unbehagens am weiblichen Treiben, ja von ausdrücklicher Mißbilligung geprägt. Aus der Perspektive männlicher Ordnungsrepräsentanten schildert Aristophanes die »trunkenen Weiber«, die »Adonis, weh!« rufen, als skandalösen Angriff auf die öffentliche Ordnung, ja, als Schwächung des Staates bei wichtigen Entscheidungen über Krieg und Frieden;[77] Plato benutzt die Ökonomie der Adonis-Gärten als Muster dessen, was ein um Produktivität und Ertrag bemühter Mann tunlichst vermeidet.[78] Das Gefüge der Geschlechterbeziehungen selbst scheint während der Adonien aufgehoben. Die normale sexuelle Karriere eines Athener Mannes begann regelmäßig mit der sexuellen Initiation durch einen älteren Mann, verlegte sich danach auf Prostituierte und wandte sich im reiferen Alter außer auf Hetären wiederum auf junge Männer. Ehefrauen wurden, oft ohne vorherige Bekanntschaft, in erster Linie zum Zweck der Zeugung des legitimen Nachwuchses genommen; darüber hinaus gab es mit ihnen offenbar wenig sexuelle oder sonstige Intimität. Auch waren die Ehefrauen, anders als die Hetären, mit der Ausnahme einiger Kulte vom sozialen Leben außerhalb des Hauses kategorisch ausgeschlossen. Prügel und schlechte Behandlung (*kakosis*) durch die Ehemänner scheinen so regelmäßig gewesen zu sein, daß Ehefrauen schließlich ein förmliches Klagerecht gegen dieses Delikt eingeräumt wurde.[79]

Angesichts dieser trostlosen Situation liegt ein Doppeltes nahe. Für die Frauen waren die Adonien ein dringend benötigtes Ventil, nach Eva C. Keuls gar »the only form of self-expression developed by Athenian women«:[80] »In bemoaning the death of Adonis, Athenian women lamented their own, loveless lives.«[81] Die Aphrodite-Rolle, die sie gegenüber den puppengroßen Bildern des schönen Geliebten spielten, war nicht zuletzt ein »escapist outlet«[82] gegenüber der Wirklichkeit der Ehe mit einem typischen Athener Phallokraten; die Adoniazusen »mourn forbidden fruit – the fantasy lover that society had deprived them off, and those frontiers of desire they will never know«.[83] Den Männern dagegen konnte es nicht angenehm sein, das begehrte Gegenbild ihrer selbst vorgeführt zu bekommen; daher die durchgehenden Züge von Abwehr und Kastrationsangst angesichts der ihr eigenes Begehren und damit auch sich selbst artikulierenden Frauen.

Einige Züge der Adonis-Überlieferung können geradewegs als Kompromißbildungen zwischen der weiblichen Praxis und der männlichen Perspektive darauf gelesen werden. Für die Frauen mag die Schüchternheit, Passivität und mangelnde Kampfkraft des Adonis zum Bild des »timid, young lover«[84] gehören; Männer konnten dies dagegen so wenden, daß Adonis gar kein Mann und also auch keine ernstzunehmende Bedrohung ihrer phallischen Identität sei. Gleiches gilt für die orientalisierenden Züge seiner Herkunft aus Arabien, seines (vielleicht) phönizischen Namens und seines duftenden ›weichen‹ Wesens: Für die

Frauen mag ihn dies als Gegen-Mann, als erwünschte kulturelle Andersheit ausgezeichnet haben; Männer konnten ihn anhand der gleichen Elemente dagegen leichter als Nicht-Grieche und Nicht-Mann dequalifizieren.[85] Trotz oder gerade wegen dieser orientalisierenden Züge bleibt Adonis eine griechische Figur; denn selbst die Orientalisierung dient einer innergriechischen Polemik. Im übrigen zeigen die bildlichen Darstellungen des Adonis auf Vasen keine Abweichungen vom rein griechischen Ideal schöner Jünglinge. Und dies bleibt denn auch der Punkt, in dem die weibliche und die männliche Perspektive sich treffen. Schön und begehrenswert erschien er beiden Geschlechtern; Männer schufen und kauften Vasen, auf denen der passive Adonis als »pin-up«, als paradigmatisch schöner Jüngling abgebildet war – und dies offensichtlich »not to effeminize and belittle him, but to celebrate his ephebic gorgeousness, employing a well-established pattern of homosexual acclamation«.[86] Nicht nur sein Aussehen, auch sein Verhalten entsprach dem, was ältere Männer von schönen Jünglingen aus gutem Hause erwarteten: diese sollten sexuell eher spröde und passiv sein, denn sonst wurden sie leicht der verpönten Gruppe männlicher Prostituierter zugerechnet.[87] Das männliche Begehren adonisgleicher Jünglinge milderte allerdings nicht den Interessenkonflikt um die weiblichen Adonien. Es mag eher ein weiterer Grund gewesen sein, warum die Athener Männer es offenbar als Ärgernis betrachteten, daß ihre Frauen einmal im Jahr wenn schon nicht die wirklichen Jünglinge, dann zumindest die symbolische Position »Adonis« für sich reklamierten. Vor diesem Hintergrund haben Feminismus und Gender Studies bislang drei Deutungen des Adonis hervorgebracht.

a. Adonis als Lachanlaß

Nach John J. Winkler machen sich die Frauen im Pflanzen der Adonis-Gärten über die uneingestandenen Schwächen der Männer lustig – über ihre (Kastrations-)Angst vor der starken und aktiven Frau, ihre (vermeintlich) nur untergeordnete Rolle in Fortpflanzung und Landwirtschaft und schließlich ihre bescheidene sexuelle Potenz:

What the gardens with their quickly rising and wilting sprouts symbolize is the marginal or subordinate role that men play in both agriculture (vis-à-vis the earth) and human generation (vis-à-vis wifes and mothers). So I would suggest that in the growing and wilting of the sprouts we can see [. . .] a sexual joke of the sort for which other women's festivals were a primary location. One may detect a small gleam of misandric humor about men's sexuality as a thing which disappears so suddenly: »O woe for Adonis!« Poor little thing, he just had no staying power.[88]

Diese Deutung setzt auf dem Nenner mangelnden Standvermögens nicht nur den vermeintlichen Gegen-Mann Adonis mit den ›wirklichen‹ Männern gleich. Sie reduziert zugleich die Momente der Ausgelassenheit und des Lachens in den Adonien auf ein banales Auslachen. Und sie verfehlt in der ausschließlichen Orientierung an männlicher Unfruchtbarkeit und Impotenz auch ganz die Schönheit und Anziehungskraft, mit denen Adonis die vermeintlich überlegenen Frauen in seinen Bann zieht (und die allein – keineswegs aber irgendwelche Mängel – den Gegenstand und den affektiven Tenor der überlieferten Klagen ausmachen). Die komplexe Konfiguration dieser Merkmale weicht einer einfachen Erzählung von den bedauerlichen Schwächen der Männer und der provokativen Selbstaffirmation weiblicher Stärke.

b. Adonis als alternatives Sexsymbol

Eva C. Keuls hat der Schwäche des Adonis und der Adonis-Pflanzen eine beinah entgegengesetzte Deutung gegeben. Adonis ist für sie genau das, wozu er in der griechischen Komödie teilweise wurde: »the archetype of the gentle, timid young lover, [. . .] the comic young man in love who needs the machinations of the ›cunning slave‹ to help him reach consummation of his erotic desires. [. . .] He is the spiritual ancestor of Romeo and Rudolfo Valentino.«[89] So evokativ diese Abstammungslinie, näherer Überprüfung hält sie nicht stand. Romeo, der auf dem Fest der befeindeten Familie seiner Giulietta sofort eine extrem direkte Liebeserklärung macht, wenig später ihren Balkon erklettert, eine voreheliche Nacht mit ihr verbringt und gleich mehrere kampfstarke Männer erschlägt, fällt kaum ins Fach des schüchternen Liebhabers und ›soften‹ Adonis. Er ist vielmehr, woran es dem passiven und sprachlosen Adonis völlig mangelt: ein zugleich leidenschaftlicher, äußerst aktiver, eloquenter und ›romantischer‹ Liebhaber. Und wer wäre in der mythischen Überlieferung des Adonis die Bediente, die seinen unbeholfenen Wünschen nachhilft – Wünschen im übrigen, von denen die Mythe, anders als bei seiner Mutter Myrrha, rein nichts berichtet? Wenig besorgt um die mythische Überlieferung löst Keuls auch das Problem der offenbaren Unfruchtbarkeit ihres »gegenkulturellen Sex-Symbols«.[90] Adonis, so versichert sie in freier Ergänzung der Überlieferung, sei zwar »unfruchtbar«, aber zugleich »potent, sogar exzessiv potent« gewesen.[91] Bei ihm blieben, wie sie zu »glauben« bekennt, keine weiblichen Wünsche offen: »Adonis [...] ließ die Frauen Orgasmen haben.«[92] Ist Adonis einmal als Wunschobjekt weiblichen Begehrens erkannt, liegt es durchaus nahe, ihm außer seiner Schönheit auch alle möglichen anderen wünschenswerten Eigenschaften zuzusprechen. Der Mythos selbst tut dies aber nicht, und die empirische Erforschung einer Wunschlogik sollte ihrerseits nicht reines Wunschdenken werden, sondern so genau wie möglich die Daten der Überlieferung studieren.

Eva Stehle hat der gleichen Kernthese – der Mythos von Aphrodite und Adonis als Wunschbild anderer als rein männlich dominierter Geschlechterbeziehungen – eine sehr viel subtilere Formulierung gegeben.[93] Wie schon Devereux versucht sie an den Beziehungen von Kirke und Odysseus, Eos und Tithonos, Aphrodite und Anchises usw. ein allgemeines Muster der »Fantasies of a Goddess and a Young Man« herauszuarbeiten. Devereux hatte dieses Muster allein von der Seite des Jünglings her gedacht: als klassischen Fall einer männlichen Inzestphantasie. Stehle dagegen sieht in den Beziehungen von Göttinnen und jungen Männern ein utopisches Wunschpotential, letztlich die Präfiguration eines modernen (romantischen) Liebesideals, in der auch die Frauen als erotische Subjekte vorkommen und Reziprozität an die Stelle der einfachen Hierarchie von männlich und weiblich tritt. In solchen Beziehungen kann der »Phallus« – verstanden als die Instanz des begehrenden Blicks[94] (phallic gaze) – ebenso auf der Seite der Frau wie auf der des Mannes lokalisiert werden. Die Ausbalancierung der hierarchischen Opposition männlich vs. weiblich durch die invers verteilte Opposition göttlich vs. menschlich eröffnet einen Spielraum, in dem beide Oppositionen zugunsten unhierarchischer Muster erotischen Begehrens suspendiert werden.

Keine der überlieferten Beziehungen von Göttinnen und jungen Männern kann allerdings tatsächlich als Muster glücklicher wechselseitiger Liebe gelten. Stehle begründet dies damit, daß die Mythen aus ideologischen Gründen die Möglichkeit anderer Geschlechterbeziehungen – und insbesondere der »sexuell aktiven Frau, die den Phallus kontrolliert«[95] – nur flüchtig aufscheinen lassen können, um sie sogleich wieder im Interesse der geltenden Hierarchie von männlich und weiblich zu neutralisieren.[96] Ein Modus dieser »Anpassung« bzw. ideologischen »Schließung« (closure) sei das Schwangerwerden der Göttin: damit werde der Ort des Phallus wieder auf der Seite des Mannes stabilisiert und die Göttin, subsumiert unter die Kategorie Mutter, »innerhalb des Patriarchats plaziert«.[97] Ein weiterer Modus der »Anpassung« sei die Entmachtung der phallischen Frau sei's durch das vorgängige oder zumindest nachträgliche Einfordern expliziter Nicht-Kastrationszusagen durch die ängstlichen Männer (Odysseus bei Kirke, Anchises bei Aphrodite), sei's durch das allenfalls halbherzige Sich-Einlassen der Männer und ihren erfolgreichen Wunsch, der bedrohlichen Macht der Göttinnen zu entkommen (wiederum der Fall von Odysseus und Kirke). Im Interesse ihrer »sexuellen Autonomie« und phallischen Rolle ziehen Odysseus und Anchises deshalb auch vor, nicht immortalisiert zu werden: sie wollen lieber sterblich bleiben, als für immer in der Gewalt der phallischen Frau sein.[98]

Am Adonis-Mythos diagnostiziert Stehle unter diesen Voraussetzungen ein besonderes Maß an Nicht-Anpassung an traditionelle Hierarchien. Daß Aphrodite nicht schwanger wird, heißt demnach, daß sie nicht ihre eigene phallische Rolle sogleich wieder an die Unterordnung unter den männlichen Phallus in der Mutterrolle abtreten muß. Die in Hesiods *Theogonie* erwähnten Vereinigungen von Göttinnen und jungen Männern seien dagegen »alle fruchtbar«.[99] Die einzige Ausnahme dort: die Beziehung von Aphrodite und Phaon (der seit Sappho vielfach mit Adonis zusammengedacht worden ist). Die phallische Impotenz des Adonis erscheint so als eine besonders utopische Potenz des Mythos, weil sie Aphrodite die Einordnung in das Regime des männlichen Phallus erspart. Nicht nur für Adonis, auch für diejenigen menschlichen Liebhaber von Göttinnen, die Kinder zeugen, ist dieses Argument allerdings wenig stichhaltig. Es fehlt jeder Hinweis darauf, daß Aphrodites Schwangerschaften sich irgend einschränkend auf ihr ›phallisches‹ Verhalten als Göttin der Liebe ausgewirkt hätten. Göttliche Schwangerschaften sind darin, wie auch in anderen Hinsichten, von menschlichen grundverschieden; auch hat sich Aphrodite ohnehin nie durch ›bürgerliche‹ Mutterpflichten einengen lassen.

Die zweite Form ideologischer »Anpassung« sexueller Alteritätsmythen an die gegebene männliche Ordnung ist bei Adonis geradezu vorbildlich gegeben: er verhält sich erotisch völlig passiv und scheint lieber den Tod auf der Eberjagd zu suchen, als in den Armen der übermächtigen Göttin zu verweilen. Dennoch hält Stehle daran fest, in der Beziehung von Adonis und Aphrodite ein Wunschbild »wechselseitiger erotischer Beziehungen«[100] zu sehen. Zu diesem Zweck muß sie das mythische Material in einem wesentlichen Punkt ›korrigieren‹: Der endgültige Tod durch den Eber darf, da er die Möglichkeit der gewünschten Beziehung sogleich wieder »schließen« würde, nicht Teil des ›ursprünglichen‹ Mythos sein. Stehle vermutet deshalb – und zwar allein mit Rücksicht auf die »coherence of the plot« in ihrem eigenen Verständnis –, daß der letzte Satz in Apollodorus' Wiedergabe von Panyassis Adonis-Erzählung gar nicht von Panyassis stammt, sondern von Apollodorus fälschlich – in Kontamination mit späteren Überlieferungen – hinzugefügt worden sei.[101] Wenn man diese kühne These akzeptiert, dann ist Adonis gar nicht gestorben, sondern lediglich vorübergehend von seiner Geliebten getrennt worden. Dann gelte: »Panyassis left his narrative undecided between rendering Adonis ›impotent‹ (so as to recuperate the male/female hierarchy) and joining him with Aphrodite (so as to imply the irrelevance of the phallus).«[102]

Stehle unternimmt mithin alles, um »Adonis's passivity, the absence of the phallus« nicht als Mangel an »mutual desire« erscheinen zu lassen.[103] Ihre freundliche Utopie von starken begehrenden Frauen und »submissive but responsive men«[104], die auf den phallischen »Blick« der Göttin nicht mit Kastrationsangst, sondern mit einem »luxuriant yielding to a sexual mother-

figure«[105] reagieren, macht den Adonis-Mythos zum Gegenpol
etwa der Vorstellung von den Amazonen, »dominant females
who would catch males, use them for impregnation, and destroy
them afterward,«[106] oder von der »praying mantis, that insect
that eats the male while copulating«.[107] Je größer das gegenkul-
turelle Potential des Adonis-Mythos, desto dringlicher muß, so
Stehle, aber auch hier ein Normalisierungsmechanismus die Provokation mildern. Ebendies leiste der Umstand, daß Adonis
auch homosexuell begehrt werde: »If a man who is subordinate
to a goddess is also subordinate to another man, then his position
with respect to the goddess does not establish a model of female
control that would threaten the male/female hierarchy.«[108] Tatsächlich erwähnen spätere Quellen, daß Adonis auch von
Apollo, Dionysos und Herakles begehrt worden sei. Die älteren
Varianten des Mythos kennen aber nichts dergleichen. Mehr
noch: Anders als bei Narcissus, Hyakinthos oder Ganymedes
fehlt in den Erzählungen von Adonis sogar jeder Hinweis auf
das normative Muster homosexueller Jünglingsliebe. Wiewohl
auch für Männer begehrenswert, ist Adonis durch Mythos und
Ritus weniger homosexuell konnotiert als irgendein anderer der
schönen mythischen Jünglinge. Stehles These von Adonis' Ho-
mosexualität als Normalisierungsmuster ruht daher auf ähnlich
schwachen Füßen wie die »Phantasie« wechselseitigen Begehrens zwischen den Geschlechtern, deren ideologischer »Schließung« sie dienen soll. Adonis ist ein Inbegriff begehrenswerter
Schönheit, aber als angstfrei sich hingebender Liebhaber einer
starken Frau kann er ebensowenig durchgehen wie als Modell-
fall für utopisches wechselseitiges Begehren oder als superpo-
tenter, wiewohl aus unerfindlichen Gründen zugleich steriler
Romeo.[109] Einleuchtend bleibt gleichwohl der basale Befund,
den die feministischen Deutungen gleichermaßen mit Aristophanes wie mit Detiennes Lesart teilen: daß Adonis wesentlich
Korrelat eines temporär entregelten, provokativ sich selbst be-
kräftigenden weiblichen (Auf-)Begehrens ist. Nur scheint der
antike Mythos durchaus nicht – oder nur um den Preis massiver
›Korrekturen‹ an der Überlieferung – auf heutige Wunschvor-
stellungen von ›anderen Männern‹ normalisierbar zu sein.

7. Bisherige Deutungen der inzestuösen Genealogie des Adonis

Die meisten Quellen zu Adonis stimmen darin überein, den hervorragend schönen Jüngling aus einem Inzest hervorgehen zu lassen. Ein erstes Erklärungsmuster dafür hat Engel angeboten: »Der Grund zu der Blutschande, in welcher Adonis gezeugt wird, kann in einer mystischen Vorstellungsweise liegen, nach welcher bedeutende chthonische Gottheiten nur durch einfache Zeugung ans Licht treten.«[110] Adonis sei eine solche »einfache«, autochthone Selbstfortsetzung seines Vaters Kinyras. Denn an beiden »haften dieselben Eigenschaften«:[111] Nach Ausweis einiger Quellen soll auch Kinyras hervorragend schön, von Aphrodite begehrt und sogar ihr Geliebter gewesen sein.[112] »Im Kultus«, so Engel, soll Adonis gar »mit Kinyras völlig zusammenfallen.«[113] Überzeugende Belege dafür fehlen allerdings. Engel unterstellt nicht, daß Adonis aus der Beziehung von Kinyras und Aphrodite hervorgegangen sei – was die Problematik des Inzests noch verstärken würde. Er sieht vielmehr in Adonis, trotz aller im Mythos niedergelegten Unterschiede, eine Art »einfacher« Selbstduplikation des Kinyras, und der Inzest mit seiner Tochter soll lediglich verhüllt diese »chthonische« Selbstfortzeugung darstellen. Nun ist Inzest offensichtlich nicht eine »einfache Zeugung«, da er zwei Partner erfordert. Aber das Merkmal, daß beide Sexualpartner *einer* Familie angehören, macht ihn in Engels Auffassung offenbar zu einer verschobenen Deckerinnerung der durchaus andersartigen Eingliedrigkeit der »einfachen Zeugung«. Warum der Mythos einen solchen Umweg einschlagen sollte – zumal der Inzest als Skandal erscheint, die »einfache Zeugung« dagegen nicht –, bleibt ebenso ungeklärt wie die Frage, was mit einer solchen These für die Deutung des Adonis-Mythos gewonnen ist, außer daß der Inzest wegerklärt wäre. Im übrigen ist mehr als fraglich, daß Kinyras wie Adonis überhaupt »bedeutende chthonische Gottheiten« genannt werden können.[114]

Charles Vellays Deutung des Inzests teilt Engels Grundannahme, daß »Kinyras und Adonis nur dieselbe Gottheit unter verschiedenen Namen sind.«[115] Vellay beschreibt die Selbstfortzeugung dieser beiden aber nicht mit dem Modell der »einfachen«, eingeschlechtlichen, sondern der androgynen Zweigeschlechtlichkeit; der Inzest sei »nichts als eine Entstellung dieser primitiven Idee« eines »sich selbst schaffenden Gottes, der gleichzeitig das männliche und das weibliche Prinzip besitzt«. Damit wird der Inzest zur entstellten Spur von etwas erklärt, für das es in der Überlieferung nur sehr wenig Anhaltspunkte gibt. Kinyras hat in den weitaus meisten Quellen wenig Androgynes, gar Weibliches. Er ist ein durchaus ›männlicher‹ und sprichwörtlich reicher König und Herrscher, ja, ein mythischer Proto-Herrscher und Kulturstifter Zyperns überhaupt, um den – wie Pindar sagt – »vielfach Sagen rauschen«.[116] Die Homerische *Ilias* erwähnt ihn als Unterstützer des griechischen Kriegszugs gegen Troja. Agamemnon trägt stolz einen kostbaren Brustpanzer, »welchen Kinyras einst als Gastgeschenk ihm gegeben.«[117] Nach späteren Überlieferungen war Kinyras nicht nur Aphrodites Geliebter, sondern auch Vater eines Sohns mit ihr; außerdem soll er – nach übelmeinenden Quellen, um eine einfache Prostituierte zu nobilitieren – die heilige Tempelprostitution auf Zypern eingeführt, seinerseits am meisten davon Gebrauch gemacht und sogar seine eigenen Töchter diesem Kult unterworfen haben.[118] Selbst die positivste Lesart des Kinyras, wie sie Engel interpoliert, vermag letztlich nicht gravierende Differenzen zwischen ihm und seinem Sohn zu verwischen. Pindars auf Kinyras gemünzten Ausdruck »ἱερεύς κτίλος (sanfter, zahmer Priester bzw. Priester mit Flaumbart)«[119] liest Engel zunächst als Indiz des jungen Alters, in dem Kinyras den Kult der Aphrodite begann: als »im zarten Alter gepflegter Priester der Aphrodite«, als »Opferknabe«.[120] Er wendet das Attribut aber zugleich in eine allgemeine Wesensaussage, indem er es direkt mit einer Reihe von Merkmalen zusammendenkt, die Lukian mehr als sechshundert Jahre später dem Kinyras beigelegt hat.[121] Danach ist Kinyras, wie Sardanapal und der Dichter Agathon, »ein schöner, weichlicher, zierlicher, von Salben glänzender und geputzter Mensch.«[122] Engel sieht darin nicht sosehr eine Verbindung von Schönheit und (moralischer wie physischer) Schwäche, sondern allein den begünstigten Diener der Aphrodite, dessen Schönheit mit »Weisheit und Verstand« gepaart gewesen sei. Anders als der phrygische König Midas sei Kinyras daher »Herr seiner Schätze« geblieben, Begründer eines ganzen Priester- und

Königsgeschlechts (der Kinyraden) gewesen – manche Quellen sprechen ihm allein fünfzig leibliche Töchter zu – und habe als Inbegriff »eines reichen und glücklichen Herrschers« gegolten.[123] Auch Ovid greift den Topos des glücklichen Kinyras noch im Straucheln dieses Glückes auf: Kinyras, so Ovid, hätte zu den Glücklichen (inter felices) gehört, wäre er nicht mit der Tochter Myrrha geschlagen worden.[124] Schließlich: Während es für Mythos und Kult des Adonis unabdingbar ist, daß er jung stirbt, wird Kinyras ein besonders hohes Alter von bis zu 160 Jahren nachgesagt.[125] Das Attribut des »weiblichen Gesichtes«, das sich so im übrigen nur bei Lukian findet, macht aus Kinyras daher insgesamt noch keinen bloßen Vorläufer des in der Tat androgynen Adonis. Die Merkmale Reichtum, Herrschermacht, Weisheit, Glück, hohes Alter und – nicht zuletzt – vielfache Vaterschaft finden sich auf der Seite des Sohnes des Kinyras so wenig wieder, daß der schöne Adonis darin geradezu als die Inversion seines Vaters erscheint. Der Versuch, den Skandal des Inzests in eine frauenlose, »einfache« bzw. androgyne Selbstduplikation von Vater und Sohn umzudeklarieren, trägt diesen Zügen direkter Opposition keinerlei Rechnung.

Unter dem Titel »Quae contra fas concuberunt« gibt Hyginus in seiner 253. »fabula« eine Liste bekannter Inzeste hochstehender, oft königlicher Väter und Töchter in der Antike. Frazer hat in diesen Inzesten die Notlösung für ein ganz praktisches Herrschaftsproblem gesehen:

In countries where the royal blood was traced through women only, and where consequently the king held office merely in virtue of his marriage with an hereditary princess, who was the real sovereign, it appears to have often happened that a prince married his own sister, the princess royal, in order to obtain with her hand the crown which otherwise would have gone to another man, perhaps to a stranger. May not the same rule of descent have furnished a motive for incest with a daughter? For it seems a natural corollary from such a rule that [. . .] if the king desired to reign after his wife's death, the only way in which he could legitimately continue to do so was by marrying his daughter.[126]

Auf Kinyras und den griechischen Adonis-Mythos treffen alle diese Spekulationen jedoch offenbar nicht zu. Kinyras unterlag weder dem Gesetz matrilinearer Herrschaftsbegründung, noch war seine Frau zum Zeitpunkt des Inzests gestorben. Nach Frazers Deutung wäre die Bindung des Adonis an Myrrhas Inzest im übrigen kein integraler Zug des Mythos, sondern allein eine zufällige Koinzidenz mit einem ganz andersartigen praktischen Problem, das Kinyras nur durch die Heirat der eigenen Tochter lösen konnte. Jeder Anstoß ist damit glücklich neutralisiert: Der Skandal des Inzests ist gar kein Skandal, sondern ein leidlicher Notbehelf, und er hat mit der Schönheit des Adonis nichts zu tun.[127]

8. Adonis zwischen Apollo und Dionysos

Plutarch berichtet, daß man zu seiner Zeit (Mitte bis Ende des ersten nachchristlichen Jahrhunderts) Adonis vielfach für eines Wesens mit Dionysos gehalten habe; er erklärt dies mit der Ähnlichkeit der Festgebräuche.[128] Um die Ähnlichkeit von Adonien und Dionysien zu erhärten, hat Engel auf die Tendenz zu »Sinnenrausch, Unzucht und Völlerei« und insbesondere die Hochkonjunktur von Prostitution an solchen Festen hingewiesen.[129] Belege dafür sieht er allerdings erst »seit den letzten Zeiten vor Christus« und insbesondere im dritten nachchristlichen Jahrhundert. Lukians Schrift *De syria dea* schildert drastisch die orgiastischen Züge der phönizischen Adonien zu Byblos und Aphaka. Plutarch überliefert außerdem eine Erzählung des Phanokles, wonach Dionysos sich in Adonis verliebt und ihn geraubt haben soll.[130] Analog wurden Verse des Komikers Platon (5. Jhd. v. Chr.) über zwei nicht namentlich genannte Gottheiten, die Adonis geliebt haben sollen, später so ausgelegt, daß es sich dabei um Aphrodite und Dionysos handle.[131]

Detiennes Beschreibung der älteren Adonien des vierten Jahrhunderts enthält durchaus bereits einige der Elemente, die es der späteren Antike erlauben konnten, »Dionysos und Adonis für völlig gleich zu achten«:[132] namentlich die »geräuschvolle Lust« der feiernden Frauen, die Entregelung des weiblichen Begehrens, das »Schauspiel weiblicher Zügellosigkeit«.[133] Das klagende Schwelgen in der Konfiguration von perfekter abstrakter Schönheit und Dem-Tod-Anheimgegebensein verstärkt von der elegischen Seite des Kults her die ›dionysische‹ Auflösung von Grenzen, die das Reich des Alltäglichen, der festgelegten Rollen und des repressiven ›Realitätsprinzips‹ ausmachen. Kraft seiner

Schönheit, διὰ κάλλος, ist der schwache Jüngling zum Medium und selber vergehenden Objekt einer Gewalt des Begehrens geworden, die seinen Kult imaginär demjenigen des mächtigen Dionysos annähert.

So zumindest eine Lesart des Mythos und des Kultes. Wie um Nietzsches Gegenüberstellung und gleichzeitige Verknüpfung des Apollinischen und des Dionysischen zu bestätigen, ist Adonis auf der anderen Seite nicht weniger eng mit Apollo verbunden worden. Nach Pindar hat Apollo bereits Adonis' Vater Kinyras »wohlwollend geliebt« (προφρόνως ἐφίλης).[134] Ein Scholion zu Pindars II. Pythischer Ode legt dies so aus, daß Kinyras Apollos Sohn war;[135] nach einer anderen war er ein hervorragender Musiker und wurde von Apollo für seine Lobgesänge auf ihn geliebt.[136] Ein Scholion zur Homerischen *Ilias* dagegen berichtet eine verderbliche musikalische Konkurrenz zwischen Kinyras und Apollo: Wie Marsyas soll Kinyras mit Apollo um den Rang des besten Musikers gewetteifert haben; wie jener wurde er – vermutlich eben deshalb – von Apollo getötet.[137] Ein ähnliches Verhaltensspektrum wird Apollo gegenüber Kinyras' Sohn nachgesagt. Bei Ptolemäus Hephaistion (beginnendes zweites nachchristliches Jahrhundert) spielt er einmal die Rolle des Ebers, der Adonis aus Rache für seinen Sohn Erymanthos tötet. Diesen hatte Aphrodite geblendet, weil er sie badend beobachtet hatte.[138] Wenige Seiten später figuriert Adonis dagegen als ein Geliebter des Apollo.[139] Und als Aphrodite umherirrend den toten Jüngling sucht, findet sie ihn schließlich in einem Tempel des Apoll.[140]

Engel hat, etliche Jahre vor Nietzsches Tragödienschrift,[141] die ambivalente Beziehung von Apollo und Adonis auf die Unterscheidung der die Affekte mäßigenden, anti-ekstatischen, apollinischen Musik zur Leier und der aufregenden, orgiastischen, ›dionysischen‹ Flötenmusik bezogen. Für ihre Schönheit – und evtl. für ihre Talente als Musiker – habe Apollo sowohl Kinyras wie Adonis geliebt. Die Leidenschaft der Gingrischen Klagen und die ekstatischen Momente der Adonien seien ihm aber ebenso »verhaßt« gewesen wie die »Flötenmusik« und die »chthonischen, [...] orgiastischen Kulte« überhaupt.[142] Den Namen Kinyras bringt Engel mit der in Griechenland als »fremde Erfindung« geltenden Gingros-Flöte in Verbindung;

belegt sind außerdem »Gingron« für ein entsprechendes Flöten-stück, »Gingras« als Name für ein Flötenstück mit Tanz und, nicht zuletzt, »Gingras« bzw. »Gingres« als Beiname des Adonis; also – dies die Folgerung – treffen sich Kinyras und Adonis in der gemeinsamen Beziehung auf die Flötenmusik.[143] Es paßt gut zu dieser These, daß Alkman von einem Flötenspieler namens Adon berichtet.[144] Wie Engel deutet auch Frazer diese sprachlichen Daten als Anzeichen einer inneren Verwandtschaft des die Leidenschaften aufregenden Adonis und der anti-apollinischen Flötenmusik.[145]

»Der Widerstreit, in welchen die Musik des Apollinischen Kultes mit der Flötenmusik gerät«, wird so zu einem Interpretament der Mythen von Kinyras und Adonis. Diese erscheinen, in ihrer Beziehung zu Apollo, als Wiedergänger des Linos und des Marsyas, die Apollo tötete, weil sie seine musikalische Vorherrschaft herausforderten.[146] Es ist allerdings fraglich, ob es bei diesen Figuren auch um zwei verschiedene Musikstile statt allein um die abstrakte Hierarchie von göttlichem und menschlichem Können ging; in Homers Beschreibung des Schildes des Achill wird der Klagesang um den ausdrücklich »schön« genannten Linos jedenfalls nicht durch einen flöten-, sondern einen kitharaspielenden Knaben dargestellt.[147] Pausanias (2. Jhd. n. Chr.) scheint der einzige zu sein, der die rituelle Klage um den getöteten Linos, den sogenannten Oitolinos, direkt mit derjenigen um Adonis parallelisiert hat; er beruft sich dabei immerhin auf die Präsenz beider Klagen in den Liedern der Sappho.[148] Der Zuneigung des Apollo zum (apollinischen) Adonis steht also, kompiliert man die genannten Quellen im Sinne von Engel und Frazer, seine tödliche Aversion gegen alles das zur Seite, was in der späteren Antike die Gleichsetzung des Adonis mit Dionysos ermöglichte: die Aufregung heftiger Leidenschaft, die Einladung zum Selbstverlust, die innere Verbindung von Schönheit und Tod, die Entgrenzung des (weiblichen) Begehrens in den rauschhaften Elementen der Adonisfeste.

Apollo mag die Schönheit des Adonis genauso lieben wie diejenige des Hyakinthos, aber er haßt ihre Wirkung und die Riten ihrer Verehrung. Daß er Hyakinthos ebenso tötet wie Linos, Marsyas und Adonis, mag auch aus dieser Warte mehr als ein bloßes Mißgeschick sein. Doch Apollo geht noch weiter: Er soll

Aphrodite schließlich auch von ihrer schmerzhaften Bindung an den toten Adonis befreit haben. Kaum daß Adonis als lebendige Schönheit keinen Schaden mehr anrichten kann, sorgt Apollo für die Beseitigung der Schäden, die eine melancholische Fixierung an sein Bild oder seine schöne Leiche bewirken kann. Er rät Aphrodite zum Sprung vom berühmten Leukadischen Felsen: Wer diesen Sprung wagt, wird von unglücklicher Liebe geheilt.[149] Als Unsterbliche hat Aphrodite bei diesem Sprung nicht viel zu verlieren. Sie wird geheilt. Der Sprung funktioniert als ›glückliche‹ Trauerarbeit und Loslösung vom geliebten Objekt in Sekundenschnelle. (Ronsard treibt die ›Heilung‹ der Aphrodite qua Vergessen gar so weit, daß sie sich umgehend ihrem nächsten Geliebten zuwendet.[150])

Die komplexe Eintragung der Adonis-Mythe in die Polarität von Apollo und Dionysos ist nur durch wenige und keineswegs eindeutige Spuren belegt. Keine der vollständigeren und besser dokumentierten Adonis-Erzählungen erwähnt sie. Und doch erscheint sie als eine zur antiken Überlieferung des Mythos selbst gehörende Deutung, die mit einer gewissen Folgerichtigkeit entgegengesetzte Züge von Erzählung und Ritus des Adonis in das System der Götterbezeichnungen und den Antagonismus anderer Kulte ›übersetzt‹. Die integrale Lektüre des Adonis sub specie seines einzigen expliziten Merkmals – der Schönheit in ihrer Macht und ihrer Ohnmacht, ihrem Versprechen und ihrem Fluch – vermag auch dieser ›Übersetzung‹ in eine doppelt ambivalente Konfiguration mit Apollo und Dionysos eine Reformulierung zu geben, die zumindest nicht ›hergeholter‹ ist als die Akkomodation der gleichen Phänomene an das Gradnetz der Vegetations- und Sonnengott-These. (Detienne hat diese Apollo- und Dionysos-Seiten des Adonis ganz aus der Betrachtung ausgeschlossen.)

Wegen der Schönheit, διὰ τὸ κάλλος: Die scheinbar allzu einfache, allzu wenig sagende Formel, die mit der Bestimmung des Protagonisten zugleich die narrativen Wendungen der Adonis-Mythe antreibt, erweist sich bei hinreichender Analyse als hochkomplex. Sie vermag die reichen Nuancen des mythischen und des rituellen Adonis lesbar zu machen, ohne sie umbenennen zu müssen.

Anmerkungen

Einleitung: Das Versprechen der Schönheit

1 Stendhal, *De l'amour*, S. 41. Vgl. Marwick, *Beauty in history*, S. 40.
2 Goethe, *Kampagne in Frankreich*, S. 185.
3 Freud, *Über die allgemeinste Erniedrigung des Liebeslebens*, S. 90.

I. »Wegen der Schönheit«: Glanz und Elend des Adonis

1 Apollodorus, *Bibliothek* III 14.4.
2 (Pseudo-)Theokrit XXXIII 36-39 (Beckby).
3 Als deutsche Übersetzung der *Metamorphosen* Ovids benutze ich hier und im folgenden die Ausgabe: Ovid, *Metamorphosen*, lat.-dt., hg. und übersetzt von Ewald Rösch, München und Zürich: Artemis, 1988.
4 Vgl. dazu die ausführliche Sichtung der bisherigen Deutungsgeschichte im Anhang des vorliegenden Buches.
5 Die entsprechenden Quellen werden im Verlauf der Ausführungen zitiert.
6 Vgl. Atallah, *Adonis*, S. 208.
7 Umfassend diskutiert wird die Frage des Märchens in der Antike bei Renger, *Zwischen Märchen und Mythos*. Renger baut auf den bereits vor ihr beigebrachten Gründen für die Existenz von Märchen in der griechischen Antike auf und fügt ihnen etliche neue Befunde und Überlegungen hinzu.
8 Atallah, *Adonis*, S. 169.
9 Baudissin, *Adonis und Esmun*, S. 70-71.
10 Vgl. Baudissin, ibid., S. 65-71, und zuletzt Atallah, *Adonis*, S. 305-306.
11 Winckelmann, *Vorläufige Abhandlung zu den Denkmalen der Kunst des Altertums*, S. 105.
12 Vgl. Rhodes/Tremewan, *Averageness, exaggeration, and facial attractiveness*. In einen Satz gefaßt lautet der Befund dieser Studie: »The less distinctive a face is, the more attractive it is« (S. 109).
13 Kant, *Kritik der Urtheilskraft*, S. 233.
14 Ibid.
15 Winckelmann, *Gedanken über die Nachahmung der griechischen Werke in der Malerei und Bildhauerkunst*, S. 22.
16 Herder, *Plastik*, S. 58-59.
17 Ibid., S. 58.

18 Hegel, *Vorlesungen über die Ästhetik*, Bd. 1, S. 203.

19 Vgl. Schlaffer, *Schönheit*, S. 119-120.

20 Winckelmann, *Geschichte der Kunst des Altertums*, Bd. 4, S. 99.

21 Hyginus, *Fabulae* 270 und 271.

22 Goethes *Ganymedes* ist ein Grenzfall. Nach der antiken Überlieferung gehört Ganymedes zwar zu den »formosissimi ephebi«; er wird aber zu einem heroisch-aufbegehrenden »vir« umdefiniert.

23 Schlegel, *Fragmente zur Poesie und Literatur* I, KSA 16, S. 314.

24 Schlegel, *Athenäumsfragment* 238, KSA 2, S. 204.

25 Schlegel, *Fragmente zur Poesie und Literatur* I, KSA 16, S. 302.

26 Ibid., S. 183.

27 Schlegel, *Fragmente zur Poesie und Literatur* II, KSA 17, S. 204.

28 Schlegel, *Fragmente zur Poesie und Literatur* I, KSA 16, S. 344.

29 Ibid., S. 222.

30 Vgl. unten, S. 127-129.

31 Benjamin, *Goethes Wahlverwandtschaften*, S. 178.

32 Ibid., S. 175.

33 Für Benjamin ist Dummheit – allerdings nur in dem sehr ungewöhnlichen Verständnis als »allzu nahe (geistlose) Betrachtung der Ideen« – geradezu »ein Ursprung der dauernden (nicht intermittierenden) Schönheit« (*Gesammelte Schriften*, Bd. VI, S. 83-84). Diese These über »die Beziehung zwischen Dummheit und Schönheit« unterstreicht die prekäre bis ›dumme‹ Rolle eines jeden Anspruchs auf Dauer des Schönen.

34 ἠλιθώτερος τοῦ Πραξίλλης. Ἀδώνιδος. Nach Campbell (Hg.), *Greek Lyric*, vol. 4, S. 374.

35 Reed (*The sexuality of Adonis*, S. 334) hält dies allerdings mit guten Gründen für eine tendenziöse Auslegung der Verse, welche die Dichterin Praxilla ihrem Adonis in den Mund gelegt hat – die einzige überlieferte Stelle übrigens, in der Adonis in einem antiken Text überhaupt etwas sagt.

36 Antoninus Liberalis, *Metamorphosen* 34.

37 Ovid, *Metamorphosen* X 506-507.

38 Vgl. Hatfield/ Sprecher, *Mirror, mirror*, S. 101-102.

39 Udry/ Eckland, *The benefits of being attractive. Differential payoffs for men and women*, zit nach: Patzer, *The physical attractiveness phenomenon*, S. 118. Arthur Marwick hat das »cashing in on looks« in seiner umfangreichen Studie *Beauty in history* an zahlreichen historischen Beispielen quer durch die Jahrhunderte verfolgt.

40 *Odyssee* XXIII 156-165. Dt. Übersetzung nach: Homer, *Odyssee* (gr.-dt.), übertragen von Anton Weiher, Darmstadt: Wissenschaftliche Buchgesellschaft, 1986, S. 627.

41 Palaephatus, *De incredibilibus* 48. Dt. Übersetzung nach: Sappho,

Lieder (gr. und dt.), hg. und übersetzt von Max Treu, Darmstadt: Wissenschaftliche Buchgesellschaft, 1984, S. 115.

42 Aelianus, *Varia historia* 12, 18, und Stocker/Travis (Hg.), *Serviani in Vergili carmina commentarii*, Bd. 3, S. 112 (zu *Aeneis* III 279).

43 Aelianus, *Varia historia* 12, 18.

44 Hesiod, *Theogonie* 188-206.

45 Clemens von Alexandria, *Protrepticus* 14, 2.

46 Es kommt der Fragilität und dem gewaltsamen Tod des Adonis zu, diese Versöhnungsleistung des Schönen zu begrenzen und einen Blick auf die Insistenz ihres Widerparts freizugeben. Vgl. dazu unten, S. 68, 120-121, 212-213.

47 Nietzsche, *Geburt der Tragödie*, S. 156.

48 Hyginus, *Fabulae* 58. Nach einer anderen Quelle hat Myrrha selbst Venus' Eitelkeit provoziert: Beim Lösen ihrer Haare soll sie gesagt haben, nicht einmal Venus habe derart schöne. Vgl. Ziegler (Hg.), *Scholia in Theocritum*, S. 16 (zu *Idyll* I 109).

49 Ovid scheint diese oder eine ähnliche Variante gekannt zu haben, wenn er es Cupido ausdrücklich leugnen läßt, daß sein Pfeil (auf Veranlassung der Venus) Myrrha mit dem Inzestwunsch geschlagen habe. Ein derartiges Verlangen einzugeben, so Ovid, könne nur die Tat einer Furie sein (X 310-315).

50 Vgl. Antoninus Liberalis, *Metamorphosen* 34.

51 Grimm, *Kinder- und Hausmärchen* Nr. 191.

52 Vgl. Hatfield/ Sprecher, *Mirror, mirror*, S. 45, 113-115, 297-303, 307, 310.

53 Vgl. hierzu ebenso wie zu den weiteren erwähnten Details des Atalanta-Mythos Hesiod, *Frauenkataloge* (Fragmente 72; 73.2; 74; 76.5,20 Merkelbach/West); Apollodorus, *Bibliothek* III 9, 2; Hyginus, *Fabulae* 175, und den Artikel »Atalante« in Pauly-Wissowa, *Realencyclopädie der classischen Altertumswissenschaft*.

54 Darwin, *The descent of man, and selection in relation to sex*, Bd. II, S. 373.

55 Vgl. Plinius, *Historia naturalis* VIII 42-43 und Bode (Hg.), *Scriptores rerum mythicarum Latini* I 39.

56 Konon, Fragment XXIV, in: Jacoby (Hg.), *Die Fragmente der griechischen Historiker*, S. 197-198.

57 Vgl. Orlowsky, *Narziß und Narzißmus im Spiegel von Literatur, Bildender Kunst und Psychoanalyse*, S. 43, und Vinge, *The Narcissus theme in Western European literature*, S. 18.

58 Vgl. Bates, *Sexual perversity in »Venus and Adonis«*, S. 89-92, und Bush, *»Venus and Adonis« and mythology*, S. 92.

59 Engel, *Kypros*, S. 573-574.

60 Baudissin, *Adonis und Esmun*, S. 180-181. Wenn nach der Fassung des

Panyassis Adonis das ihm von Zeus zur freien Verfügung gestellte Drittel des Jahres ebenfalls bei Aphrodite verbringt, so bezeugt dies zwar eine Präferenz für Aphrodite über Persephone, besagt aber per se nichts über die Natur ihrer Beziehung. Immerhin ist Aphrodite zuallererst Adonis' Retterin und Ersatzmutter, und als 15- bis 18jähriger Jüngling ohne Verwandtschaft hatte Adonis auch wenig Wahlfreiheit.

61 Wenn Theokrits und Bions hochliterarische Texte ein eheliches Beilager von Adonis und Aphrodite wenigstens als eine Art melodramatischer Wunschvorstellung imaginieren, mag dies zu ihrer Zeit durchaus zur Ikonographie der in Alexandria begangenen Adonien gehört haben (Theokrit XV 126-130; Bion, *Epitaphios Adonidos*). Ein Rückschluß auf den älteren Mythos kann daraus aber kaum gezogen werden. Noch ungleich stärker gilt dies für eine Erzählung des Ptolemaios Hephaistion, die nicht nur Adonis zum Opfer des Apollo werden läßt, sondern auch direkt von einer geschlechtlichen Vereinigung von Aphrodite und Adonis spricht. Ptolemaios Hephaistion bei Photius, *Bibliothèque*, codex 190, 146 b und 147 a.

62 Homer, *Odyssee* XI 249-250. Dt. Übersetzung nach: *Odyssee* (gr.-dt.), übertragen von Anton Weiher, Darmstadt: Wissenschaftliche Buchgesellschaft, 1986, S. 301.

63 Vgl. unten, S. 55-56.

64 Panyassis nach Apollodorus, *Bibliothek* III 14, 4.

65 Sowohl Ovid (*Metamorphosen* X 524) wie Hyginus (*Fabulae* 58) stellen Venus' Entflammen für Adonis überdies als eine gerechte Vergeltung für Venus' allzu hartes, den Inzest verhängendes Verhalten gegen Adonis' Mutter Myrrha dar.

66 Bühler (Hg.), *Zenobii Athoi proverbia* Nr. 90, Bd. 5, S. 463 ff.

67 Plato, *Phaidros* 250b.

68 Ovid, *Metamorphosen* III 355.

69 Shakespeare, *Venus and Adonis* 605.

70 Freud, *Zur Einführung des Narzißmus*, S. 155-156.

71 Vgl. Kahn, *Self and eros in »Venus and Adonis«*.

72 Plato, *Symposion* 199c-201e.

73 Plato, *Symposion* 201a-b.

74 Sokrates ist die Ausnahme, welche die Regel bestätigt. Er ist das Häßliche, das wie ein Schönes begehrt wird.

75 Moritz, *Über die bildende Nachahmung des Schönen*, S. 556, 558 (Hervorh. von mir, W. M.).

76 Valéry, *Charmes*, S. 128.

77 Hegel, *Vorlesungen über die Ästhetik*, Bd. 1, S. 207-208.

78 Burke, *Philosophische Untersuchung über den Ursprung unserer Ideen vom Erhabenen und Schönen*, S. 127-128.

79 Kant, *Anthropologie in pragmatischer Hinsicht*, S. 241.

80 Benjamin, *Einbahnstraße*, S. 92. Ähnlich Stendhal, *De l'amour*, S. 41:
»Même les petits défauts de sa figure, une marque de petite-vérole, par
exemple, donnent de l'attendrissement à l'homme qui aime, et le jet-
tent dans une rêverie profonde, lorsqu'il les aperçoit chez une autre
femme.«

81 Vgl. Menninghaus, *Ekel*, S. 42, 48.

82 Fénelon, *Lettre à l'Académie*, S. 88.

83 Legendre, *L'inestimable objet de la transmission*, S. 73-74 und 78.

84 Vgl. Drachmann (Hg.), *Scholia vetera in Pindari Carmina*, Bd. 2,
S. 35-36 (zu *Pyth.* II 27), und Clemens von Alexandria, *Protrepticus*
45,4.

85 Einige Interpreten haben darüber hinaus in der von Aphrodite mit
verbotener Leidenschaft geschlagenen Myrrha eine bloße Hypo-
stase der Göttin selbst gesehen – mit der Konsequenz, daß Adonis
auch noch direkt Aphrodites Sohn ist. Vgl. Krappe, *The Birth of
Adonis*, S. 13; dort auch Hinweise auf frühere Vertreter dieser Deutung.

86 Apollodorus, *Bibliothek* III 14, 3.

87 Arnobius, *Adversus Nationes* VI 22 und Clemens von Alexandria,
Protrepticus 57, 3.

88 Ovid, *Metamorphosen* X 243-297.

89 Flavius Josephus, *Contra Apionem* I 18.

90 Vgl. Engel, *Kypros*, S. 600; Baudissin, *Adonis und Esmun*, S. 82; Pauly-
Wissowa, *Realencyclopädie der classischen Altertumswissenschaft*, Artikel »Pygmaion«.

91 Vgl. Bates, *Sexual perversity in »Venus and Adonis«*, S. 84-85.

92 Vgl. Dawkins, *Das egoistische Gen*, S. 192.

93 Symons, *What do men want?*, S. 113.

94 Der Mythos vom Kalydonischen Eber zeigt, daß auch der Tod im
Kampf mit einem übermächtigen Eber durchaus als heroisch und
männlich gelten kann (Ovid, *Metamorphosen* VIII 260-424). Bei
Adonis findet diese Möglichkeit offenbar keine Anwendung. Nirgends wird von einem nennenswerten Versuch berichtet, den Eber auf
irgendeine Art und Weise zu erlegen; statt dessen wird nur lakonisch
die bemitleidenswerte Opferrolle des Jünglings, seine passive Pene-
tration an den Weichteilen festgestellt.

95 Burke, *Philosophische Untersuchung über den Ursprung unserer
Ideen vom Erhabenen und Schönen*, S. 149.

96 Balzac, *Sarrasine*, S. 28 (dt. Übersetzung, S. 542).

97 Ibid., S. 58 (dt. Übersetzung, S. 561). Vgl. dazu Barthes, *S/Z*, S. 174.

98 Herder, *Studien und Entwürfe zur Plastik*, S. 105; Winckelmann, *Gedanken über die Nachahmung*, S. 6-9.

99 Winckelmann, *Gedanken über die Nachahmung*, S. 7.

100 Ibid., S. 6.

101 Kant, *Die Metaphysik der Sitten*, S. 277.

102 Fulgentius, *Mythologiae* III 7; Hyginus, *Fabulae* 164.

103 Gratianus, zit. nach Legendre, *L'inestimable objet de la transmission*, S. 259.

104 Vgl. Legendre, *L'inestimable objet de la transmission*, S. 70-79, insbesondere S. 72 und 74.

105 Shakespeare, *Venus and Adonis* 215.

106 Winckelmann, *Geschichte der Kunst des Altertums*, Bd. 4, S. 300-301.

107 Vgl. Dover, *Greek homosexuality*, S. 125.

108 Vgl. Keuls, *The reign of the phallus*, S. 68.

109 Vgl. Dover, *Greek homosexuality*, S. 70, 79-81, 202.

110 Vgl. Bion, *Epitaphios Adonidos* 79.

111 Ibid., S. 72, 75.

112 Ibid., S. 73.

113 Winckelmann, *Geschichte der Kunst des Altertums*, Bd. 4, S. 75-76.

114 Winckelmann, *Vorläufige Abhandlung zu den Denkmalen der Kunst des Altertums*, S. 112.

115 Vgl. Engel, *Kypros*, S. 554, 595, 602; Atallah, *Adonis*, S. 63-74 und 85-87; Detienne, *Die Adonis-Gärten*, S. 67-69.

116 Ovid, *Metamorphosen* X 715.

117 (Pseudo-)Theokrit XXXIII 30 (Beckby).

118 Ovid, *Metamorphosen* X 705.

119 Diese Lesart des Ebers war sowohl in der Mediävistik als auch in der Shakespeare-Philologie durchaus verbreitet, bevor sie über die Gender Studies der letzten zwanzig Jahre auch Eingang in die Altphilologie fand. Vgl. Hattoo, »*Venus and Adonis*« – *and the boar*; Sheidly, »*Unless it be a boar*«, S. 10-11, und Thiébaux, *The mouth of the boar as a symbol in Medieval literature*, S. 296.

120 Diese traditionelle Rolle der Eberjagd als Initiation in die Rolle des erwachsenen Mannes und Kriegers läßt es, zumindest für den antiken Zusammenhang, mehr als zweifelhaft erscheinen, daß Adonis' Präferenz für die Eberjagd – und damit das Nicht-Befolgen von Aphrodites anti-heroischem Rat – als Bekundung homosexueller Neigungen gelesen werden kann. Zu einer solchen Lesart, die Adonis zu einem effeminierten ›Schwulen‹ erklärt, der einen harten, ›männlichen‹ Homosexuellen und eben nicht eine schöne Frau sucht, vgl. Stanivukovic, *Troping desire in Shakespeare's »Venus and Adonis«*, S. 298. Gleichermaßen abwegig erscheint eine verwandte Lesart, die den Tod des Adonis nicht nur von der Warte des zustoßenden Ebers, sondern auch von Adonis' eigener Erfahrung her als psychoanalytische Allegorie des Orgasmus und mithin als eine posi-

tiv erfolgte Initiation in die Sexualität samt ihrer Destruktivität versteht (Williams, *The coming of age of Shakespeare's Adonis*, S.775). Gewiß gehört zur Vorstellung der Initiation diejenige eines symbolischen Todes des Jünglings, doch der zweite Teil dieses Modells, das Wiedergeborenwerden als erwachsener, zeugungs- und kampffähiger Mann, fehlt in der Annahme eines sowohl initialen wie finalen Sexualakts in Adonis' Begegnung mit dem Eber völlig – abgesehen davon, daß Adonis darin nur mehr als zur Zerstörung einladendes Korrelat homosexuellen Penetrierens figuriert und seine mythische wie rituelle Bindung an das Begehren der Aphrodite damit letztlich nebensächlich wird.

121 Freud, *Über die allgemeinste Erniedrigung des Liebeslebens*, S.90-91.

122 Bataille, *Le langage des fleurs*, S.176-177.

123 *Hesychii Alexandrini Lexicon*, s.v. ἀδωνηΐς: ἡ χελιδών. καὶ ἡ θριδακίνη.

124 Vgl. Schiffer, *Shakespeare's »Venus and Adonis«: A Lacanian tragicomedy of desire*, S.364-365.

125 Plutarch, *Nikias* 13 und *Alkibiades* 18.

126 Vgl. Holst-Warhaft, *Dangerous voices*, insbesondere S.1-5, 26-29.

127 Aristophanes, *Lysistrata* 387-402. Dt. Übersetzung nach: Aristophanes, *Sämtliche Komödien*, übers. von Ludwig Seeger und neu bearbeitet von Hans-Joachim Newiger und Peter Rau, München: dtv, 1976, S.379.

128 Hyginus, *Fabulae* 270.

129 Vgl. Walter, *Die Geschichte der Ästhetik im Altertum*, S.13-14.

130 Homer, *Ilias* XI 15-30.

131 Vgl. Sappho, Fragmente 21, 107, 132 b Diehl.

132 Sappho, Fragment 27a Diehl. Dt. Übersetzung nach: Sappho, *Lieder* (gr. und dt.), hg. und übersetzt von Max Treu, Darmstadt: Wissenschaftliche Buchgesellschaft, 1984, S.35.

133 Schiller, *Kallias, oder über die Schönheit*, S.303.

134 Hegel, *Vorlesungen über die Ästhetik*, Bd.I, S.215.

135 Vgl. Athenäus, *Deipnosophistai* XIII 575 a.

136 Wendel (Hg.), *Scholia in Apollonium Rhodium vetera*, S.79f. (zu I 932-33a); Eudocia Augusta, *Violarium* 27. Eudocia Augusta gilt allgemein als ein Pseudonym von Constantin Paléocappa (16. Jhd.), das *Violarium* als eine Kompilation ausgeschriebener Stellen aus Autoren wie Suidas, Cornutus, Nonnos, Palaiphatos u.a. (siehe Artikel »Eudokia Makrembolitissa« in Pauly-Wissowa, *Realencyclopädie der classischen Altertumswissenschaft*).
Dem Scholiasten zu Apollonius Rhodius zufolge haben Adonis und Aphrodite allerdings nur in der Folge einer unmittelbar vorausge-

henden Schwängerung durch Dionysos den Priap hervorgebracht. Zum Zorn der Hera, der auch hier erwähnt wird, tritt also eine Art monströser Doppelzeugung. In beiden Varianten bedarf es des Hinzutretens eines Dritten (Hera oder Dionysos oder beider), um die unfruchtbare Verbindung des schönen Mannes mit der schönen Göttin in hyper-phallische Fruchtbarkeit umschlagen zu lassen. Zur Geburt des Priap durch Aphrodite vgl. auch Stephanus Byzantius s. v. ῎Αβαϱνος; zu Adonis als Vater des Priapos vgl. Herter, *De priapo*, S. 64 und 76.

137 Vgl. Eintrag »Priapos« in Pauly-Wissowa, *Realencyclopädie der classischen Altertumswissenschaft*, Sp. 1917.

138 Müller (Hg.), *Tzetzes' Scholien zu Lykophron*, Bd. 2, S. 814-816 (zu Lykophrons *Alexandra* 831).

139 Creuzer hatte dagegen die Adonien mit »Phallosdienst« in Verbindung gebracht (*Symbolik und Mythologie der alten Völker*, S. 493-497), und Charles Vellay hat Adonis gar mit Priap gleichgesetzt und die Adonien als einen proto-phallischen Kult behauptet (*Le culte et les fêtes d'Adonis-Thammouz dans l'Orient Antique*, S. 80, 82, 159). Zwar sind Cyprische Phallagogien in der Tat bezeugt, zwar mögen auch manche Aphrodite-Kulte phallische Symbole benutzen – es gibt aber keinen positiven Beweis, daß der ältere griechische Adoniskult bzw. jener spezielle Aphrodite-Kult, der den Tod des Adonis beklagte, »Phallosdienst« geübt hat (vgl. Atallah, *Adonis*, S. 103). Mehr noch: Selbst wenn es klare Hinweise darauf gäbe, wäre noch nicht ipso facto geklärt, ob der Phallus tatsächlich und positiv Adonis verkörpert oder ob im Kontext der Adonien nicht vielleicht das weibliche Begehren selbst phallische Züge annimmt. Die Bereitschaft, Phalluskulte aus verwandten Kontexten in die Adonien hineinzulesen, scheint in jedem Fall eine direkte Folge der bis Detienne dominanten Auffassung des Adonis als eines Gottes der Erdfrüchte und der Vegetation überhaupt. Im Zusammenhang blühender Fruchtbarkeit ›mußte‹ Adonis geradezu als wesentlich phallisch imaginiert werden.

140 Wendel (Hg.), *Scholia in Apollonium Rhodium vetera*, S. 80 (zu I 932-33a).

141 Eudocia Augusta, *Violarium* 27.

142 Vgl. Friedrich A. Kittler, *Ottilie Hauptmann*.

143 Benjamin, *Goethes Wahlverwandtschaften*, S. 175. Benjamins Satz ist auf Ottilies analoge Rolle gemünzt. Martin von Koppenfels verdanke ich die Anregung, im Begehren des Adonis eine ähnliche Struktur am Werk zu sehen.

144 Bode (Hg.), *Scriptores Rerum Mythicarum Latini* II 38.

145 Athenäus, *Deipnosophistai* II 69c.

146 James Schiffer macht ein analoges Argument sogar für Shakespeares Venus geltend: »If Adonis were like Mars, or like his stallion, if he actually had an erect phallus and desired Venus, one doubts that he would appeal to the goddess. She is attracted to his feminine, childish qualities, to his sulking refusal, to his very inability to respond« (Schiffer, *Shakespeare's »Venus and Adonis«: A Lacanian Tragicomedy of Desire*, S. 369).

147 Vgl. Kristevas Ausführungen zum Zusammenhang von schwacher Vaterfunktion und Todesneigung bei berühmten Autorinnen in: *Die Chinesin*, S. 256-257 und 259-261.

148 Vgl. Kristeva, *Pouvoirs de l'horreur* und *La révolution du langage poétique*.

149 Vgl. dazu Wellbery, *Das Gesetz der Schönheit*, S. 192-196.

150 Auch Aphrodites Verhalten hat starke narzißtische Anteile: ihr Groll ist verletzter Narzißmus, ihre Liebschaften eine einzige Quelle der Selbstbekräftigung.

151 Freud, *Bruchstück einer Hysterie-Analyse*, in: *GW* 5, S. 190. Vgl. auch Freud, *Über die allgemeinste Erniedrigung des Liebeslebens*, *GW* 8, S. 90.

152 Winckelmann, *Geschichte der Kunst des Altertums*, Bd. 4, S. 298.

153 Ibid., S. 297.

154 Engel, *Kypros*, S. 565.

155 Zu den extrem spärlichen Relikten einer tragischen Adonis-Bearbeitung vgl. *Tragicorum graecorum fragmenta* 76 F 1 (Dionysius) und 119.

156 Vgl. unten, S. 246-248.

157 Stendhal, *De l'amour*, S. 41.

158 Winckelmann, *Geschichte der Kunst des Altertums*, Bd. 4, S. 86.

159 Herder, *Studien und Entwürfe zur Plastik*, S. 105.

160 Ibid., S. 95.

161 Ibid.

162 Lessing, *Laokoon: Oder über die Grenzen der Malerei und Poesie*, S. 32.

163 Ioannis Zonara, *Lexicon*, Sp. 41.

164 Vgl. Ribichini, *Adonis*, S. 77-78.

165 Elisabeth Bronfen, *Nur über ihre Leiche. Tod, Weiblichkeit und Ästhetik*.

166 Ovid, *Ars amatoria* II 113.

167 Benjamin, *Ursprung des deutschen Trauerspiels*, S. 357.

168 Burke, *Philosophische Untersuchung über den Ursprung unserer Ideen vom Erhabenen und Schönen*, S. 156.

169 Schlegel, *Fragmente zur Poesie und Literatur* I, S. 222.

170 Creuzer, *Symbolik und Mythologie der alten Völker*, S. 433.

171 Renan, *Mission de Phénicie*, S. 216.
172 Bion, *Adonis*, S. 18 (Vorwort). Vgl. Michel Serres' Beobachtung: »Faut-il s'approcher de la mort ou qu'elle s'approche de nous si nous voulons accoucher de beauté? Mort neutre, suprême castration« (*L'Hermaphrodite*, S. 119).
173 Vgl. Tuzet, *Mort et résurrection d'Adonis*, S. 217-243.
174 Mann, Über die Ehe, S. 134. Manns Sätze sind allerdings ganz auf die affirmative Unfruchtbarkeit der Homoerotik und das verwandte Prinzip des »Ästhetizismus« gemünzt.
175 Hofmannsthal, *Briefe 1890-1901*, S. 53.

II. Evolution nach der Mode: Darwins Theorie ästhetischer Selektion

1 Darwin, *M Notebook*, S. 272-273.
2 Benjamin, *Das Passagen-Werk*, S. 111.
3 Jones, *Sexual selection, physical attractiveness, and facial neoteny*, S. 7. Vgl. Mayr, *Sexual selection and natural selection*, S. 96-97.
4 Darwin, *N Notebook*, S. 342.
5 Vgl. den Überblick bei Mayr, *Sexual selection and natural selection*, S. 92-93.
6 Vgl. Selander, *Sexual selection and dimorphism in birds*, S. 215-216, und Kirkpatrick/ Ryan, *The evolution of mating preferences and the paradox of the lek*, S. 33; Cronin, *The ant and the peacock*, S. 225, 228-229. In der neueren Forschung gibt es allerdings auch elaborierte Versuche einer völligen Entmachtung der »female choice« selbst für Darwins beste Beispiele (vgl. Cronin, *The ant and the peacock*, S. 222-223).
7 Ehrman, *Genetics and sexual selection*, S. 109-113, und Thornhill/ Alcock, *The evolution of insect mating systems*, S. 78-80.
8 Fisher, *The genetical theory of natural selection*, S. 151. Vgl. dazu Cronin, *The ant and the peacock*, S. 246.
9 Vgl. Xenophon, *Erinnerungen an Sokrates* III 8.
10 Kant, *Kritik der Urtheilskraft*, S. 353-354.
11 Vgl. Menninghaus, *Lob des Unsinns*, S. 94-118.
12 Vgl. Fisher, *The genetical theory of natural selection*, S. 151-152; Zahavi, *The handicap principle*, S. 89-92; Miller, *The mating mind*, S. 171.
13 Vgl. Gould/ Gould, *Partnerwahl im Tierreich*, S. 181-214 und Thornhill/Alcock, *The evolution of insect mating systems*, S. 52. Für die neuere Evolutionstheorie ist das Inkaufnehmen von Überlebensnachteilen im übrigen keineswegs auf sexuelle Ornamente beschränkt; zahlreiche, vermutlich sogar die meisten durch natürliche Selektion fixierten Mutationen sind analoge Kompromißbildungen,

die für einen prioritären Vorteil bei einer Funktion Nachteile bei anderen Funktionen in Kauf nehmen. Darwins Ansatz an der Kostspieligkeit der für »schön« gehaltenen Ornamente hat insofern eine Gültigkeit, die über den Eklat des Pfauenrades weit hinausgeht.

14 Vgl. Miller, *The mating mind*, S. 145. Auch die Annahmen, Präferenzen für sexuelle Ornamente seien Übertragungen von analogen Präferenzen für ganz andere Phänomene oder einfach »verborgene Präferenzen«, die irgendwann aus ihrem Schlummer erwachen und dann sexuell ausgebeutet werden, lassen reichlich Raum für eher zufällige, nur schwach motivierte Auslösungen der Transfers oder Einschaltungen lange latenter Präferenzen.

15 Vgl. Borgia, *Sexual selection in bowerbirds*, und Gould/ Gould, *Partnerwahl im Tierreich*, S. 102-103, 212-213.

16 Vgl. Miller, *The mating mind*, S. 258-291, und unten, S. 223-228.

17 Vgl. Symons, *Beauty is in the adaptations of the beholder*, S. 106, 109.

18 Bruce/ Young, *In the eye of the beholder*, S. 119. Vgl. auch Cunningham/ Roberts/ Wu/ Barbee/ Druen, »*Their ideas of beauty are on the whole, the same as ours*«.

19 Marwick, *Beauty in history*. Analog hat George L. Hersey (*The evolution of allure*, S. 3) für zahlreiche künstlerische Darstellungen zeigen können, »that from the Greek fifth century BCE and on to the twentieth-century nudes of Rodin or Maillol, ideal physiques have been extraordinarily similar.« Vgl. auch Patzer, *The physical attractiveness phenomena*, S. 59-61, 156.

20 Vgl. Jackson, *Physical appearance and gender*, S. 75-76.

21 Vgl. Langlois u. a., *Infant preferences for attractive faces*. Die meistvertretene Erklärung für die kindliche Präferenz erscheint mir zu kognitiv orientiert: sie nimmt an, daß attraktive Gesichter zugleich die »menschlichsten« sowie die am eindeutigsten »face-like objects« seien und daß sich eben darauf die Aufmerksamkeit der Babys richte. Diese Erklärung stützt sich unter anderem auf die These, daß attraktive Gesichter nichts anderes als die durchschnittlichsten Gattungsgesichter seien – eine These, die inzwischen so viele Einschränkungen und Gegen-Evidenzen erfahren hat, daß sie kaum noch umstandslos als Argument zu gebrauchen ist (vgl. dazu unten, S. 186-188).

22 Langlois u. a., *Infants' differential social responses to attractive and unattractive faces*.

23 Vgl. Patzer, *The physical attractiveness phenomena*, S. 74-76. Es scheint allerdings auch erlernte Formen der Informationsverarbeitung zu geben, die diesen Merkmalen weitgehend entsprechen; vgl. Bornstein, *Exposure and affect*, S. 283.

24 Vgl. A. von Humboldt, *Forschungsreise in den Tropen Amerikas*, S. 216-219.

25 Vgl. West-Eberhard, *Sexual selection, social competition, and speciation*, S. 159 und 161.

26 Vgl. Miller, *The mating mind*, S. 77 und 411-412.

27 Vgl. Du Bos, *Réflexions critiques sur la poésie et la peinture*, Bd. 1, S. 130; Kant, *Kritik der Urtheilskraft*, S. 335-336, Menninghaus, *Lob des Unsinns*, S. 40-42.

28 Vgl. Darwin, *M Notebook*, S. 274, 282; *N Notebook*, S. 332, 341.

29 Addison, *Essay on the Pleasure of Imagination*, S. 546; Hume, *Ein Traktat über die menschliche Natur*, S. 130-132.

30 Burke, *Philosophische Untersuchung über den Ursprung unserer Ideen vom Erhabenen und Schönen*, S. 76, 127.

31 Burke, *A philosophical enquiry into the origins of our ideas of the sublime and the beautiful*, S. 95, 106.

32 Vgl. Reimbold, *Der Pfau: Mythologie und Symbolik*, und Füller, *Die Schönheit der Tiere*, S. 11-18.

33 Vgl. Pond, *Morphological aspects and the ecological and mechanical consequences of fat deposition in wild vertebrates*, und Low/ Alexander/ Noonan, *Human hips, breasts and buttocks: is fat deceptive?*, S. 252-253.

34 Dawkins/ Krebs, *Arms races within and between species*, S. 502-503.

35 So zumindest Darwins Annahme, für die ein genetisches Modell zu finden allerdings auf etliche Schwierigkeiten und Einwände gestoßen ist.

36 Buss/ Schmitt, *Sexual strategies theory*, S. 206.

37 Fisher, *The genetical theory of natural selection*, S. 151-153.

38 Vgl. O'Donald, *Genetic models of sexual selection*; Lande, *Models of speciation by sexual selection on polygynic traits*; Kirkpatrick, *Sexual selection and the evoluton of female choice*; Arnold, *Sexual selection: the interface of theory and empiricism*.

39 Vgl. auch Weatherhead/ Robertson, *Offspring quality and the polygyny threshold*: »the sexy son hypothesis«, und Kirkpatrick, *Sexual selection and the evolution of female choice*; einschränkend Kirkpatrick, *Evolution of female choice and the demise of the »sexy son«*.

40 Peckham (Hg.), *The origin of species by Charles Darwin. A variorum text*, S. 371.

41 Eine differenzierte Beschreibung der möglichen Einflußfaktoren der »female choice« gibt Kirkpatrick, *The evolutionary forces acting on female preferences in polygynous animals*.

42 Vgl. Miller, *The mating mind*, S. 292-340.

43 Dawkins/ Krebs, *Arms races within and between species*, S. 502-503.

44 Darwin, *Sexual selection in relation to monkeys*, S. 207.

45 Vgl. Montagna, *The evolution of human skin*, S. 4-6, und Morris, *The naked ape*, S. 41-42.

46 Vgl. Montagna, *The evolution of human skin*, S. 7 und 11.

47 Dies ist die Hypothese von Harris, *Our kind*.

48 Zu den komplexen Beziehungen zwischen weiblichen und männlichen Sexualornamenten bei den Affen und zu ihren unterschiedlichen Funktionen vgl. Wickler, *Socio-sexual signals and their intraspecific imitation among primates*.

49 Einen Überblick über die Erklärungen der nackten Haut gibt Morris, *The naked ape*, S. 42-48.

50 Vgl. Ford/ Beach, *Patterns of sexual behavior*, S. 90-91, und Crook, *Sexual selection, dimorphism, and social organization in the primates*, S. 241.

51 Vgl. Blaffer Hrdy, *Raising Darwin's Consciousness. Female Sexuality and the Prehominid Origins of Patriarchy*, und Pawlowski, *Loss of oestrus and concealed ovulation in human evolution*.

52 Lande, *Genetic correlations between the sexes in the evolution of sexual dimorphism and mating preferences*, S. 84.

53 Vgl. Gould/ Gould, *Partnerwahl im Tierreich*, S. 89-90.

54 Burke, *Philosophische Untersuchung über den Ursprung unserer Ideen vom Erhabenen und Schönen*, S. 144.

55 Goethe, *Wahlverwandtschaften*, S. 236.

56 Benjamin, *Das Passagenwerk*, S. 113.

57 Vgl. West-Eberhard, *Sexual selection, social competition, and speciation*, S. 176.

58 Vgl. Etcoff, *Survival of the prettiest*, S. 120-129.

59 Symons, *Beauty is in the adaptations of the beholder*, S. 93-94.

60 Vgl. ibid.

61 Etcoff, *Survival of the prettiest*, S. 209.

62 Hersey, *The evolution of allure*, S. 12-20. Vgl. auch Richter, *Die Herkunft des Schönen*, S. 89-99.

63 Wallace hat die weibliche Unscheinbarkeit überzeugend als natürliche Adaption an das Schutzbedürfnis insbesondere während des Ausbrütens oder Austragens des Nachwuchses gedeutet (*Darwinism*, S. 277-281).

64 Vgl. Fisher, *The genetical theory of natural selection*, S. 155, und Selander, *Sexual selection and dimorphism in Birds*, S. 213.

65 Vgl. Wallace, *Darwinism*, S. 294-295.

66 Vgl. Ernst Mayr, *Sexual selection and natural selection*, S. 87, 91-93.

67 Trivers, *Parental investment and sexual selection*, S. 136-179. Vgl. auch Fisher, *The genetical theory of natural selection*, S. 158, und Bateman, *Intra-sexual selection in drosophila*, insbesondere S. 364-365.

68 Vgl. dazu auch Bateman, *Intra-sexual selection in drosophila*.

69 Buss/ Schmitt, *Sexual strategies theory: an evolutionary perspective on human mating*, S. 222-223.

70 Vgl. Maynard Smith, *Parental investment – a prospective analysis*.

71 Buss/ Schmitt, *Sexual strategies theory: an evolutionary perspective on human mating*, S. 206. John Maynard Smith hat Trivers' Modell weiteren Klärungen und Differenzierungen zugeführt (*Parental investment – a prospective analysis*).

72 Vgl. Parker/ Baker/ Smith, *The origin and evolution of gamete dimorphism and the male-female phenomenon*.

73 Blaffer Hrdy, *Raising Darwin's Consciousness. Female Sexuality and the Prehominid Origins of Patriarchy*.

74 Ibid., S. 24.

75 Vgl. Gould/ Gould, *Partnerwahl im Tierreich*, S. 164-165, 177-178, 248.

76 Vgl. Selander, *Sexual selection and dimorphism in birds*, S. 208, und Thornhill/Alcock, *The evolution of insect mating systems*, S. 443-448. Ralls (*Mammals in which females are larger than males*) hat in Einschränkung von Darwins Beobachtungen an Vögeln gezeigt, daß bei Säugetieren die Inversion der Geschlechter-Größen allenfalls partiell mit der Inversion der Geschlechterrollen einhergeht. Zahavi (*The handicap principle*, S. 174-175) erörtert einige der Bedingungen für die Umkehrung der Geschlechterrollen.

77 Vgl. Buss, *Sex differences in human mate selection criteria: An evolutionary perspective*, S. 341.

78 Trivers, *Parental investment and sexual selection*, S. 141.

79 Vgl. Laland, *Sexual selection with a culturally transmitted mating preference*, S. 1.

80 Vgl. Fisher, *The genetical theory of natural selection*, S. 155.

81 Vgl. die weiter unten berichteten Experimente mit Zebrafinken, S. 188-191.

82 Vgl. dazu unten, S. 192-198.

83 Vgl. Richards, *Sexual selection and allied problems in the insects*, S. 210.

84 Gangestad, *Sexual selection and physical attractiveness: implications for mating dynamics*, S. 209.

85 Vgl. Dermer/ Thiel, *When beauty fails*, S. 1168-1176.

86 Vgl. Richards, *Sexual selection and allied problems in the insects*, S. 303.

87 Selander, *Sexual Selection and dimorphism in birds*, S. 209.

88 Vgl. Trivers, *Parental investment and sexual selection*, S. 157.

89 Fisher, *The genetical theory of natural selection*, S. 161.

90 Vgl. Diamond, *Der dritte Schimpanse*, S. 126-127.

91 Kirkpatrick, *Sexual selection and the evolution of female choice*, S. 10.

92 Eine entgegengesetzte These besagt, daß Intelligenz und Kultur evolutionäre Selektionsmechanismen einschließlich der sexuellen nicht notwendigerweise verlangsamen und neutralisieren, sondern sogar

beschleunigen können (vgl. Laland, *Sexual selection with a culturally transmitted mating preference*, S. 14-15). Ein überzeugendes Denkmodell dafür scheint aber noch auszustehen.

93 Vgl. Low, *Sexual selection and human ornamentation*.

94 Vgl. Gangestad, *Sexual selection and physical attractiveness: implications for mating dynamics*, S. 219, 224-225, und Buss, *Sex differences in human mate selection criteria: An evolutionary perspective*, S. 343. Erhebungen mit ökonomisch aussichtsreichen College-Studentinnen und gutverdienenden Amerikanerinnen haben allerdings nicht eine derartige Änderung, sondern das alte Präferenzmuster gefunden: Die Partner dieser Frauen sollten materiell mindestens so erfolgreich, möglichst noch wohlhabender als sie selbst sein. Gerade dies begünstigt aber, nur scheinbar paradox, die evolutionstheoretische Sicht. Wäre die weibliche Ressourcen-Präferenz nichts als ein Reflex heutiger kultureller Chancenungleichheit, müßte sie mit dieser etwa zeitgleich verschwinden. Handelt es sich dagegen um ein Relikt archaischer Adaptionen, ist mit größerer Zähigkeit und langsamerer Anpassung an neue Gegebenheiten zu rechnen (vgl. Buss/ Schmitt, *Sexual strategies theory: an evolutionary perspective on human mating*, S. 224). In jedem Fall würde die Evolutionstheorie aus dem Gleichbleiben der Präferenzen nicht auf eine gleichbleibende und umweltindifferente weibliche ›Natur‹ schließen, da sie generell und stets nur Koadaptationen von Lebewesen und Umwelten annimmt.

95 Vgl. Crook, *Sexual selection, dimorphism, and social organization in the primates*, S. 273 und 277.

III. Zur Evolutionstheorie attraktiven Aussehens nach Darwin

1 Vgl. Marwick, *Beauty in History*, S. 383-389.

2 Wallace, *Darwinism*, S. 294.

3 Vgl. Wallace, *Darwinism*, S. 293-295, und Cronin, *The ant and the peacock*, S. 188.

4 Vgl. Miller, *The mating mind*, S. 33-67.

5 Darwin, *A preliminary notice:* »*On the modification of a race of Syrian street dogs by means of sexual selection*«, S. 278.

6 Vgl. Mayr, *Sexual selection and natural selection*, S. 98, und Kirkpatrick, *The evolutionary forces acting on female preferences in polygynous animals*. S. 71-72. Dort auch Hinweise auf die relevante Literatur.

7 Vgl. West-Eberhard, *Sexual selection, social competition, and speciation*; Thornhill/ Alcock, *The evolution of insect mating systems*, S. 408-412; Zahavi, *The handicap principle*, S. 43-46.

8 Zahavi, *Mate selection: a selection for a handicap.*

9 Vgl. Zahavi, *The handicap principle*, S. 83-84. Die Größen-Beeinträchtigung durch das Ornament scheint allerdings fraglich, da die Größe der Mähne – zumindest bei Löwe und Orang-Utan – optisch die Größe des ganzen Kopfes nicht verringert, sondern erhöht.

10 Zahavi, *Decorative patterns and the evolution of art*, S. 183. Vgl. auch Kodric-Brown/ Brown, *Why the fittest are prettiest*, Nur/ Hasson, *Phenotypic plasticity and the handicap principle*; Grafen, *Biological signals as handicaps.*

11 Vgl. Iwasa/ Pomiankowski/ Nee, *The evolution of costly mate preferences. II. The ›handicap‹ principle*, und Rowe/Houle, *The lek paradox and the capture of genetic variance by condition-dependent traits.*

12 Vgl. Zahavi, *Mate selection: a selection for a handicap*, S. 213.

13 Borgia, *Sexual selection in bowerbirds*, und Zahavi, *The handicap principle*, S. 32.

14 Zahavi, *The handicap principle*, S. 28.

15 Vgl. ibid., S. 40.

16 Vgl. Veblen, *The theory of the leisure class*, S. 52-76.

17 Vgl. Zahavi, *The handicap principle*, S. 226.

18 Ibid., S. 40.

19 Ibid., S. 230.

20 Ibid., S. XIII-XIV, 6-7 und 67.

21 Vgl. ibid., S. 185-192.

22 Ibid., S. 57.

23 Vgl. Dawkins, *Das egoistische Gen*, S. 186. Einen Überblick weiterer Einwände gegen das Handicap-Prinzip gibt Maynard Smith, *Mini review. Sexual selection, handicaps and true fitness.*

24 Zahavi, *The handicap principle*, S. 224.

25 Ibid., S. 48.

26 Zahavi, *Decorative patterns and the evolution of art*, S. 182, und *The handicap principle*, S. 47.

27 Zahavi, *The handicap principle*, S. 51-52.

28 Zahavi, *Decorative patterns and the evolution of art*, S. 183.

29 Zahavi, *The handicap principle*, S. 93-99.

30 Ibid., S. 211-212.

31 Vgl. ibid., S. 17, 87 und 213.

32 Ibid., S. 215.

33 Ibid., S. 214.

34 Ibid., S. 214 und 217.

35 Zahavi, *Decorative patterns and the evolution of art*, S. 184, und Zahavi, *The handicap principle*, S. 223-225.

36 Hamilton/ Zuk, *Heritable true fitness and bright birds: a role for parasites?* Vgl. auch Zuk, *Parasites and bright birds: new data and a*

new prediction. Zu den genetiktheoretischen Implikationen dieser Hypothese vgl. Eshel/ Hamilton, *Parent-offspring correlation in fitness under fluctuating selection.*

37 Møller, *Parasites differentially increase the degree of fluctuating asymmetry in secondary sexual characters.*

38 Vgl. Kirkpatrick/ Ryan, *The evolution of mating preferences and the paradox of the lek*, S. 37-38; Gangestad/ Buss, *Pathogen prevalence and human mate preferences*; Manning/ Camberlain, *Fluctuating asymmetry in gorilla canines*; Manning/ Camberlain, *Fluctuating asymmetry, sexual selection and canine teeth in primates*; Ward, *Sexual dichromatism and parasitism in British and Irish freshwater fish*; Jaenike, *Parasitism and male mating success in Drosophila testacea*; Read, *Sexual selection and the role of parasites*; Borgia, *Satin bowerbird parasites: a test of the bright male hypothesis*; Cronin, *The ant and the peacock*, S. 213-216.

39 Vgl. Symons, *Beauty is in the adaptations of the beholder*, S. 96-97, und Thornhill/ Gangestad, *Human facial beauty: Average, symmetry, and parasite resistance.*

40 Vgl. Steinberger/ Rodriguez-Rigau/ Smith/ Held: *The menstrual cycle and plasma testosterone levels in women with acne*, und Held/ Nader/ Rodriguez-Rigau/ Smith/ Steinberger, *Acne and hyperandrogenism.*

41 Vgl. Thornhill/ Gangestad, *Human fluctuating asymmetry and sexual behavior*; Watson/ Thornhill, *Fluctuating asymmetry and sexual selection*; Gangestad/ Thornhill/ Yeo, *Facial attractiveness, developmental stability, and fluctuating asymmetry*; Markusson/ Folstad, *Reindeer antlers: Visual indicators of individual quality.*

42 Vgl. Watson/ Thornhill, *Fluctuating asymmetry and sexual selection*, S. 14, und Singh, *Female health, attractiveness, and desirability for relationships: role of breast asymmetry and waist-to-hip ratio*, S. 467.

43 Vgl. auch Markusson/ Folstad, *Reindeer antlers: Visual indicators of individual quality*, und Møller/ Pomiankowski, *Why have birds got multiple sexual ornaments?* S. 174-175.

44 Møller, *Parasites differentially increase the degree of fluctuating asymmetry in secondary sexual characters*, S. 692.

45 Vgl. Thornhill/ Gangestad, *Human facial beauty: Average, symmetry, and parasite resistance*, S. 252.

46 Manning, *Fluctuating asymmetry and body weight in men and women: Implications for sexual selection*, S. 146. Dort auch Hinweise auf weitere Studien zum Thema.

47 Ibid., S. 149.

48 Empirische Untersuchungen konnten eine solche Koinzidenz von natürlicher und ästhetisch-sexueller Selektionspräferenz allerdings

nicht bestätigen: Frauen mit erhöhter Asymmetrie der Brust werden von heutigen Männern zwar als weniger anziehend, aber als unvermindert gebärfähig eingeschätzt. Vgl. Singh, *Female health, attractiveness, and desirability for relationships: role of breast asymmetry and waist-to-hip ratio*, S. 476.

49 Vgl. Menninghaus, *Ekel*, S. 80-81.

50 Herder, *Plastik*, S. 56.

51 Vgl. Andersson, *Evolution of condition-dependent sex ornaments and mating preferences: Sexual selection based on viability differences.*

52 Vgl. Singh, *Adaptive significance of female physical attractiveness: Role of waist-to-hip ratio*, S. 294-295 und 303; Singh, *Body shape and women's attractiveness. The critical role of waist-to-hip ratio*, S. 311-314.

53 Wass/ Waldenström/ Rössner/ Hellberg, *An android body fat distribution impairs the pregnancy rate of in-vitro fertilisation-embryo transfer*; Zaadstra u. a., *Fat and female fecundity: Prospective study of effect of body fat distribution on conception rates.*

54 Singh, *Adaptive significance of female physical attractiveness: Role of waist-to-hip ratio*, S. 304.

55 Vgl. Tovee/ Reinhard/ Emery/ Cornelissen, *Optimum body-mass index and maximum sexual attractiveness*; Tassinary/ Hansen, *A critical test of the waist-to-hip-ratio hypothesis of female physical attractiveness*; Henss, *Waist-to-hip ratio and female attractiveness*, insbesondere S. 511-512; Puhl/ Boland, *Predicting female physical attractiveness. Waist-to-hip ratio versus thinness*, S. 40-41.

56 Furnham/ Lavancy/ Mc Clelland, *Waist to hip ratio and facial attractiveness: A pilot study*, S. 494.

57 Ibid., S. 498.

58 Ibid., S. 498 und 500.

59 Marlowe/ Wetsman, *Preferred waist-to-hip ratio and ecology.*

60 Vgl. Symons, *Beauty is in the adaptations of the beholder*, S. 104.

61 Vgl. Smuts, *Fat, sex, class, adaptive flexibility, and cultural change*, S. 530.

62 Vgl. Manning, *Fluctuating asymmetry and body weight in men and women*, S. 150-151.

63 Brown/ Konner, *An anthropological perspective on obesity*, S. 42.

64 Vgl. Smuts, *Fat, sex, class, adaptive flexibility, and cultural change*; Sobal/ Stunkard, *Socioeconomic status and obesity*; Symons, *Beauty is in the adaptations of the beholder*, S. 104; Marlowe/ Wetsman, *Preferred waist-to-hip ratio and ecology*, S. 487-488.

65 Ein ganzes Spektrum evolutionstheoretischer Erklärungsmuster für unterschiedliche Präferenzen gegenüber weiblicher Körpermasse diskutieren Andersen/ Crawford/ Nadeau/ Lindberg, *Was the Duchess*

of Windsor right: a cross-cultural review of the socioecology of ideals of female body shape.

66 Vgl. Pond, *Morphological aspects and the ecological and mechanical consequences of fat deposition in wild vertebrates*, S. 550, 554, 559-560.

67 Low/ Alexander/ Noonan, *Human hips, breasts and buttocks: Is fat deceptive?*, S. 252-253.

68 Symons, *Beauty is in the adaptations of the beholder*, S. 106-107.

69 Ibid., S. 88.

70 Vgl. Trivers, *Parental investment and sexual selection*, S. 169; Crook, *Sexual selection, dimorphism, and social organization in the primates*, S. 270; Selander, *Sexual selection and dimorphism in birds*, S. 218, 221; Kenrick/Keefe, *Age preferences in mates reflect sex differences in human reproductive strategies*. Groß darf die Altersdifferenz allerdings nicht sein, denn jede andere als geringfügige Abweichung birgt nach der ureigenen Logik des evolutionstheoretischen Arguments zwei gravierende Nachteile. Solange Dominanz nicht (nur) durch soziale Konkurrenz und Bankkonten, sondern auch durch physische Kampfkraft gemessen wurde, konnte schwerlich eine Präferenz für markant ältere Männer entstehen – zumindest nicht aus den klassischen evolutionsbiologischen Gründen. Außerdem brachte ein mehr als marginaler Altersunterschied unter den archaischen Bedingungen sehr viel geringerer Lebenserwartung stark vergrößerte Risiken mit sich, daß der männliche Partner frühzeitig für die langfristige Elternarbeit ausfiel.

71 Vgl. Blaffer Hrdy, *Raising Darwin's consciousness. Female sexuality and the prehominid origins of patriarchy*, S. 3; Byrne/ Kelley, *Differential age preferences*.

72 Jones, *Sexual selection, physical attractiveness, and facial neoteny*, S. 728-733.

73 Ibid., S. 728-729.

74 Nach Symons, *Beauty is in the adaptations of the beholder*, S. 98.

75 Jones, *Sexual selection, physical attractiveness, and facial neoteny*, S. 733.

76 Vgl. Trivers, *Parental investment and sexual selection*, S. 145.

77 Vgl. Frayser, *Varieties of sexual experience*, S. 208.

78 Vgl. Berry, *Attractive faces are not all created equal*, S. 524-525.

79 Zebrowitz McArthur/ Berry, *Cross-cultural agreement in perceptions of babyfaced adults*, insbesondere S. 167.

80 Berry, *Attractive faces are not all created equal*, S. 528.

81 Fauss, *Zur Bedeutung des Gesichts für die Partnerwahl*, S. 200.

82 Vgl. Ford/ Beach, *Patterns of sexual behavior*, S. 90-91, und Crook, *Sexual selection, dimorphism, and social organization in the primates*, S. 241.

83 Jones, *Sexual selection, physical attractiveness, and facial neoteny*, S. 735.

84 Vgl. ibid.

85 Norberg (*The evolution of bird coloration*) sieht in diesen Funktionen sogar den Hauptgrund für die Entstehung der Gefiederkolorierung. Sie diskutiert außerdem noch eine weitere Funktion: Das auffällige Federkleid könnte dem männlichen Tier dazu dienen, Feinde von Nest und Jungtieren abzulenken.

86 Vgl., um hier nur drei Beispiele zu erwähnen, Trivers, *Parental investment and sexual selection*, S. 146-150; Crook, *Sexual selection, dimorphism, and social organization in the primates*, S. 271; Salter, *Carrier females and sender males: An evolutionary hypothesis linking female attractiveness, family resemblance, and paternity confidence.*

87 Vgl. Gallup, *Permanent breast enlargement in females: a sociobiological analysis.*

88 Vgl. Low/ Alexander/ Noonan, *Human hips, breasts and buttocks: Is fat deceptive?*, und Barber, *The evolutionary psychology of physical attractiveness*, S. 411-412.

89 Vgl. Smith, *Human sperm competition*, S. 641.

90 Symons, *Beauty is in the adaptations of the beholder*, S. 102.

91 Vgl. Etcoff, *Survival of the prettiest*, S. 188. Einschränkend dazu Ford/ Beach, *Patterns of sexual behavior*, S. 87.

92 West-Eberhard, *Sexual selection, social communication, and species specific signals in insects*, S. 314.

93 Darwin, *The descent of man, and selection in relation to sex*, Bd. II, S. 330-337.

94 Zum folgenden vgl. Crook, *Sexual selection, dimorphism, and social organization in the primates*, S. 247-250.

95 Vgl. Morris, *The naked ape*, S. 72-74. Einige Affenarten, wie Orang-Utan und Zwergschimpanse, kennen allerdings auch bereits die Kopulation von vorn (Diamond, *Der dritte Schimpanse*, S. 96).

96 Eine Liste der Deutungen des verborgenen weiblichen Eisprungs gibt Diamond, *Der dritte Schimpanse*, S. 100-109.

97 Vgl. Morris, *The naked ape*, S. 75.

98 Vgl. Darwin, *The descent of man, and selection in relation to sex*, Bd. II, S. II 291-293.

99 Morris, *The naked ape*, S. 65.

100 Vgl. Zukerman, *The social life of monkeys and apes.*

101 Crook, *Sexual selection, dimorphism, and social organization in the primates*, S. 274. Vgl. auch Morris, *The naked ape*, S. 38-40, 80-83, und Singh, *Body shape and women's attractiveness. The critical role of waist-to-hip ratio*, S. 314.

102 Buss/ Schmitt, *Sexual strategies theory: an evolutionary perspective on human mating*, S. 228.

103 Vgl. Smith, *Human sperm competition*, S. 642.

104 Ibid., S. 630.

105 Arnquist, *Comparative evidence for the evolution of genitalia by sexual selection*.

106 Vgl. hierzu und zum folgenden Short, *Sexual selection and its component parts*.

107 Smith, *Human sperm competition*, S. 639. Vgl. auch Etcoff, *Survival of the prettiest*, S. 183.

108 Die bislang eingehendste Darstellung des Phänomens gibt Eberhard, *Female control: Sexual selection by cryptic female choice*.

109 Eberhard, *Sexual selection and animal genitalia*, S. 93, 110.

110 Vgl. Thornhill/ Alcock, *The evolution of insect mating systems*, und Eberhard, *Sexual selection and animal genitalia*, S. 59, 86-88.

111 Eberhard, *Sexual selection and animal genitalia*.

112 Vgl. Short, *Sexual selection and its component parts*; Smith, *Human sperm competition*; Blaffer Hrdy, *Mutter Natur*, S. 248, 261, und Baker/ Bellis, *Krieg der Spermien*.

113 Diamond, *Der dritte Schimpanse*, S. 110-111.

114 Vgl. Miller, *The mating mind*, S. 236. Das Beispiel einiger Affen läßt vermuten, daß direkte innermännliche Konkurrenz die erratische Genital-Evolution ebenfalls begünstigt haben könnte. Affen setzen ihren erigierten und verfärbten Penis gelegentlich auch als symbolische Waffe in männlichen Hierarchiekämpfen sowie beim Reviersicherungsverhalten ein. Auch dabei handelt es sich vielfach um Konstellationen, in denen das Phallus-Präsentieren gerade auf den Zustand männlichen Bedrohtseins antwortet, statt die Selbstgewißheit männlicher Herrschaft zu signalisieren. Die Ethnologie hat die Fortexistenz solcher Praktiken bei menschlichen Populationen zeigen können. Vgl. dazu Eberhard, *Sexual selection and animal genitalia*, S. 84-85; Wickler, *Socio-sexual signals and their intra-specific imitation among primates*; Wickler, *Ursprung und biologische Deutung des Genitalpräsentierens männlicher Primaten*; Eibl-Eibesfeldt, *The biological foundations of aesthetics*, S. 44; Böhme, *The Tucano Indians of Colombia and the Iguanid lizard Plica plica*; Jared, *Der dritte Schimpanse*, S. 93-98, 108.

115 Ibid., S. 120-142.

116 Zahavi (*The handicap principle*, S. 170-171) berichtet einige dieser Funde.

117 Auf die schwierige Frage, warum weibliche Tiere männlichen Tieren mit präferierten genitalen Merkmalen zu einem Reproduktionsvorteil verhelfen sollten, gibt Eberhard die gleiche evolutionstheoreti-

sche Antwort, wie Fisher sie für die präkopulative Stimulation durch sekundäre Sexualornamente vom Typ des Pfauenrads formuliert hat: weil ein solches Verhalten (auch) den weiblichen Reproduktionserfolg steigert. Denn wiederum gilt: Sofern die Söhne der bevorzugten Väter – oder in nächster Generation die Söhne ihrer Töchter – die leicht ›übertriebenen‹ genitalen Merkmale erben, werden sie ihrerseits von weiblichen Wesen bevorzugt und verhelfen damit beiden Geschlechtern zu erhöhtem Reproduktionserfolg in zweiter und dritter Generation. Sexuelle Selektion kann auf diese Weise ganz von selbst auch die Genitalien des ›gewählten‹ Geschlechts bizarren *runaway*-Prozessen unterwerfen.

118 Vgl. Smith, *Human sperm competition*, S. 651; Fisher, *Anatomy of love*, S. 89-97; Buss/ Schmitt, *Sexual strategies theory: an evolutionary perspective on human mating*, S. 219-223; Blaffer Hrdy, *Mutter Natur*, S. 277, 289-91.

119 Blaffer Hrdy, *Mutter Natur*, S. 57. Eine ähnliche Begründung weiblicher Polyandrie wurde für Leoparden gegeben (nach Zahavi, *The handicap principle*, S. 171).

120 Diamond, *Der dritte Schimpanse*, S. 110-127.

121 Smith, *Human sperm competition*, S. 638-641.

122 Benshoof/ Thornhill, *The evolution of monogamy and concealed ovulation in humans*, S. 104. Vgl. auch Sillén-Tullberg/ Møller, *The relationship between concealed ovulation and mating systems in anthropoid primates*.

123 Thornhill/ Alcock, *The evolution of insect mating systems*, S. 345.

124 Buss/ Schmitt, *Sexual strategies theory*, S. 215.

125 Vgl. Alexander/ Noonan, *Concealment of ovulation, parental care, and human social evolution*.

126 Freud, *Zur Einführung des Narzißmus*, S. 155.

127 Vgl. Moore, *Non-verbal courtship patterns in women*, und Grammer, *Human courtship behavior*. Siehe auch Eibl-Eibesfeldt, *Human ethology*, und Perper, *Sex signals: The biology of love*, S. 163.

128 Kant, *Kritik der Urtheilskraft*, S. 233-235.

129 Galton, *Inquiries into human faculty and its development*, S. 11-18, 339-363.

130 Langlois/ Roggmann, *Attractive faces are only average*. Vgl. auch Rhodes/ Tremewan, *Averageness, exaggeration, and facial attractiveness*.

131 Vgl. Light/ Hollander/ Karya-Stuart, *Why attractive people are harder to remember*.

132 Vgl. Etcoff, *Survival of the prettiest*, S. 149.

133 Langlois/ Roggmann/ Musselman, *What is average and what is not average about attractive faces*, S. 214.

134 Ibid., S. 216.

135 Mit ihrer gegenteiligen Behauptung, gesteigerte Jugendlichkeit und Symmetrie erhöhe nicht per se und strukturell die Attraktivität von Durchschnittsbildern, stehen die Verfechter der averageness-Hypothese allein da (vgl. ibid., S. 217).

136 Perrett/ May/ Yoshikawa, *Facial shape and judgments of female attractiveness.*

137 Ibid., S. 233.

138 Vgl. Koeslag, *Koinophilia.*

139 Vgl. Langlois/ Roggmann, *Attractive faces are only average,* S. 116.

140 Vgl. die in der Bibliographie unter Burley aufgeführten Publikationen. Zur generellen genetik-theoretischen Kritik an der »good genes«-Hypothese vgl. die Zusammenfassungen bei Andersson/ Bradbury, *Introduction,* S. 2, und bei Charlesworth, *The heritability of fitness,* S. 22, außerdem Price, *Constraints on the effects of sexual selection,* S. 290. Spezieller zu den genetiktheoretischen Schwächen der Parasitenresistenz-Theorie vgl. Lande, *Genetic correlations between the sexes in the evolution of sexual dimorphism and mating preferences,* S. 89-90, und Heissler, *The evolution of mating preferences and sexually selected traits,* S. 105-107.

141 Vgl. Gould/ Gould, *Partnerwahl im Tierreich,* S. 186.

142 Vgl. Etcoff, *Survival of the prettiest.*

143 Burley, *Comparison of the band-colour preferences of two species of estrildid finches.*

144 Vgl. Cronin, *The ant and the peacock,* S. 210.

145 Vgl. Zahavi, *The handicap principle,* S. 31.

146 Vgl. Cronin, *The ant and the peacock,* S. 208.

147 Ibid., S. 205, 229.

148 Miller, *The mating mind,* S. 161-162.

149 Ibid., S. 159.

150 Vgl. Gladue, *Missing link in mate preference studies: Reproduction.*

151 Vgl. Etcoff, *Survival of the prettiest,* S. 24.

152 Vgl. Low/ Clarke, *Resources and the life course: Pattern in the demographic transition.*

153 Vgl. Vining, *Social versus reproductive success: The central problem of human sociobiology,* und Mueller/ Short, *Effects of income and wealth on the demand for children,* S. 599 und 633.

154 Vgl. Essock-Vitale, *The reproductive success of wealthy Americans.*

155 Vgl. die Serie von Diskussionsbeiträgen, die 1986 in der Zeitschrift *Behavioral and Brain Sciences* im Anschluß an Vinings Artikel *Social versus reproductive success: The central problem of human sociobiology* abgedruckt wurden.

156 Kurland, *Proletarian hominids on the rampage,* S. 203.

157 Turke, *Evolution and the demand for children*, S. 82.
158 Darwin, *The descent of man, and selection in relation to sex*, Bd. II, S. 344, 364.
159 Vgl. Wetsman/Marlowe, *How universal are preferences for female waist-to-hip ratios? Evidence from the Hadza of Tansania*, insbesondere S. 222-224.
160 Furnham/Lavancy/Mc Clelland, *Waist to hip ratio and facial attractiveness*, S. 497.
161 Lakoff/Scherr, *Face value: The politics of beauty*, S. 290.
162 Symons, *Beauty is in the adaptations of the beholder*, S. 88-94, 99.
163 Ibid., S. 91.

IV. Freuds Hypothese: die ursprüngliche Kulturalität menschlicher Schönheit

1 Freud, *Das Unbehagen in der Kultur*, S. 441.
2 Ibid.
3 Freud, *Drei Abhandlungen zur Sexualtheorie*, S. 55.
4 Ibid.
5 Ibid., S. 111.
6 Freud, *Das Unbehagen in der Kultur*, S. 441-442. Die Formulierung »es wäre ein vorbildliches Beispiel einer zielgehemmten Regung« scheint ihrerseits ein seltenes Beispiel für einen agrammatischen Satz in Freuds Prosa zu sein. Denn was ist »es«? Grammatisch gesehen können nur das »Sexualempfinden« oder das »Gebiet des Sexualempfindens« durch das »es« substituiert worden sein. Kann aber das »Gebiet des Sexualempfindens« tatsächlich »ein vorbildliches Beispiel einer zielgehemmten Regung« sein? Der Verdacht liegt nahe, daß mit »es« das Schöne gemeint ist. Im vorhergehenden Satz steht aber nicht »das Schöne«, sondern »die Schönheit«. Der Folgesatz müßte demnach lauten: »sie wäre ein vorbildliches Beispiel einer zielgehemmten Regung«.
7 Freud, *Das Unbehagen in der Kultur*, S. 458.
8 Ibid., S. 459.
9 Vgl. oben, S. 176.
10 Vgl. die Überblicke bei Fisher, *Anatomy of love*, S. 40-44, sowie bei Pawlowski, *Loss of oestrus and concealed ovulation in human evolution*. S. 264-266.
11 Ibid.
12 Freud, *Drei Abhandlungen zur Sexualtheorie*, S. 55.
13 Freud, *Das Unbehagen in der Kultur*, S. 460.
14 Ibid. S. 459.

15 Freud, *Briefe an Wilhelm Fließ*, S. 302.
16 Freud, *Das Unbehagen in der Kultur*, S. 465.
17 Freud, *Über die allgemeinste Erniedrigung des Liebeslebens*, S. 90.
18 Freud, *Zur Einführung des Narzißmus*, S. 155.
19 Freud, *Das Unbehagen in der Kultur*, S. 441.
20 Freud, *Drei Abhandlungen zur Sexualtheorie*, S. 55.
21 Rémy de Gourmont, *Physique de l'amour*, S. 69-70.
22 Vgl. Freud, *Zur Einführung des Narzißmus*, S. 155-56.
23 Freud, *Das Unbehagen in der Kultur*, S. 453.
24 Ibid., S. 452.
25 Burke, *Philosophische Untersuchung über den Ursprung unserer Ideen vom Erhabenen und Schönen*, S. 127-128.
26 Darwin, *The descent of man, and selection in relation to sex*, Bd. II, S. 330-337.
27 Darwin, *M Notebook*, S. 272.
28 Freud, *Über die allgemeinste Erniedrigung des Liebeslebens*, S. 91.
29 Vgl. weiter unten, S. 261.
30 Vgl. Marwick, *Beauty in History*, S. 357-358.
31 Freud, *Über die allgemeinste Erniedrigung des Liebeslebens*, S. 90-91.
32 Vgl. Dermer/ Thiel, *When beauty fails*, S. 1168-1176.

V. Sexuelle Wahl und philosophische Ästhetik

1 Ähnlich Richter, *Die Herkunft des Schönen*, S. 31.
2 Vgl. oben, S. 84.
3 Plato, *Symposion* 206 c-e.
4 Kant, *Kritik der Urtheilskraft*, S. 204-205.
5 Ibid., S. 236.
6 Vgl. oben, S. 75-76.
7 Ibid., S. 220.
8 Adorno, *Ästhetische Theorie*, S. 25.
9 Kant, *Kritik der Urtheilskraft*, S. 204.
10 Ibid., S. 222.
11 Ibid., S. 220.
12 Vgl. oben, S. 79
13 Kant, *Kritik der Urtheilskraft*, S. 231-236.
14 Ibid., S. 315.
15 Vgl. Menninghaus, *Ekel*, S. 44-46.
16 Vgl. Benjamin, *Das Passagenwerk*, S. 112-113, 131, 490-494, 576, 582, 998.
17 Vgl. Miller, *The mating mind*, S. 284-292.
18 Vgl. ibid., S. 174-175.

19 Ibid., S. 76 und 273-274.
20 Mendelssohn, *Über die Hauptgrundsätze der schönen Künste und Wissenschaften*, S. 179.
21 Moritz, *Über die bildende Nachahmung des Schönen*, S. 573.
22 Thornhill, *Darwinian aesthetics*, S. 544.
23 Ibid., S. 557.
24 Ibid., S. 559.
25 Ibid., S. 566.
26 Ibid., S. 562.
27 Zur menschlichen Wahrnehmung tierischer Schönheit vgl. Möbius, *Ästhetik der Tierwelt*.
28 Haeckel, *Kunstformen der Natur*.
29 Burke, *Philosophische Untersuchung über den Ursprung unserer Ideen vom Erhabenen und Schönen*, S. 127-142.
30 Ibid., S. 556.
31 Ibid., S. 558.
32 Xenophon, *Memorabilien* III 8, 6.
33 Vgl. oben, S. 152.
34 Vgl. Dissanayake, *What is art for?*

VI. Das Sein bestimmt das Bewußtsein: Persönlichkeitseffekte des guten Aussehens

1 Vgl. Patzer, *The physical attractiveness phenomena*, S. 17.
2 Vgl. Cook, *The judgment of intelligence from photographs*, S. 384-389, und Bruce/ Young, *In the eye of the beholder*, S. 145-146.
3 Vgl. Hatfield/ Sprecher, *Mirror, mirror*, S. 115-124.
4 Vgl. Jackson, *Physical Appearance and Gender*, S. 75.
5 Vgl. Etcoff, *Survival of the prettiest*, S. 34-39.
6 Patzer, *The physical attractiveness phenomena*, S. 87.
7 Ibid., S. 87.
8 Vgl. Hatfield/ Sprecher, *Mirror, mirror*, S. 101-102.
9 Patzer, *The physical attractiveness phenomena*, S. 72-75.
10 Ibid., S. 79.
11 Ibid., S. 75-76.
12 Ibid., S. 60-63.
13 Ibid., S. 88-95.
14 Vgl. Sigall/ Landy, *Radiating beauty: Effects of having a physically attractive partner on person perception*, sowie Strane/ Watts, *Females judged by attractiveness of partner*.
15 Vgl. Kurtzberg/ Safar/ Cavior, *Surgical and social rehabilitation of adult offenders*.

16 Vgl. Berscheid/ Walster, *Physical Attractiveness*, S.192; Hatfield/ Sprecher, *Mirror, mirror*, S.263-264; Jackson, *Physical appearance and gender*, S.144-149, und Patzer, *The physical attractiveness phenomena*, S.58-61.

17 Vgl. Patzer, *The physical attractiveness phenomena*, S.59.

18 Hansell/ Sparacino/ Ronchi, *Physical attractiveness and blood pressure*.

19 Vgl. Hatfield/ Sprecher, *Mirror, mirror*, S.264; Jackson, *Physical appearance and gender*, S.146-149; Patzer, *The physical attractiveness phenomena*, S.45.

20 Patzer, *The physical attractiveness phenomena*, S.43. Siehe auch Berscheid/ Hatfield/ Bohrnstedt, *The happy American body: A survey report*.

21 Vgl. Patzer, *The physical attractiveness phenomena*, S.129.

22 Vgl. Jackson, *Physical appearance and gender*, S.40; Patzer, *The physical attractiveness phenomena*, S.57.

23 Freud, *Zur Einführung des Narzißmus*, S.165.

24 Vgl. Berscheid/ Walster, *Physical attractiveness*, S.209, und Patzer, *The physical attractiveness phenomena*, S.237.

25 Vgl. Berscheid/ Walster, *Physical attractiveness*, S.158-159, und Patzer, *The physical attractiveness phenomena*, S.6, 10, 12-13, 53.

26 Vgl. Patzer, *The physical attractiveness phenomena*, S.2.

27 Ibid., S.240-242.

28 Ausgabe vom 22. März 1984. Vgl. Marwick, *Beauty in history*, S.14.

29 Patzer, *The physical attractiveness phenomena*, S.113-114.

30 Vgl. Dion/ Berscheid/ Walster, *What is beautiful is good*, und Patzer, *The physical attractiveness phenomena*, S.170.

31 Seid, *Too »close to the bone«: the historical context for women's obsession with slenderness*, S.8.

32 Kant, *Kritik der Urtheilskraft*, S.353.

33 Vgl. Lakoff/ Scherr, *Face Value. The politics of beauty*, S.139.

34 Vgl. Lewin/ Dembo/ Festinger/ Sears, *Level of aspiration*.

35 Vgl. Stroebe/ Insko/ Thompson/ Layton: *Effects of physical attractiveness, attitude similarity, and sex on various aspects of interpersonal attraction*; Silverman, *Physical attractiveness and courtship*; Huston, *From liking to affiliation*; Berscheid/ Walster, *Physical attractiveness*, S.159-166; Hatfield/ Sprecher, *Mirror, mirror*, S.140, 148-151.

36 Vgl. Buss, *Sex differences in human mate selection preferences*, S.5; Blaffer Hrdy, *Mutter Natur*, S.289, 393.

37 Goffman, *On cooling the mark out. Some aspects of adaptation to failure*, S.456.

38 Gangestad, *Sexual selection and physical attractiveness: Implications for mating dynamics*, S.216.

39 Vgl. Patzer, *The physical attractiveness phenomena*, S. 83-84, und Hatfield/ Sprecher, *Mirror, mirror*, S. 112-115.

40 Vgl. Patzer, *The physical attractiveness phenomena*, S. 24-26.

41 Vgl. Berscheid/ Walster, *Physical attractiveness*, S. 175.

42 Vgl. Byrne/ Clore, *A reinforcement model of evaluative responses*.

43 Vgl. Bornstein, *Exposure and affect*.

44 Glenwick/ Jason/ Elman, *Physical attractiveness and social contact in the singles bar*. Vgl. auch Diener/ Wolsic/ Fujita, *Physical attractiveness and subjective well-being*, S. 124.

45 Vgl. Dermer/ Thiel, *When beauty fails*, S. 1172-1173.

46 Vgl. Buss/ Schmitt, *Sexual strategies theory: an evolutionary perspective on human mating*, S. 214.

47 Vgl. Patzer, *The physical attractiveness phenomena*, S. 111-112, und Hatfield/ Sprecher, *Mirror, mirror*, S. 59-61.

48 Vgl. Patzer, *The physical attractiveness phenomena*, S. 63.

49 Vgl. Dermer/ Thiel, *When beauty fails*, S. 1169 und 1174.

50 Nach Carré, *Mademoiselle de la Vallière*, S. 45.

51 Krebs/ Adinolfi, *Physical Attractiveness, social relations, and personality style*.

52 Vgl. Hatfield/ Sprecher, *Mirror, mirror*, S. 304.

53 Ibid., S. 310.

54 Vgl. Sigall/ Michela, *I'll bet you say that to all the girls: Physical attractiveness and reactions to praise*.

55 Vgl. Berscheid/ Walster, *Physical attractiveness*, S. 199.

56 Ibid., S. 201.

57 Vgl. Seligmann, *Helplessness: On depression, development, and death*, S. 2-3, und Hatfield/ Sprecher, *Mirror, mirror*, S. 315-316.

58 Wolf, *The Truth about Beauty*, S. 187-193.

59 Jacobson, *The »exceptions«: An Elaboration of Freud's character study*, S. 147.

60 Ibid., S. 153.

61 Henss, *Waist-to-hip ratio and attractiveness. Replication and extension*, S. 483; Eagly/ Ashmore/ Makhijani/ Longo, *What is beautiful is good*, S. 124.

62 Ibid., S. 487.

63 Vgl. Hatfield/ Sprecher, *Mirror, mirror*, S. 297.

64 Ibid., S. 241.

65 Vgl. Diener/ Wolsic/ Fujita, *Physical attractiveness and subjective well-being*.

66 Ibid., S. 128.

67 Ibid.

68 Eine andere Erklärung der Neutralisierung von Persönlichkeitseffekten des Aussehens gibt die sogenannte Adaptionstheorie. Danach

stellen Personen ihre Zufriedenheit tendenziell stets auf Art und Höhe ihrer eigenen Ressourcen ab, so daß deren ›objektive‹ Unterschiede in der Selbstwahrnehmung nivelliert werden. Im Sinne der Evolutionstheorie ist ein derartiger psychologischer Mechanismus adaptiv, weil er den weniger Begünstigten – in der Regel der Mehrheit einer Population – verbesserte Chancen für Wohlbefinden und Überleben verschafft.

69 Vgl. Hatfield/ Sprecher, *Mirror, mirror*, S. 315-316.

70 Freud, *Zur Einführung des Narzißmus*, S. 166-167.

71 Cavior, *Physical attractiveness, perceived attitude similarity, and interpersonal attraction among fifth and eleventh grade boys and girls*, Diss. University of Houston, 1970. Nach Berscheid/ Walster, *Physical attractiveness*, S. 185.

72 Vgl. Hatfield/ Sprecher, *Mirror, mirror*, S. 244.

73 Vgl. Byrne/ London/ Reeves, *The effects of physical attractiveness, sex, and attitude similarity on interpersonal attraction*, S. 266.

74 Nach Patzer, *The physical attractiveness phenomena*, S. 118.

75 Vgl. Diener/ Wolsic/ Fujita, *Physical attractiveness and subjective well-being*, S. 123, 128, und Cross/ Cross, *Age, sex, race, and the perception of facial beauty*, S. 438.

76 Vgl. weiter unten, S. 259.

VII. Zur heutigen Signatur von Schönheitsarbeit und ästhetischer Selbstbegründung

1 Vgl. die Quellennachweise in Sappho, *Lieder*, S. 120-121.

2 Apollodorus, *Epitoma* III 1-2.

3 Alciphron, *Epistulae* 14, 4-6. Dt. Übersetzung: Alkiphron, *Aus Glykeras Garten. Briefe von Fischern, Bauern, Parasiten, Hetären*, Leipzig: Reclam, 1972, S. 92-95 (Übersetzung modifiziert).

4 Vgl. Lakoff/Scherr, *Face value. The politics of beauty*, S. 69-75.

5 Vgl. Berscheid/Walster, *Physical attractiveness*, S. 206.

6 Die soziobiologischen und empirisch-psychologischen Studien zu Aussehens- und Partner-Präferenzen pflegen diesen kulturell induzierten Bedeutungszuwachs ästhetischer Unterscheidungen in ihren abstrakten experimentellen settings regelmäßig nicht zu berücksichtigen.

7 Zu diesem Begriff vgl. Adornos Ausführungen zum »ontologischen Bedürfnis« in: *Negative Dialektik*, S. 67-101.

8 Vgl. Eibl, *Die Entstehung der Poesie*, S. 206.

9 Vgl. Marwick, *Beauty in history*, S. 220-232.

10 Vgl. ibid., S. 296.

11 Benjamin, *Das Passagen-Werk*, in: Benjamin, *Gesammelte Schriften*, Bd. VI, S. 113.

12 Vgl. Schlaffer, *Schönheit. Über Sitten und Unsitten unserer Zeit*, S. 13 und 109-120.

13 Benjamin, *Das Passagen-Werk*, S. 492.

14 Vgl. Zahavi, *The handicap principle*, S. 216-217.

15 Vgl. Seid, *Too »close to the bone«: the historical context for women's obsession with slenderness*, S. 10.

16 Etcoff, *Survival of the prettiest*, S. 211.

17 Vgl. Baker, *The beauty trap*, und Wolf, *The beauty myth*.

18 Vgl. Seid, *Too »close to the bone«: the historical context for women's obsession with slenderness*, S. 11.

19 Vgl. oben, S. 130.

20 Vgl. Stice/ Shaw, *Adverse effects of the media portrayed thin-ideal on women and linkages to bulimic symptomatology*; Silverstein/ Perdue/ Peterson/ Kelly, *The role of the mass media in promoting a thin standard of bodily attractiveness for women*; Andersen/ Di Domenico, *Diet vs. shape content of popular male and female magazines: a dose response relationship to the incidence of eating disorders*.

21 So haben etwa Untersuchungen ergeben, daß (amerikanische) Männer zwar gern die Bilder großer Brüste konsumieren, bei ihren eigenen Partnerinnen aber einen durchschnittlichen oder auch kleinen Busen bevorzugen. Vgl. Patzer, *The physical attractiveness phenomena*, S. 145.

22 Lacan, *Das Spiegelstadium als Bildner der Ichfunktion*, S. 64-65.

23 Etcoff, *Survival of the prettiest*, S. 193.

24 Ästhetische Rechtfertigung im Sinne Nietzsches ist selbstverständlich nicht eine solche Selbstpositionierung durch Anpassung an Idole und Riten, sondern eine emphatische Erfahrung der Kunst.

25 Pope/ Phillips/ Olivardia, *The Adonis-Complex*, S. 118.

26 Ibid., S. 97-98.

27 Freud, *Zur Einführung des Narzißmus*, S. 156.

28 Immer mehr Zeitgenossen verstecken sich nach dem klinischen Befund der Studie zum *Adonis-Complex* am liebsten ganz zu Hause, um buchstäblich nicht gesehen zu werden (Pope/ Phillips/ Olivardia, *The Adonis-Complex*, S. 84-85, 90). Selbst fortgeschrittene Arbeiter an der eigenen Physis vermeiden es routinemäßig, im Fitness-Zentrum zu duschen, und wechseln allenfalls hastig ihre Kleider (ibid., S. 24).

29 Pope/ Phillips/ Olivardia, *The Adonis-Complex*, S. 27-28.

30 Ibid., S. 23-24.

31 Ibid., S. 50-51.

32 Vgl. Lakoff/ Scherer, *Face value. The politics of beauty*, S. 160-161.

33 Zitiert nach: ibid., S. 81.

34 Vgl. Jackson, *Physical Appearance and Gender*, S. 183, und Etcoff, *Survival of the prettiest*, S. 46.

35 Brownell, *Dieting and the search for the perfect body*, S. 4.

36 Vgl. Phillips, *The broken mirror*.

37 Pope/ Phillips/ Olivardia, *The Adonis-Complex*, S. 89-90.

38 Ibid., S. 202-208.

VIII. Trauerarbeit am Schönen

1 Kant, *Kritik der Urtheilskraft*, S. 306.

2 Den Begriff übernehme ich von Schiller, *Über naive und sentimentalische Dichtung*.

3 Kant, *Kritik der Urtheilskraft*, S. 374-375.

4 Ibid.

5 Ibid., S. 370.

6 Ibid., S. 371-372.

7 Ibid., S. 380.

8 Vgl. Menninghaus, *Lob des Unsinns*, S. 104-105.

9 Kant, *Kritik der Urtheilskraft*, S. 378.

10 Derrida, *Economimesis*, S. 69.

11 Orians/ Heerwagen, *Evolved responses to landscapes*, S. 560-561.

12 Wilson, *Biophilia*. Vgl. auch Kellert/ Wilson (Hg.), *The biophilia hypothesis*, und Richter, *Die Herkunft des Schönen*, S. 311-313.

13 Vgl. Weidle, *Gestalt und Sprache des Kunstwerks*, S. 9.

14 Kant, *Kritik der Urtheilskraft*, S. 380.

15 Benjamin, *Goethes Wahlverwandtschaften*, S. 178.

16 Hegel, *Vorlesungen über die Ästhetik*, Bd. II, S. 85.

Anhang: Die Deutungen des Adonis

1 Vgl. Engel, *Kypros*, 2. Theil, S. 586 (um hier nur eines von vielen Beispielen zu nennen).

2 Cornutus, *Theologiae Graecae Compendium* 28; Origenes, *Ex Origine selecta in Ezechielem* 8, in: Migne (Hg.), *Patrologia Graeca* XIII, S. 799-800; Ammianus Marcellinus, *Rerum gestarum libri quae supersunt* XIX 1, 11 und XXII 9, 15; Sallustius philosophus, *De diis et mundo* IV 3,5. Vgl. Atallah, *Adonis*, S. 320-324.

3 Frazer, *Adonis Attis Osiris*.

4 Plato, *Phaidros* 276 b.

5 Vgl. Engel, *Kypros*, S. 548-550; Rochette, *Mémoire sur les jardins d'Adonis*, S. 106-117; Detienne, *Die Adonis-Gärten*, S. 115-119.

6 Ἀκαρπότερος εἶ Ἀδώνιδος κήπου. Nach: Bühler (Hg.), *Zenobii Athoi proverbia* Nr. 90, Bd. 5 S. 436 ff.

7 Siehe ibid.; Eustathius, *Commentarii ad Homeri Odysseam*, Bd. 1, S. 438 (zu *Odyssee* XI 590); auctor incertus, bei: Stobäus, *Anthologium* II 6.

8 Baudissin, *Adonis und Esmun*, S. 139-140.

9 Exemplarisch der Artikel in Pauly-Wissowa, *Realencyclopädie der classischen Altertumswissenschaft*, Artikel »Adonis«, Sp. 390.

10 Vgl. Detienne, *Die Adonis-Gärten*, S. 122-123. Detiennes einziger Beleg (*Œuvres d'Oribase*, Bd. II, S. 638) ist allerdings ein recht entlegener und überdies einer, der Detiennes genau definierten Untersuchungszeitraum, das vierte Jahrhundert v. Chr., um immerhin sieben- bis achthundert Jahre verfehlt.

11 Vgl. unten, S. 303-304.

12 Ovid, *Metamorphosen* III 407-412.

13 Detienne, *Die Adonis-Gärten*, S. 129-131.

14 Ibid., S. 151-152, 218.

15 Ovid, *Metamorphosen* X, 431-435. Detienne, *Les jardins d'Adonis*, S. 148-150; dt. *Die Adonis-Gärten*, S. 91-93.

16 Vgl. Athenaeus, *Deipnosophistai*, II 69.

17 *Hesychii Alexandrini Lexicon*, s. v. ἀδωνηίς· ἡ χελιδών. καὶ ἡ θριδακίνη.

18 Abraham Fraunce, *Countess of Pembroke's Iuychurch* (1592), zit. nach Hamilton, *Venus and Adonis*, S. 6. Vgl. auch Vellay, *Le culte et les fêtes d'Adonis-Thammouz dans l'Orient antique*, S. 93-94.

19 Creuzer hat es gar geschafft, die materialreiche Beschreibung des Lattich als einer »Adonischen Pflanze«als indirekten Beweis für die Sonnen- und Vegetationsgott-Qualitäten des Adonis zu werten. Der Gedanke einer »nachtheiligen Wirkung auf die Zeugungskraft« legt für ihn ex negativo »die physische Ideenreihe« der Sonne, des Blühens, der fruchtbaren Vegetation und sogar der Priapus-Affinität des Adonis offen, »woraus der ganze Mythus und Cultus dieses Wesens offenbar erwachsen ist«. Vgl. Creuzer, *Symbolik und Mythologie der alten Völker*, 2. Theil, S. 428-429.

20 Francfort, *Kingship and the Gods*, S. 289.

21 So überzeugend Detiennes Kritik der Vegetationsgott-These, so sehr scheint er doch die Opposition von Adonis und Demeter überzustrapazieren und zuwiderlaufende Elemente des Mythos zu unterdrükken.

22 Burkert, *Structure and history in Greek mythology and ritual*, S. 107.

23 Macrobius, *Saturnalia* I 21, 1-6.

24 Vgl. Atallah, *Adonis*, S. 317-319.

25 Creuzer etwa kombiniert die Bestimmung des Adonis als »Sonnenin-

carnation« mit derjenigen als Verkörperung der »Vegetation selbst« (*Symbolik und Mythologie der alten Völker*, S. 431, 476). Der offenkundige »Einfluss der Sonne auf Vegetation und physisches Leben« (S. 427) dient als die Brücke dieser Überblendung.

26 Macrobius, *Saturnalia* I 21, 4.

27 Detienne, *Les jardins d'Adonis*, S. 120.

28 Bion, *Epitaphios Adonidos* 77-78, und *Anthologia Graeca* V 113.

29 Apollodorus, *Bibliothek* III 14,3.

30 Detienne, *Die Adonis-Gärten*, S. 23-24. Detienne weist darauf hin, daß dieses mythologische Erntedatum von der Wirklichkeit der Ernte stark abweicht (S. 24).

31 Ibid., S. 126-127.

32 Vgl. Theophrast, *De odoribus*, 21-22 und 40-41, und Detienne, *Die Adonis-Gärten*, S. 75-76.

33 Hesiod, *Werke und Tage*, 582-587, und Alkaios 94 D. Vgl. Detienne, *Die Adonis-Gärten*, S. 133-135.

34 Aristoteles, *Problemata physica* IV, 25. Dt. Übersetzung nach: Aristoteles: *Problemata physica*, in: Aristoteles, *Werke*, hg. von Ernst Grumach, Bd. 19 (übersetzt von Hellmut Flashar), Berlin: Akademie Verlag, 1962, S. 55.

35 Detienne versucht diese Konsequenz seiner eigenen solaren Analyse für Adonis allerdings zu vermeiden, weil sie seine These von Adonis als präpotentem Verführer beschädigt. Sein Ausweg ist die kühne Behauptung, daß Adonis – sofern er »das symbolisiert, was nicht männlich ist« – in diesem Kontext gar nicht die Position des trocken-impotenten Mannes einnehme, sondern gerade der ›heißen‹, begehrlichen, verführenden Frau (*Die Adonis-Gärten*, S. 134-135). Damit aber verwickelt sich Detienne in ein dichtes Geflecht von Widersprüchen. Denn er unterstreicht andererseits ja mehr als irgend jemand vor ihm Adonis' Unfruchtbarkeit und seine Beziehung zum Impotenz-Lattich. Es liegt daher weitaus näher, das Verbranntwerden der Adonis-Substitute durchaus als Analogon einer analogen Schädigung des Adonis zu lesen – oder ganz auf die umgekehrt proportionale Wirkung starker Sonne auf die männliche und weibliche Libido zu verzichten.

36 Detienne, *Die Adonis-Gärten*, S. 88, 97-98, 132-133.

37 Ibid., S. 78.

38 Ibid., S. 97 (Übersetzung modifiziert).

39 So ebenfalls Baudissin, *Adonis und Esmun*, S. 180: »Adonis ist der Aphrodite gegenüber auch da, wo er nicht als Kind erscheint, der abhängige Teil: sie liebt ihn; er wird nur geliebt.« Vgl. Frazer, *Adonis Attis Osiris*, S. 384.

40 Detienne, *Die Adonis-Gärten*, S. 19.

41 Rufus von Ephesos, Περὶ ὀνομασίας τῶν τοῦ ἀνθρώπου μορίων 32, in: *Œuvres de Rufus d'Éphèse*, S. 147.

42 Detienne, *Die Adonis-Gärten*, S. 79.

43 Ἄδωνις γὰρ νέος τις εὐειδὴς οὐδὲν ἀπονάμενος τοῦ κάλλους. Nach: Bühler (Hg.), *Zenobii Athoi proverbia* Nr. 90, S. 465.

44 Detienne, *Die Adonis-Gärten*, S. 87.

45 Ibid., S. 83.

46 Detienne, *Die Adonis-Gärten*, S. 75, 83, 85-86.

47 Ibid., S. 85.

48 Ibid., S. 132.

49 Ibid., S. 82.

50 Ibid., S. 141.

51 Vgl. Antimachus, Fragment 102 Wyss. Detienne (*Die Adonis-Gärten*, S. 82) beruft sich außerdem auf Philodemos, *Peri Eusebeias*, Fragment 40b Gomperz. Dort findet sich zwar erneut das griechische Wort für schamloses Verhalten (ἀναισχυντεῖν), doch fehlt jeder Hinweis auf irgendeine Beziehung zu Adonis oder Aphrodite.

52 Detienne, S. 141.

53 Vgl. Freud, *Über die allgemeinste Erniedrigung des Liebeslebens*.

54 Detienne, *Die Adonis-Gärten*, S. 76-77.

55 Ibid., S. 129-130.

56 Ibid., S. 80.

57 Alciphron, *Epistulae* 14.7.

58 Detienne, *Die Adonis-Gärten*, S. 142. Abstrakt gesehen ist Detiennes funktionalistische Erklärung brilliant, auch wenn sie ungeklärte Annahmen über die zeitliche Emergenz der korrelierten Phänomene enthält.

59 Ibid., S. 95. Anders Atallah, *Adonis*, S. 104.

60 Detienne, *Die Adonis-Gärten*, S. 81.

61 Vgl. Detienne, *Die Adonis-Gärten*, S. 82: »Denn es ist der Sieg über diese wilde Bestie, der die jungen Männer als Krieger qualifiziert.«

62 Vgl. zur mittelalterlichen Fortsetzung und christlichen Umcodierung dieser Semantik Thiébaux, *The mouth of the boar as a symbol in Medieval literature*. Wie in der Antike figuriert der Eber in mittelalterlichen Texten als »a sign of the hero« (286) und »a figure of sexual force« (296), die Jagd nach ihm als eine kriegsähnliche Tat (289). In seiner Rolle als zu bemeisternder Gegner – und kraft seiner ›schweinischen‹ Tendenz zum Wühlen im Schlamm und damit zu niedrigen ›Gedanken‹ – wird er theologisch zugleich als Inbegriff des Sünders und des Ungläubigen (der Sarazenen oder Juden), ja als Anti-Christ verstanden (283, 297-298). In christlicher Einfärbung bleibt dabei auch die aus der Adonis-Mythe bekannte Feindlichkeit des Ebers gegen die Liebe erhalten: der Gegenspieler der

Venus ist nunmehr generell der Gegner der (christlichen) Liebe
(295, 298).

63 Homer, *Odyssee* XIX 439-475.

64 Vgl. dazu Ribichini, *Adonis. Aspetti »orientali« di un mito greco*,
S. 108-122; Vidal-Naquet, *Der schwarze Jäger*, S. 105-122; Bloch, *Prey
into hunter*, S. 8-23; Rubin, *Meleager and Odysseus: A structural and
cultural study of the Greek hunting-maturation myth*.

65 Vgl. Propp, *Die historischen Wurzeln des Zaubermärchens*, und Wald-
mer, *Geburt und Hochzeit des Kriegers. Geschlechterdifferenz und
Initiation in Mythos und Ritual der griechischen Polis*.

66 Piccaluga, *Adonis, I cacciatori falliti e l'avvento dell'agricoltura*.

67 Vgl. Reed, *The sexuality of Adonis*, S. 337.

68 Ibid.

69 Vgl. ibid., S. 342-344.

70 Freud, *Totem und Tabu*, S. 435-436.

71 Devereux, *Femme et mythe*, S. 19-20, 29.

72 Ibid., S. 59-60.

73 Vgl. ibid., S. 32-35.

74 Ibid., S. 36.

75 Ibid., S. 35.

76 Vgl. Reed, *The sexuality of Adonis*, S. 329.

77 Aristophanes, *Lysistrata* 387-402.

78 Plato, *Phaidros* 276 b.

79 Vgl. Keuls, *The reign of the phallus*, S. 268.

80 Ibid., S. 23. Die oben gegebene Beschreibung der Geschlechterrollen
im klassischen Griechenland stützt sich in erster Linie auf diese Studie.

81 Ibid., S. 28.

82 Reed, *The sexuality of Adonis*, S. 345. Ähnlich schon Burkert, *Structure and history in Greek mythology and ritual*, S. 107.

83 Murray, *Early Greece*, S. 86.

84 Keuls, *The reign of the phallus*, S. 24.

85 Vgl. dazu Ribichini, *Adonis. Aspetti »orientali« di un mito greco*.

86 Reed, *The sexuality of Adonis*, S. 342-343.

87 Vgl. Dover, *Greek homosexuality*, S. 88-89, und Keuls, *The reign of
the phallus*, S. 296.

88 Winkler, *The constraints of desire*, S. 205-206.

89 Keuls, *The reign of the phallus*, S. 28.

90 Ibid., S. 24.

91 Ibid., S. 25.

92 Ibid., S. 28.

93 Eva Stehle, *Sappho's Gaze: Fantasies of a goddess and young man*.

94 Ibid., S. 211.

95 Ibid., S. 203.
96 Ibid., S. 202, 225.
97 Ibid., S. 205, 208.
98 Ibid., S. 209.
99 Ibid., S. 208.
100 Ibid., S. 225.
101 Ibid., S. 198 und 216. Stehle beruft sich dabei auf Atallah (*Adonis*, S. 54-55), der aber lediglich darauf hinweist, daß der Tod durch den Eber vor dem fünften Jahrhundert nicht bezeugt ist. Atallah betont ausdrücklich, daß seine Beobachtung zur Quellenlage keinerlei Vorentscheidung darüber enthält, wie alt das Mythen-Element ›Adonis stirbt auf der Eberjagd‹ tatsächlich ist. Diese von Stehle fallengelassene Kautele ist um so naheliegender, als aus der Zeit vor Panyassis nur spärliche Fragmente der Adonis-Erzählung überliefert sind, aber keine integralen Fassungen. Oder anders: So weit vollständige Erzählungen von Adonis überhaupt zurückreichen, so lange ist auch der Tod durch den Eber eines der bestbezeugten Elemente der Mythe.
102 Stehle, *Sappho's gaze: Fantasies of a goddess and young man*, S. 216.
103 Ibid., S. 216. Für die Wechselseitigkeit des Begehrens macht Stehle auch geltend, daß Adonis und Aphrodite »gemeinsam jagen« (S. 194). Davon ist aber in keiner älteren Überlieferung die Rede, und auch bei Ovid begleitet Aphrodite ihren geliebten Jüngling lediglich notgedrungen auf die Jagd, um überhaupt in seiner Nähe sein zu können – nicht aber, weil beide etwa »gemeinsam jagen«. Auch das Meidias-Bild von Adonis und Aphrodite kann schwerlich als klarer Beleg für Stehles Deutung gelten (ibid., S. 215). Es schildert Adonis, wie er mit dem Rücken zu Aphrodites entblößter Brust – also nicht unbedingt mit starkem Interesse daran – auf Aphrodites Schoß sitzt und wie diese, mit dem Arm über seine Schulter reichend, seine Brustwarze stimuliert. Damit nimmt Aphrodite eine in der griechischen Ikonographie typische ›männliche‹ Verführerpose ein. Gewiß wird Adonis nicht als fliehend dargestellt, aber seine völlige Passivität läßt auch offen, in welchem Grade er lediglich in der Gewalt der Göttin oder tatsächlich »complicit« und »yielding« ist. Wenn Adonis – wie es im übrigen allein bei Panyassis steht – das ihm von Zeus zugesprochene Drittel des Jahres an Aphrodite weitergibt, dann spricht dies zwar für eine klare Präferenz zugunsten von Aphrodite und der Oberwelt. Es kann daraus aber nicht notwendig auf eine ideale, weil wechselseitige erotische Liebschaft geschlossen werden (ibid., S. 216). Mindestens so nahe liegt der Schluß, daß der 14- bis 16jährige Adonis – allein, familien-, heimatlos und traumatisiert, wie er ist – mit seinem eigenen Drittel schlicht überfordert ist und lieber

die Nähe seiner Retterin und Fürsorgerin seit der Geburt, also seiner Ersatzmutter Aphrodite sucht.

104 Ibid., S. 218.

105 Ibid., S. 214.

106 Burkert, *Structure and history in Greek mythology and ritual*, S. 102.

107 Ibid., S. 122.

108 Stehle, *Sappho's gaze: Fantasies of a goddess and young man*, S. 206.

109 Stehle selbst scheint dies letztlich einzuräumen, wenn sie am Schluß ihres Aufsatzes den regelmäßigen Tod der Adonis-Figuren zwar erneut als »Schließung« statt als integralen Teil der »Fantasies of a goddess« bestimmt, aber gerade darin den eigentlichen Ertrag dieser »Fantasies« für starke Frauen sieht: »A woman's subjectivity, like the goddess's, is represented as surviving the destruction of her love life« (S. 225).

110 Engel, *Kypros*, S. 565.

111 Ibid., S. 564-565.

112 Vgl. Lukian, *Rhetorum praeceptor* 11; Clemens von Alexandria, *Protrepticus* 33, 9; Hyginus, *Fabulae* 270.

113 Engel, *Kypros*, S. 611-612. Vgl. dazu die vorsichtigeren Bemerkungen von Atallah, *Adonis*, S. 313.

114 Krappe (*The birth of Adonis*) transformiert den Inzest in ein stellares Geschehen zwischen Sonne und Mond. Auch die beiden christlichen Deutungen der Myrrha – als Inbegriff der Sünde einerseits, als Mariengestalt, die von ihrem (heiligen) »Vater« jungfräulich ein Kind empfängt, andererseits – erwähne ich nur der Vollständigkeit halber; vgl. dazu Flinker, *Cinyras, Myrrha, and Adonis: Father-daugher-incest from Ovid to Milton*.

115 Vellay, *Le culte et les fêtes d'Adonis-Thammouz dans l'Orient antique*, S. 29.

116 Pindar, 2. *Pythische Ode* 15-16. Dt. Übersetzung nach: Pindar, *Siegeslieder* (gr. und dt.), hg. und übersetzt von Dieter Bremer, Darmstadt: Wissenschaftliche Buchgesellschaft, 1992, S. 119.

117 *Ilias* XI 20. Dt. Übersetzung nach: Homer, *Ilias* (gr.-dt.), übertragen von Hans Rupé, München/ Zürich: Artemis, 1983, S. 349. Ein Homer-Scholion porträtiert ihn allerdings als unzuverlässigen Bundesgenossen: Kinyras habe Menelaos 50 Schiffe versprochen, aber nur ein ›echtes‹ Schiff tatsächlich geschickt. Die restlichen 49 Schiffe waren lediglich irdene Simulakra von Schiffen, samt einer Besatzung aus irdenen Figuren. Vgl. Erbse (Hg.), *Scholia Graeca in Homeri Iliadem*, Bd. 3, S. 126.

118 Siehe Philostephanus Cyrenäus, in: Müller (Hg.), *Fragmenta historicorum Graecorum*, Bd. III, S. 30, Nr. 11, und Istros (ibid., Bd. I, S. 423, Nr. 39); Clemens von Alexandria, *Protrepticus* 13, 4; Arno-

bius, *Adversus Nationes*, IV 24 und V 19; Firmicus Maternus, *De errore profanarum religionum* 10. Vgl. Atallah, *Adonis*, S. 144-145, und Frazer, *Adonis Attis Osiris*, S. 36-38, 42-45. Daß nach Apollodorus drei Töchter des Kinyras Fremde geheiratet haben und nach Ägypten ausgewandert sind, wird vielfach als Folge ihrer vermeintlichen Tempelprostitution angesehen. Diese These bleibt insofern erklärungsbedürftig, als andererseits betont wird, daß heilige Prostitution gerade keinen Makel, kein Stigma mit sich brachte.

119 Pindar, 2. *Pythische Ode* 16-18.

120 Engel, *Kypros*, S. 95.

121 Lukian, *Rhetorum praeceptor* 11.

122 Engel, *Kypros*, S. 96.

123 Ibid., S. 100 und 127.

124 Ovid, *Metamorphosen* X 298-299.

125 Plinius, *Naturalis Historia* VII 49: »Anacreon poeta Arganthonio Tartessiorum regi 150 tribuit annos, Cinyrae Cypriorum 10 annis amplius, Aegimio 200.«

126 Frazer, *Adonis Attis Osiris*, S. 39-40.

127 Auch Atallahs Deutung des Inzests ist von der Absicht geprägt, der Mythos vom schönen Jüngling möglichst von der Kontamination mit seiner frevlerischen Erzeugung freizuhalten. Atallahs Verdacht, der Inzest könne »une création secondaire et, peut-être, relativement tardive« sein (*Adonis*, S. 48), kann zwar nicht widerlegt werden, ist aber völlig spekulativ. Er muß erstens unterstellen, daß der Inzest bei Panyassis in Wahrheit fehlte und nur von Apollodorus unterschoben wurde. Und er hat zweitens die schlichte Tatsache gegen sich, daß ausgerechnet dieser Inzest extrem gut belegt und es keinerlei ältere Überlieferungen ohne ihn gibt. Die Behauptung, das primäre und einzig relevante Datum sei die Geburt aus dem Baum (ibid.), ist im übrigen allzu offenkundig auf die Generalthese von Adonis als Vegetationsgott abgestimmt, in der Atallah wider eigene Einsichten befangen bleibt.

Detienne schließlich vermeidet beinahe jede Erwähnung des Inzests, obwohl er wiederholt den Anspruch auf »erschöpfende« Deutung aller Details stellt und Abstammungsverhältnisse eine zentrale Dimension mythischer Erzählungen darstellen. In einer eher beiläufigen Bemerkung wird der Inzest kurzerhand zu einer abgeleiteten Funktion der »Verführung« erklärt, die Detienne in Myrrha und Adonis exemplarisch verkörpert sieht. Der Inzest bezeuge deren alle Widerstände überwindende Kraft und habe keine andere Bedeutung als die, der »point culminant de la séduction« zu sein (*Les jardins d'Adonis*, S. 158). Myrrha agiert beim Inzest mit ihrem Vater aber so wenig als Verführerin wie Adonis in seiner Beziehung zu Aphrodite.

Der Inzest wird daher, überspitzt formuliert, zum vermeintlichen »point culminant« eines Merkmals, das es im Mythos gar nicht gibt.

128 Plutarch, *Symposiaka* IV 5, 3. Vgl. auch Ausonius, *Epigramme* 48.

129 Engel, *Kypros*, S. 556-558. Krappe begründet die Überblendung von Dionysos und Adonis mit ihrem Charakter als ›Baumgötter‹: Adonis ist aus einem Baum hervorgegangen, und Dionysos sei »unter den Griechen der Baumgott *par excellence*« (*The birth of Adonis*, S. 11).

130 Plutarch, *Symposiaka* IV, 5, 3.

131 Nach Athenäus, *Deipnosophistae* X 456 a.

132 Engel, *Kypros*, S. 594.

133 Detienne, *Die Adonis-Gärten*, S. 81.

134 Pindar, *Pythische Ode* II, 15-17.

135 Drachmann (Hg.), *Scholia vetera in Pindari Carmina*, S. 35 (zu *Pyth.* II 27).

136 Ibid., S. 36 (zu *Pyth.* II, 31b).

137 Erbse (Hg.), *Scholia graeca in Homeri Iliadem*, Bd. 3, S. 126 (zu *Ilias* XI 20a).

138 Ptolemäus Hephaistion, nach: Photius, *Bibliothèque*, codex 190, 146 b und 147 a.

139 Ibid., 151 b.

140 Ibid., 190, 153a.

141 Zu Nietzsches Unterscheidung Apollinischer und Dionysischer Musik vgl. Nietzsche, *Die Geburt der Tragödie*, S. 33.

142 Engel, *Kypros*, S. 606, 611-612, 616-617.

143 Ibid., S. 109-114.

144 Nach Athenäus, *Deipnosophistai* XIV, 624 b.

145 Engel, *Kypros*, S. 617, und Frazer, *Adonis Attis Osiris*, S. 45. Unter den wenigen Adonis-Abbildungen, die durch eine Inschrift jeden Zweifel über die Identität des Dargestellten ausräumen, befindet sich allerdings eine, die ihn gerade als Spieler auf der (Apollinischen) Leier darstellt (vgl. Atallah, *Adonis*, S. 313).

146 Engel, *Kypros*, S. 606-608, 611-612.

147 Homer, *Ilias* XVIII 569.

148 Pausanias, *Beschreibung Griechenlands* IX, 29, 6-9.

149 Ptolemäus Hephaistion, nach: Photius, *Bibliothèque*, codex 190, 153a.

150 Ronsard, *Adonis*, S. 126 (V. 359-368).

Bibliographie

Griechische und lateinische Quellen-Ausgaben werden nicht in der Bibliographie aufgeführt, da die standardisierte Zitationsweise in den Fußnoten das Auffinden der Stellen auch in verschiedenen Ausgaben erlaubt.

Addison, Joseph: *Essay on the pleasure of imagination.* In: *The Spectator,* hg. von Donald F. Bond, Oxford: Clarendon, 1965.

Adorno, Theodor W.: *Ästhetische Theorie.* Frankfurt am Main: Suhrkamp, 1970.

- *Negative Dialektik.* Frankfurt am Main: Suhrkamp, 1970.

Aiken, Nancy E.: *The biological origins of art.* Westport, CT: Praeger Press, 1998.

Alexander, Richard D./ Katharine M. Noonan: *Concealment of ovulation, parental care, and human social evolution.* In: Napoleon A. Chagnon/ William Irons (Hg.), *Evolutionary biology and human social behavior: An anthropological perspective,* North Scituate, Mass.: Duxbury Press, 1979.

Alicke, Mark D./ Richard H. Smith/ M. L. Klotz: *Judgements of physical attractiveness: The role of faces and bodies.* In: Personality and Social Psychology Bulletin 12 (1986), S. 381-389.

Alley, Thomas R./ Katherine A. Hildebrandt: *Determinants and consequences of facial aesthetics.* In: Thomas R. Alley (Hg.), *Social and applied aspects of perceiving faces,* Hillsdale: Lawrence Erlbaum Associates, Inc. 1988, S. 101-140.

Alley, T. R./ M. R. Cunningham: *Average faces are attractive, but very attractive faces are not average.* In: Psychological Science 2 (1991), S. 123-125.

Ammianus Marcellinus: *Rerum gestarum libri quae supersunt.* Hg. von Karl U. Clark, Berlin: Weidmann, 1910.

Andersen, Arnold E./ Lisa Di Domenico: *Diet vs. shape content of popular male and female magazines: A dose response relationship to the incidence of eating disorders?* In: International Journal of Eating Disorders 11 (1992), S. 283-287.

Andersen, Judith L./ Charles B. Crawford/ Joanne Nadeau/ Tracy Lindberg: *Was the Duchess of Windsor right? A cross-cultural review of the socioecology of ideals of female body shape.* In: Ethology and Sociobiology 13 (1992), S. 197-227.

Andersson, Malte: *Evolution of condition-dependent sex ornaments and mating preferences: Sexual selection based on viability differences*. In: Evolution 40 (1986), S. 804-816.

– *Female choice selects for extreme tail length in a widowbird*. In: Nature 292 (1982), S. 818 ff.

Andersson, M. B./ J. W. Bradbury: *Introduction*. In: J. W. Bradbury/ M. B. Andersson (Hg.), *Sexual selection: Testing the alternatives*, Chichester: Wiley, 1987, S. 1-8.

Arnold, Stevan J.: *Sexual selection: The interface of theory and empiricism*. In: *Mate choice*, hg. von P. Bateson, S. 67-107. Cambridge: Cambridge University Press, 1983.

Arnquist, Göran: *Comparative evidence for the evolution of genitalia by sexual selection*. In: Nature 393 (1998), S. 784-786.

Atallah, W.: *Adonis dans la littérature et l'art Grecs*. Paris: Klincksiek, 1966.

Baker, Nancy C.: *The beauty trap: Exploring woman's greatest obsession*. New York: Watts, 1984.

Baker, Robin: *Krieg der Spermien: Weshalb wir lieben und leiden, uns verbinden, trennen und betrügen*. München: Limes, 1997.

Baker, R. R./ G. A. Parker: *The evolution of bird coloration*. In: Philosophical Transactions of the Royal Society of London 287 (1979), S. 63-130.

Balzac, Honoré de: *Sarassine*. Paris: Flammarion, 1989. Dt. Übersetzung in: Balzac, Honoré de: *Die menschliche Komödie*, Bd. 7, Gütersloh: Bertelsmann, o. J.

Barber, Nigel: *The evolutionary psychology of physical attractiveness: Sexual selection and human morphology*. In: Ethology and Sociobiology 16 (1995), S. 395-424.

Barthes, Roland: *S/Z*. Frankfurt am Main: Suhrkamp, 1976.

Bataille, Georges: *Le langage des fleurs*. In: Bataille, *Œuvres complètes*, 12 Bde., hier: Bd. 1, Paris: Gallimard, 1971-1988.

Bateman, A. J.: *Intra-sexual selection in drosophila*. In: Heredity 2 (1948), S. 349-368.

Bates, Jonathan: *Sexual perversity in »Venus and Adonis«*. In: The Yearbook of English Studies 23 (1993), S. 80-92.

Baudissin, Wolf Wilhelm Graf: *Adonis und Esmun. Eine Untersuchung zur Geschichte des Glaubens an Auferstehungsgötter und an Heilgötter*. Leipzig: J. C. Hinrichs, 1911.

– *Adonis*. In: Zeitschrift der Deutschen Morgenländischen Gesellschaft 70 (1916), S. 423-446.

Beer, Gillian: *Darwin's plots*. Cambridge: Cambridge University Press, 2000.

Benjamin, Walter: *Goethes Wahlverwandtschaften*. In: Benjamin, *Ge-*

sammelte Schriften, hg. von Rolf Tiedemann und Hermann Schweppenhäuser, Frankfurt am Main: Suhrkamp, 1974 ff., Bd. 1.
– *Ursprung des deutschen Trauerspiels*. In: *Gesammelte Schriften*, Bd. 1.
– *Über einige Motive bei Baudelaire*. In: *Gesammelte Schriften*, Bd. 1.
– *Einbahnstraße*. In: *Gesammelte Schriften*, Bd. 4.
– *Das Passagen-Werk*. In: *Gesammelte Schriften*, Bd. 5.
Benshoof, Lee/ Randy Thornhill: *The evolution of monogamy and concealed ovulation in humans*. In: Journal of Social and Biological Structures 2 (1979), S. 95-106.
Benson, P./ D. Perrett: *Face to face with the perfect image*. In: New Scientist 133 (1992), S. 32-35.
Berry, Diane S.: *Attractive faces are not all created equal: Joint effects of facial babyishness and attractiveness on social perception*. In: Personality and Social Psychology Bulletin 17 (1991), S. 523-531.
Berry, Diane S./ Sheila Brownlow: *Were the physiognomists right? Personality correlates of facial babyishness*. In: Personality and Social Psychology Bulletin 15 (1989), S. 266-279.
Berscheid, Ellen/ Elaine Walster: *Physical attractiveness*. In: Advances in Experimental Social Psychology 7 (1974), S. 157-215.
Berscheid, Ellen/ Elaine Walster/ George Bohrnstedt: *A ›Psychology Today‹ questionnaire: Body image*. In: Psychology Today 6 (July 1972), S. 57-66.
– *Body image. The happy American body: A survey report*. In: Psychology Today 7 (November 1973), S. 119-131.
Berscheid, Ellen/ Karen Dion/ Elaine Walster/ William G. Walster: *Physical attractiveness and dating choice: A test of the matching hypothesis*. In: Journal of Experimental Social Psychology 7 (1971), S. 173-189.
Betzig, L.: *Despotism and differential reproduction: A Darwinian view of history*. New York: Aldine, 1986.
Bion von Smyrna: *Adonis*. Dt. und gr. von Ulrich von Wilamowitz-Moellendorf, Berlin: Weidmannsche Buchhandlung, 1900.
Blaffer Hrdy, Sarah: *Mutter Natur. Die weibliche Seite der Evolution*. Berlin: Berliner Taschenbuch Verlag, 2002.
– *Raising Darwin's consciousness. Female sexuality and the prehominid origins of patriarchy*. In: Human Nature 8 (1997), S. 1-49.
Blau, Peter M.: *Exchange and power in social life*. New York: Wiley, 1964.
Bloch, Maurice: *Prey into hunter. The politics of religious experience*. Cambridge: Cambridge University Press, 1992.
Böhme, Wolfgang: *The Tucano Indians of Colombia and the Iguanid lizard Plica plica: Ethnological, herpetological and ethological implications*. In: Biotropica 15 (1983), S. 148-150.
Boone, James L.: *The evolution of magnanimity: When is it better to give or to receive?* In: Human Nature 9 (1) (1998), S. 1-21.

Borgia, Gerald: *Satin bowerbird parasites: A test of the bright male hypothesis.* In: Behavioural Ecology and Sociobiology 19 (1986), S. 355-358.

– *Sexual selection in bowerbirds.* In: Scientific American 254 (6) (1986), S. 70-79.

Bornstein, Robert F.: *Exposure and affect; overview and meta-analysis of research, 1968-1987.* In: Psychological Bulletin 106 (1989), S. 265-289.

Bradbury, J. W./ M. B. Andersson (Hg.): *Sexual selection: Testing the alternatives.* Chichester: Wiley, 1987.

Brelich, Angelo: *Nireus.* In: Studie Materiale di Storia delle Religioni 60 (1969), S. 115-150.

Bronfen, Elisabeth: *Nur über ihre Leiche. Tod, Weiblichkeit und Ästhetik.* München: Kunstmann, 1994.

Brown, Peter J./ Melvin Konner: *An anthropological perspective on obesity.* In: Annals of the New York Academy of Sciences 499 (1987), S. 29-46.

Brownell, Kelly D.: *Dieting and the search for the perfect body: Where physiology and culture collide.* In: Behavior therapy 22 (1991), S. 1-12.

Bruce, Vicki/ Andy Young: *In the eye of the beholder. The science of face perception.* Oxford/ New York/ Tokyo: Oxford University Press, 1998.

Brugsch, Heinrich: *Die Adonisklage und das Linoslied.* Berlin: Dümmler, 1852.

Bull, R./ N. Rumsey: *The social psychology of facial appearance.* New York: Springer, 1988.

Bulmer, M. G./ J. J. Bull: *Models of polygenic sex determination and sex ratio control.* In: Evolution 36 (1982), S. 13-26.

Burke, Edmund: *A philosophical enquiry into the origins of our ideas of the sublime and the beautiful,* hg. von James T. Boulton, Notre Dame/ London: University of Notre Dame Press, 1986.

– *Philosophische Untersuchung über den Ursprung unserer Ideen vom Erhabenen und Schönen.* Hg. von Werner Strube, Hamburg: Meiner, 1980.

Burkert, Walter: *Structure and history in Greek mythology and ritual.* Berkeley/ Los Angeles/ London: University of California Press, 1979.

Burley, Nancy: *Sex ratio manipulation and selection for attractiveness.* In: Science 211 (1981), S. 721-722.

– *Leg-band color and mortality patterns in captive breeding populations of zebra finches.* In: The Auk 102 (1985), S. 647-651.

– *Sexual selection for aesthetic traits in species with biparental care.* In: American Naturalist 127 (1986), S. 415-445.

– *Comparison of the band-colour preferences of two species of estrildid finches.* In: Animal Behaviour 34 (1986a), S. 1732-1741.

- *Sex-ratio manipulation in color-banded populations of zebra finches.* In: Evolution 40 (1986b), 1191-1206.
- *Wild zebra finches have band-colour preferences.* In: Animal Behaviour 36 (1988), S. 1235-1237.
- *The differential-allocation hypothesis: An experimental test.* In: American Naturalist 132 (1988a), S. 611-628.
Bush, Douglas: »*Venus and Adonis*« *and mythology.* In: Kolin, *Venus and Adonis. Critical essays*, S. 91-102.
Buss, David M.: *Sex differences in human mate selection criteria: An evolutionary perspective.* In: Charles Crawford/ Martin Smith/ Dennis Krebs (Hg.), *Sociobiology and psychology: Ideas, issues and applications*, Hillsdale, NJ: Erlbaum, 1987, S. 335-351.
- *Sex differences in human mate selection preferences: Evolutionary hypotheses tested in 37 cultures.* In: Behavioral and Brain Sciences 12 (1989), S. 1-49.
Buss, David M./ David P. Schmitt: *Sexual strategies theory: An evolutionary perspective on human mating.* In: Psychological Review 100 (1993), S. 204-232.
Byrne, Donn/ Charles R. Ervin/ John Lamberth: *Continuity between the experimental study of attraction and »real life« computer dating.* In: Journal of Personality and Social Psychology 16 (1970), S. 157-165.
Byrne, Donn/ Oliver London/ Keith Reeves: *The effects of physical attractiveness, sex, and attitude similarity on interpersonal attraction.* In: Journal of Personality and Social Psychology 36 (1968), S. 259-271.
Byrne, Donn/ Gerald L. Clore: *A reinforcement model of evaluative responses.* In: Personality. An International Journal 1 (1970), S. 103-128.
Byrne, Donn/ Kathryn Kelley: *Differential age preferences: The need to test evolutionary versus alternative conceptions.* In: Behavioral and Brain Sciences 15 (1992), S. 96.
Byzantios, Stephanos: *Ethnika.* Hg. von Anton Westermann, Leipzig: Teubner, 1839.

Cant, John G. H.: *Hypothesis for the evolution of human breasts and buttocks.* In: American Naturalist 117 (1981), S. 199-204.
Carayon, J.: *Traumatic insemination and the paragenital system.* In: *Monograph of Cimicidae*, hg. von Robert L. Usinger, College Park, Md: Entomological Society of America, 1966.
Carello, Claudia/ Alexis Grosofsky/ Rober E. Shaw/ John B. Pittenger/ Leonard S. Mark: *Attractiveness of facial profiles is a function of distance from archetype.* In: Ecological Psychology 1 (1989), S. 227-251.
Carré, Henri: *Mademoiselle de la Vallière.* Paris: Hachette, 1938.
Cebrián, José: *El mito de Adonis en la poesía de la edad de oro (El Adonis de Juan de la Cueva en su contexto).* Barcelona: PPU, 1988.

Chandler, A. R.: *Beauty and human nature*. New York: Appleton-Century, 1934.

Charlesworth, B.: *The heritability of fitness*. In: J. W. Bradbury/ M. B. Andersson (Hg.), *Sexual selection: Testing the alternatives*, Chichester: Wiley, 1987, S. 21-40.

Cook, Stuart W.: *The judgment of intelligence from photographs*. In: Journal of Abnormal and Social Psychology 34 (1939), S. 384-389.

Creuzer, Friedrich: *Symbolik und Mythologie der alten Völker*. 2. Theil, 3. verbesserte Auflage. Leipzig und Darmstadt: Leske, 1841.

Cronin, Helena: *Oh! Those bonobos! Are female primates the prototypical liberated women?* In: New York Times Book Review, 29. August 1993, S. 19.

– *The ant and the peacock*. Cambridge: Cambridge University Press, 1991.

Crook, John H.: *Sexual selection, dimorphism, and social organization in the primates*. In: *Sexual selection and the descent of man 1871-1971*, hg. von Bernard Campbell, London: Heineman, 1971, S. 231-281.

Cross, John F./ Jane Cross: *Age, sex, race, and the perception of facial beauty*. In: Developmental Psychology 5 (1971), S. 433-439.

Cunningham, Michael R./ Alan R. Roberts/ Cheng-Huan Wu/ Anita P. Barbee/ Perri B. Druen: »*Their ideas of beauty are, on the whole, the same as ours*«: *Consistency and variability in the crosscultural perception of female physical attractiveness*. In: Journal of Personality and Social Psychology 68 (1995), S. 261-279.

Daly, Martin/ Margo I. Wilson: *Whom are newborn babies said to resemble?* In: Ethology and Sociobiology 3 (1982), S. 69-78.

Darwin, Charles: *The descent of man, and selection in relation to sex*. Princeton: Princeton University Press, 1981.

– *The origin of species*. Oxford/ New York: Oxford University Press, 1996.

– *Sexual selection in relation to monkeys*. In: P. H. Barrett (Hg.), *The collected papers of Charles Darwin*, Chicago: Chicago University Press, 1977, S. 207-211.

– *A preliminary notice: On the modification of a race of Syrian street dogs by means of sexual selection*. In: P. H. Barrett (Hg.), *The collected papers of Charles Darwin*, Chicago: Chicago University Press, 1977, S. 278-280.

– *M Notebook*. In: H. E. Gruber, *Darwin on man: A psychological study of scientific creativity, together with Darwin's early and unpublished notebooks transcribed and annotated by Paul H. Barrett*, London: Wildwood House, 1974, S. 266-297.

– *N Notebook*. In: Ibid., S. 329-351.

Dawkins, Richard: *The selfish gene*. New York: Oxford University Press, 1976. Dt. *Das egoistische Gen*. Berlin/ Heidelberg/ New York: Springer, 1978.

Dawkins, Richard/ J. R. Krebs: *Arms races within and between species*. In: Proceedings of the Royal Society of London B 205 (1979), S. 489-511.

Dermer, Marshall/ Darrel L. Thiel: *When beauty may fail*. In: Journal of Personality and Social Psychology 31 (1975), S. 1168-1176.

Derrida, Jacques: *Economimesis*. In: S. Agacinski u. a., *Mimesis des articulations*, Paris: Aubier-Flammarion, 1975, S. 55-93.

Detienne, Marcel: *Les jardins d'Adonis*. Paris: Gallimard, 1972. Dt.: *Die Adonis-Gärten. Gewürze und Dürfte in der griechischen Mythologie*. Aus dem Französischen übersetzt von Gabriele und Walter Eder. Darmstadt: Wissenschaftliche Buchgesellschaft, 2000.

Devereux, Georges: *Femme et mythe*. Paris: Flammarion, 1982.

Diamond, Jared: *The third chimpanzee. The evolution and future of the human animal*. New York: Harper, 1993. Dt. *Der dritte Schimpanse. Evolution und Zukunft des Menschen*. Frankfurt am Main: Fischer, 1994.

Diener, Ed/ Brian Wolsic/ Frank Fujita: *Physical attractiveness and subjective well-being*. In: Journal of Personality and Social Psychology 69 (1995), S. 120-129.

Dijkstra, Pieternel/ Bram P. Buunk: *Sex differences in the jealousy-evoking nature of a rival's body build*. In: Evolution and Human Behavior 22 (2001), S. 335-341.

Dion, Karen/ Ellen Berscheid/ Elaine Walster: *What is beautiful is good*. In: Journal of Personality and Social Psychology 24 (1972), S. 285-290.

Dissanayake, Ellen: *What is art for?* Seattle, WA: University of Washington Press, 1988.

– *Homo aestheticus: Where art comes from and why*. New York: Free Press, 1992.

Dobzhansky, Theodosius: *Genetics and the races of man*. In: *Sexual selection and the descent of man 1871-1971*, hg. von Bernard Campbell, London: Heineman, 1971, S. 87-104.

Dover, Kenneth J.: *Greek homosexuality*. London: Duckworth, 1978.

Drachmann, A. B. (Hg.): *Scholia vetera in Pindari carmina*. Bd. 2, Leipzig: Teubner, 1910.

Du Bos, Jean-Baptist: *Réflexions critiques sur la poésie et la peinture*. 3 Bde., Dresden, 1760.

Eagley, Alice H./ Richard D. Ashmore/ Mona G. Makhijani/ Laura C. Longo: *What is beautiful is good, but...: A meta-analytic review of research on the physical attractiveness stereotype*. In: Psychological Bulletin 110 (1991), S. 109-128.

Eberhard, William G.: *Sexual selection and animal genitalia*. Cambridge: Harvard University Press, 1985.

– *Female control: Sexual selection by cryptic female choice*. Cambridge: Harvard University Press, 1996.

Edwards, J. C./ C. J. Barbard: *The effects of trichinella infection on intersexual interactions between mice*. In: Animal Behaviour 35 (1987), S. 533-540.

Ehrman, Lee: *Genetics and sexual selection*. In: *Sexual selection and the descent of man 1871-1971*, hg. von Bernard Campbell, London: Heineman, 1971, S. 105-135.

Eibl, Karl: *Die Entstehung der Poesie*. Frankfurt am Main: Insel, 1995.

Eibl-Eibesfeldt, Irenäus: *Ernst Haeckel – Der Künstler im Wissenschaftler*. In: *Ernst Haeckel: Kunstformen der Natur*, München/New York: Prestel, 1998, S. 19-29.

– *The biological foundations of aesthetics*. In: Ingrid Rentschler (Hg.), *Beauty and the brain. Biological aspects of aesthetics*, Basel: Birkhäuser, 1988, S. 29-68.

– *Human ethology*. New York: Aldine/ de Gruyter, 1989.

Eissfeldt, Otto: *Adonis und Adonaj*. Berlin: Akademie Verlag, 1970.

Engel, Wilhelm Heinrich: *Kypros. Eine Monographie*. 2. Theil, Berlin: Reimer, 1841.

Enquist, M./ A. Arak: *Selection of exaggerated male traits by female asthetic senses*. In: Nature 361 (1993), S. 446-448.

Erbse, Hartmut (Hg.): *Scholia graeca in Homeri Iliadem*. Bd. 3, Berlin: de Gruyter, 1974.

Eshel, I./ Hamilton, W. D.: *Parent-offspring correlation in fitness under fluctuating selection*. In: Proceedings of the Royal Society of London, B222 (1984), S. 1-14.

Essock-Vitale, Susan M.: *The reproductive success of wealthy Americans*. In: Ethology and Sociobiology 5 (1984), S. 45-49.

Etcoff, Nancy: *Survival of the prettiest*. New York: Doubleday, 1999.

Farkas, L. G./ I. R. Munro/ J. C. Kolar: *Linear proportions in above- and below-average women's faces*. In: *Anthropometric facial proportions in medicine*, hg. von L. G. Farkas/ I. R. Munro, Springfield: Thomas, 1987, S. 119-129.

– *The validity of neoclassical facial proportion canons*. In: *Anthropometric facial proportions in medicine*, hg. von L. G. Farkas/ I. R. Munro, Springfield: Thomas, 1987.

Fauss, R.: *Zur Bedeutung des Gesichtes für die Partnerwahl*. In: Homo 37 (1988), S. 188-201.

Feagin, Susan/ P. Maynard (Hg.): *Aesthetics*. Oxford: Oxford University Press, 1997.

Felson Rubin, Nancy: *Meleager and Odysseus: A structural and cultural study of the Greek hunting-maturation myth.* In: Arethusa 15 (1982), S. 137-171.

Fénelon, François de: *Lettre à l'Académie.* Hg. von Ernesta Caldarini, Genf: Droz, 1970.

Fisher, Helen: *Anatomy of love: The mysteries of mating, marriage, and why we stray.* New York: Facott Columbine, 1992.

Fisher, Ronald A.: *The genetical theory of natural selection.* Oxford: Clarendon, 1930.

Flinker, Noam: *Cinyras, Myrrha, and Adonis: Father-daughter incest from Ovid to Milton.* In: Milton Studies 16 (1980), S. 59-74.

Ford, Clellan S./ Frank A. Beach: *Patterns of sexual behavior.* New York: Harper 1951.

Ford, Clellan S./ Frank A. Beach: *Attracting a sex partner.* In: Clellan S. Ford/ Frank A. Beach, *Patterns of sexual behavior,* New York: Harper, 1951, S. 85-105.

Francfort, Henri: *Kingship and the gods. A study of ancient Near Eastern religion as the integration of society & nature.* Chicago: The University of Chicago Press, 1948.

Frayser, Suzanne: *Varieties of sexual experience: An anthropological perspective on human sexuality.* New Haven: HRAF Press, 1995.

Frazer, James G.: *Adonis Attis Osiris. Studies in the history of oriental religion* (= *The golden bough,* Teil IV). London: Macmillan, ²1907.

Freud, Sigmund: *Bruchstück einer Hysterie-Analyse.* In: Freud, *Gesammelte Werke* (= *GW*), Hg. Anna Freud, 18 Bde., Frankfurt am Main: Fischer, 1966-1969, Bd. 5.

– *Das Unbehagen in der Kultur.* In: *GW* 14.

– *Drei Abhandlungen zur Sexualtheorie.* In: *GW* 5.

– *Totem und Tabu.* In: *GW* 9.

– *Über die allgemeinste Erniedrigung des Liebeslebens.* In: *GW* 8.

– *Zur Einführung des Narzißmus.* In: *GW* 10.

Füller, Horst: *Die Schönheit der Tiere. Studien über die tierische Erscheinung.* Leipzig/ Jena/ Berlin: Urania Verlag, 1995.

Furnham, Adrian/ Meritex Lavancy/ Alastair McClelland: *Waist to hip ratio and facial attractiveness: A pilot study.* In: Personality and Individual Differences 30 (2001), S. 491-502.

Gallup, Gordon G. Jr.: *Permanent breast enlargement in human females: A sociobiological analysis.* In: Journal of Human Evolution 11 (1982), S. 597-601.

Galton, Francis: *Inquiries into human faculty and its development.* London: MacMillan, 1883.

– *Composite portraits.* In: Journal of the Anthropological Institute of Great Britain & Ireland 8 (1878), S. 132-142.

Gangestad, Steven W.: *Sexual selection and physical attractiveness: Implications for mating dynamics.* In: Human Nature 4 (1993), S. 205-235.

Gangestad, Steven W./ David M. Buss: *Pathogen prevalence and human mate preferences.* In: Ethology and Social Biology 14 (1993), S. 89-96.

Gangestad, Steven W./ Randy Thornhill/ Ronald A. Yeo: *Facial attractiveness, developmental stability, and fluctuating asymmetry.* In: Ethology and Sociobiology 15 (1994), S. 73-85.

Gangestad, Steven/ Randy Thornhill: *Human sexual selection and developmental stability.* In: Jeffry A. Simpson/ Douglas T. Kenrick (Hg.), *Evolutionary social psychology,* Mahwah, New Jersey: Lawrence Erlbaum Associates, 1997, S. 169-195.

Garner, D. M./ P. E. Garfinkel/ D. Schwartz/ M. Thompson: *Cultural expectations of thinness in women.* In: Psychological Report 47 (1980), S. 183-191.

Gillen, Barry: *Physical attractiveness: A determinant of two types of goodness.* In: Personality and Social Psychology Bulletin 7 (1981), S. 277-281.

Gladue, Brian: *A missing link in mate preference studies: Reproduction.* In: Behavioral and Brain Sciences 12 (1989), S. 21.

Glenwick, D. S./ L. A. Jason/ D. Elman: *Physical attractiveness and social contact in the singles bar.* In: Journal of Social Psychology 105 (1978), S. 311-312.

Goethe, Johann Wolfgang von: *Kampagne in Frankreich.* In: *Goethes Werke,* hg. im Auftrage der Großherzogin Sophie von Sachsen, Weimar: Böhlau, 1892 (Nachdr. München: dtv, 1987), Bd. 37.

– *Wahlverwandtschaften.* In: *Goethes Werke,* ibid., Bd. 20.

Goffman, Erving: *On cooling the mark out. Some aspects of adaptation to failure.* In: Psychiatry. Journal for the Study of Interpersonal Processes 15 (1952), S. 451-463.

Gould, James L./ Carol G. Gould: *Sexual selection.* New York: Scientific American Library, 1989. Dt.: *Partnerwahl im Tierreich. Sexualität als Evolutionsfaktor.* Spektrum: Heidelberg, 1990.

Gourmont, Rémy de: *Physique de l'amour. Essai sur l'instinct sexuel.* Paris: Mercure de France, 1903.

Grafen, Alan: *Biological signals as handicaps.* In: Journal of Theoretical Biology 144 (1990), S. 517-546.

Grammer, Karl: *Human courtship behaviour: Biological basis and cognitive processing.* In: Anne E. Rasa/ Christian Vogel/ Eckart Voland (Hg.), *The sociobiology of sexual and reproductive strategies,* London: Chapman and Hall, 1989.

Grimms Märchen und ihre Quellen. Hg. von Heinz Rölleke, Trier: Wiss. Verl. Trier, 1998.

Gruber, H. E.: *Darwin on man: A psychological study of scientific creativity, together with Darwin's early and unpublished notebooks*. Transcribed and annotated by Paul H. Barrett, London: Wildwood House, 1974.

Haeckel, Ernst: *Kunstformen der Natur*. München, New York: Prestel, 1998.

Hamilton, A. C.: *Venus and Adonis*. In: Kolin, *Venus and Adonis*, S. 141-156.

Hamilton, William D./ Marlene Zuk: *Heritable true fitness and bright birds: A role for parasites?* In: Science 218 (1982), S. 384-387.

Hansell, Stephen/ Jack Sparacino/ Don Ronchi: *Physical attractiveness and blood pressure: Sex and age differences*. In: Personality and Social Psychology Bulletin 8 (1982), S. 113-121.

Harris, Marvin: *Our kind: Who we are, where we come from, and where we are going*. New York: Harper Perennial, 1989.

Harvey, Paul H./ Linda Partridge: *Bird coloration and parasites – a task for the future?* In: Nature 300 (1982), S. 480-481.

Hatfield, Elaine/ Susan Sprecher: *Mirror, mirror. The importance of looks in everyday life*. Albany: SUNY Press, 1986.

Hattoo, A. T.: »*Venus and Adonis*« – *and the boar*. In: The Modern Language Review 14 (1946), S. 353-361.

Hegel, Georg Wilhelm Friedrich: *Vorlesungen über die Ästhetik*. In: Hegel, *Theorie Werkausgabe*, Bd. 13-15, Frankfurt am Main: Suhrkamp, 1970.

Heisler, I. Lorraine: *A quantitative genetic model for the origin of mating preferences*. In: Evolution 38 (1984), S. 1283-1295.

Heissler, L.: *The evolution of mating preferences and sexually selected traits*. In: J. W. Bradbury/ M. B. Andersson (Hg.), *Sexual selection: Testing the alternatives*, Chichester: Wiley, 1987, S. 97-118.

Held, Beverly L./ Shahla Nader/ Luis J. Rodriguez-Rigau/ Keith D. Smith/ Emil Steinberger: *Acne and hyperandrogenism*. In: Journal of the American Academy of Dermatology 10 (1984), S. 223-226.

Hellreich, Philip D.: *The skin changes of pregnancy*. In: Cutis 13 (1974), S. 82-86.

Henss, Ronald: »*Spieglein, Spieglein an der Wand . . .*« *Geschlecht, Alter und physische Attraktivität*. Weinheim: Psychologie Verlags Union, 1992.

– *Gesicht und Persönlichkeitseindruck*. Göttingen: Hogrefe, 1988.

– *Waist-to-hip ratio and attractiveness. Replication and extension*. In: Personality and Individual Differences 19 (1995), S. 479-488.

– *Waist-to-hip ratio and female attractiveness. Evidence from photographic stimuli and methodological considerations*. In: Personality and Individual Differences 28 (2000), S. 501-513.

Herder, Johann Gottfried: *Plastik. Einige Wahrnehmungen über Form und Gestalt aus Pygmalions bildendem Traume* und *Studien und Entwürfe zur Plastik*. Beide in: Herder, *Sämtliche Werke*, Bd. 8, hg. von Bernhard Suphan, Berlin: Weidmannsche Buchhandlung, 1892.

Hersey, George L.: *The evolution of allure: Sexual selection from the Medici Venus to the incredible hulk*. Cambridge: Massachusetts Institute of Technology Press, 1996.

Herter, Hans: *De priapo*. Giessen: Töpfelmann, 1932.

Higgins, Kathleen Marie: *Whatever happened to beauty? A response to Danto*. In: The Journal of Aesthetics and Art Criticism 54 (3) (1996).

Higgins, Kathleen M. (Hg.): *Aesthetics in perspective*. New York: Harcourt Brace, 1996.

Hofmannsthal, Hugo von: *Briefe 1890-1901*. Berlin: Fischer, 1935.

Holst-Warhaft, Gail: *Dangerous voices. Women's laments and Greek literature*. London/ New York: Routledge, 1992.

Humboldt, Alexander von: *Die Forschungsreise in den Tropen Amerikas*. Hg. von Hanno Beck, Teilband 2 (= Band II, 2 der *Studienausgabe* in sieben Bänden), Darmstadt: Wissenschaftliche Buchgesellschaft, 1997.

Hume, David: *Ein Traktat über die menschliche Natur*. Hamburg: Meiner, 1978.

Huston, T. L.: *From liking to affiliation: Empirical tests of a two-factor model of social choice*. Diss. State University of New York at Albany, 1972.

Hyginus: *Fabulae*. Hg. von Jean-Yves Boriaud, Paris: Belles Lettres, 1997.

Iwasa, Yoh/ Andrew Pomiankowski/ Sean Nee: *The evolution of costly mate preferences. II. The ›handicap‹ principle*. In: Evolution 45 (1991), S. 1431-1442.

Jackson, Linda A.: *Physical appearance and gender*. Albany: SUNY Press, 1992.

Jackson, Steven: *Callimachus' pupils and Adonis*. In: Museum Helveticum 55 (1998), S. 9-13.

Jacobson, Edith: *The »exceptions«: An elaboration of Freud's character study*. In: The Psychoanalytic Study of the Child 14 (1959), S. 135-154.

Jacoby, Felix (Hg.): *Die Fragmente der griechischen Historiker*. Berlin: Weidmann, 1923.

Jaenike, John: *Parasitism and male mating success in Drosophila testacea*. In: American Naturalist 131 (1988), S. 774-780.

Jankowiak, William/ Angela Ramsey: *Femme fatale and status fatale: A cross-cultural perspective*. In: Cross-cultural Research 34 (2000), S. 57-69.

Johnston, Victor S./ Melissa Franklin: *Is beauty in the eye of the beholder?* In: Ethology and Sociobiology 14 (1993), S. 183-199.

Johnstone, Rufus A.: *Sexual selection, honest advertisement and the handicap principle.* In: Biological Review 70 (1995), S. 1-65.

Joiner, Thomas E. Jr./ Norman B. Schmidt/ Devendra Singh: *Waist-to-hip ratio and body dissatisfaction among college women and men: Moderating role of depressed symptoms and gender.* In: International Journal of Eating Disorders 16 (1994), S. 199-203.

Jones, Doug: *Sexual selection, physical attractiveness, and facial neoteny. Cross-cultural evidence and implications.* In: Current Anthropology 36 (1995), S. 723-748.

Kahn, Coppélia: *Self and Eros in »Venus and Adonis«.* In: Kolin, *Venus and Adonis,* S. 181-202.

Kant, Immanuel: *Kritik der Urtheilskraft.* In: *Kant's gesammelte Schriften,* hg. von der Königlich Preußischen Akademie der Wissenschaften, Berlin: Georg Reimer, 1907 ff., Bd. 5.

– *Anthropologie in pragmatischer Hinsicht.* In: *Kant's gesammelte Schriften,* Bd. 7.

– *Die Metaphysik der Sitten.* In: *Kant's gesammelte Schriften,* Bd. 6.

Kaplan, H./ K. Hill: *Sexual strategies and social class differences in fitness in modern industrial societies.* In: Behavioral and Brain Sciences 9 (1986), S. 198-201.

Kellert, Stephan R./ Edward O. Wilson (Hg.): *The biophilia hypothesis.* Washington DC: Island Press, 1993.

Kennedy, C. E. J./ J. A. Endler/ S. L. Poynton/ H. McMinn: *Parasite load predicts mate choice in guppies.* In: Behavioral Ecology and Sociobiology 21 (1987), S. 291-295.

Kenrick, Douglas T./ Richard C. Keefe: *Age preferences in mates reflect sex differences in human reproductive strategies.* In: Behavioral and Brain Sciences 15 (1992), S. 75-133.

Kenrick, Douglas T./ Edward K. Sadfalla/ Gary Groth/ Melanie R. Trost: *Evolution, traits, and the stages of human courtship: Qualifying the parental investment model.* In: Journal of Personality 58 (1990), S. 97-116.

Keuls, Eva C.: *The reign of the phallus. Sexual politics in ancient Athens.* New York: Harper & Row, 1985.

Keyes, Ralph: *The height of your life.* Boston/ Toronto: Little, Brown and Company, 1980.

Kirkpatrick, Mark: *Is bigger always better?* In: Nature 337 (1989), S. 116 ff.

– *Sexual selection and the evolution of female choice.* In: Evolution 36 (1982), S. 1-12.

– *Evolution of female choice and male parental investment in polygynous* species: The demise of the »sexy son«. In: American Naturalist 125 (1985), S. 788-810.

– The evolutionary forces acting on female preferences in polygynous animals. In: J. W. Bradbury/ M. B. Andersson (Hg.), Sexual selection: Testing the alternatives, Chichester: Wiley, 1987, S. 67-82.

Kirkpatrick, Mark/ Michael J. Ryan: The evolution of mating preferences and the paradox of the lek. In: Nature 350 (1991), S. 33-38.

Kittler, Friedrich A.: Ottilie Hauptmann. In: Norbert Bolz (Hg.), Goethes Wahlverwandtschaften, Hildesheim: Olms 1981, S. 260-276.

Kodric-Brown, Astrid/ James H. Brown: Why the fittest are prettiest. In: The Sciences 25 (1985), S. 26-33.

Koeslag, Johan H.: Koinophilia groups sexual creatures into species, promotes stasis, and stabilizes social behaviour. In: Journal of Theoretical Biology 144 (1990), S. 15-35.

Kolin, Philip C.: Venus and Adonis. Critical essays. New York/ London: Garland, 1997.

Kovach, F. J.: Philosophy of beauty. Norman: University of Oklahoma Press, 1974.

Krappe, Alexander H.: The birth of Adonis. In: Review of Religion 6 (1941-2), S. 3-17.

Krebs, Dennis/ Allen A. Adinolfi: Physical attractiveness, social relations, and personality style. In: Journal of Personality and Social Psychology 31 (1975), S. 245-253.

Kretschmer, Paul: Mythische Namen, 4. Adonis. In: Glotta, Zeitschrift für griechische und lateinische Sprache 7 (1916), S. 29-39.

Kristeva, Julia: Die Chinesin. Die Rolle der Frau in China. München: Nymphenburger Verlagsbuchhandlung, 1976.

– Pouvoirs de l'horreur. Essai sur l'abjection. Paris: Seuil, 1980.

– La révolution du langage poétique. L'avant-garde à la fin du XIXe siècle: Lautréamont et Mallarmé. Paris: Seuil, 1974.

Kurland, Jeffrey A.: Proletarian hominids on the rampage. In: Human Nature 8 (1997), S. 202-203.

Kurtzberg, R. L./ H. Safar/ N. Cavior: Surgical and social rehabilitation of adult offenders. In: Proceedings of the 76th Annual Convention of the American Psychological Association 3 (1968), S. 649-650.

Lacan, Jacques: Das Spiegelstadium als Bildner der Ichfunktion, wie sie uns in der psychoanalytischen Erfahrung erscheint. In: Lacan, Schriften I, hg. von Norbert Haas, Frankfurt am Main: Suhrkamp, 1975.

Lakoff, Robin Tolmach/ Raquel L. Scherr, Face Value: The politics of beauty. Boston/ London/ Melbourne: Routledge & Kegan, 1984.

Laland, K. N.: Sexual selection with a culturally transmitted mating preference. In: Theoretical Population Biology 45 (1994), S. 1-15.

Lamprechts, Pierre: *La »resurrection« d'Adonis*. In: Annuaire de l'Institut de Philologie et d'Histoire Orientales et Slaves 7 (1953), S. 207-240.

Lande, M.: *Models of speciation by sexual selection on polygynic traits*. In: Proceedings of the National Academy of the Sciences 78 (1981), S. 3721-3725.

Lande, R.: *Genetic correlations between the sexes in the evolution of sexual dimorphism and mating preferences*. In: J. W. Bradbury/ M. B. Andersson (Hg.), *Sexual selection: Testing the alternatives*, Chichester: Wiley, 1987, S. 83-94.

Langlois, Judith H./ Lori A. Roggmann/ Rita J. Casey/ Jean M. Ritter/ Loretta A. Rieser-Danner/ Vivian Y. Jenkins: *Infant preferences for attractive faces: Rudiments of a stereotype?* In: Developmental Psychology 23 (1987), S. 363-369.

Langlois, Judith H./ Lori A. Roggman: *Attractive faces are only average*. In: Psychological Science 1 (1990), S. 115-121.

Langlois, Judith H./ Lori A. Roggman/ Loretta A. Rieser-Danner: *Infants' differential social responses to attractive and unattractive faces*. In: Developmental Psychology 26 (1990), S. 153-159.

Langlois, Judith H./ Lori A. Roggman/ Lisa E. Musselman/ Scott Acton: *A picture is worth a thousand words: Reply to »on the difficulty of averaging faces«*. In: Psychological Science 2 (1991), S. 354-357.

Langlois, Judith H./ Lori A. Roggman/ Lisa E. Musselman: *What is average and what is not average about attractive faces*. In: Psychological Science 5 (1994), S. 214-220.

Legendre, Pierre: *L'inestimable objet de la transmission. Étude sur le principe généalogique en Occident*. Paris: Fayard, 1985.

Leitao, David DeCosta: *The ›measure of youth‹: Body and gender in boys' transitions in ancient Greece*. Michigan: UMI, 1993.

Leonhard, Janet L.: *Homo sapiens: A good fit to theory, but posing some enigmas*. In: Behavioral and Brain Sciences 12 (1989), S. 26-27.

Lessing, Gotthold Ephraim: *Laokoon: Oder über die Grenzen der Malerei und Poesie*. In: Lessing, *Werke 1766-1769*, hg. von Wilfried Barner, Bd. 5/2, Frankfurt am Main: Deutscher Klassiker Verlag, 1990.

Lewin, Kurt/ Tamara Dembo/ Leon Festinger/ Pauline S. Sears: *Level of aspiration*. In: Joseph McVicker Hunt (Hg.), *Personality and the behavior disorders*, Bd. 1, New York: The Ronald Press Company, 1944, S. 333-378.

Light, Leah L./ Steven Hollander/ Fortunée Kayra-Stuart: *Why attractive people are harder to remember*. In: Personality and Social Psychology Bulletin 7 (1981), S. 269-276.

Lloyd J. E.: *Mating behavior and natural selection*. In: Florida Entomologist 62 (1), 1979, S. 17-23.

Low, Bobbi S.: *Sexual selection and human ornamentation*. In: Mary Ann

Harrell (Hg.), *An anthropological perspective*, Bellmont, California: Duxbury, 1979, S. 462-487.

Low, Bobbi S./ R. D. Alexander/ K. M. Noonan: *Human hips, breasts and buttocks: Is fat deceptive?* In: Ethology and Sociobiology 8 (1987), S. 249-257.

Low, Bobbi S./ Alice L. Clarke: *Resources and the life course: Pattern in the demographic transition.* In: Ethology and Sociobiology 13 (1992), S. 463-494.

Lukian: *Rhetorum praeceptor.* In: Lukian, *Opera*, hg. von Wilhelm Dindorf, Paris: Didot, 1842.

Mader, Ludwig (Hg.): *Griechische Sagen. Apollodorus – Parthenios – Antonius Liberalis – Hyginus.* Zürich/ Stuttgart: Artemis, 1963.

Mann, Thomas: *Über die Ehe.* In: Mann, *Reden und Aufsätze*, Frankfurt am Main, Fischer, 1985.

Manning, J. T.: *Fluctuating asymmetry and body weight in men and women: Implications for sexual selection.* In: Ethology and Sociobiology 16 (1995), S. 145-153.

Manning, J. T./ A. T. Camberlain: *Fluctuating asymmetry, sexual selection and canine teeth in primates.* In: Proceedings of the Royal Society London (1993), S. 83-87.

Manning, J. T./ A. T. Camberlain: *Fluctuating asymmetry in gorilla canines: A sensitive indicator of environmental stress.* In: Proceedings of the Royal Society London (1994), S. 189-193.

Manning, J. T./ M. A. Hartley: *Symmetry and ornamentation are correlated in the peacock's train.* In: Animal Behavior 42 (1991), S. 1020-1021.

Marius Plotius Sacerdos: *Artes grammaticae.* In: *Grammatici latini*, Bd. VI, hg. von Heinrich Keil, Leipzig: Teubner, 1874.

Markusson, Eystein/ Ivar Folstad: *Reindeer antlers: Visual indicators of individual quality?* In: Oecologia 110 (1997), S. 501-507.

Marlowe, Frank/ Adam Wetsman: *Preferred waist-to-hip ratio and ecology.* In: Personality and Individual Differences 30 (2001), S. 481-489.

Maynard Smith, John: *Parental investment: A prospective analysis.* In: Animal Behavior 25 (1977), S. 1-9.

– *Sexual selection, handicaps, and true fitness.* In: Journal of Theoretical Biology 115 (1985), S. 1-8.

– *Mini review. Sexual selection, handicaps and true fitness.* In: Journal of Theoretical Biology 115 (1985), S. 1-8.

Mayr, Ernst: *Sexual selection and natural selection.* In: *Sexual selection and the descent of man 1871-1971*, hg. von Bernard Campbell, London: Heinemann, 1971, S. 59-86.

Mazur, A.: *U. S. trends in feminine beauty and overadaption.* In: Journal of Sex Research 22 (1986), S. 281-303.

McArthur, L. Z./ D. S. Berry: *Cross-cultural agreement in perceptions of baby-faced adults*. In: Journal of Cross-Cultural Psychology 18 (1987), S. 165-192.

McKenzie, A. W.: *Skin disorders in pregnancy*. In: The Practitioner 206 (1971), S. 773-780.

Mendelssohn, Moses: *Über die Hauptgrundsätze der schönen Künste und Wissenschaften*. In: Mendelssohn, *Ästhetische Schriften in Auswahl*, hg. von Otto F. Best, Darmstadt: Wissenschaftliche Buchgesellschaft, ²1986.

Menninghaus, Winfried: *Ekel. Theorie und Geschichte einer starken Empfindung*. Frankfurt am Main: Suhrkamp, 1999.

– *Lob des Unsinns. Über Kant, Tieck und Blaubart*. Frankfurt am Main: Suhrkamp, 1995.

Miller, Geoffrey: *The mating mind. How sexual choice shaped the evolution of human nature*. London: Heinemann, 2000.

Möbius, Karl: *Ästhetik der Tierwelt*. Jena: Fischer, 1908.

Møller, Anders P.: *Parasites differentially increase the degree of fluctuating asymmetry in secondary sexual characters*. In: Journal of Evolutionary Biology 5 (1992), S. 691-699.

Møller, A. P./ A. Pomiankowski: *Why have birds got multiple sexual ornaments?* In: Behavioral Ecology and Sociobiology 32 (1993), S. 167-176.

Møller, A. P./ Soler, M./ Thornhill, R.: *Breast asymmetry, sexual selection, and human reproductive success*. In: Ethology and Sociobiology 16 (1995), S. 207-219.

Montagna, W.: *The evolution of Human Skin*. In: Journal of Human Evolution 14 (1985), S. 3-22.

Moore, Monica M.: *Nonverbal courtship patterns in women. Context and consequences*. In: Ethology and Sociobiology 6 (1985), S. 237-247.

Moritz, Karl Philipp: *Über die bildende Nachahmung des Schönen*. In: Moritz, *Werke*, hg. von Horst Günther, Frankfurt am Main: Insel, 1981, Bd. 2, S. 549-578.

Morris, Abigail/ Troy Cooper/ Peter J. Cooper: *The changing shape of female fashion models*. In: International Journal of Eating Disorders 8 (1989), S. 593-596.

Morris, Desmond: *The biology of art*. New York: Knopf, 1962.

– *The naked ape*. London: Cape, 1967.

Mueller, Eva/ Kathleen Short: *Effects of income and wealth on the demand for children*. In: Rudolfo A. Bulatao/ Ronald D. Lee (Hg.), *Determinants of fertility in developing countries*, New York: Academic Press, 1983, S. 590-642.

Murray, Oswyn: *Early Greece*. Brighton: Harvester, 1980.

Nehamas, Alexander: *The return of the beautiful: Morality, pleasure, and the value of uncertainty.* In: The Journal of Aesthetics and Art Criticism (54 (4) (2000).

Nemeroff, Carol J./ Richard I. Stein/ Nancy S. Diehl/ Karen M. Smilack: *From the Cleavers to the Clintons: Role choices and body orientation as reflected in magazine article content.* In: International Journal of Eating Disorders 16 (1994), S. 167-176.

Nietzsche, Friedrich: *Die Geburt der Tragödie.* In: Nietzsche, *Sämtliche Werke. Kritische Studienausgabe,* hg. von Giorgio Colli und Mazzino Montinari, München: dtv/ de Gruyter, 1980, Bd. 1.

– *Der Fall Wagner.* In: Nietzsche, *Sämtliche Werke. Kritische Studienausgabe,* Bd. 6.

Norberg, Ulla M.: *The evolution of bird coloration.* In: Philosophical transactions of the Royal Society of London 287 (1979), S. 63-128.

Nur, Nadav/ Oren Hasson: *Phenotypic plasticity and the handicap principle.* In: Journal of Theoretical Biology 110 (1984), S. 275-97.

Orians, Gordon H./ Judith H. Heerwagen: *Evolved responses to landscapes.* In: Jerome H. Barkow/ Leda Cosmides/ John Tooby (Hg.), *The adapted mind: Evolutionary psychology and the generation of culture,* New York/ Oxford: Oxford University Press, 1992.

Orlowsky, Ursula und Rebecca: *Narziß und Narzißmus im Spiegel von Literatur, bildender Kunst und Psychoanalyse.* München: Fink, 1992.

Ovid: *Metamorphosen* (lat.-dt.). Hg. und übertragen von Ewald Rösch, München/ Zürich: Artemis, 1988.

Parker, G. A.: *Sexual selection and sexual conflict.* In: Murray S. Blum/ Nancy A. Blum (Hg.), *Sexual selection and reproductive competition in insects,* New York: Academic Press, 1979, S. 123-166.

Parker, G. A./ R. R. Baker/ V. G. F. Smith: *The origin and evolution of gamete dimorphism and the male-female phenomenon.* In: Journal of Theoretical Biology 36 (1972), S. 529-553.

Parsons, P. A.: *Fluctuating asymmetry: A biological monitor of environmental and genomic stress.* In: Heredity 68 (1992), S. 361-364.

Patzer, Gordon L.: *The physical attractiveness phenomena.* New York: Plenum, 1985.

Pawlowski, Boguslaw: *Loss of oestrus and concealed ovulation in human evolution: The case against the sexual selection hypothesis.* In: Current Anthropology 40 (1999), S. 257-275.

Peckham, M. (Hg.): *The origin of species by Charles Darwin: A variorum text.* Philadelphia: University of Pennsylvania Press, 1959.

Perper, T.: *Sex signals: The biology of love.* Philadelphia: ISI Press, 1985.

373

Perrett, D. I./ K. A. May/ S. Yoshikawa: *Facial shape and judgments of female attractiveness.* In: Nature 368 (1994), S. 239-242.

Petrie, Marion: *Improved growth and survival of offspring of peacocks with more elaborate trains.* In: Nature 371 (1994), S. 598-599.

Petrie, Marion/ A. Williams: *Peahens lay more eggs for peacocks with larger trains.* In: Proceedings of the Royal Society of London, B251 (1993), S. 127-131.

Petrie, Marion/ Claudie Doums/ Anders P. Møller: *The degree of extra-pair paternity increases with genetic variability.* In: Proceedings of the National Academy of Sciences 95 (1998), S. 9390-9395.

Phillips, Katharine A.: *The broken mirror: Understanding and treating body dysmorphic disorder.* Oxford: Oxford University Press, 1996.

Piccaluga, Giulia: *Adonis, i cacciatori falliti e l'avvento dell' agricoltura.* In: *Il mito greco,* hg. von Bruno Gentili und Giuseppe Paione, Roma: Ateneo & Bizzarri, 1977.

Piccaluga, Giulia: *Adonis e i profumi di un certo strutturalismo.* In: MAIA. Rivista di Letterature Classiche 26 (1974), S. 33-51.

Pond, Caroline M.: *Morphological aspects and the ecological and mechanical consequences of fat deposition in wild vertebrates.* In: Annual Review of Ecology and Systematics 9 (1978), S. 519-570.

Pope, Harrison G./ Katarine A. Phillips/ Roberto Olivardia: *The Adonis-complex. The secret crisis of male body obsession.* New York/ London/ Toronto/ Sydney/ Singapore: The Free Press, 2000.

Power, Camilla: *«›Beauty‹ magic«: The origins of art.* In: *The evolution of culture,* hg. von Robin Dunbar, Chris Knight, Camilla Power, Edinburgh: University Press, 1999, S. 92-112.

Pozzi, Giovanni: *Metamorfosi di Adone.* In: Strumenti Critici 5 (1971), S. 334-356.

Price, T. D.: *Constraints on the effects of sexual selection.* In: J. W. Bradbury/ M. B. Andersson (Hg.), *Sexual selection: Testing the alternatives,* Chichester: Wiley, 1987, S. 279-294.

Propp, Vladimir: *Die historischen Wurzeln des Zaubermärchens.* München: Hanser, 1987.

Pruett-Jones, S. G./ M. A. Pruett-Jones/ H. I. Jones: *Parasites and sexual selection in birds of paradise.* In: American Zoologist 30 (1990), S. 287-298.

Puhl, Rebecca M./ Fred J. Boland: *Predicting female physical attractiveness: Waist-to-hip ratio versus thinness.* In: Psychology, Evolution and Gender 3 (2001), S. 27-46.

Ralls, Katherine: *Mammals in which females are larger than males.* In: Quarterly Review of Biology 51 (1976), S. 245-276.

Ramachandran, V. S.: *Why do gentlemen prefer blondes?* In: Medical Hypotheses 48 (1997), S. 19-20.

Read, Andrew F.: *Comparative evidence supports the Hamilton and Zuk hypothesis on parasites and sexual selection.* In: Nature 327 (1987), S. 68-70.

– *Sexual selection and the role of parasites.* In: Trends in Ecology and Evolution 3 (1988), S. 97-102.

Reed, Joseph D.: *The sexuality of Adonis.* In: Classical Antiquity 14 (1995), S. 317-347.

Reimbold, Ernst Thomas: *Der Pfau: Mythologie und Symbolik,* München: Callwey, 1983.

Renan, Ernest: *Mission de Phénicie.* Paris: L'Imprimerie impériale, 1864.

Renger, Almut-Barbara: *Zwischen Märchen und Mythos. Die Abenteuer des Odysseus und andere Geschichten von Homer bis Walter Benjamin.* Diss. Heidelberg, 2001.

Ressel, S./ J.J. Schall: *Parasites and showy males: Material infection and color variation in fence lizards.* In: Oecologia 78 (1989), S. 158-164.

Rhodes, Gillian/ Tanya Tremewan: *Averageness, exaggeration, and facial attractiveness.* In: Psychological Science 7 (1996), S. 105-110.

Ribichini, Sergio: *Adonis. Aspetti »orientali« di un mito Greco.* Roma: Consiglio Nazionale delle Ricerche, 1981.

– *Adonis. Relazioni del Colloquio in Roma.* Rom: Consiglio Nazionale Delle Ricerche, 1984.

Rice, William R.: *Heritable variation in fitness as a prerequisite for adaptive female choice: The effect of mutation-selection balance.* In: Evolution 42 (1988), S. 817-820.

Richards, O.W.: *Sexual selection and allied problems in the insects.* In: Biological Reviews 2 (1927), S. 298-364.

Richter, Klaus: *Die Herkunft des Schönen. Grundzüge einer evolutionären Ästhetik.* Mainz: Verlag Philipp von Zabern, 1999.

Ricketts, Robert: *Divine proportions in facial aesthetics.* In: Clinics in Plastic Surgery 9 (1982), S. 401-422.

Ridley, M.: *No better than average.* In: Science 257 (1992), S. 327-328.

– *The red queen: Sex and the evolution of human nature.* New York: Macmillan, 1993.

Rochette, Raoul: *Mémoire sur les jardins d'Adonis.* In: Revue Archéologique 8 (1851), S. 97-123.

Rogers, Alan R.: *Evolutionary economics of human reproduction.* In: Ethology and Sociobiology 11 (1990), S. 479-495.

Ronsard, Pierre de: *Adonis.* In: Ronsard, Œuvres complètes, Bd. 12, éd. Paul Lamonier, Paris: Didier, 1946.

Rowe, Locke/ David Houle: *The lek paradox and the capture of genetic variance by condition-dependent traits.* In: Proceedings of the Royal Society of London (1996), S. 1415-1421.

Ryan, M.J./ A. Keddy-Hector: *Directional patterns of female mate choice and the role of sensory biases.* In: American Naturalist 139 (1992), S. 4-35.

Sachs, Hanns: *The creative unconscious.* Cambridge, Mass.: Sci-Art Publishers, 1942.

Salter, Frank: *Carrier females and sender males: An evolutionary hypothesis linking female attractiveness, family resemblance, and paternity confid*ence. In: Ethology and Sociobiology 17 (1996), S. 211-220.

Samuels, C. A./ R. Ewy: *Aesthetic perception of faces during infancy.* In: British Journal of Developmental Psychology 3 (1985), S. 221-228.

Schantz, Torbjörn von/ Görgen Göransson/ Gunilla Andersson/ Inger Fröberg/ Mats Grahn/ Anders Helgée/ Håkan Wittzell: *Female choice selects for a viability-based male trait in pheasants.* In: Nature 337 (1989), S. 166-169.

Schiffer, James: *Shakespeare's »Venus and Adonis«: A Lacanian tragicomedy of desire.* In: Kolin, *Venus and Adonis*, S. 359-376.

Schiller, Friedrich: *Über naive und sentimentalische Dichtung.* In: F. Schiller, *Theoretische Schriften*, hg. von Rolf-Peter Janz, Frankfurt am Main: Deutscher Klassiker Verlag, 1992, S. 706-810.

– *Kallias, oder über die Schönheit. Briefe an Gottfried Körner.* In: Schiller, *Theoretische Schriften*, hg. von Rolf-Peter Janz, Frankfurt am Main: Deutscher Klassiker Verlag, 1992, S. 276-329.

Schlaffer, Hannelore: *Schönheit. Über Sitten und Unsitten unserer Zeit.* München: Kunstmann, 1966.

Schlegel, Friedrich: *Kritische Friedrich-Schlegel-Ausgabe.* Hg. von Ernst Behler unter Mitwirkung von Jean Jacques Anstett und Hans Eichner, Paderborn/ München/ Wien/ Zürich: Schöningh, 1958 ff. Zitiert als »KSA« mit nachfolgender Angabe von Band und Seitenzahl.

Seid, Roberta P.: *Too »close to the bone«: The historical context for women's obsession with slenderness.* In: Patricia Fallon/ Melanie A. Katzman/ Susan C. Wooley (Hg.), *Feminist perspectives on eating disorders*, New York: Guilford, 1994, S. 1-16.

Selander, Robert K.: *Sexual selection and dimorphism in birds.* In: *Sexual selection and the descent of man 1871-1971*, hg. von Bernard Campbell, London: Heinemann, 1971, S. 180-229.

Seligmann, Martin E. P.: *Helplessness: On depression, development, and death.* San Francisco: Freeman, 1975.

Serres, Michel: *L'hermaphrodite. Sarrasine sculpteur.* Paris: Flammarion, 1987.

Servius: *Servianorum in Vergilii carmina commentariorum.* Bd. 3, hg. von Arthur Frederic Stocker und Albert Hartman Travis, Oxford: Oxford University Press, 1965.

Shakespeare, William: *Venus and Adonis.* In: *Tragedies & Poems*, Bd. IV, hg. Peter Alexander, London/ Glasgow: Collins, 1961.

Shapiro, H. L.: *From the neck up*. In: Natural History 56 (1947).

Sheidly, William E.: »*Unless it be a boar*«: *Love and wisdom in Shake-speare's* »*Venus and Adonis*«. In: Modern Language Quarterly 35 (March 1974).

Short, R. V.: *Testis weight, body weight, and breeding systems in primates*. In: Nature 293 (1981), S. 55 ff.

– *Sexual selection and its component parts, somatic and genital selection, as illustrated by man and the great apes*. In: Advances in the Study of Behavior (9) 1979, S. 131-158.

Sigall, Harold/ David Landy: *Radiating beauty: Effects of having a physically attractive partner on person perception*. In: Journal of Personality and Social Psychology 28 (1973), S. 218-224.

Sigall, Harold/ John Michela: *I'll bet you say that to all the girls: Physical attractiveness and reactions to praise*. In: Journal of Personality 44 (1976), S. 611-626.

Sillén-Tullberg, Brigitta/ Anders P. Møller: *The relationship between concealed ovulation and mating systems in anthropoid primates: A phylogenetic analysis*. In: The American Naturalist 141 (1993), S. 1-25.

Silverman, I.: *Physical attractiveness and courtship*. In: Sexual Behavior 1 (1971), S. 22-25.

Silverstein, Brett/ Barbara Peterson/ Lauren Perdue: *Some correlates of the thin standard of bodily attractiveness for women*. In: International Journal of Eating Disorders 5 (1986), S. 895-905.

Silverstein, Brett/ Lauren Perdue/ Barbara Peterson/ Eileen Kelly: *The role of the mass media in promoting a thin standard of bodily attractiveness for women*. In: Sex Roles 14 (1986), S. 519-532.

Singh, Devendra: *Female health, attractiveness, and desirability for relationships: Role of breast asymmetry and waist-to-hip ratio*. In: Ethology and Sociobiology 16 (1995), S. 465-481.

– *Adaptive significance of female physical attractiveness: Role of waist-to-hip ratio*. In: Journal of Personality and Social Psychology 65 (1993), S. 293-307.

– *Body shape and women's attractiveness. The critical role of waist-to-hip ratio*. In: Human Nature 4 (1993), S. 297-321.

– *Ideal female body shape: Role of body weight and waist-to-hip ratio*. In: International Journal of Eating Disorders 16 (1994), S. 283-288.

– *Body fat distribution and perception of desirable female body shape by young black men and women*. In: International Journal of Eating Disorders 16 (1994), S. 289-294.

Singh, Devendra/ Robert K. Young: *Body weight, waist-to-hip ratio, breasts, and hips: Role in judgement of female attractiveness and desirability for relationships*. In: Ethology and Sociobiology 16 (1995), S. 483-507.

Smith, Robert L.: *Human sperm competition*. In: Robert L. Smith (Hg.), *Sperm competition and the evolution of animal mating systems*, New York: Academic Press, 1984, S. 602-659.

Smuts, R. W.: *Fat, sex, class, adaptive flexibility, and cultural change*. In: Ethology and Social Biology 13 (1992), S. 523-542.

Sobal, Jeffery/ Albert J. Stunkard: *Socioeconomic status and obesity: A review of the literature*. In: Psychological Bulletin 105 (1989), S. 260-275.

Soyez, Brigitte: *Byblos et la fête des Adonies*. Leiden: Brill, 1977.

Stanivukovic Goran V.: *Troping desire in Shakespeares »Venus and Adonis«*. In: Forum for Modern Languages 33 (1997).

Stehle, Eva: *Sappho's gaze: Fantasies of a goddess and young man*. In: *Reading Sappho. Contemporary approaches*, hg. von Ellen Greene, Berkeley/ Los Angeles/ London: 1996, S. 193-225.

Steinberger, Emil/ Luis J. Rodriguez-Rigau/ Keith D. Smith/ Beverly L. Held: *The menstrual cycle and plasma testosterone levels in women with acne*. In: Journal of the American Academy of Dermatology 4 (1981), S. 54-58.

Stendhal: *De l'amour*. Paris: Garnier, 1959.

Stice, Eric/ Heather E. Shaw: *Adverse effects of the media portrayed thin-ideal on women and linkages to bulimic symptomatology*. In: Journal of Social and Clinical Psychology 13 (1994), S. 288-308.

Strane, Kim/ Carol Watts: *Females judged by attractiveness of partner*. In: Perceptual and Motor Skills 45 (1977), S. 225-226.

Stroebe, W./ C. A. Insko/ V. D. Thompson/ B. D. Layton: *Effects of physical attractiveness, attitude similarity, and sex on various aspects of interpersonal attraction*. In: Journal of Personality and Social Psychology 18 (1971), S. 79-91.

Sulze, Heinrich: Ἀδώνιδος κῆποι. In: *Angelos. Archiv für neutestamentliche Zeitgeschichte und Kulturkunde*, Bd. 2, Leipzig: Pfeiffer, 1926, S. 44-91.

Symons, Donald: *An evolutionary approach: Can Darwin's view of life shed light on human sexuality?* In: James H. Geer/ William T. O'Donohue (Hg.), *Theories of human sexuality*, New York: Plenum, 1987, S. 91-125.

– *What do men want?*, in: *Behavioral and Brain Sciences* 15 (1992), S. 113-114.

– *Beauty is in the adaptations of the beholder: The evolutionary psychology of human female sexual attractiveness*. In: *Sexual nature/ sexual culture*, hg. Paul R. Abramson and Steven D. Pinkerton, Chicago: University of Chicago Press, 1995, S. 80-118.

Symons, Donald/ Bruce Ellis: *Human male-female differences in sexual desire*. In: Anne E. Rasa/ Christian Vogel/ Eckart Vogel, *The sociobiol-*

ogy of sexual and reproductive strategies, London/New York: Chapman and Hall, 1989, S. 131-145.

Tassinary, Louis G./ Kristi A. Hansen: *A critical test of the waist-to-hip-ratio hypothesis of female physical attractiveness*. In: Psychological Science 9 (1998), S. 150-155.

Tessman, Irwin: *Human altruism as a courtship display*. In: Oikos 74 (1) (1995), S. 157-158.

Thiébaux, Marcelle: *The mouth of the boar as a symbol in Medieval literature*. In: Romance Philology 22 (1968-1969), S. 281-299.

Thompson, Kevin J./ Stacey Tantleff: *Female and male ratings of upper torso: Actual, ideal, and stereotypical conceptions*. In: Journal of Social Behavior and Personality 7 (1992), S. 345-354.

Thornhill, Randy: *Competitive, charming males and choosy females: Was Darwin correct?* In: Florida Entomologist 63 (1980), S. 5-30.

– *Darwinian aesthetics*. In: *Handbook of evolutionary psychology*, hg. von C. Crawford und D. Krebs, Mahwah, NJ: Erlbaum, 1998, S. 543-572.

– *The study of adaptation*. In: Marc Bekoff/ Dale Jamieson (Hg.), *Interpretation and explanation in the study of animal behavior*, Bd. 2, Boulder/ San Francisco/ Oxford: Westview, 1990, S. 31-62.

Thornhill, Randy/ John Alcock: *The evolution of insect mating systems*. Cambridge, Mass.: Harvard University Press, 1983.

Thornhill, Randy/ Steven W. Gangestad: *Human facial beauty. Averageness, symmetry, and parasite resistance*. In: Human Nature 4 (1993), S. 237-269.

– *Human fluctuating asymmetry and sexual behavior*. In: Psychological Science 5 (1994), S. 297-302.

Thornhill, Randy/ Steven W. Gangestad/ Randall Comer: *Human female orgasm and mate fluctuating asymmetry*. In: Animal Behavior 50 (1995), 1601-1615.

Tovée, Martin J./ Suzanne M. Mason/ Joanne L. Emery/ Sara E. McCluskey/ Esther M. Cohen-Tovée: *Supermodels: Stick insects or hourglasses?* In: Lancet 350 (1997), S. 1474-1475.

Tovée, Martin J./ S. Reinhard/ J. L. Emery/ P. L. Cornelissen: *Optimum body-mass index and maximum sexual attractiveness*. In: Lancet 352 (1998), S. 548.

Trivers, Robert L.: *Parental investment and sexual selection*. In: *Sexual selection and the descent of man 1871-1971*, hg. von Bernard Campbell, London: Heinemann, 1971, S. 136-179.

Trivers, Robert L./ D. E. Willard: *Natural selection of parental ability to vary the sex ratio of offspring*. In: Science 179 (1973), S. 90-92.

Turke, Paul W.: *Evolution and the demand for children*. In: Population and Development Review 15 (1989), S. 61-90.

Turner, Frederick: *Beauty: The value of values*. Charlottesville, VA: University of Virginia Press, 1991.
Tuzet, Hélène: *Mort et résurrection d'Adonis. Étude de l'évolution d'un mythe*. Paris: José Corti, 1987.
Tzetzes: *Scholien zu Lykophron*, Bd. 2, hg. von M. C. G. Müller, Leipzig: Vogel, 1811.

Udry, J. R./ B. K. Eckland: *The benefits of being attractive. Differential payoffs for men and women*. Unpubl. Manuskript, University of North Carolina at Chapel Hill, 1983.

Valéry, Paul: *Charmes*. In: Valéry, *Œuvres*, hg. von Jean Hytier, Bd. I, Paris: Gallimard, 1957.
Van den Berge, P. L./ Frost, P.: *Skin color preference, sexual dimorphism, and sexual selection: A case of gene culture co-evolution?* In: Journal of Personality and Social Psychology 9 (1986), S. 87-113.
Van Valen, Leigh: *A study of fluctuating asymmetry*. In: Evolution 16 (1962), S. 125-142.
Veblen, Thorstein: *The theory of the leisure class. An economic study of institutions*. New York: Random House, 1961.
Vellay, Charles: *Le culte et les fêtes d'Adonis-Thammouz dans l'Orient Antique*. Paris: Leroux, 1904.
Vidal-Naquet, P.: *Der schwarze Jäger. Denkformen und Gesellschaftsformen in der griechischen Antike*. Frankfurt: Campus, 1989.
Vinge, Louise: *The Narcissus theme in Western European literature up to the early 19th century*. Lund: Gleerups, 1967.
Vining, Daniel R. Jr.: *Social versus reproductive success: The central problem of human sociobiology*. In: Behavioral and Brain Sciences 9 (1986), S. 167-216.

Waldner, Katharina: *Geburt und Hochzeit des Kriegers. Geschlechterdifferenz und Initiation in Mythos und Ritual der griechischen Polis*. Berlin: de Gruyter, 2000.
Wallace, A. R.: *Darwinism*. London: MacMillan, 1889.
Walter, Otto: *Die Geschichte der Ästhetik im Altertum ihrer begrifflichen Entwicklung nach dargestellt*. Hildesheim: Olms, 1967 (Nachdruck der Ausgabe Leipzig, 1893).
Ward, Paul I.: *Sexual dichromatism and parasitism in British and Irish freshwater fish*. In: Animal Behaviour 36 (1988), S. 1210-1215.
Wass, P./ U. Waldenström/ S. Rössner/ D. Hellberg: *An android body fat distribution in females impairs the pregnancy rate of in-vitro fertilisation-embryo transfer*. In: Human Reproduction 12 (1997), S. 2057-2060.

Watson, Paul J./ Randy Thornhill: *Fluctuating asymmetry and sexual selection.* In: Tree 9 (1994), S. 21-25.

Weatherhead, Patrick J./ Raleigh J. Robertson: *Offspring quality and the polygyny threshold: »The sexy son hypothesis«.* In: American Naturalist 113 (1979), S. 201-208.

Weidle, Wladimir: *Gestalt und Sprache des Kunstwerks. Studien zur Grundlegung einer nichtästhetischen Kunsttheorie.* Mittenwald: Mäander, 1981.

Weidle, Wladimir: *Das Lebendige im Kunstwerk.* In: Ders., *Gestalt und Sprache des Kunstwerks,* Mittenwald: Mäander, 1981.

Wellbery, David E.: *Das Gesetz der Schönheit. Lessings Ästhetik der Repräsentation.* In: Christiaan L. Hart Nibbrig, *Was heißt »Darstellen«?,* Frankfurt am Main: Suhrkamp, 1994.

Wendel, Karl (Hg.): *Scholia in Apollonium Rhodium vetera.* Berlin: Weidmann, 1958.

West-Eberhard, Mary J.: *Sexual selection, social competition, and speciation.* In: Quarterly Review of Biology 58 (1983), S. 155-183.

– *Sexual selection, social communication, and species specific signals in insects.* In: *Insect communication,* hg. von Trevor Lewis, London: Academic Press, 1984, S. 284-324.

Wetsman, Adam/ Frank Marlowe: *How universal are preferences for female waist-to-hip ratios? Evidence from the Hadza of Tanzania.* In: Evolution and Human Behavior 20 (1999), S. 219-228.

Wickler, Wolfgang: *Ursprung und biologische Deutung des Genitalpräsentierens männlicher Primaten.* In: Zeitschrift für Tierpsychologie 23 (1966), S. 422-437.

– *Socio-sexual signals and their intra-specific imitation among primates.* In: *Primate Ethology,* hg. von Desmond Morris, London: Weidenfels & Nicholson, 1967, S. 69-147.

Will, Nicole: *Adôniazousai ou les femmes sur le toit.* In: Bulletin de Correspondance Hellénique 110 (1966), S. 664-698.

Williams, Gordon: *The coming of age of Shakespeare's Adonis.* In: The Modern Language Review 78 (1983).

Wilson, Edward O.: *Biophilia.* Cambridge, Mass./London: Harvard University Press, 1984.

Winckelmann, Johann Joachim: *Gedanken über die Nachahmung der griechischen Werke in der Malerei und Bildhauerkunst.* Hg. von Ludwig Uhlig, Stuttgart: Reclam, 1969.

– *Geschichte der Kunst des Altertums.* In: *Johann Winckelmanns sämtliche Werke,* hg. von Joseph Eiselein, Osnabrück: Otto Zeller, 1965 (Nachdruck der Ausgabe 1825), Bd. 3 und 4.

– *Vorläufige Abhandlung zu den Denkmalen der Kunst des Altertums.* In: *Johann Winckelmanns sämtliche Werke,* Bd. 7, S. 41-261.

Wing, S. R.: *The reproductive ecologies of three species of fireflies*. Master's thesis, University of Florida: Gainesville, 1982.

Winkler, John J.: *The constraints of desire*. New York: Routledge, 1990.

Winton, George B.: *Dermatoses of pregnancy*. In: Journal of the Association of Military Dermatologists 7 (1981), S. 20-27.

Wiseman, Claire V./ James J. Gray/ James E. Mosimann/ Anthony H. Ahrens: *Cultural expectations of thinness in women: An update*. In: International Journal of Eating Disorders 11 (1992), S. 85-89.

Wöbse, Hans H.: *Erlebniswirksamkeit der Landschaft und Flurbereinigung – Untersuchungen zur Landschaftsästhetik*. In: Landschaft + Stadt 16 (1984), S. 33-54.

– *Landschaftsästhetik – Gedanken zu einem zu einseitig verwendeten Begriff*. In: Landschaft + Stadt 13 (1981), S. 152-160.

Wolf, Annie S.: *The truth about beauty*. New York: Lovell, Coryell & Co, 1892.

Wolf, Naomi: *The beauty myth: How images of beauty are used against women*. New York: Anchor, 1992.

Zaadstra, Boukje M./ Jacob C. Seidell/ Paul A. H. Van Noord/ Egbert R. te Velde/ J. Dik F. Habbema/ Baukje Vrieswijk/ Jan Karbaat: *Fat and female fecundity: Prospective study of effect of body fat distribution on conception rates*. In: British Medical Journal 306 (1993), S. 484-487.

Zahavi, Amotz: *Mate selection: A selection for a handicap*. In: Journal of Theoretical Biology 53 (1975), S. 205-214.

– *Decorative patterns and the evolution of art*. In: New Scientist 80 (1978), S. 182-184.

– *Parasitism and nest predation in parasitic cuckoos*. In: American Naturalist 113 (1979), S. 157-159.

Zahavi, Amotz/ Avishag Zahavi: *The handicap principle: A missing piece of Darwin's puzzle*. New York/ Oxford: Oxford University Press, 1997.

Zajonc, R. B.: *Feeling and thinking. Preferences need no inferences*. In: American Psychologist 35 (1980), S. 151-175.

Zebrowitz McArthur, Leslie/ Diane S. Berry: *Cross-cultural agreement in perceptions of babyfaced adults*. In: Journal of Cross-Cultural Psychology 18 (1987), S. 165-192.

Zelle, Carsten: *Die doppelte Ästhetik der Moderne. Revision des Schönen von Boileau bis Nietzsche*. Stuttgart: Metzler, 1995.

Ziegler, Christoph (Hg.): *Scholia in Theocritum*. Tübingen: Laupp, 1867.

Zonara, Ioannis: *Lexicon*. Hg. von I. A. H. Tittmann, Bd. 1, Amsterdam: Hakkert, 1967.

Zuckerman, Solly: *The social life of monkeys and apes*. London: Kegan Paul & Co., 1932.

Zuk, Marlene: *The effects of gregarine parasites, bodysize, and time of day on spermatophore production and sexual selection in field crickets.* In: Behavioral Ecology and Sociobiology 21 (1987), S. 65-72.
– *Parasites and bright birds: New data and a new prediction.* In: J.E. Loye/ M. Zuk, *Bird-parasite interactions: Ecology, evolution, and behaviour,* Oxford: Oxford U.P., 1991, S. 317-327.
Zuk, Marlene et al.: *The role of male ornaments and courtship behavior in female mate choice of red jungle fowl.* In: The American Naturalist 136 (1990), S. 459-473.

Inhaltsverzeichnis

Anhang: Die Deutungen des Adonis